Christoffel · Was der Unternehmer von der Umsatzsteuer wissen sollte

Was der Unternehmer von der Umsatzsteuer wissen sollte

von

Hans Günter Christoffel
Diplom-Finanzwirt
im Bundesfinanzministerium

Rudolf Haufe Verlag
Freiburg i. Br.

Die Deutsche Bibliothek – CIP-Einheitsaufnahme

Christoffel, Hans Günter:
Was der Unternehmer von der Umsatzsteuer wissen sollte / von Hans Günter Christoffel. – 3., überarb. und erw. Aufl. – Freiburg im Breisgau : Haufe, 1992.
ISBN 3-448-02666-2

ISBN 3-448-02666-2 Bestell-Nr. 32.10

1. Auflage 1990 mit dem Titel: „Was der Unternehmer in der DDR von der Umsatzsteuer wissen sollte“ (ISBN 3-448-02220-9)
2. Auflage 1990 (unveränderter Nachdruck der 1. Auflage) (ISBN 3-448-02341-8)
3., überarbeitete und erweiterte Auflage 1992

Umschlaggestaltung: Philippe Dudek, Freiburg i. Br.

Satz und Druck: Fa. Stückle, Ettenheim

Lektorat: Dipl.-Kfm. Wolfgang Geiß

Vorwort

Die Umsatzsteuer übernimmt in den letzten Jahren stets eine Vorreiterrolle, wenn es darum geht, etwas zu vereinigen. So gehörte sie bei der Wiedervereinigung Deutschlands zu den Steuern, die neben der Lohnsteuer und dem Verfahrensrecht in den neuen Bundesländern als erste ab dem Währungsstichtag in Kraft getreten ist. Diese Vorreiterrolle hat sie nun auch im Hinblick auf ein vereintes Europa übernommen. Mit dem Wegfall der Zollgrenzen ab dem 1. 1. 1993 ändert sich die bisherige Besteuerung des Warenverkehrs innerhalb der EG. Für diesen innergemeinschaftlichen Warenverkehr gibt es dann keine Grenzkontrollen und keine Einfuhrumsatzsteuer mehr.

Wegen der nationalen Interessen der einzelnen EG-Mitgliedstaaten konnte man sich bei diesen Änderungen nur auf eine vorerst 4jährige „Übergangsbesteuerung“ einigen. Durch diese Übergangsbesteuerung soll es bei dem bisherigen Prinzip bleiben, daß der gewerbliche Warenverkehr in dem Land besteuert wird, in dem der Abnehmer ansässig ist (Bestimmungslandprinzip). Dies wird dadurch erreicht, daß der Erwerb eines Gegenstands im Bestimmungsland zur neuen Erwerbsbesteuerung herangezogen wird. Steuerschuldner ist der Erwerber des Gegenstands. Der liefernde Unternehmer unterliegt – wie bisher – mit seiner Lieferung in dem Land, in dem er ansässig ist, nicht der Umsatzsteuer. Um die Besteuerung des grenzüberschreitenden Warenverkehrs innerhalb der EG überwachen zu können, hat man sich ein neues Kontrollverfahren ausgedacht. Der liefernde Unternehmer muß seine innergemeinschaftlichen Warenlieferungen in einer Zusammenfassenden Meldung an eine nationale Zentralbehörde, in der Bundesrepublik ist dies das Bundesamt für Finanzen, vierteljährlich melden. In der Zusammenfassenden Meldung hat er getrennt für jeden Erwerber aus einem anderen EG-Staat die Summe der Bemessungsgrundlagen seiner innergemeinschaftlichen Warenlieferungen anzugeben. Dabei wird der Erwerber in der Zusammenfassenden Meldung nicht mit Name und Anschrift, sondern mit einer Umsatzsteuer-Identifikationsnummer „umschrieben“.

Die Zusammenfassende Meldung ist neben den monatlichen Umsatzsteuer-Voranmeldungen abzugeben.

Dieser kurze Überblick zeigt Ihnen, daß ab 1993 viel Neues auf Sie zukommt. Die Broschüre hilft Ihnen, sich in dem „Umsatzsteuer-Binnenmarkt" zurecht zu finden, und zwar unter Berücksichtigung des **Umsatzsteuer-Binnenmarktgesetzes** und des Entwurfs der **Umsatzsteuer-Durchführungsverordnung**. Daneben werden selbstverständlich die bewährten Begriffe wie Leistungsaustausch, Eigenverbrauchsbesteuerung, Mindestbemessungsgrundlage, Vorsteuerabzug, Aufzeichnungspflichten und Kleinunternehmerbesteuerung behandelt und anhand zahlreicher Beispiele und Schaubilder erläutert. Dies alles wird angereichert durch Praxishinweise, die Sie auf Gestaltungsmöglichkeiten für eine günstigere Steuerbelastung aufmerksam machen sollen.

Autor und Verlag hoffen, mit diesem Buch das ab 1993 geltende Umsatzsteuerrecht in leicht verständlicher Form nahe zu bringen. Darüber hinaus ist das Buch für alle die von Interesse, die bisher wenig mit der Umsatzbesteuerung zu tun hatten und sich schnell einen Überblick über das von ihnen ungewohnte Steuergebiet verschaffen wollen.

Brühl/Bonn, im Juli 1992 Hans Günter Christoffel

Inhaltsübersicht

1 Ein kurzer Überblick über das System der Umsatzbesteuerung

Das Umsatzsteuerrecht der Bundesrepublik Deutschland, das **ab dem 1. 7. 1990** in den neuen Bundesländern die **Brutto-Umsatzsteuer** abgelöst hat, basiert auf dem Prinzip der **Allphasen-Nettoumsatzsteuer** mit Vorsteuerabzug. Was verbirgt sich hinter diesem Begriff? „Allphasen" bedeutet, daß die Umsatzsteuer **jeden Umsatz** auf jeder Wirtschaftsstufe **belastet**. „Nettoumsatzsteuer" bedeutet, daß sich die Umsatzsteuer nach dem **Nettopreis bemißt.** Folgendes Beispiel soll die Wirkungsweise der Allphasen-Nettoumsatzsteuer mit Vorsteuerabzug verdeutlichen: 1

Sie haben als Unternehmer Anfang Februar 1993 von Ihrem Vorlieferanten A einen Gegenstand bezogen und darüber folgende Rechnung erhalten: 2

Nettopreis des Gegenstandes:		1 000,00 DM
Umsatzsteuer (15 % von 1 000 DM):	+	150,00 DM
Rechnungsbetrag:		1 150,00 DM

Diesen Gegenstand sollen Sie unter Berücksichtigung Ihrer kalkulatorischen Kosten und Ihres Gewinnzuschlages von zusammen 500 DM an den Endverbraucher C weiterliefern.

Bei der Allphasen-Nettoumsatzsteuer ist die Umsatzsteuer auf der Grundlage des Nettopreises, also ohne Umsatzsteuer, zu berechnen. Dies bedeutet für A, daß er in seiner Rechnung eine Umsatzsteuer von 150 DM (15 % von 1 000 DM) auszuweisen hat. Ihre Rechnung gegenüber dem Endverbraucher C hat dann wie folgt auszusehen:

Einstandspreis + kalkulatorische Kosten + Gewinnzuschlag = Nettoverkaufspreis:		1 500,00 DM
Umsatzsteuer (15 % von 1 500 DM):	+	225,00 DM
Bruttoverkaufspreis:		1 725,00 DM

Als Zwischenergebnis bleibt festzuhalten, daß bei jedem Umsatz Umsatzsteuer, und zwar auf der Grundlage des Nettoentgelts, anfällt, nämlich zum einen bei der Lieferung von A an Ihr Unternehmen (150 DM) und zum anderen bei Ihrer Lieferung an den Endverbraucher C (225 DM). Ohne eine weitere Sonderregelung hätte dies zur Folge, daß sich die Umsatzsteuer über den von Ihnen gezahlten Einstandspreis als Kostenfaktor auswirken würde und damit – je nachdem, wie lang die Unternehmenskette wäre – den vom Endverbraucher zu zahlenden Preis wesentlich beeinflussen könnte. Dies wird durch das Institut des „Vorsteuerabzuges" vermieden. **Vorsteuerabzug** bedeutet, daß Sie als Unternehmer die Ihnen **von anderen Unternehmern in Rechnung gestellte Umsatzsteuer von** Ihrer **abzuführenden Umsatzsteuer abziehen** können. Die von A in Rechnung gestellte Umsatzsteuer stellt bei Ihnen Vorsteuer dar, die Ihre Umsatzsteuer von 225 DM um 150 DM auf 75 DM reduziert. Das Finanzamt erhält von Ihnen somit nur eine Umsatzsteuerzahlung von 75 DM. Weiterhin erhält es von dem Lieferanten A eine Umsatzsteuerzahlung von 150 DM. Beide Umsatzsteuerzahlungen ergeben den Betrag, den der Endverbraucher C an Sie als Umsatzsteuer zu zahlen hat, nämlich 225 DM.

3 Das Beispiel zeigt, daß **nur** der **Endverbraucher mit Umsatzsteuer belastet** wird, und zwar auf der Grundlage des von dem letzten Unternehmer in der Kette berechneten Nettoentgelts. Bedingt durch den Vorsteuerabzug erfolgt die Zahlung der Umsatzsteuer durch die einzelnen in die Unternehmenskette eingeschalteten Unternehmer nur in Höhe des von ihnen geschaffenen Mehrwerts. In dem vorangegangenen Beispiel hat somit der Unternehmer A einen Mehrwert von 1 000 DM geschaffen und somit Umsatzsteuer von 150 DM (15 % von 1 000 DM) zu zahlen; Sie haben einen Mehrwert von 500 DM geschaffen und folglich eine Umsatzsteuer von 75 DM (15 % von 500 DM) zu entrichten. Sehen Sie sich dazu nochmals die Umsätze innerhalb der Unternehmenskette bis hin zum Endverbraucher an:

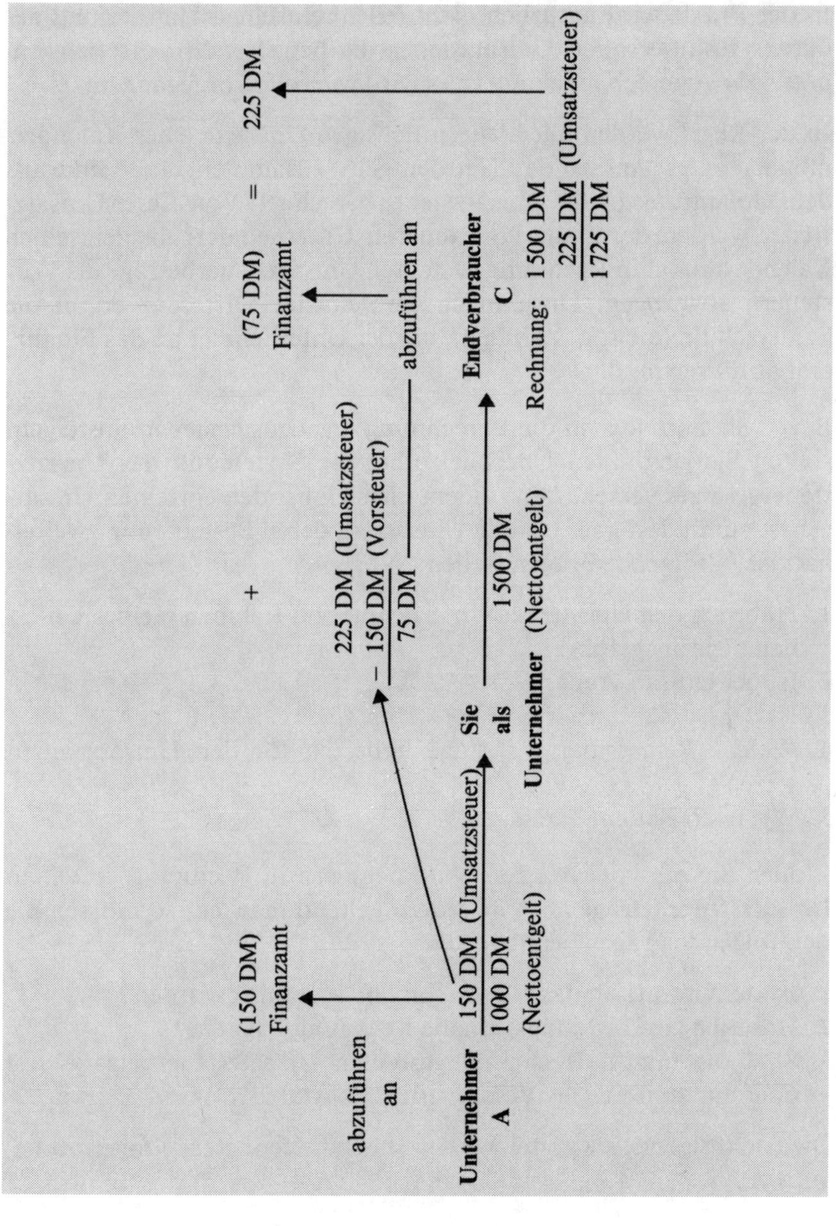
Unternehmer A
abzuführen an
(150 DM) Finanzamt
150 DM (Umsatzsteuer)
1 000 DM (Nettoentgelt)
Sie als Unternehmer
225 DM (Umsatzsteuer)
− 150 DM (Vorsteuer)
75 DM
abzuführen an
(75 DM) Finanzamt
1 500 DM (Nettoentgelt)
+
=
225 DM
Endverbraucher C
Rechnung: 1 500 DM
225 DM (Umsatzsteuer)
1 725 DM

4 In der Praxis wird natürlich nicht jedem einzelnen Umsatz und der daraus resultierenden Umsatzsteuer die betreffende Vorsteuer unmittelbar zugerechnet, sondern es wird wie folgt vorgegangen:

In der Regel werden alle steuerpflichtigen Umsätze eines Kalendermonats unter Ansatz des Nettoentgelts zusammengefaßt und aus dem Gesamtumsatz die Umsatzsteuer berechnet. Von dieser Umsatzsteuer werden dann alle von anderen Unternehmern in demselben Kalendermonat in Rechnung gestellten Umsatzsteuerbeträge als Vorsteuern abgezogen. Die danach verbleibende Differenz ergibt die Steuerschuld (die sog. **Zahllast**), die der Unternehmer an das Finanzamt abführen muß.

5 Bevor Sie nun aber in die Berechnung der Umsatzsteuer einsteigen, sollten Sie sich einen Überblick über die **Systematik des Umsatzsteuergesetzes** verschaffen, indem Sie sich bei den einzelnen Umsätzen – zumindest aber bei den Umsätzen, deren Besteuerung zweifelhaft ist – folgende Fragen stellen:

1. Habe ich den Umsatz als Unternehmer im Rahmen meines Unternehmens ausgeführt?
2. Ist der Umsatz steuerbar?
3. Ist der Umsatz steuerfrei?
4. Welche Bemessungsgrundlage habe ich für den Umsatz anzusetzen?
5. Wie hoch ist der Steuersatz?

Wollen Sie die von anderen Unternehmern in Rechnung gestellten **Umsatzsteuerbeträge als Vorsteuern** geltend machen, so müssen Sie sich folgende Fragen beantworten:

1. Ist der Umsatz an das Unternehmen ausgeführt worden?
2. Habe ich eine ordnungsgemäße Rechnung erhalten?
3. Sind die mir in Rechnung gestellten Umsatzsteuerbeträge voll oder nur zum Teil als Vorsteuern abzugsfähig?

Die nachfolgenden Kapitel werden Ihnen helfen, diese Fragen zu beantworten.

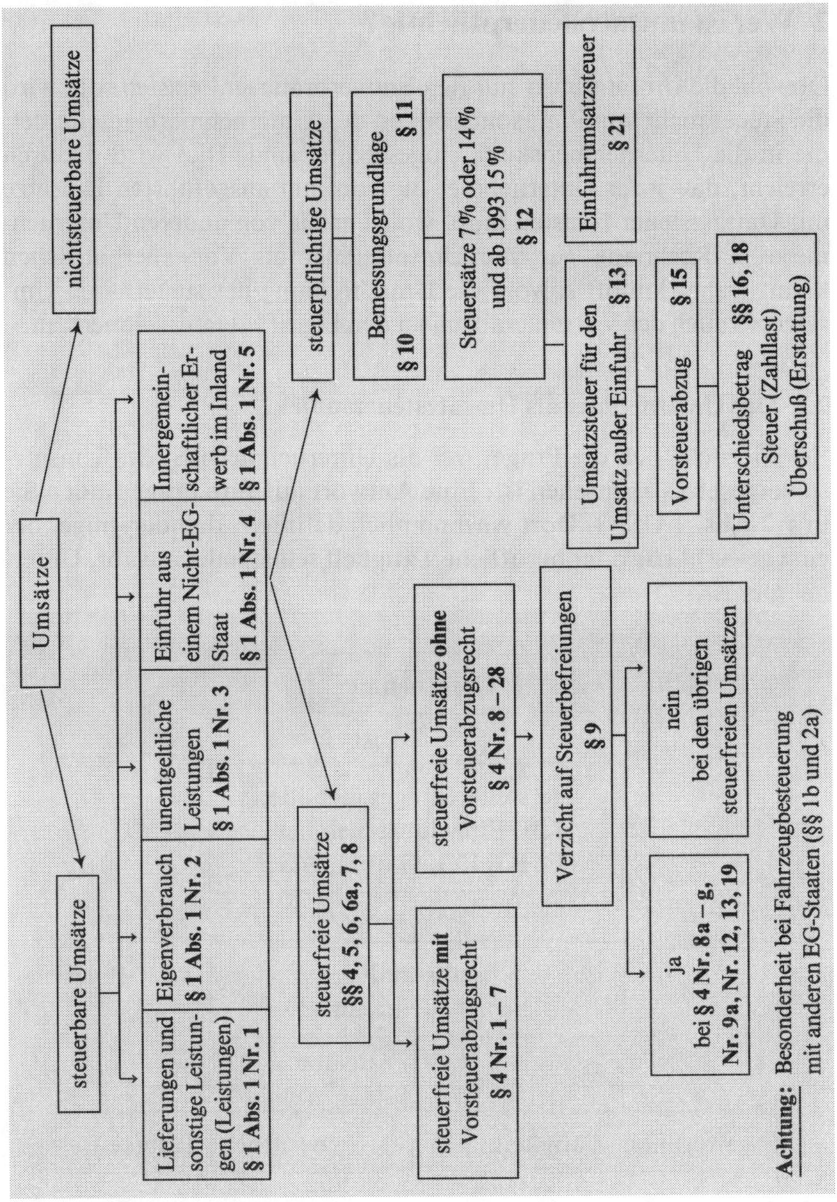
Umsätze
steuerbare Umsätze
nichtsteuerbare Umsätze
Lieferungen und sonstige Leistungen (Leistungen) § 1 Abs. 1 Nr. 1
Eigenverbrauch § 1 Abs. 1 Nr. 2
unentgeltliche Leistungen § 1 Abs. 1 Nr. 3
Einfuhr aus einem Nicht-EG-Staat § 1 Abs. 1 Nr. 4
Innergemeinschaftlicher Erwerb im Inland § 1 Abs. 1 Nr. 5
steuerfreie Umsätze §§ 4, 5, 6, 6a, 7, 8
steuerpflichtige Umsätze
steuerfreie Umsätze mit Vorsteuerabzugsrecht § 4 Nr. 1 – 7
steuerfreie Umsätze ohne Vorsteuerabzugsrecht § 4 Nr. 8 – 28
Verzicht auf Steuerbefreiungen § 9
ja bei § 4 Nr. 8a – g, Nr. 9a, Nr. 12, 13, 19
nein bei den übrigen steuerfreien Umsätzen
Bemessungsgrundlage § 10 § 11
Steuersätze 7 % oder 14 % und ab 1993 15 % § 12
Umsatzsteuer für den Umsatz außer Einfuhr § 13
Einfuhrumsatzsteuer § 21
Vorsteuerabzug § 15
Unterschiedsbetrag §§ 16, 18 Steuer (Zahllast) Überschuß (Erstattung)
Achtung: Besonderheit bei Fahrzeugbesteuerung mit anderen EG-Staaten (§§ 1b und 2a)

2 Wer ist umsatzsteuerpflichtig?

6 Obwohl die Umsatzsteuer nur den Endverbraucher belasten soll, wird die Steuer nicht von ihm, sondern von den Unternehmern geschuldet, die in die Unternehmenskette eingeschaltet sind. Dies wird dadurch erreicht, daß jeder Unternehmer die von ihm ausgeführten Umsätze mit Umsatzsteuer belasten muß, wobei er die von anderen Unternehmern in Rechnung gestellte Umsatzsteuer als Vorsteuer abziehen kann. Daher knüpft sowohl die Umschreibung der steuerbaren Umsätze als auch der Vorsteuerabzug an den Begriff „Unternehmer" an.

2.1 Der Unternehmer als Umsatzsteuersubjekt

7 Für Sie stellt sich die Frage, wer als Unternehmer i.S. des Umsatzsteuergesetzes anzusehen ist. Eine Antwort auf Ihre Frage finden Sie in § 2 Abs. 1 UStG. Dort wird nämlich definiert, daß derjenige, der eine **gewerbliche** oder **berufliche Tätigkeit selbständig** ausübt, Unternehmer ist.

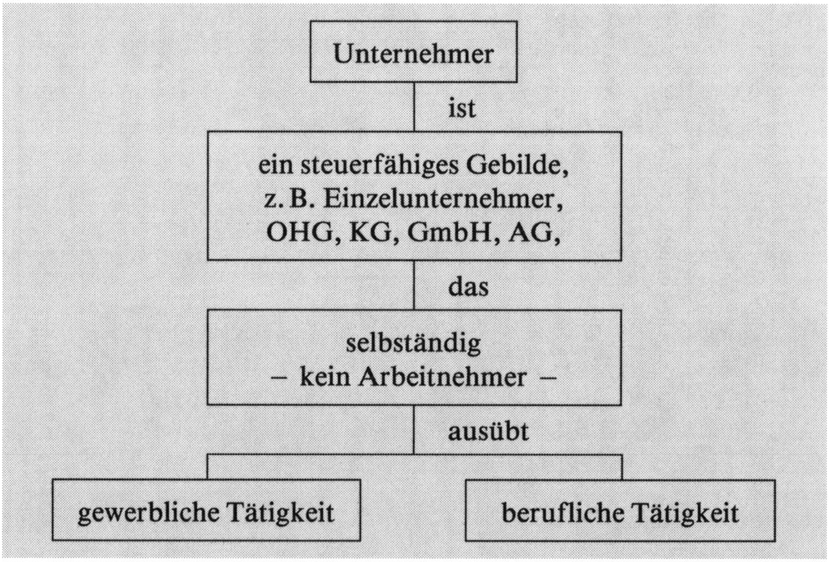

Steuerfähiges Gebilde

Zuerst fragen wir uns, welches steuerfähige Gebilde Unternehmer sein kann. Die Antwort dürfte Ihnen nicht schwerfallen. Denken Sie z. B. an den Bäcker, an den Schlosser, an den Schreiner, also an den **Einzelunternehmer**, aber auch an den Arzt, an den Architekten, an den Rechtsanwalt, also an den **Freiberufler.** Als Unternehmer kommen auch **juristische Personen**, wie die GmbH und AG, Personengesellschaften, wie die OHG und KG, und Personenzusammenschlüsse, wie die Arbeitsgemeinschaft, in Betracht. 8

Praxishinweis:
Haben Sie sich als **atypisch stiller Gesellschafter** an einem Einzelhandelsunternehmen beteiligt, ist nicht die atypisch stille Gesellschaft, sondern der **Einzelhändler Unternehmer** (vgl. Tz. 17).

Selbständigkeit

Die Eigenschaft „Unternehmer" setzt weiter voraus, daß jemand selbständig tätig ist. Bei Einzelunternehmern bietet sich an, die Frage der Selbständigkeit im Vergleich zur Arbeitnehmer-Eigenschaft zu beurteilen. **Selbständig** ist derjenige, dem der **Erfolg** seiner Arbeit zusteht und der das **Risiko** eines möglichen Mißerfolges zu tragen hat. **Unselbständig** ist dagegen derjenige, der **an** die **Weisungen** eines anderen hinsichtlich Art und Weise, Ort, Zeit sowie Umfang der zu erbringenden Arbeitsleistung **gebunden** ist (vgl. § 2 Abs. 2 Nr. 1 UStG). Denken Sie z. B. in diesem Zusammenhang an Arbeiter, Angestellte und Beamte. In der Praxis sollten folgende Hinweise als Abgrenzungskriterien beachtet werden: 9

Abführung von Lohnsteuer und Sozialversicherungsbeiträgen, **Lohnfortzahlung** im Krankheitsfall, Kündigungsschutz, **Zahlung von Urlaubs- und Weihnachtsgeld** sowie die Festlegung der Arbeitszeit sprechen für die Annahme einer unselbständigen Tätigkeit. Dagegen sind die Zahlung eines **umsatz- oder gewinnabhängigen Gehalts** und die umfassende Gestaltungsmöglichkeit im Innenverhältnis zum Auftraggeber als Anhaltspunkte für die Selbständigkeit anzusehen.

Merke: Wer gewerbliche oder freiberufliche Einkünfte erzielt, ist grundsätzlich selbständig tätig.

---

10 Bei natürlichen Personen ist als Besonderheit zu beachten, daß sie hinsichtlich der einen Tätigkeit selbständig und hinsichtlich der anderen Tätigkeit unselbständig sein können. Es ist daher erforderlich, jede Tätigkeit daraufhin zu untersuchen, ob sie selbständig ausgeübt wird. Nur in bezug auf die selbständigen Tätigkeiten erfüllt die natürliche Person dann eine der Voraussetzungen der Unternehmereigenschaft.

Beispiel 1:
A ist bei der Firma B als Ingenieur angestellt. In seiner Freizeit schreibt er Aufsätze, die in Fachzeitschriften veröffentlicht werden.
A ist gegenüber der Firma B unselbständig tätig. Hinsichtlich seiner schriftstellerischen Tätigkeit ist jedoch das Merkmal „Selbständigkeit“ erfüllt.

Beispiel 2:
B ist als Betriebsarzt bei der Firma C angestellt. In seinem Anstellungsvertrag hat er sich das Recht einräumen lassen, nebenbei noch eine kleine Privatpraxis betreiben zu dürfen.
Gegenüber der Firma C ist B unselbständig tätig. Soweit B im Rahmen seiner Privatpraxis tätig ist, erzielt er Einnahmen aus einer selbständigen Tätigkeit.

Häufig ist es in der Praxis schwierig, das Merkmal „Selbständigkeit" 11
anhand des **Auftretens nach außen** (Außenverhältnis) zu beurteilen. Es kommt also nicht allein darauf an, wer eine Ware verkauft und dafür das Entgelt erhält. Ansonsten wäre auch ein Angestellter, der Ihnen an einer Pommes-frites-Bude ein Würstchen verkauft, Unternehmer. Vielmehr kommt es bei der Beurteilung der Selbständigkeit auf das **Innenverhältnis** an. Steht der Chef selbst hinter der Theke, so ist er gegenüber Ihnen selbständig tätig. Erhalten Sie jedoch das Würstchen von einem Angestellten, so ist der Angestellte gegenüber Ihnen hinsichtlich der „Wurst-Lieferung" unselbständig und somit nicht als Unternehmer tätig. Er handelt gegenüber Ihnen auf Weisung seines Chefs, ist also nur Ausführungsorgan. Dies wird für Sie deutlich, wenn Ihnen die Wurst nicht schmeckt und Sie nach dem Chef verlangen.

Haben sich **mehrere Personen** für eine bestimmte Tätigkeit **zusam-** 12
mengeschlossen, so ist dieser Zusammenschluß gegenüber einem anderen Unternehmer nicht selbständig tätig, wenn die zusammengeschlossenen Personen den Weisungen des Unternehmers zu folgen verpflichtet sind (§ 2 Abs. 2 Nr. 1 UStG). Denken Sie z. B. an eine Musikkapelle, die anläßlich eines Volksfestes von einem Gastwirt zusammengestellt wird, wobei die einzelnen Mitglieder an die Weisungen des Gastwirts hinsichtlich des Musikprogramms und der Dauer ihres Auftritts gebunden sind. Obwohl die Kapelle nach außen als Gruppe auftritt und eine gewisse Eigenständigkeit dokumentiert, sind ihre Mitglieder in das Unternehmen „Gastwirtschaft" eingegliedert und somit nicht selbständig tätig.

Sehen wir uns abschließend zum Merkmal „Selbständigkeit" noch zwei **Besonderheiten** an, und zwar zum einen die umsatzsteuerliche **Organschaft** und zum anderen das Institut des **Unternehmenszusammenschlusses**.

Organschaft

13 So wie natürliche Personen in ein Unternehmen eingegliedert sein können, ist dies auch bei Kapitalgesellschaften und anderen juristischen Personen möglich; sie sind dann nicht selbständig tätig (§ 2 Abs. 2 Nr. 2 UStG). Diese Eingliederung bezeichnet man als Organschaft. Die Annahme einer Organschaft setzt voraus, daß eine juristische Person – in diesem Zusammenhang als **Organgesellschaft** bezeichnet – nach dem Gesamtbild der tatsächlichen Verhältnisse finanziell, wirtschaftlich und organisatorisch **in** ein **anderes Unternehmen,** nämlich in das des Organträgers, **eingegliedert** ist.

14 Als **Organgesellschaften** kommen nur juristische Personen, insbesondere die AG oder GmbH, in Betracht, nicht aber Einzelunternehmer und Personengesellschaften. **Organträger** kann dagegen jeder Unternehmer sein. Die **finanzielle Eingliederung** ist in der Regel gegeben, wenn die **Beteiligung** an der Organgesellschaft **mehr als 50 %** beträgt. **Wirtschaftliche Eingliederung** bedeutet, daß die Organgesellschaft nach dem Willen des Organträgers für das **Gesamtgebilde wirtschaftlich tätig** ist, es also fördern und ergänzen muß. Denken Sie z. B. daran, daß sich eine Produktionsgesellschaft zum Vertrieb ihrer Produkte einer Organgesellschaft bedient. Die **organisatorische Eingliederung** liegt vor, wenn der Organträger durch organisatorische Maßnahmen, z. B. durch Personalunion der Geschäftsführer, sicherstellt, daß sein **Wille** in der Organgesellschaft auch **tatsächlich ausgeführt** wird.

15 Sind die Voraussetzungen für die Annahme einer Organschaft erfüllt, so wird das Gesamtgebilde **„Organträger – Organgesellschaft"** (sog. Organkreis) **umsatzsteuerlich** als **ein Unternehmer** behandelt. Die Organgesellschaft ist dabei gegenüber dem Organträger unselbständig tätig, also ihr untergeordnet. Werden von der Organgesellschaft Umsätze an Dritte ausgeführt, so werden diese Umsätze unmittelbar dem Organträger zugerechnet. Dies gilt selbstverständlich auch hinsichtlich des Vorsteuerabzuges. Folglich hat die Organgesellschaft keine Umsatzsteuererklärung abzugeben; sie wird auch

nicht zur Umsatzsteuer veranlagt. Führt die Organgesellschaft an den Organträger oder der Organträger an die Organgesellschaft Umsätze aus, so handelt es sich hierbei um sog. **Innenumsätze,** die bei der Festsetzung der Umsatzsteuer außer Ansatz bleiben.

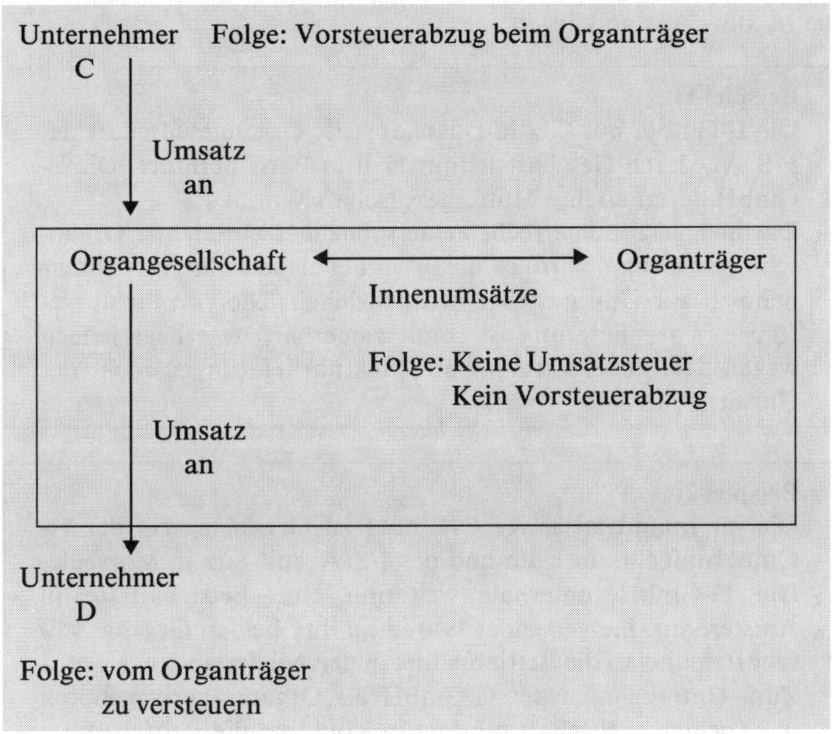

Merke: Nur der Organträger schuldet Umsatzsteuer, und nur er ist zum Vorsteuerabzug berechtigt!

Eine Ausnahme von dem Grundsatz „Nichtbesteuerung von Innen- 16
umsätzen" gilt jedoch für solche **Organkreise,** bei denen sich **Unternehmensteile im Ausland befinden** (§ 2 Abs. 2 Nr. 2 Satz 2 UStG).

Denn die Organschaft beschränkt sich in diesem Fall nur auf die im Inland gelegenen Unternehmensteile, so daß Umsätze an die im Ausland gelegenen Unternehmensteile steuerbar sind. Nicht betroffen von dieser Beschränkung sind **unselbständige Unternehmensteile** in Form von Betriebsstätten, unabhängig davon, ob die Betriebsstätten im In- oder Ausland liegen.

Beispiel 1:
Die E-GmbH mit Sitz in Düsseldorf ist Organgesellschaft der F-S. A., deren Geschäftsleitung sich in Paris befindet. Die E-GmbH liefert an ihre Muttergesellschaft Waren.
Da im Umsatzsteuerrecht keine grenzüberschreitende Organschaft anerkannt wird, ist die E-GmbH als selbständiges Unternehmen zur Umsatzsteuer heranzuziehen. Die von ihr ausgeführte Warenlieferung ist somit steuerbar, unterliegt jedoch wegen der Steuerbefreiung für Ausfuhrlieferungen nicht der Umsatzsteuer.

Beispiel 2:
Die im Inland ansässige G-GmbH ist Organträgerin der H-GmbH mit Sitz in Köln und der I-S. A. mit Sitz in Marseille. Die G-GmbH unterhält weiterhin eine Betriebsstätte in Amsterdam. Sie versendet Waren an ihre beiden Organgesellschaften und an die Betriebsstätte in den Niederlanden.
Zum Unternehmen der G-GmbH als Organträgerin gehören die Tochtergesellschaft mit Sitz in Köln und die Betriebsstätte in Amsterdam. Zwischen der Organträgerin und der H-GmbH sowie der Betriebsstätte in Amsterdam liegen nicht steuerbare Innenumsätze vor. Das Verbringen von Gegenständen nach Amsterdam ist allerdings in den Niederlanden ab dem 1. 1. 1993 als steuerpflichtiger Erwerb der dortigen Umsatzsteuer zu unterwerfen. Dagegen sind die Warenlieferungen der Organträgerin an ihre Tochtergesellschaft in Marseille steuerbar, allerdings als Exportumsätze von der Umsatzsteuer befreit.

Unternehmenszusammenschlüsse

Im Wirtschaftsleben kommt es häufig vor, daß sich Unternehmer zu 17
einer Gemeinschaft zusammenschließen, um gemeinsam ein Großprojekt durchzuführen. Denken Sie z. B. an eine **Arbeitsgemeinschaft,** die aus zwei Bauunternehmern besteht. Tritt diese Arbeitsgemeinschaft gegenüber dem Auftraggeber als **selbständiges Gebilde** auf, so ist sie umsatzsteuerlich als Unternehmer anzusehen. Besteht die Arbeitsgemeinschaft nur im **Innenverhältnis,** so ist sie umsatzsteuerlich irrelevant; unternehmerisch tätig sind in diesem Fall lediglich die an ihr beteiligten Unternehmer.

Gewerbliche oder berufliche Tätigkeit

Kommen wir nun zu dem dritten Merkmal der Unternehmereigen- 18
schaft, nämlich der gewerblichen oder beruflichen Tätigkeit. Unter einer **gewerblichen** oder **beruflichen Tätigkeit** ist jede Tätigkeit im wirtschaftlichen Sinne zu verstehen, durch die **nachhaltig Einnahmen erzielt** werden (§ 2 Abs. 1 Satz 3 UStG).

Über die Tätigkeit muß eine **Beteiligung am Wirtschaftsleben** erfol- 19
gen. Die bloße Kapitalnutzung, wie z. B. das Unterhalten von Giro-, Bauspar- und Sparkonten sowie der Erwerb von Wertpapieren begründet daher noch keine Unternehmereigenschaft. Auch das **bloße Erwerben** und **Halten von Beteiligungen an Kapitalgesellschaften ist** grundsätzlich keine nachhaltige gewerbliche oder berufliche Tätigkeit. Eine Ausnahme gilt lediglich für die Fälle, in denen jemand durch geschäftsmäßigen An- und Verkauf von Kapital- und Gesellschaftsbeteiligungen aller Art wie ein Händler auftritt und damit nachhaltig in der Absicht, Einnahmen zu erzielen, tätig wird. Weiterhin muß die Tätigkeit **nachhaltig** ausgeübt werden, d. h. es muß eine **Wiederholungsabsicht** bestehen. Die Wiederholungsabsicht dokumentiert sich in der Praxis meist darin, daß tatsächlich mehrere Handlungen unter Ausnutzung derselben Gelegenheit (vgl. die nach-

folgenden Beispiele 1, 2 und 4) oder desselben dauernden Verhältnisses (vgl. Beispiel 3) vorgenommen werden. Bei einem einmaligen Umsatz genügt ein **vorgefaßter, auf Wiederholung gerichteter Willensentschluß** zur Annahme der Nachhaltigkeit, wenn aus den Umständen geschlossen werden kann, das Geschäft bei sich bietender Gelegenheit zu wiederholen. Bei einer Tätigkeit, die auf einem einmaligen Entschluß beruht, ist die Nachhaltigkeit zu bejahen, wenn die Durchführung der Tätigkeit **mehrere Handlungen** erfordert. Von einer nachhaltigen Tätigkeit ist auch dann auszugehen, wenn durch den einmaligen Entschluß ein auf die Erzielung von Einnahmen **gerichteter Dauerzustand** in Form von **fortgesetzten Duldungsleistungen** geschaffen wird, unabhängig davon, ob ein laufendes oder ein einmaliges Entgelt gezahlt wird (vgl. Beispiel 3).

Beispiel 1:
K ist Angestellter eines Kraftfahrzeughändlers. Aufgrund seines Arbeitsvertrages ist es ihm gestattet, Vorführwagen zu erwerben und in eigenem Namen und für eigene Rechnung zu verkaufen.
K ist nachhaltig tätig, da er mehrere Handlungen unter Ausnutzung derselben Gelegenheit „An- und Verkauf von Vorführwagen" ausgeführt hat.

Beispiel 2:
Der pensionierte Beamte L sammelt Briefmarken. Um seine Sammlung zu komplettieren, kauft oder tauscht er die ihm fehlenden Briefmarken hinzu. Gelegentlich kommt es auch zum Verkauf von einzelnen Briefmarken.
Durch den gelegentlichen Verkauf von einzelnen Briefmarken will sich L **nicht am Wirtschaftsleben** beteiligen. Vielmehr tritt er als privater Sammler auf. Obwohl das Merkmal „Nachhaltigkeit" gegeben ist, liegt wegen der fehlenden Beteiligung am Wirtschaftsleben keine Unternehmereigenschaft vor.

Beispiel 3:
M hat dem Unternehmer N ein auf 5 Jahre befristetes Nießbrauchsrecht an seinem Geschäftsgrundstück eingeräumt. Hierfür erhält er ein einmaliges Entgelt von 500000 DM.

Bei der Nießbrauchsbestellung handelt es sich um eine fortgesetzte Duldungsleistung, so daß unabhängig davon, ob ein laufendes oder ein einmaliges Entgelt gezahlt wird, das Merkmal „Nachhaltigkeit“ erfüllt ist.

Beispiel 4:
Der Beamte O wird aufgrund eines Sterbefalls in der Familie zum Testamentsvollstrecker bestellt.

Bei der Testamentsvollstreckung handelt es sich um eine einmalige Tätigkeit, da es – so ist dem Sachverhalt zu entnehmen – an der Wiederholungsabsicht fehlt. Das Merkmal „Nachhaltigkeit“ ist somit nicht erfüllt.

Einnahmeerzielungsabsicht

Die nachhaltige Tätigkeit muß auf die Erzielung von Einnahmen gerichtet sein. Auf die Absicht, Gewinn zu erzielen, kommt es nicht an (vgl. § 2 Abs. 1 Satz 3 UStG). Mithin ist eine gewerbliche oder berufliche Tätigkeit auch in den Fällen gegeben, in denen **kein Gewinn** oder sogar ein **Verlust** anfällt. Für die Unternehmereigenschaft reicht es nämlich aus, daß Lieferungen oder sonstige Leistungen **gegen Entgelt** bewirkt werden. 20

Beispiel:
P ist als Reiseschriftsteller tätig. Da seine Bücher nur in kleiner Auflage erscheinen, deckt das Honorar bei weitem nicht die angefallenen Kosten ab.

Obwohl P seine schriftstellerische Tätigkeit nicht mit Gewinnerzielungsabsicht ausübt und somit aus einkommensteuerlicher Sicht eine Liebhaberei vorliegt, ist er als Unternehmer anzusehen, da er sich nachhaltig am Wirtschaftsleben mit der Absicht, Einnahmen zu erzielen, beteiligt.

21 Noch ein Hinweis zum Abschluß: Eine **Personenvereinigung**, die nur gegenüber ihren Mitgliedern tätig ist, ist ebenfalls gewerblich oder beruflich tätig. Denken Sie z. B. an den Fall, daß eine Einkaufsgenossenschaft die von ihr erworbenen Waren ausschließlich an ihre Genossen kostendeckend veräußert. Obwohl die **Genossenschaft** nicht mit Gewinnerzielungsabsicht arbeitet, ist sie als Unternehmer tätig, da sie durch die Weiterveräußerung der Waren an die Genossen nachhaltig Einnahmen erzielt.

Betriebe gewerblicher Art

22 Juristische Personen des öffentlichen Rechts, insbesondere Gemeinden, Universitäten, die Deutsche Bundespost und die Deutsche Bundesbahn, können Unternehmer sein, soweit sie einen **Betrieb gewerblicher Art** oder **einen land- und forstwirtschaftlichen Betrieb** unterhalten. Ein Betrieb gewerblicher Art ist jede **selbständige wirtschaftliche Tätigkeit** zur Erzielung von Einnahmen außerhalb der Land- und Forstwirtschaft, die sich innerhalb der Gesamtbetätigung der juristischen Person **wirtschaftlich heraushebt.** Denken Sie z. B. an das Schwimmbad in Ihrer Gemeinde, an die Kurverwaltungen und an die Materialprüfanstalten, soweit sie Leistungen gegenüber privaten Auftraggebern ausführen.

Wir wissen nun, unter welchen Voraussetzungen die Unternehmereigenschaft gegeben ist. Zu klären bleibt noch, wann sie beginnt und wann sie endet.

Beginn der Unternehmereigenschaft

Für den Beginn der Unternehmereigenschaft gilt der Grundsatz: Mit dem ersten **nach außen erkennbaren**, auf eine Unternehmertätigkeit gerichteten **Tätigwerden** sind die Voraussetzungen erfüllt, an die das Umsatzsteuerrecht die Unternehmereigenschaft knüpft. In der Regel wird der Unternehmer durch **Vorbereitungshandlungen**, wie z. B. die Anmietung eines Ladenlokals oder den Wareneinkauf vor Betriebseröffnung, nach außen erkennbar tätig. Nicht erforderlich ist, daß bereits Umsätze ausgeführt werden. 23

Praxishinweis: Ab Beginn der Unternehmereigenschaft kann die von anderen Unternehmern in Rechnung gestellte Umsatzsteuer als Vorsteuer abgezogen werden.

Beispiel:
Der Architekt R hat mit Wirkung zum 1. 8. 1992 Büroräume angemietet. Nachdem diese Büroräume renoviert und entsprechend eingerichtet sind, eröffnet er dort ab dem 1. 9. 1992 seine Praxis. Die ersten Umsätze werden kurz nach der Praxiseröffnung getätigt.

Bereits mit der Anmietung der Büroräume wird der Architekt R **unternehmerisch** tätig. Soweit in dieser Phase bereits Umsätze an ihn ausgeführt werden, kann er die ihm in Rechnung gestellte Umsatzsteuer als **Vorsteuer** geltend machen.

Geht ein Unternehmen im Rahmen der **Erbfolge** auf einen Erben über, so erfüllt der Erbe nicht automatisch die Voraussetzungen der Unternehmereigenschaft. Nur in den Fällen, in denen er selbständig und nachhaltig mit Einnahmeerzielungsabsicht tätig wird, ist er als Unternehmer anzusehen. 24

Beispiel:
S, Inhaber eines Einzelhandelsgeschäfts, ist im August 1992 verstorben. Das Geschäft geht auf seine Ehefrau als Alleinerbin über. Diese veräußert das Geschäft Anfang Oktober 1992 an T.

Die Witwe wird weder in ihrer Eigenschaft als Erbin noch aufgrund des einmaligen Veräußerungsvorganges Unternehmer i. S. des Umsatzsteuergesetzes. Allerdings nimmt die Witwe als Gesamtrechtsnachfolgerin eine treuhandähnliche Stellung für den verstorbenen Unternehmer ein, so daß es gerechtfertigt ist, die **Geschäftsveräußerung** als **letzten Akt der unternehmerischen Tätigkeit** des Verstorbenen anzusehen. Aus der Geschäftsveräußerung entsteht also noch Umsatzsteuer in der Person des verstorbenen S, die seine Witwe als Gesamtrechtsnachfolgerin zu begleichen hat.

Ende der Unternehmereigenschaft

25 Nun zum Ende der Unternehmereigenschaft. Hier gilt der Grundsatz: Die Unternehmereigenschaft endet mit dem letzten Tätigwerden nach außen, also in der Regel mit der **Ausführung des letzten Umsatzes.** Auf den Zeitpunkt der Einstellung oder Abmeldung des Gewerbebetriebes kommt es nicht an. Die Unternehmereigenschaft einer GmbH endet nicht im Zeitpunkt des Eintritts der Vermögenslosigkeit, sondern erst nach **wirksamer Löschung im Handelsregister.**

Bis zur Beendigung der Unternehmereigenschaft vollziehen sich die Veräußerung von Gegenständen des Betriebsvermögens sowie eine Geschäftsveräußerung im ganzen oder die nachträgliche Vereinnahmung von Entgelten im Rahmen der unternehmerischen Tätigkeit. Diese Umsätze unterliegen daher der Umsatzsteuer. Andererseits können die mit diesen Umsätzen oder mit der Abwicklung der Unternehmertätigkeit im Zusammenhang stehenden Vorsteuern bis zur „Vollbeendigung" abgezogen werden.

Noch zwei Hinweise zum Abschluß: Eine Beendigung der Unternehmereigenschaft liegt nicht vor, wenn der Unternehmer die Absicht hat, das Unternehmen weiterzuführen oder in absehbarer Zeit wieder aufzunehmen. Denken Sie in diesem Zusammenhang an die sog. **Saisonbetriebe.** Eine Personengesellschaft besteht als Unternehmer solange fort, bis alle gemeinsamen Rechtsbeziehungen, zu denen auch die Steuerangelegenheiten gehören, abgewickelt sind. Bei einer Personengesellschaft, an der zwei Gesellschafter beteiligt sind, ist als Besonderheit zu beachten, daß beim Ausscheiden eines Gesellschafters das Unternehmen von dem verbleibenden Gesellschafter als Einzelunternehmen fortgeführt wird. 26

Fassen wir nochmals zusammen: Bei der Unternehmereigenschaft kommt es auf das Rechtsgebilde, das sich am Wirtschaftsleben beteiligt, nicht an. Entscheidendes Gewicht ist vielmehr den Merkmalen „Selbständigkeit" und „gewerbliche oder berufliche Tätigkeit", die sich in der nachhaltigen Einnahmeerzielungsabsicht dokumentiert, beizumessen. Besonderheiten gelten für die Fälle der Organschaft und der Unternehmenszusammenschlüsse. Die Unternehmereigenschaft beginnt mit der ersten nach außen erkennbaren Unternehmertätigkeit. Sie endet mit dem letzten Tätigwerden. 27

2.2 Der Sonderfall „Fahrzeuglieferer"

Ab dem 1. 1. 1993 werden erstmalig **private Letztverbraucher als Unternehmer** angesehen, nämlich dann, wenn sie **neue Fahrzeuge an einen in einem anderen EG-Staat ansässigen Abnehmer** liefern (§ 2a UStG). Durch diese Maßnahme wird eine Umsatzsteuerbelastung der Fahrzeuglieferung in dem anderen EG-Staat (= Bestimmungsland) erreicht. Dies geschieht wie folgt: Der Fahrzeuglieferer kann die beim **Ankauf des Fahrzeugs** entrichtete Umsatzsteuer als **Vorsteuern** 28 geltend machen. Seine **Lieferung** in den anderen EG-Staat bleibt nach nationalem Umsatzsteuerrecht **steuerfrei.** In dem anderen EG-Staat unterliegt die Lieferung als **innergemeinschaftlicher Erwerb der Umsatzsteuer,** die der Abnehmer zu tragen hat.

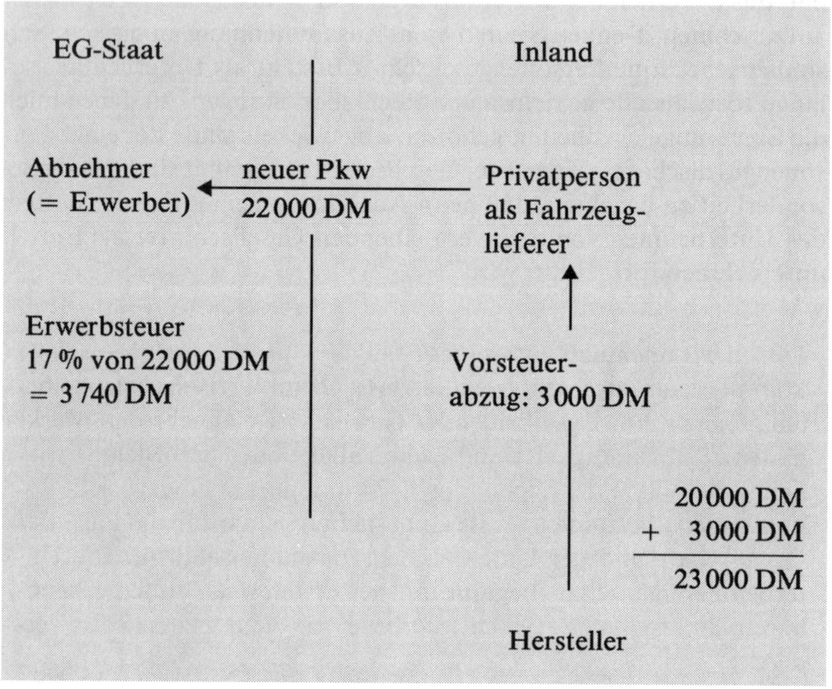

29 Was ist im einzelnen zu beachten? Die Neubesteuerung des Fahrzeuglieferers betrifft nur **Privatpersonen** und Unternehmer, die **außerhalb ihres Unternehmens** gelegentlich neue Fahrzeuge liefern (vgl. Tz. 179). Bei der Lieferung muß das **neue Fahrzeug** (vgl. Tz. 180) **vom Inland in** einen anderen **EG-Staat** gelangt sein. Der Ort der Lieferung muß sich im Inland befinden. Dies ist der Fall, wenn das neue Fahrzeug im Inland an den **Abnehmer übergeben** wird oder wenn es vom Inland aus in den anderen **EG-Staat befördert oder versendet** wird.

2.3 Das Unternehmen

Das Unternehmen umfaßt die gesamte gewerbliche oder berufliche Tätigkeit des Unternehmers (sog. Einheitstheorie; § 2 Abs. 1 Satz 2 UStG). In der Praxis bedeutet dies: Hat ein Unternehmer **mehrere gesondert geführte Betriebe**, so wird nicht jeder Betrieb für sich zur Umsatzsteuer herangezogen, sondern die **Gesamtheit der Betriebe**, also das Unternehmen als einheitliches Ganzes. Dabei macht es keinen Unterschied, ob sich die Betriebe im Inland oder im Ausland befinden. 30

Beispiel 1:
U betreibt eine Metzgerei. Nebenbei unterhält er auch eine Gastwirtschaft.

Sowohl die Metzgerei als auch die Gastwirtschaft gehören zu dem Unternehmen des U i. S. des Umsatzsteuergesetzes.

Beispiel 2:
Ein Architekt verfaßt in seiner Freizeit Aufsätze für Fachzeitschriften.

Die Tätigkeit als Architekt und die schriftstellerische Tätigkeit sind zu einem Unternehmen zusammenzufassen.

Beispiel 3:
V betreibt in Dresden eine kleine Fabrik, in der Handtaschen hergestellt werden. Einen Teil der Handtaschen liefert er nach Salzburg, wo er einen kleinen Laden mit Lederwaren unterhält.

Zum Unternehmen des P gehört sowohl die Fabrik in Dresden als auch das Einzelhandelsgeschäft in Salzburg.

Umsätze innerhalb des Unternehmens

31 Die Annahme eines einheitlichen Unternehmens hat zur Folge, daß Umsätze, die innerhalb des Unternehmens ausgeführt werden, als sog. **Innenumsätze nicht zur Umsatzsteuer herangezogen** werden. Dabei ist dem Umstand, ob über diese Umsätze Rechnungen erteilt werden, keine Bedeutung beizumessen. Die „Nichtbesteuerung" hat weiterhin zur Folge, daß derjenige Betrieb, gegenüber dem der Umsatz erfolgt ist, keine Vorsteuer abziehen kann. Für das gesamte Unternehmen ist nur eine **gemeinsame Umsatzsteuer-Voranmeldung** und nur eine **gemeinsame Jahreserklärung** abzugeben.

Praxishinweis:
Bei Ehegatten gehören zum Unternehmen des Ehemanns nicht die Betriebe der Ehefrau und umgekehrt. Auch Betriebe der Kinder werden stets als selbständige Steuersubjekte behandelt. Folglich sind Umsätze zwischen Ehegatten oder zwischen Eltern und Kindern nicht als Innenumsätze, sondern als steuerrelevante Vorgänge anzusehen.

---

32 Folgendes Schaubild faßt nochmals den umsatzsteuerlichen Begriff „Unternehmen" zusammen:

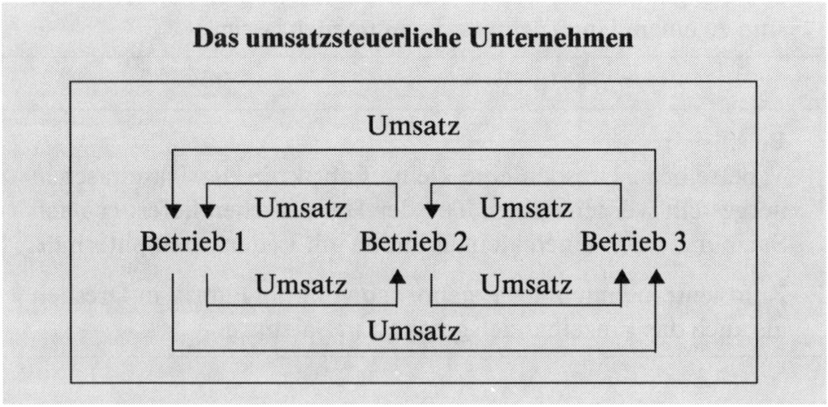

Folgen: Alles Innenumsätze
- keine Umsatzbesteuerung
- kein Vorsteuerabzug

Eine Voranmeldung
Eine Jahreserklärung

Merke: Ehegatten oder Kinder sind stets für sich zu betrachten.

Unternehmen bei Einzelunternehmern

Bei Einzelunternehmern ist es erforderlich, den persönlichen Lebens- 33
bereich einerseits und die unternehmerische Tätigkeit im Rahmen des Unternehmens andererseits zu trennen. Vorgänge, die in die **Privatsphäre** fallen, sind aus umsatzsteuerlicher Sicht irrelevant. Dagegen ist alles das, was das Unternehmen angeht, auf seine umsatzsteuerliche Bedeutung hin zu überprüfen. So unterliegen Umsätze, die im Rahmen des Unternehmens ausgeführt werden, in der Regel der Umsatzsteuer. Für Umsätze, die an das Unternehmen erfolgen, kann der Unternehmer unter bestimmten Voraussetzungen den Vorsteuerabzug geltend machen. Für Sie ist daher wichtig zu wissen, was Ihrer unternehmerischen Betätigung zuzurechnen ist.

Grundgeschäfte

In den Rahmen des Unternehmens fallen alle Leistungen, die die 34
eigentliche unternehmerische **Tätigkeit** ausmachen (sog. Grundgeschäfte). Denken Sie z. B. an einen Einzelhändler, der Küchengeräte verkauft. Sämtliche Veräußerungsgeschäfte im Zusammenhang mit Küchengeräten sind seinem Unternehmen zuzurechnen. Problematisch wird die Angelegenheit dann, wenn dieser Unternehmer ein gebrauchtes Küchengerät aus seinem Privathaushalt veräußert. Hierin ist m. E. **kein Handeln** im Rahmen des Unternehmens zu sehen,

wenn diese Veräußerung auch bei anderen Privathaushalten üblich ist und vergleichbar (z. B. Verkauf durch Annonce in einer Wochenzeitschrift) gestaltet wird.

Hilfsgeschäfte

35 Zum unternehmerischen Bereich gehören auch Hilfsgeschäfte. Hierbei handelt es sich um Geschäfte, die der **Geschäftsbetrieb** des Unternehmens **üblicherweise mit sich bringt**. Denken Sie z. B. bei unserem Einzelhändler an den Verkauf von Einrichtungsgegenständen bei Renovierung des Ladenlokals. Auf die Nachhaltigkeit der Hilfsgeschäfte kommt es nicht an.

Nebengeschäfte

36 Schließlich gehören auch Nebengeschäfte in den Rahmen des Unternehmens. Nebengeschäfte sind Tätigkeiten, die zwar nicht den eigentlichen Geschäftszweck betreffen und sich daher nicht notwendigerweise aus dem Geschäftsbetrieb ergeben, trotzdem mit der Haupttätigkeit im **engen wirtschaftlichen Zusammenhang** stehen. Denken Sie z. B. an einen Rechtsanwalt, der für einen Klienten die Testamentsvollstreckung übernimmt, oder an einen Steuerberater, der im Prüfungsausschuß für die Abnahme der Steuerberaterprüfung tätig ist.

37 Auch hier sehen wir uns als Zusammenfassung das folgende Schaubild an:

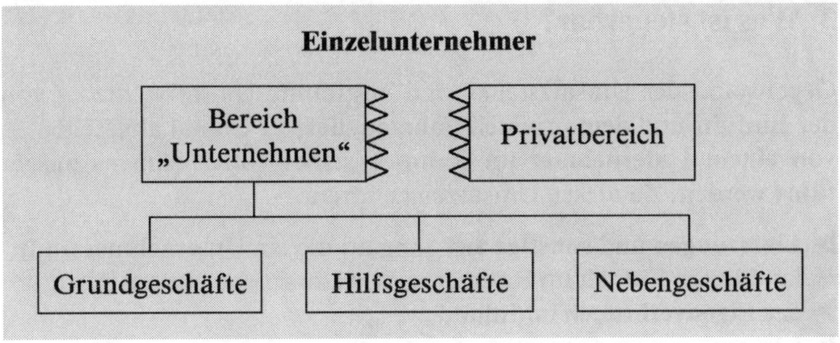

Zum Abschluß noch ein Hinweis: Nebengeordnete Personen- oder Kapitalgesellschaften werden auch dann nicht zu einer Unternehmereinheit zusammengefaßt, wenn an ihnen die **gleichen Gesellschafter** mit **gleichen Beteiligungsverhältnissen** beteiligt sind, eine einheitliche **Willensbildung** bei allen Gesellschaftern gewährleistet ist und die Gesellschaften im Verhältnis der **Nebenordnung** zueinander stehen. 38

3 Was ist steuerbar?

39 Gegenstand der Umsatzsteuer sind bestimmte Umsätze, die – von der Einfuhr und dem privaten Fahrzeuglieferer einmal abgesehen – **von einem Unternehmer im Rahmen seines Unternehmens ausgeführt** werden. Zu diesen Umsätzen gehören

- **Lieferungen** und **sonstige Leistungen**, die ein Unternehmer im Inland gegen Entgelt im Rahmen seines Unternehmens ausführt,
- der **Eigenverbrauch** im Inland,
- **Lieferungen** und **sonstige Leistungen von Körperschaften** und Personenvereinigungen, soweit die Empfänger der Leistung **kein Entgelt** aufzuwenden haben,
- die **Einfuhr von Gegenständen** in das Zollgebiet und
- der **innergemeinschaftliche Erwerb** im Inland gegen Entgelt (erst ab 1993).

Man spricht in diesem Zusammenhang von **steuerbaren Umsätzen**, also von Umsätzen, die sämtliche im Gesetz aufgeführten Voraussetzungen erfüllen. **Liegt** eine der dort genannten **Voraussetzungen nicht vor**, so ist der Umsatz **nicht steuerbar**. Denken Sie z. B. an den Fall, daß ein Arbeitnehmer seinen gebrauchten Pkw veräußert. Da er nicht als Unternehmer handelt, ist der Vorgang als nicht steuerbarer Umsatz anzusehen. Denken Sie weiter an den Fall, daß Sie ein Grundstück in Frankreich verkaufen. Auch dieser Verkauf unterliegt, da das Grundstück nicht im Inland belegen ist, nicht der Umsatzsteuer. Denken Sie schließlich noch an den Einzelunternehmer, der sowohl eine Metzgerei als auch eine Gastwirtschaft betreibt. Beliefert die Metzgerei die Gastwirtschaft mit Würstchen, so liegen nicht steuerbare Innenumsätze vor.

---

40 **Praxishinweis:**

Umsätze, die **an einen Abnehmer im Ausland** ausgeführt werden, sind nicht per se der Gruppe der nicht steuerbaren Umsätze zuzurechnen. Vielmehr kommt es darauf an, wo sich der Ort der Lieferung oder sonstigen Leistung befindet. Ist er im Inland belegen, so liegt ein steuerbarer Umsatz vor, der unter bestimmten Voraussetzungen steuerbefreit ist. Liegt der Ort der Lieferung oder sonstigen Leistung im Ausland, so handelt es sich um einen nicht steuerbaren Umsatz.

Erst wenn die Steuerbarkeit eines Umsatzes geklärt ist, stellt sich die weitere Frage, ob der Umsatz **steuerbefreit** oder **steuerpflichtig** ist. 41
Sehen wir uns dazu das nachfolgende Schaubild an:

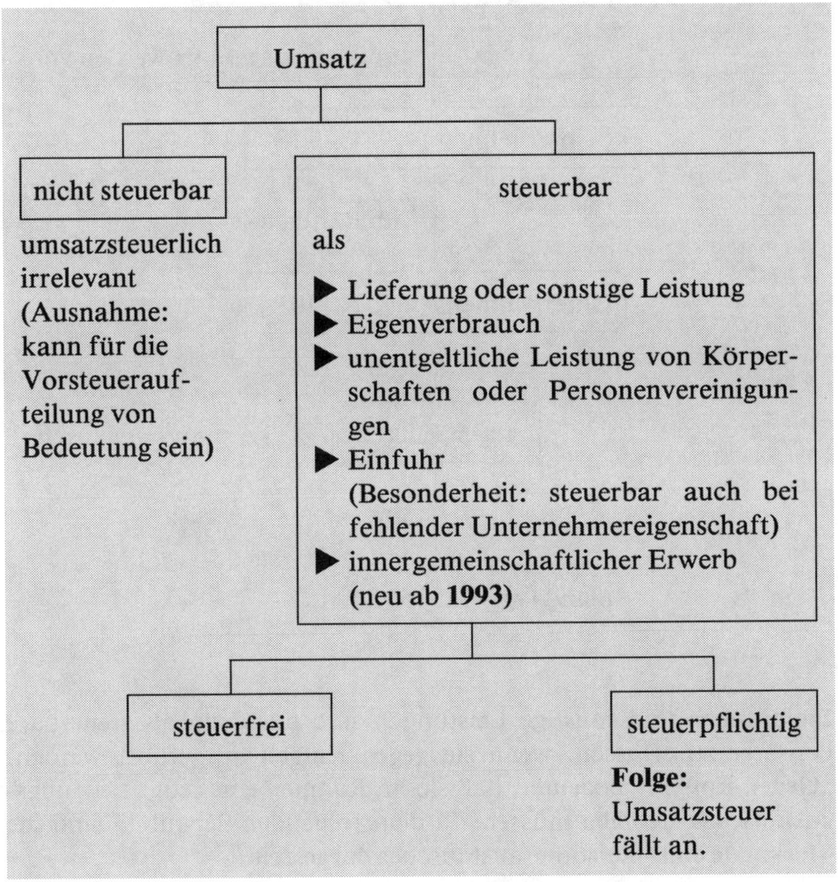

3.1 Der Leistungsaustausch

42 Zu der bedeutendsten Gruppe von **steuerbaren Umsätzen** gehören die Lieferungen und sonstigen Leistungen, die ein **Unternehmer** im **Inland gegen Entgelt im Rahmen seines Unternehmens** ausführt (§ 1 Abs. 1 Nr. 1 Satz 1 UStG).

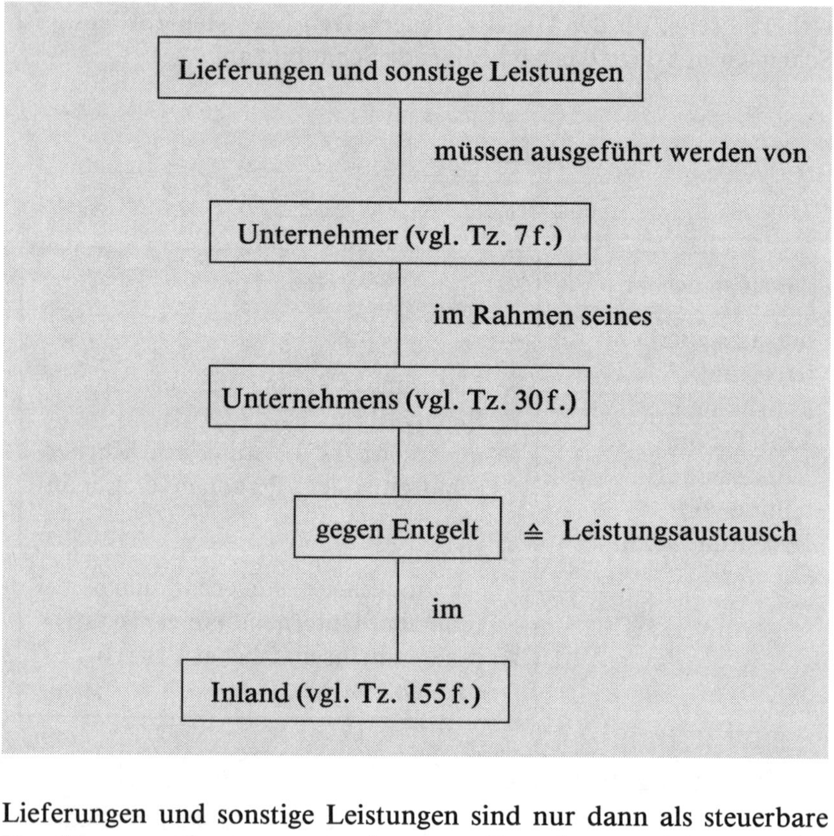

43 Lieferungen und sonstige Leistungen sind nur dann als steuerbare Umsätze zu erfassen, wenn sie **gegen Entgelt** ausgeführt werden. „Gegen Entgelt" bedeutet, daß sie im Rahmen eines sog. **Leistungsaustausches** erfolgen müssen. In dem folgenden Schaubild sind die Merkmale eines Leistungsaustausches dargestellt:

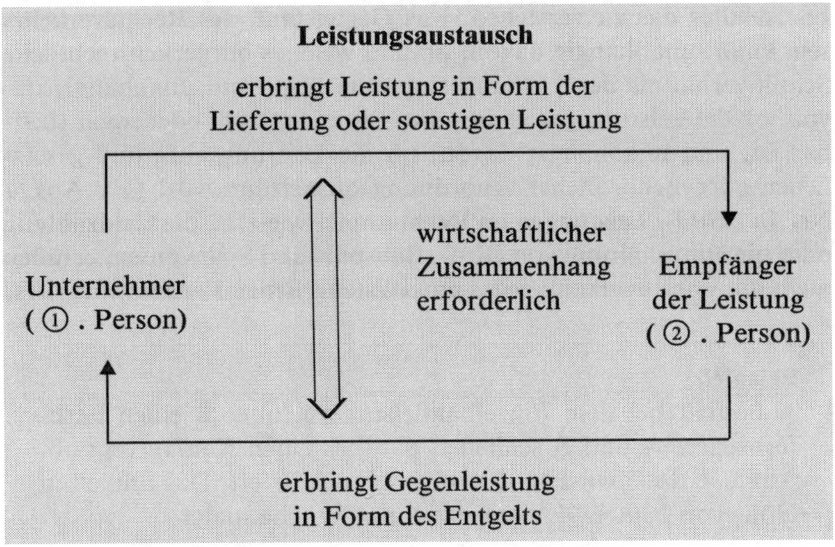

Keine Identität zwischen Leistendem und Leistungsempfänger

Der Leistungsaustausch setzt voraus, daß sich **zwei Personen**, näm- 44
lich der **leistende Unternehmer** und der **Leistungsempfänger** an dem Umsatz beteiligen. Ist der Leistende und der Leistungsempfänger identisch, so liegt ein **Innenumsatz** vor, der aus umsatzsteuerlicher Sicht (Zurechnung zu den nicht steuerbaren Umsätzen) für die Umsatzbesteuerung unbeachtlich ist. Denken Sie an unseren Metzger, der seine Gastwirtschaft mit Würstchen beliefert. Der leistende Unternehmer (Metzger) ist hier mit dem Empfänger der Leistung (Gastwirt) identisch, so daß der Umsatz nicht im Rahmen eines Leistungsaustausches erfolgt.

Leistung

Der leistende Unternehmer muß gegenüber dem Leistungsempfänger 45
eine **Leistung erbringen**. Unter **Leistung** i. S. des Umsatzsteuergeset-

zes ist **alles das zu verstehen, was Gegenstand des Rechtsverkehrs sein kann**, unabhängig davon, ob und welches bürgerlich-rechtliche Schuldverhältnis der Leistung zugrunde liegt, und unabhängig davon, ob die Leistung gegen die guten Sitten verstößt oder sogar strafbar ist, und unabhängig davon, ob die Leistung aufgrund gesetzlicher oder behördlicher Anordnung ausgeführt wird (§ 1 Abs. 1 Nr. 1a UStG). **Leistungen im Rechtssinne**, wie z. B. die Geldzahlung oder die Unterhaltung von Giro-, Bauspar- und Sparkonten, erfüllen **nicht die Voraussetzungen des umsatzsteuerlichen Leistungsbegriffs.**

Beispiel:
A bestellt bei dem Einzelhandelsunternehmer B einen Farbfernseher. A und B schließen darüber einen Kaufvertrag ab. Am 5. 1. 1993 wird der Farbfernseher geliefert. Das Entgelt in Höhe von 2300 DM überweist A eine Woche später.

Weder in dem Abschluß des Kaufvertrages noch in der Entgeltsentrichtung ist eine umsatzsteuerliche Leistung zu sehen. Vielmehr besteht die Leistung in der Lieferung des Farbfernsehers.

Gegenleistung

46 Der Leistung des Unternehmers muß eine **Gegenleistung des Leistungsempfängers**, also ein „Entgelt“ gegenüberstehen. Das **Entgelt** kann in einer **Barzahlung**, in der **Hingabe einer Ware** (Tauschvorgang) oder in der **Ausführung einer Dienstleistung** (tauschähnlicher Umsatz) bestehen.

Wirtschaftlicher Zusammenhang

47 Zwischen der **Leistung und der Gegenleistung** muß ein **wirtschaftlicher Zusammenhang** bestehen. Die Leistung muß wegen der Gegenleistung und die Gegenleistung wegen der Leistung erbracht werden.

Auch wenn die **Gegenleistung freiwillig** erbracht wird, kann ein Leistungsaustausch vorliegen.

Beispiel:
Der Unternehmer C repariert die Waschmaschine des D. Die ihm dabei entstandenen Lohnkosten setzt er dem D nicht in Rechnung, weil er davon ausgeht, daß D sich bei einer Neuanschaffung an ihn wenden wird. D bedankt sich schriftlich bei C und fügt seinem Brief als kleines Dankeschön einen 20 DM-Geldschein bei.

Die Leistung des C „Reparatur der Waschmaschine" und das „Dankeschön" des D in Form des 20 DM-Geldscheins stehen in einem wirtschaftlichen Zusammenhang. Es liegt somit ein Leistungsaustausch vor.

Leistung und Gegenleistung brauchen sich **nicht gleichwertig** gegen- 48
über zu stehen. Demnach ist auch der bloße Aufwendungsersatz als Gegenleistung für eine erbrachte Leistung anzusehen.

Beispiel:
Eine größere Steuerberatungsgesellschaft veranstaltet in Dresden, Leipzig und Magdeburg Seminare. Die Höhe der Seminargebühren errechnet die Gesellschaft aus den bei ihr angefallenen Kosten. Ihren „Profit" sieht die Steuerberatungsgesellschaft in der Gewinnung neuer Klienten.

Obwohl die Gegenleistung für die Seminarveranstaltung nur in einem Aufwendungsersatz besteht, liegt ein Leistungsaustausch vor.

Praxishinweis:
Der Annahme eines Leistungsaustausches steht es nicht entgegen, daß das Entgelt uneinbringlich wird oder daß es sich nachträglich mindert (Abschn. 1 Abs. 1 UStR).

Abschließend noch folgendes Beispiel:

Beispiel:
E betreibt einen Großhandel mit Radio- und Elektrogeräten. Er beteiligt sich an einem öffentlich ausgeschriebenen Wettbewerb für Lautsprecheranlagen in Sporthallen. Für seinen Entwurf erhält er einen Geldpreis von 1 000 DM. Liegt hier ein Leistungsaustausch vor?
Wenn Sie die o.a. Merkmale für einen Leistungsaustausch auf den vorliegenden Sachverhalt anwenden, so kommen Sie zu folgendem Ergebnis:
E erbringt durch seinen **Entwurf** für Lautsprecheranlagen in Sporthallen eine **Leistung im wirtschaftlichen Sinne**. Die Leistung wird gegenüber einem Dritten, nämlich dem Veranstalter des Wettbewerbs, erbracht, so daß sowohl ein Leistender als auch ein Leistungsempfänger vorhanden sind. Für das Anfertigen des Entwurfs erhält E einen **Geldpreis von 1000 DM**, also eine **Gegenleistung**. Fraglich ist nur noch, ob die Leistung des E **wegen der Gegenleistung** in Form des Geldpreises **erbracht** worden ist. Auch dieses Merkmal ist erfüllt, da sich E an dem Wettbewerb mit der **Absicht** beteiligt hat, den **für den besten Entwurf ausgesetzten Geldpreis zu erhalten**. Folglich sind alle Voraussetzungen für die Annahme eines Leistungsaustausches gegeben. Der Umsatz ist steuerbar.

Fehlender Leistungsaustausch

49 Sehen wir uns nun noch einige Fälle an, in denen es an einem Leistungsaustausch fehlt.

▶ Rückgängigmachung / Umtausch

Wird eine bereits ausgeführte **Leistung im nachhinein rückgängig** ge- 50
macht, so **entfällt die Steuerbarkeit** des Umsatzes. Denken Sie z. B. an die Lieferung einer Ware, die der Empfänger an den leistenden Unternehmer wegen nicht behebbarer Mängel oder aus anderen Gründen zurückgibt. Auch beim **Umtausch** kommt es zur Rückgängigmachung einer Lieferung, allerdings mit der Besonderheit, daß an die Stelle des ursprünglichen Leistungsaustausches und dessen Rückabwicklung ein **neuer Leistungsaustausch** tritt, wie dem nachfolgenden Schaubild zu entnehmen ist:

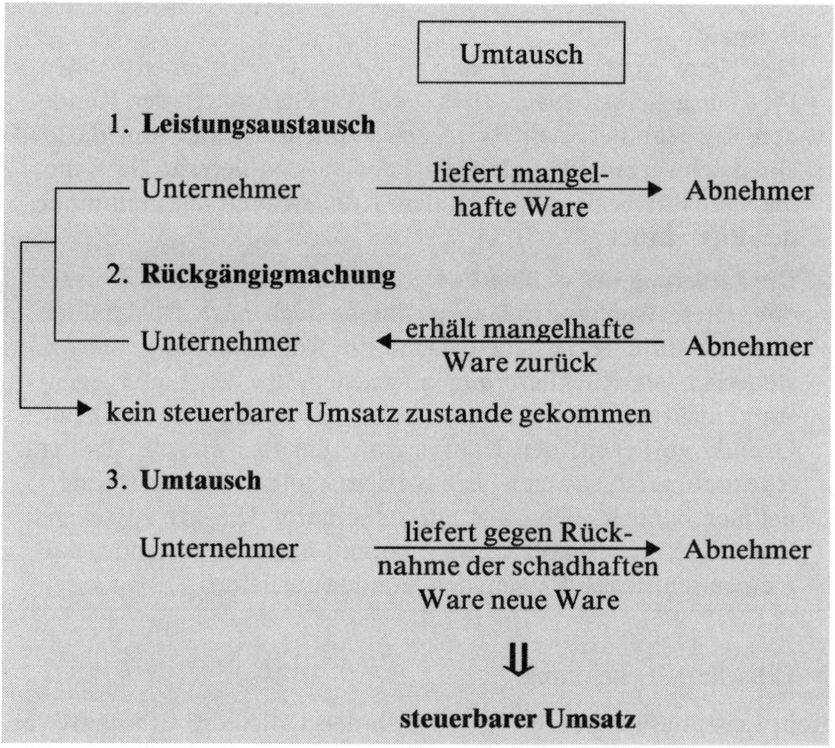

▶ Rücklieferung

51 Von der Rückgängigmachung einer Lieferung ist die Rücklieferung zu unterscheiden. Eine **Rücklieferung** ist dann anzunehmen, wenn ein **neues vom ersten Umsatz losgelöstes Kaufgeschäft** zustande kommt. Ob eine nicht steuerbare Rückgabe oder eine steuerbare Rücklieferung vorliegt, ist von den Verhältnissen im Einzelfall abhängig, wobei der Vorgang aus der Sicht des Abnehmers zu beurteilen ist. Kommt es zu einer **Rücklieferung**, so liegen **zwei steuerbare Umsätze** vor, und zwar die ursprüngliche Lieferung und die Rücklieferung.

Beispiel:
Der Neuwagenhändler F hat an einen Kunden einen weißen Pkw ausgeliefert. Nach etwa zwei Wochen bittet der Kunde den Kfz-Händler, den Pkw zurückzunehmen und ihm dafür einen schwarzen Pkw gleichen Fabrikats zu liefern. Da F auf die Geschäftsbeziehungen zu dem Kunden Wert legt, nimmt er den Pkw zurück.

Die **Lieferung des weißen Pkw** stellt einen **steuerbaren Umsatz** dar. Dieser steuerbare Umsatz bleibt auch nach Rücknahme des Pkw durch F bestehen. Denn die Rücknahme ist umsatzsteuerlich als Rücklieferung anzusehen, da der Liefergegenstand nicht mit Mängeln behaftet ist und auch ansonsten keine Gründe vorliegen, den Kaufvertrag rückabzuwickeln. In der **Rücknahme** ist, soweit es sich bei dem Kunden um einen Unternehmer handelt, ebenfalls ein **steuerbarer Umsatz** zu sehen. Ein dritter steuerbarer Umsatz kommt dadurch zustande, daß F einen schwarzen Pkw an den Kunden ausliefert.

▶ Erbschaft / Schenkung

52 Kein Leistungsaustausch liegt auch in den Fällen der Erbschaft vor. Dies gilt sowohl für den **Erbanfall** selbst als auch für die daran anschließende **Erbauseinandersetzung**. An einem Leistungsaustausch

fehlt es ebenfalls bei einer **Schenkung**, und zwar auch dann, wenn sie mit Auflagen, die aus dem Gegenstand selbst erbracht werden, verbunden ist. Denken Sie z. B. an die Schenkung eines Gebäudes, an dem sich der Schenker ein lebenslängliches Nießbrauchsrecht vorbehalten hat. Die Schenkung des nießbrauchsbelasteten Gebäudes stellt, da es an einer Gegenleistung fehlt, keinen steuerbaren Umsatz dar.

▶ Schadensersatz

In der Praxis bereitet die Abgrenzung zwischen den Fällen des **echten** 53
Schadensersatzes (kein steuerbarer Umsatz) und den Fällen des **Leistungsaustausches bei Schadensersatz** immer wieder Schwierigkeiten. Hier gilt der Grundsatz: Der **echte Schadensersatz** wird nicht geleistet, weil der Leistende eine Lieferung oder sonstige Leistung erhalten hat, sondern weil er **verpflichtet** ist, für den von ihm **verursachten Schaden und seine Folgen einzustehen.** Dabei ist dem Umstand, ob die Verpflichtung zur Schadensbeseitigung auf Gesetz oder Vertrag beruht, keine Bedeutung beizumessen. Weiterhin kommt es nicht darauf an, ob der Schädiger den Geschädigten durch Geld oder durch Sachleistungen (sog. Naturalzuwendungen) befriedigt. **Beseitigt der Geschädigte den Schaden im Auftrag des Schädigers,** so liegt ein **Leistungsaustausch** vor. Dies gilt auch für die Fälle, in denen der Geschädigte solche Schäden im Rahmen seines Unternehmens üblicherweise gegen Entgelt beseitigt.

Beispiel:
Der Pkw der Firma G wurde bei einem Unfall durch den Lkw der Firma H beschädigt. G erhielt von der Kaskoversicherung der Firma H für die Schadensbeseitigung einen Betrag von 5700 DM und für die Wertminderung einen Betrag von 500 DM. G hat den beschädigten Pkw an die Werkstatt I zu einem Preis von 4600 DM veräußert.

Die Zahlung der Versicherung an die Firma G in Höhe von insgesamt 6200 DM erfolgt aufgrund eines Versicherungsvertrages. Solche Zahlungen stellen **echten Schadensersatz** dar und sind daher nicht steuerbar. Dagegen erfolgt die Veräußerung des Pkw an die Werkstatt im Rahmen eines Leistungsaustausches. An dem Vorgang sind nämlich zwei Personen, der Unternehmer G und die Werkstatt, beteiligt, wobei der Leistung „Lieferung eines beschädigten Pkw“ eine Gegenleistung in Form des Kaufpreises von 4600 DM gegenübersteht.

Praxishinweis:
Echter Schadensersatz liegt bei **Verzugs-, Fälligkeits-** und **Prozeßzinsen** vor.

▶ Entschädigung

54 Kann aufgrund der vertraglichen Vereinbarungen ein Verkäufer vom Käufer oder umgekehrt ein Käufer vom Verkäufer eine **Entschädigung** verlangen, wenn die **Verpflichtungen aus dem Kaufvertrag nicht** innerhalb bestimmter Fristen **erfüllt** werden, so hat diese **Vertragsstrafe** ebenfalls **Schadensersatzcharakter** und ist somit nicht steuerbar. Ist dagegen wegen **mangelhafter Ausführung** einer Leistung eine Vertragsstrafe zu zahlen, so handelt es sich hierbei in der Regel um eine **Entgeltsminderung**, die bei dem leistenden Unternehmer zu einer Kürzung seines Entgelts führt und damit auch eine Reduzierung der ursprünglich berechneten Umsatzsteuer zur Folge hat.

Sonderfälle

55 Sehen wir uns zum Abschluß des Kapitels „Leistungsaustausch“ noch zwei Sonderfälle an, und zwar die **Leistungen zwischen einer Personengesellschaft und ihren Gesellschaftern** und die **Leistungen zwischen einem Arbeitgeber und seinen Arbeitnehmern.**

▶ Leistungen „Gesellschaft – Gesellschafter"

Wird eine Personengesellschaft gegründet, so leistet der Gesellschafter die vertraglich vereinbarte Einlage und die Gesellschaft verleiht ihm dafür Gesellschaftsrechte. Die **Gewährung der Gesellschaftsrechte** durch die Gesellschaft stellt bei ihr einen **steuerbaren Umsatz** dar, der jedoch – wie wir später noch sehen werden (vgl. Tz. 225) – von der Umsatzsteuer befreit ist. 56

Nun zur umsatzsteuerlichen Beurteilung aus der Sicht des Gesellschafters: Nicht jeder Gesellschafterbeitrag führt zu einem steuerbaren Umsatz. Erbringt der Gesellschafter seine **Einlage in Geld**, so liegt keine Leistung im wirtschaftlichen Sinne vor; der Vorgang ist nicht steuerbar. Besteht die **Einlage des Gesellschafters** dagegen **in der Übertragung von Vermögensgegenständen** (z. B. in Form eines Grundstücks), so tätigt er – vorausgesetzt er ist Unternehmer – einen steuerbaren Umsatz. Die für die Gründung einer Personengesellschaft geltenden Grundsätze sind auch in den Fällen anzuwenden, in denen ein **neuer Gesellschafter in die Personengesellschaft aufgenommen** wird. Auch das **Ausscheiden eines Gesellschafters** kann sich im Rahmen eines Leistungsaustausches vollziehen. Denken Sie z. B. an einen Gesellschafter, der unternehmerisch tätig ist und gegen Zahlung seines Auseinandersetzungsguthabens aus einer Personengesellschaft ausscheidet. Die **Aufgabe der Gesellschafterstellung** stellt für den Gesellschafter einen **steuerbaren Umsatz** dar, der jedoch steuerbefreit ist. Dies gilt selbst dann, wenn gleichzeitig sämtliche Gesellschafter der Personengesellschaft wechseln. Die Gesellschaft erbringt, soweit das Auseinandersetzungsguthaben in Geld beglichen wird, keinen steuerbaren Umsatz. Erfolgt dagegen eine **Abfindung in Sachwerten**, liegen aus der Sicht der Gesellschaft steuerbare Umsätze vor. Entsprechend diesen Grundsätzen ist bei der Auflösung einer Personengesellschaft vorzugehen. Danach sind die von der Gesellschaft getätigten Umsätze steuerbar, wenn sie im Rahmen der Auflösung Vermögensgegenstände auf die Gesellschafter überträgt. 57

Wie sind nun Umsätze während des Bestehens einer Personengesellschaft zwischen ihr und ihren Gesellschaftern zu beurteilen? Hier gilt 58 der Grundsatz: Erbringt der Gesellschafter eine Leistung gegen **Sonderentgelt**, so kommt es zu einem Leistungsaustausch. Dabei ist es gleichgültig, ob der Gesellschafter zu dieser Leistung aufgrund der Vereinbarungen im Gesellschaftsvertrag verpflichtet ist oder nicht. Andererseits sind **Gesellschafterleistungen**, die durch die **Beteiligung am Gewinn und Verlust abgegolten** werden, nicht steuerbar.

Beispiel 1:
K ist Rentner. Aufgrund einer Erbschaft hat er sich an der L-OHG beteiligt. Im Februar 1993 hat er auf eigene Rechnung einen Pkw erworben, den er auf seinen Namen zugelassen hat und im vollen Umfang der L-OHG zur Nutzung überläßt. Die Gesellschaft zahlt ihm hierfür eine monatliche Vergütung von 1 000 DM.

K bewirkt mit der Überlassung des Pkw eine Leistung an die Gesellschaft. Die Gegenleistung besteht in der von der Gesellschaft gezahlten besonderen Vergütung. Da K durch die Pkw-Überlassung nachhaltig zur Erzielung von Einnahmen tätig ist und gegenüber der Gesellschaft selbständig auftritt, ist er als Unternehmer anzusehen. Somit liegen die Voraussetzungen für einen steuerbaren Leistungsaustausch vor.

Hätte K auf ein **besonderes Entgelt** für die Pkw-Überlassung **verzichtet** und sich **statt dessen** einen **höheren Gewinnanteil** zusagen lassen, so hätte es an einer **Gegenleistung gefehlt** mit der Folge, daß kein steuerbarer Umsatz vorläge. Dies hätte sich für den Gesellschafter insoweit nachteilig ausgewirkt, als er die beim Erwerb des Pkw in Rechnung gestellte Umsatzsteuer nicht als Vorsteuer hätte abziehen können.

Beispiel 2:
M ist als Bauunternehmer tätig. In 1992 hat er sich an einer Arbeitsgemeinschaft beteiligt und dieser unentgeltlich Baumaschinen zur Verfügung gestellt.

Die unentgeltliche Überlassung der Baumaschinen an die Arbeitsgemeinschaft stellt mangels Entgelt keinen steuerbaren Umsatz dar.

Beispiel 3:
Die N-GmbH ist an der O-GmbH & Co. KG als Komplementärin beteiligt. In ihrer Komplementärfunktion führt sie die Geschäfte der Kommanditgesellschaft und erhält hierfür eine gewinnunabhängige Vergütung von 10000 DM.

Die Übernahme der Geschäftsführertätigkeit stellt keine steuerbare Leistung an die Personengesellschaft dar, da diese Tätigkeit als Gesellschafterbeitrag ihren Grund im Gesellschaftsverhältnis hat. Dabei ist dem Umstand, ob die Vergütung gewinnabhängig oder gewinnunabhängig gestaltet ist, keine Bedeutung beizumessen.

Praxishinweis:
Verteilt eine BGB-Gesellschaft aufgrund der im Gesellschaftsvertrag getroffenen Vereinbarungen den im jeweiligen Geschäftsjahr erzielten **Gewinn** an ihre Gesellschafter **nach der Menge der jeweils gelieferten Gegenstände,** so handelt es sich – unabhängig von der Bezeichnung als Gewinnverteilung – umsatzsteuerlich um Entgelt für **Lieferungen der Gesellschafter an die Gesellschaft**.

▶ Leistungen zwischen Arbeitgeber und Arbeitnehmer

Lieferungen und sonstige Leistungen, die der **Unternehmer an seine** 59
Arbeitnehmer oder deren **Angehörige** aufgrund des Dienstverhältnisses ausführt, sind auch dann steuerbar, wenn der Empfänger der Leistung dafür **kein besonders berechnetes Entgelt zahlt,** es also an einer Gegenleistung fehlt (§ 1 Abs. 1 Nr. 1 Satz 2b UStG). Bei den

Leistungen an die Arbeitnehmer handelt es sich insbesondere um die Abgabe von Gegenständen (Sachzuwendungen) oder um Dienstleistungen. Denken Sie z. B. an das verbilligte oder kostenlose Kantinenessen, an die Abgabe von Deputaten im Bergbau, an die Überlassung einer Werkswohnung, an die Gestellung von betrieblichen Kraftfahrzeugen für Fahrten zwischen Wohnung und Arbeitsstätte und sonstige Privatfahrten sowie an die Gewährung von Versicherungsschutz. Besteht die Zuwendung in Geld, so liegt ein nicht steuerbarer Umsatz vor.

60 Nicht von der Umsatzsteuer erfaßt werden **Sachleistungen** des Arbeitgebers, die auch **im gesellschaftlichen Verkehr üblicherweise ausgetauscht** werden und zu keiner **ins Gewicht fallenden Bereicherung** der Arbeitnehmer führen. Solche Sachleistungen werden als **Aufmerksamkeiten** bezeichnet. Denken Sie z. B. an den Blumenstrauß, den der Arbeitgeber seinem Arbeitnehmer zum 40. Geburtstag überreicht. Geht der Wert dieses Blumenstraußes nicht über 30 DM (ab 1993: **60 DM**) hinaus, so handelt es sich um eine Aufmerksamkeit. Dies gilt auch für die Fälle, in denen aus Anlaß eines besonderen persönlichen Ereignisses anstelle von Blumen ein Buch oder eine Schallplatte überreicht wird, vorausgesetzt, der Wert geht nicht über 30 DM (ab 1993: **60 DM**) hinaus. Auch Getränke und Genußmittel, die der Arbeitgeber seinen Arbeitnehmern zum Verzehr im Betrieb unentgeltlich oder verbilligt überläßt, rechnen zu den Aufmerksamkeiten. Dasselbe gilt für Speisen, die anläßlich und während eines außergewöhnlichen Arbeitseinsatzes zum Verzehr im Betrieb unentgeltlich oder verbilligt zur Verfügung gestellt werden.

61 **Nicht steuerbar** sind auch Leistungen des Arbeitgebers, die **überwiegend** durch das **betriebliche Interesse veranlaßt** sind. Denken Sie z. B. an die Bereitstellung von Aufenthalts- und Erholungsräumen sowie von betriebseigenen Dusch-, Bade- und **Sportanlagen,** die grundsätzlich von allen Betriebsangehörigen in Anspruch genommen werden können. Denken Sie aber auch an die **betriebsärztliche Betreuung** und die vom Arbeitgeber übernommenen Kosten für eine im überwiegenden betrieblichen Interesse erfolgte **Vorsorgeuntersu-**

chung des Arbeitnehmers, an **betriebliche Fort- und Weiterbildungsleistungen,** an die Überlassung **typischer Berufskleidung,** an die **Parkplatzgestellung** auf dem Betriebsgelände sowie an die Zuwendungen im Rahmen von **Betriebsveranstaltungen,** soweit sie bis **1992** 60 DM und ab 1993 **200 DM** (Achtung: sämtliche Kosten zu berücksichtigen) je Arbeitnehmer und Betriebsveranstaltung nicht übersteigen. Schließlich ist auch das Zurverfügungstellen von Plätzen in betriebseigenen **Kindergärten** als nicht steuerbare Leistung anzusehen.

Befördert der Arbeitgeber unentgeltlich seine Arbeitnehmer von ihrem Wohnsitz oder von einer Sammelhaltestelle, z. B. einem Bahnhof, zum Arbeitsplatz, und zwar entweder durch betriebseigene Kraftfahrzeuge oder durch einen von ihm beauftragten Beförderungsunternehmer, so liegt ein **steuerbarer Umsatz vor.** Hieran ändert sich auch in den Fällen nichts, in denen 62

- die Arbeitsstelle ständig wechselt,
- es für die Arbeitnehmer aus zeitlichen und örtlichen Gründen besonders beschwerlich ist, insbesondere bei Benutzung öffentlicher Verkehrsmittel, zu den Arbeitsstellen zu gelangen oder
- der Arbeitgeber die Arbeitnehmer zur Vermeidung einer tarifvertraglich geregelten Fahrtkostenabgeltung befördert.

Lediglich bei Beförderungsleistungen anläßlich eines **außerordentlichen Arbeitseinsatzes** oder eines **Materialtransports** kann im Einzelfall ein überwiegend betriebliches Interesse anzunehmen sein, so daß diese Leistungen nicht der Umsatzsteuer unterliegen. Denken Sie z. B. an einen Bauunternehmer, der Baumaterialien an eine Baustelle liefert und dabei einige Arbeitnehmer vom Bahnhof an die Baustelle mitnimmt.

Einheitlichkeit der Leistung

Bevor wir uns mit den einzelnen Leistungsarten „Lieferung“ und „sonstige Leistung“ auseinandersetzen, sollte noch ein wichtiger Grundsatz des Umsatzsteuerrechts, nämlich der **Grundsatz der Ein-** 63 heitlichkeit der Leistung, kurz angesprochen werden. Gegenstand der Umsatzsteuer ist die einzelne Leistung; sie wird auf ihre Steuerbarkeit, Steuerbefreiung und Steuerpflicht hin untersucht. Bisher haben wir uns zwar mit dem Leistungsbegriff, nicht jedoch mit dem Umfang der einzelnen Leistung, auseinandergesetzt. Sehen wir uns hierzu folgendes **Beispiel** an:

P hat das Dachgeschoß ihres Einfamilienhauses an einen Studenten vermietet. Weiterhin hat sich P bereit erklärt, die Dachgeschoßwohnung einmal in der Woche zu putzen und dem Studenten täglich ein Frühstück zuzubereiten. Neben der monatlichen Kaltmiete von 300 DM erhält sie für Heizung, Licht, Wasser usw. eine Umlage von 60 DM. Das Putzen läßt sie sich mit monatlich 100 DM und die Zubereitung des Frühstücks mit monatlich 120 DM vergüten.

Sehen wir uns die einzelnen von P erbrachten Leistungen etwas genauer an: P überläßt dem Studenten entgeltlich die Dachgeschoßwohnung; insoweit erbringt sie eine Vermietungsleistung. Im Zusammenhang mit der Vermietung stellt P Strom, Wasser, Heizung usw. zur Verfügung; sie erbringt somit weitere Leistungen gegenüber dem Studenten. Auch das Putzen der Dachgeschoßwohnung und die Zubereitung des Frühstücks stellen Leistungen dar.

64 Nachdem wir die einzelnen Leistungen kennen, stellt sich die weitere Frage, ob jede Leistung für sich – wie oben ausgeführt – zu beurteilen ist. Die Antwort lautet: Grundsätzlich ja, aber ... Das „Aber" ist erforderlich, weil im Umsatzsteuerrecht der weitere Grundsatz gilt, daß **Haupt- und Nebenleistungen** zu einer sog. **Leistungseinheit** zusammengefaßt werden und daß die **Nebenleistung steuerlich das Schicksal der Hauptleistung teilt.** Für die Zuordnung einer Leistung zur Gruppe der Hauptleistungen oder zur Gruppe der Nebenleistungen kommt es darauf an, ob eine Leistung nach der allgemeinen Ver-

kehrsanschauung als Nebenleistung einer anderen Leistung, nämlich der Hauptleistung, untergeordnet ist oder ob nach den vertraglichen Vereinbarungen eine solche Über-Unterordnung von Leistungen gewollt ist. In der Praxis wird man sich häufig an der Höhe des Entgelts für die Einordnung einer Leistung als Haupt- oder Nebenleistung orientieren.

Bezogen auf den vorliegenden Sachverhalt bedeutet dies, daß die Überlassung von Strom, Wasser, Heizung usw. in bezug auf die Vermietung der Dachgeschoßwohnung als Nebenleistung anzusehen ist, so die Verkehrsanschauung und wahrscheinlich auch die Vereinbarung im Mietvertrag. Da die Vermietung der Dachgeschoßwohnung steuerbefreit ist, gilt dies auch für die Nebenleistung, die hinsichtlich der Steuerbefreiung das Schicksal der Hauptleistung teilt. Das Putzen der Dachgeschoßwohnung und die Zubereitung des Frühstücks sind dagegen selbständige Hauptleistungen, die steuerbar und, da kein Befreiungstatbestand eingreift, auch steuerpflichtig sind.

Noch ein kurzer Hinweis: Weder die **Rechnungserteilung** noch die 65
Zahlung des Entgelts können aus mehreren selbständigen Leistungen eine Leistung oder aus einer Haupt- und Nebenleistung zwei Leistungen machen. Erwerben Sie z. B. einen neuen Pkw mit Sonderausstattung, so handelt es sich hierbei um eine Leistung, auch wenn in der Rechnung der Kaufpreis für den Pkw und der Preis für die Sonderausstattung getrennt ausgewiesen werden. Weiterhin teilen die Ihnen in Rechnung gestellten Kosten für die Überführung des Pkw von der Herstellerfirma bis zu Ihrer Wohnung als übliche Nebenleistung das Schicksal der Hauptleistung.

66 Fassen wir nochmals zusammen:

1. **Grundsatz:** Jede Leistung ist für sich zu sehen.
D. h.: Bei mehreren Leistungen, die gleichzeitig erfolgen, ist der Vorgang in seine Bestandteile „einzelne Leistung“ aufzuteilen.

2. **Grundsatz:**

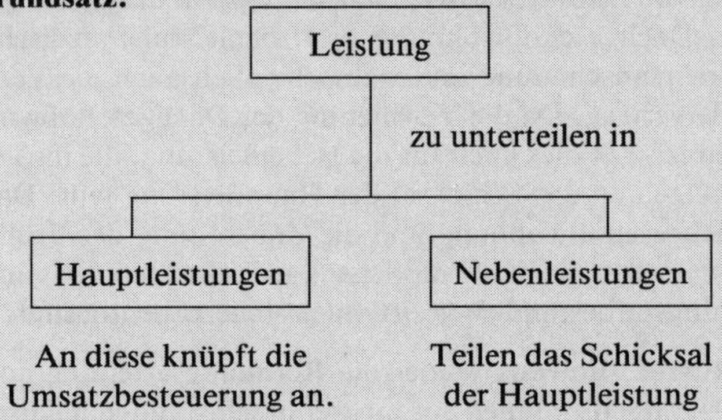

3.2 Die Lieferung

67 Bei der Lieferung, einer Unterart der Leistung, **verschafft** ein Unternehmer als Lieferer einem Dritten, dem sog. Abnehmer, **die Verfügungsmacht an einem Gegenstand**.

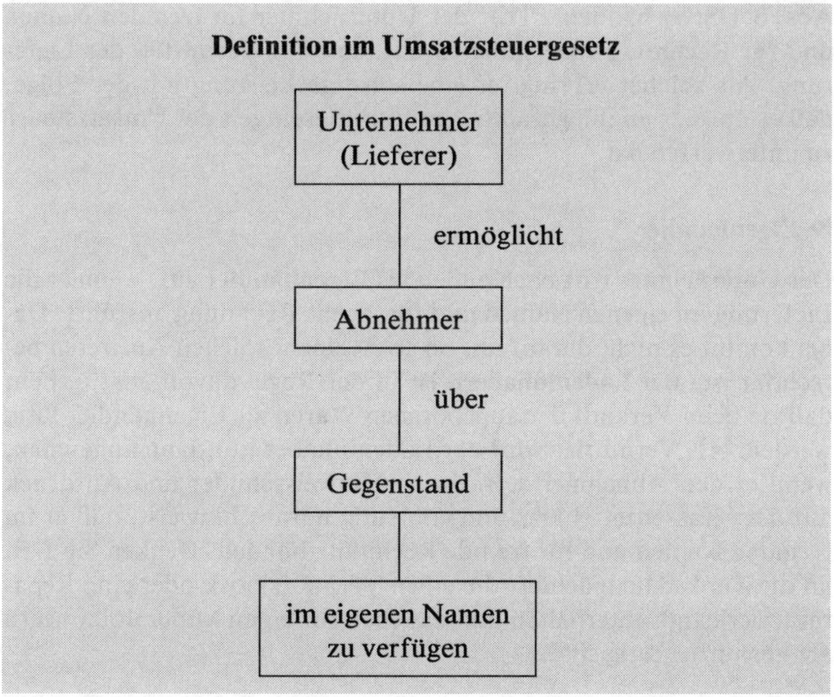

Aus dem Schaubild ergeben sich folgende Fragen:

1. Wann tritt der Unternehmer als Lieferer auf?
2. Wie wird geliefert?
3. Was kann geliefert werden?
4. An wen kann geliefert werden?

Lieferer

Der Unternehmer kann bei der Verschaffung der Verfügungsmacht 68
über einen Gegenstand gegenüber dem Abnehmer **im eigenen Namen** und **für eigene Rechnung (Eigenhändler**; § 3 Abs. 1 UStG) oder **im eigenen Namen** und **für Rechnung eines anderen (Kommissionär**; § 3

Abs. 3 UStG) handeln. Tritt der Unternehmer **im fremden Namen** und **für Rechnung eines anderen** auf, so ist er **Vermittler** der Lieferung. Als solcher erbringt er eine sonstige Leistung mit der Folge, daß er nur das an ihn gezahlte Vermittlungsentgelt der Umsatzsteuer zu unterwerfen hat.

▶ Eigenhändler

69 Der Unternehmer tritt nach außen als **Eigenhändler** auf, wenn er die Lieferung im eigenen Namen und für eigene Rechnung ausführt. Dabei kommt es nicht darauf an, ob er zu einem solchen Auftreten berechtigt ist. Bei **Ladeninhabern** ist in der Regel davon auszugehen, daß sie beim Verkauf der angebotenen Waren als Eigenhändler tätig werden. Als Vermittler wird der Ladeninhaber nur dann angesehen, wenn er den Abnehmer z. B. durch Hinweisschilder und Aufdruck auf dem Kassenzettel klar und eindeutig darauf hinweist, daß er im fremden Namen und für fremde Rechnung handelt. Denken Sie z. B. an die Tankstellenpächter, die einen Verkaufskiosk oder eine Reparaturwerkstatt unterhalten und daneben für einen Mineralölkonzern als Vermittler tätig sind.

Praxishinweis:
Obwohl der Eigenhändler im eigenen Namen und für eigene Rechnung auftritt, muß er nicht Eigentümer des Liefergegenstandes sein. Demnach ist auch der Unternehmer als Eigenhändler anzusehen, der einen Gegenstand unter **Vorbehalt des Eigentums** eines anderen erworben hat und diesen Gegenstand weiterveräußert. Auch der Dieb, der sich einen Gegenstand widerrechtlich angeeignet hat, ist Eigenhändler.

▶ Kommissionär

70 Nehmen Sie an, Sie sollen für eine Schuhfabrik Schuhe auf eigene Rechnung verkaufen. Die Schuhe werden Ihnen vom Hersteller gestellt. Die Bezahlung der Ware erfolgt erst dann, wenn Sie die Schu-

he an einen Abnehmer weiterveräußern. Erfolgt keine Weiterveräußerung, so können Sie die Schuhe zurückgeben. Die Preisgestaltung erfolgt in der Weise, daß Sie an den Hersteller einen von vornherein fest vereinbarten Betrag zu zahlen haben, wobei der Mehrbetrag, den Sie von dem Abnehmer nach Ihren eigenen Preisvorstellungen verlangen, in Ihre Kasse fließt. In diesem Fall werden Sie gegenüber dem Hersteller (Kommittent) als **Geschäftsbesorger** (Kommissionär) tätig.

Das Umsatzsteuergesetz behandelt den **Kommissionär**, also denjeni- 71
gen, der in eigenem Namen und für fremde Rechnung auftritt, **wie einen Eigenhändler** (§ 3 Abs. 3 UStG). Demnach liefert bei der **Verkaufskommission** der Kommittent an den Kommissionär und der Kommissionär an den Abnehmer. Es liegen also zwei Umsätze vor.

Verkaufskommission

Kommittent	1. Umsatz an →	Kommissionär	2. Umsatz an →	Abnehmer
	1 000 DM		1 500 DM	
15 %	150 DM	15 %	225 DM	
	1 150 DM		1 725 DM	

Bei der **Einkaufskommission** finden ebenfalls zwei Umsätze statt. 72
Der Kommissionär wird als Aufkäufer von einem Unternehmer beliefert und gibt anschließend die Ware an den Kommittenten weiter.

Einkaufskommission

Lieferant	Lieferung → an 1. Umsatz	Kommissionär	Weiterlieferung → an 2. Umsatz	Kommittent
	2 000 DM		2 200 DM	
15 %	300 DM	15 %	330 DM	
	2 300 DM		2 530 DM	

▶ Vermittler

73 Als **Vermittler** ist derjenige tätig, der beim Abschluß des Umsatzgeschäftes gegenüber dem Abnehmer **im fremden Namen auftritt** und der gegenüber seinem Auftraggeber den erzielten **Preis offenlegt**, also für fremde Rechnung handelt.

Beispiel:
R vermittelt für mehrere Gebrauchtwagenhändler den Verkauf von Pkw an private Abnehmer. Er erhält hierfür eine Provision in Höhe von 10 % des Nettokaufpreises. Für die Abnehmer ist aus dem Auftreten des R klar erkennbar, daß der Pkw durch den jeweiligen Gebrauchtwagenhändler geliefert wird und daß R dieses Geschäft vermittelt. R hält von dem an ihn gezahlten Kaufpreis seine Provision ein und führt den Restbetrag an den jeweiligen Gebrauchtwagenhändler ab. Die Umsatzkette sieht somit wie folgt aus:

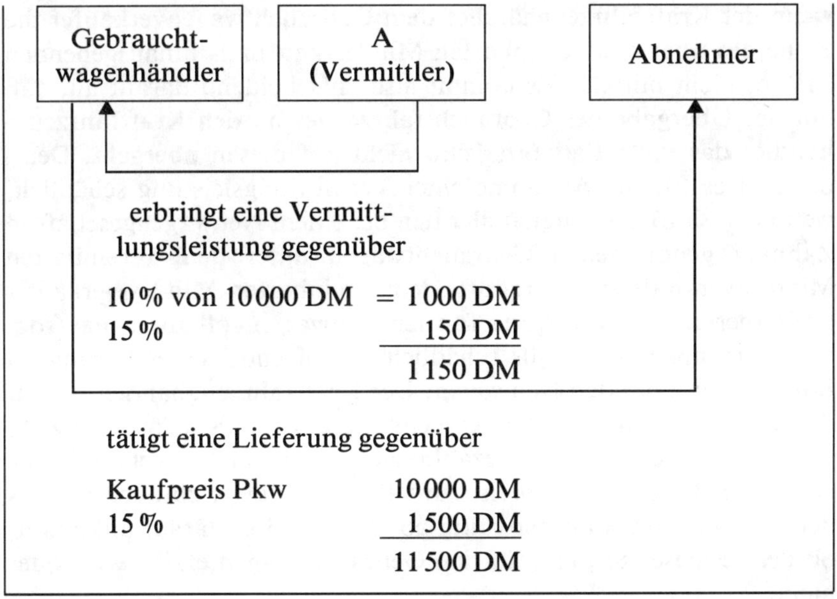

Merke: Der Vermittler erbringt keine Lieferung, sondern eine sonstige Leistung. Entgelt für die Leistung ist nicht der vereinnahmte Kaufpreis, sondern die dem Vermittler zustehende Provision. Eine Lieferung kommt nur zwischen dem Auftraggeber des Vermittlers und dem Abnehmer zustande.

Die Frage, ob Vermittlung oder Eigenhandel vorliegt, hat in der Ver- 74
gangenheit im **Gebrauchtwagenhandel** eine bedeutende Rolle gespielt. Durch die Differenzbesteuerung (vgl. Tz. 511 f.) wurde sie allerdings entschärft. Ein **Kraftfahrzeughändler** handelt als **Vermittler,** wenn er für seine Vertragsabwicklung das vom ZDK empfohlene Muster **„Auftrag zur Vermittlung eines gebrauchten Kraftfahrzeugs“** verwendet und darüber hinaus die tatsächliche Geschäftsabwicklung erkennen läßt, daß der **Händler im fremden Namen und für fremde Rechnung** auftritt. Eine Vermittlungsleistung liegt auch dann vor,

wenn der Kraftfahrzeughändler dem Gebrauchtwagenverkäufer die Höhe des über den vereinbarten Mindestkaufpreis hinausgehenden Erlöses nicht mitteilt. Es kommt also entscheidend darauf an, daß mit der Übergabe des Gebrauchtfahrzeuges an den Kraftfahrzeughändler das **volle Verkaufsrisiko nicht** auf diesen **übergeht**. Demnach ist es für die Annahme einer Vermittlungsleistung schädlich, wenn der Kraftfahrzeughändler den bei einem Neuwagengeschäft in Zahlung genommenen Gebrauchtwagen unter dem vereinbarten Mindestverkaufspreis verkauft, den vereinbarten Mindestverkaufspreis aber auf den Kaufpreis für den Neuwagen voll anrechnet (sog. **Minusgeschäft).** Ebenfalls schädlich ist folgende Vereinbarung im Kaufvertrag über den Neuwagen: Der Kraftfahrzeughändler nimmt den Gebrauchtwagen unter Anrechnung auf den Kaufpreis in Zahlung und wickelt nach der Bezahlung des nicht zur Verrechnung vorgesehenen Teils des Kaufpreises unter Hingabe des Gebrauchtwagens den Neuwagenverkauf endgültig ab, ohne daß es darauf ankommt, ob der festgesetzte Preis für den Gebrauchtwagen erzielt wird oder nicht.

---

75 **Praxishinweis:**

Für die Annahme einer Vermittlungsleistung sind **nicht schädlich**:

- Der Kraftfahrzeughändler übernimmt die **Gewährleistung für die Richtigkeit der Angaben** in einem bei der Vermittlung des Gebrauchtwagens erstellten **Bericht über den Zustand des Kraftfahrzeuges bei Übergabe.**
- Der Kraftfahrzeughändler vermittelt neben dem Gebrauchtwagen auch eine **Garantieversicherung**; dabei kann er sich gegenüber der Versicherungsgesellschaft verpflichten, die Versicherung im begrenzten Umfang im Innenverhältnis von der Haftung für die versicherten Schäden freizustellen.
- Der Händler übernimmt die volle oder teilweise **Bürgschaft** gegenüber der Bank, die dem Fahrzeugkäufer einen Kredit für den Kraftfahrzeugkauf gewährt.

Liefergegenstand

Bei der Lieferung wird die Verfügungsmacht an einem Gegenstand verschafft. Zu den Gegenständen i. S. des Umsatzsteuerrechts gehören nicht nur **körperliche Gegenstände**, wie z. B. Waren, Maschinen und Grundstücke, sondern auch **Wirtschaftsgüter, die im Wirtschaftsverkehr wie Sachen gehandelt** werden. Denken Sie z. B. an den elektrischen Strom und die Fernwärme, aber auch an den Kundenstamm und den immateriellen Wert eines Unternehmens (Firmenwert). Rechte (z. B. Verlagsrechte, Nutzungsrechte) sind dagegen keine Gegenstände, die im Rahmen einer Lieferung übertragen werden können; vielmehr handelt es sich bei der **Übertragung von Rechten** um eine **sonstige Leistung.** 76

Praxishinweis:
Werden Gegenstände, die ein **einheitliches Ganzes** bilden (sog. Sachgesamtheiten), geliefert, so ist Gegenstand der Lieferung nicht der einzelne Gegenstand, sondern die Summe der einzelnen Gegenstände. Denken Sie z. B. an ein Kaffeeservice, das aus Tassen, Untertellern, Kaffeekanne usw. besteht.

In der Praxis kommt es vor, daß die Lieferung eines Gegenstands mit einer sonstigen Leistung so eng verknüpft ist, daß sich das Umsatzgeschäft nicht in seine Elemente zerlegen läßt. Nach dem Grundsatz der **Einheitlichkeit der Leistung** (vgl. Tz. 63 f.) ist dieses Umsatzgeschäft **entweder als Lieferung oder als sonstige Leistung** zu beurteilen. Die Entscheidung darüber, welche Leistungsart vorliegt, ist danach zu treffen, ob das Element „Lieferung“ oder das Element „sonstige Leistung“ überwiegt. 77

Beispiel:
Der Unternehmer S bringt seinen Pkw zur turnusmäßigen Inspektion in die Werkstatt. Dort wird der Pkw auf seinen tech-

nischen Zustand hin überprüft. U. a. wird ein Ölwechsel durchgeführt und es werden die Zündkerzen ersetzt.

Die Inspektion stellt eine einheitliche Leistung dar, die z. T. in der Überprüfung des technischen Zustands und z. T. in der Lieferung von Ersatzteilen besteht. Da das Element „sonstige Leistung" überwiegt, ist das Umsatzgeschäft insgesamt als „sonstige Leistung" einzustufen, die auch die Abgabe der Ersatzteile umfaßt.

78 **Zusammenfassender Überblick über den Begriff „Liefergegenstand"**

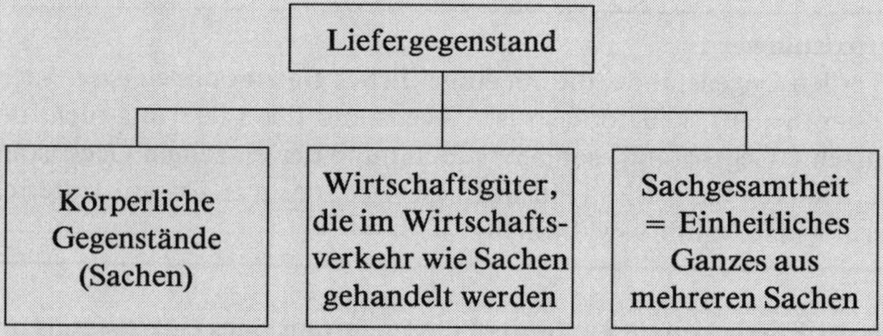

Grundsatz der **Einheitlichkeit der Leistung** beachten, wenn Umsatzgeschäft Elemente der Lieferung und Elemente der sonstigen Leistung beinhaltet.

Fiktive Lieferung

79 Durch das Umsatzsteuer-Binnenmarktgesetz wird der Katalog der Lieferungen **ab 1993** um den Tatbestand **„fiktive Lieferung"** erweitert. Was verbirgt sich hinter dem Begriff „fiktive Lieferung"? Nehmen Sie an, daß Sie eine Ware, die sich in Ihrem Lager in Köln befin-

det, in Ihr Auslieferungslager nach Rotterdam transportieren. Umsatzsteuerlich handelt es sich hier um das **Verbringen eines Gegenstands aus dem Inland in das übrige Gemeinschaftsgebiet.** Grundsätzlich unterliegt ein solches „Verbringen“ als betriebsinterner Vorgang nicht der Umsatzsteuer, sondern der Einfuhrbesteuerung (vgl. Tz. 160). Ab dem 1. 1. 1993 wird jedoch aus diesem Verbringen per Fiktion eine Lieferung konstruiert (vgl. § 3 Abs. 1a Nr. 1 UStG), die allerdings im Inland steuerfrei bleibt (§ 6a UStG; Tz. 198f.). In den Niederlanden unterliegt dieser Vorgang als **innergemeinschaftlicher Erwerb** (vgl. Tz. 164f.) der Umsatzsteuer, und zwar mit dem dort geltenden Umsatzsteuersatz.

Eine fiktive Lieferung liegt auch dann vor, wenn im Inland aufgrund 80
eines Werkvertrages aus vom Auftraggeber übergebenen Gegenständen ein Gegenstand anderer Funktion hergestellt wird und der „veredelte“ Gegenstand zur Verfügung des Auftraggebers in einen anderen EG-Staat gelangt (§ 3 Abs. 1a Nr. 2 UStG). Dagegen handelt es sich bei Reparatur-, Wartungs- und Reinigungsleistungen, aber auch bei dem Beschriften, Etikettieren und Befüllen eines Gegenstands – wie bisher – um sonstige Leistungen, die als solche besteuert werden.

Verschaffung der Verfügungsmacht

Wir wissen, wer liefern und was Gegenstand einer Lieferung sein 81
kann. Es stellt sich nun die Frage, **wie geliefert** werden kann. Dies geschieht, so das Gesetz, **durch Verschaffung der Verfügungsmacht.** D.h.: Einem Dritten (Abnehmer) wird es ermöglicht, die **tatsächliche Herrschaft** über einen Gegenstand auszuüben. In der Regel geschieht dies durch die Einräumung des bürgerlich-rechtlichen Eigentums. Allerdings kommen im Wirtschaftsleben auch Fälle vor, in denen die Verfügungsmacht verschafft wird, ohne daß es zu einem zivilrechtlichen Eigentumsübergang kommt. Denken Sie z.B. an den Fall, daß jemand einen Gegenstand liefert und sich sein Eigentum an dem Gegenstand vorbehält (Lieferung unter Eigentumsvorbehalt). Der Ab-

nehmer wird hier wirtschaftlich befähigt, im eigenen Namen über den Gegenstand zu verfügen; das zivilrechtliche Eigentum verbleibt jedoch aufgrund des Eigentumsvorbehalts bei dem Lieferanten.

Sehen wir uns die typischen Fälle an, wie in der Praxis die Verfügungsmacht an einem Gegenstand verschafft wird.

82 Unproblematisch sind die Fälle, in denen ein **Gegenstand** unmittelbar nach Abschluß des Vertrages **übergeben** wird.

Beispiel:
Sie wählen bei einem Bäcker ein Brot aus. Der Bäcker packt das Brot ein und gibt es Ihnen. Im Anschluß daran zahlen Sie den Preis für das Brot.

Durch die Übergabe des Brotes wird Ihnen die Verfügungsmacht daran verschafft. Die Lieferung ist im umsatzsteuerlichen Sinne ausgeführt.

83 Anstelle der körperlichen Übergabe kann die Verfügungsmacht auch durch **Abtretung des Herausgabeanspruchs** verschafft werden. Denken Sie z. B. an den Fall, daß ein Unternehmer einen Pkw für 14 Tage vermietet hat und diesen Pkw während der Mietdauer veräußern will. Hier kann das Eigentum dadurch verschafft werden, daß der Herausgabeanspruch gegenüber dem Mieter nach Ablauf der Mietdauer an den Erwerber abgetreten wird. Auch durch ein **Besitzmittlungsverhältnis** kann die Verfügungsmacht auf den Abnehmer übergehen, wie das folgende Beispiel zeigt.

Beispiel:
Der Unternehmer T veräußert seinen Pkw an den Kfz-Händler U. Da sich die Auslieferung des Neuwagens verzögert, schließen beide Parteien über den alten Pkw einen Mietvertrag, dessen Laufzeit mit der Auslieferung des Neuwagens endet.

Obwohl der bisherige Eigentümer nach Übereignung als Mieter weiter im Besitz des alten Pkw, und zwar bis zur Auslieferung des Neuwagens, bleibt, ist die Verfügungsmacht über den alten Pkw mit Abschluß des Kaufvertrages und des daran anschließenden Mietvertrages auf den Kfz-Händler übergegangen.

Schließlich kann die Verfügungsmacht noch durch **Übergabe eines sog. Traditionspapiers** (z. B. Konnossement, Ladeschein oder Orderlagerschein) verschafft werden. Auch hierzu ein Beispiel. 84

Der Einzelhändler V hat von dem Großhändler W eine Maschine erworben, die sich in einem Lager in Dresden befindet. Über den Erwerb hat V einen Orderlagerschein erhalten. Einige Tage später veräußert V die Maschine an Z. Er händigt Z den Orderlagerschein aus.

Durch die Übergabe des Lagerscheins verschafft V dem Erwerber Z die Verfügungsmacht an der Maschine. Denn durch diese Übergabe versetzt er Z in die Lage, die Maschine in Dresden abzuholen oder abholen zu lassen.

Abnehmer als „Adressat“ der Lieferung

85 In der Regel wird die Verfügungsmacht an einem Liefergegenstand unmittelbar dem Abnehmer verschafft. Denken Sie z. B. an einen Einzelhändler, der die gekaufte Ware dem Kunden übergibt. Das Umsatzsteuergesetz beschreibt jedoch als **Lieferung** auch den Fall, daß die **Verfügungsmacht an einem Liefergegenstand einem Dritten im Auftrag des Abnehmers verschafft** wird (vgl. § 3 Abs. 1 UStG).

Beispiel:
Sie bestellen bei einem Blumenhändler telefonisch einen Blumenstrauß und lassen diesen Blumenstrauß als Geburtstagsgeschenk unmittelbar an Ihre Mutter schicken.

Hier hat sich der Blumenhändler in Ihrem Auftrag die Verfügungsmacht an dem Blumenstrauß Ihrer Mutter verschafft.

Praxishinweis:
Für die Annahme einer Lieferung kommt es nicht darauf an, ob der Lieferer selbst oder in seinem Auftrag ein Dritter die Verfügungsmacht verschafft.

Ort der Lieferung

86 Nun zu der Frage, wo geliefert wird. Die Antwort auf diese Frage hat Bedeutung für die Steuerbarkeit eines Umsatzes. Denn nur Lieferungen, die **im Inland** ausgeführt werden, können dort zur Umsatzsteuer herangezogen werden. Es ist daher erforderlich, bei jeder Lieferung den **Ort** zu bestimmen, **an dem die Verfügungsmacht verschafft** worden ist. Steht der Ort der Lieferung fest, so läßt sich auch die Frage beantworten, **wann die Lieferung ausgeführt** ist. Dies ist nämlich der Zeitpunkt, zu dem der Lieferer dem Abnehmer an einem bestimmten Ort die Verfügungsmacht über den Gegenstand verschafft. Sehen wir uns nun die einzelnen Grundsätze an, die für die Bestimmung des Orts der Lieferung maßgebend sind.

▶ Unmittelbare Übergabe des Liefergegenstands

87 Für den Ort der Lieferung gilt der Grundsatz: Lieferungen werden dort ausgeführt, wo sich der **Gegenstand zur Zeit der Verschaffung der Verfügungsmacht befindet** (§ 3 Abs. 6 UStG). Für Verkäufe im Ladengeschäft bedeutet dies, daß sich der Ort der Lieferung im La-

dengeschäft befindet, wenn der Liefergegenstand dort an den Abnehmer oder seinen Beauftragten übergeben wird. **Holt der Abnehmer** oder in seinem Auftrag ein Dritter den Liefergegenstand **bei dem Lieferer ab**, so befindet sich der Ort der Lieferung dort, wo der Lieferer tatsächlich den **Liefergegenstand übergibt** und damit dem Abnehmer bzw. seinem Beauftragten die Verfügungsmacht verschafft.

> **Beispiel:**
> Der Einzelhändler A hat bei dem Großhändler B Campingstühle bestellt. Nachdem die Lieferung bei dem Großhändler eingetroffen ist, holt A die Campingstühle mit seinem Kleinbus ab.
>
> Der Ort der Lieferung befindet sich dort, wo die Übergabe der Campingstühle an A stattfindet. Dies würde auch dann gelten, wenn nicht A, sondern eine **von ihm beauftragte** Transportfirma die Campingstühle zu seinem Geschäft befördern würde.

▶ Mittelbare Übergabe des Liefergegenstands

Wird der Liefergegenstand nicht unmittelbar an den Abnehmer 88
übergeben, sondern mittelbar durch **Übergabe von Traditionspapieren** (vgl. Tz. 84), **Abtretung des Herausgabeanspruchs** (vgl. Tz. 83) oder durch Vereinbarung eines **Besitzmittlungsverhältnisses** (vgl. Tz. 83), so erfolgt die Lieferung dort, wo sich der **Gegenstand zum Zeitpunkt der Ersatzübergabe befindet**. Dagegen hat der Ort, wo der Austausch der Verträge oder Papiere vorgenommen wird, für die Bestimmung des Orts der Lieferung keine Bedeutung.

> **Beispiel:**
> C händigt seinem Abnehmer D einen indossierten Lagerschein aus, der ihn dazu berechtigt, einen in einem Pariser Lagerhaus befindlichen Baukran selbst abzuholen oder abholen zu lassen.
>
> Der Ort der Lieferung richtet sich danach, wo sich der Baukran im Zeitpunkt der Übergabe des indossierten Lagerscheins be-

findet. Dies ist Paris. Da der Ort der Lieferung im Ausland belegen ist, ist der Umsatz nicht steuerbar.

▶ Beförderungslieferungen

89 Wird der Gegenstand nicht abgeholt, sondern vom Lieferer zum Abnehmer **befördert**, so gilt die Verfügungsmacht nicht erst mit Übergabe der Ware an den Abnehmer, sondern mit dem Beginn der Beförderung als ausgeführt (§ 3 Abs. 7 Satz 1 UStG). **Lieferungsort** ist in diesem Fall der Ort, **von dem aus die Beförderung erfolgt.**

Eine **Beförderung** liegt vor, wenn der Lieferer selbst oder sein unselbständiger Erfüllungsgehilfe (z. B. Angestellter) den Liefergegenstand zum Abnehmer oder in dessen Auftrag zu einem Dritten bringt (§ 3 Abs. 7 Satz 2 UStG). Dabei kommt es nicht darauf an, ob sich der Liefergegenstand mit eigener Kraft fortbewegt, z. B. ein Pkw, oder ob für das Befördern ein Transportmittel benötigt wird.

Beispiel:
Der Unternehmer E transportiert die von F bestellte Ware mit seinem Lkw von Leipzig nach München, um sie dort dem Abnehmer zu übergeben.

Da der Transport der Ware durch den Lieferer selbst erfolgt, liegt eine Beförderungslieferung vor. Der Ort der Beförderungslieferung befindet sich dort, wo mit der Beförderung begonnen worden ist, also in Leipzig.

Praxishinweis:
Wird ein Liefergegenstand vor der Veräußerung innerhalb des Unternehmens „bewegt" (z. B. von der Produktionsstätte zum Auslieferungslager), so ist dieser Vorgang grundsätzlich für die Bestimmung des Orts der Lieferung ohne Bedeutung. Dies gilt auch in den Fällen, in denen ein bereits verkaufter Gegenstand zur Vorbereitung des

Transports, z. B. von einem Auslieferungslager in eine Filiale, „verlagert“ wird.

▶ Versendungslieferungen

Für die Versendungslieferungen gilt – wie für die Beförderungslieferungen – der Grundsatz, daß die Lieferung umsatzsteuerlich mit der **Übergabe des Gegenstands an den Beauftragten** als ausgeführt gilt (§ 3 Abs. 7 Satz 3 UStG). Unter **„Versenden eines Gegenstands“** ist eine Beförderung zu verstehen, die nicht durch den Unternehmer selbst, sondern durch einen selbständigen Beauftragten, also durch einen Frachtführer, wie z. B. Bahn, Post oder Transportunternehmen, einen Verfrachter, wie z. B. eine Reederei, oder einen Spediteur durchgeführt wird (§ 3 Abs. 7 Satz 4 UStG). 90

Beispiel:
Der Kfz-Händler G bestellt beim Hersteller ein Ersatzteil. Dieses Ersatzteil wird ihm mit der Post zugesandt.

Mit der Übergabe des Pakets am Paketschalter der Post, also mit Beginn der Versendung, gilt die Lieferung an den Kfz-Händler als erfolgt. Vom Gesetzgeber wird angenommen, daß durch diese Übergabe dem Kfz-Händler die Verfügungsmacht verschafft worden ist, obwohl er das Paket tatsächlich zu einem späteren Zeitpunkt und an einem anderen Ort ausgehändigt bekommt.

Eine Versendungslieferung setzt zwingend voraus, daß der Abnehmer als **Empfänger der Lieferung bei Übergabe des Liefergegenstands** an den Frachtführer, Verfrachter oder Spediteur **feststeht**. Werden nacheinander mehrere Frachtführer, Verfrachter oder Spediteure in die „Versandkette“ eingeschaltet, so muß der Lieferer bereits bei Übergabe des Liefergegenstands an den ersten Beauftragten unmittelbar die Weisung erteilen, den Gegenstand an den bereits 91 feststehenden Abnehmer weiterzuleiten. Folglich sind **innerbetriebliche Versendungen**, wie z. B. der Transport eines Ersatzteils durch einen Spediteur von der Fabrik zum Auslieferungslager, für die Bestimmung des Orts der Lieferung ohne Bedeutung, da in diesem Fall keine Versendung an den Abnehmer erfolgt. Dies gilt auch für innerbetriebliche Beförderungen vor Beginn der Versendung, z. B. von dem Auslieferungslager zum Postschalter.

▶ Montagelieferungen

92 Bei Montagelieferungen ist der Ort der Lieferung nicht dort, wo mit dem Beginn der Beförderung oder Versendung begonnen worden ist, sondern dort, wo die **Übergabe des fertigen Werks** erfolgt ist. Was unter Montagelieferung zu verstehen ist, ergibt sich aus den folgenden Fallgestaltungen:

- Der Lieferer errichtet eine ortsgebundene Anlage (z. B. eine Bandstraße).
- Der Lieferer befördert oder versendet eine Maschine, die am Bestimmungsort fundamentiert oder funktionsfähig gemacht wird, indem sie in einen Satz bereits vorhandener Maschinen eingefügt und hinsichtlich ihrer Arbeitsgänge auf diese Maschinen abgestimmt wird.
- Gegenstand der Lieferung ist ein Teil, das in bereits vorhandene Maschinen ein- oder angebaut wird.
- Einzelteile einer Maschine werden zum Abnehmer befördert oder versendet und dort vom Lieferer zu einer betriebsfertigen Maschine zusammengesetzt.

Festzuhalten bleibt, daß in den o. a. Fällen der Liefergegenstand nach Beginn der Beförderung oder Versendung stets einer Behandlung unterzogen wurde, durch die sich seine **Marktgängigkeit geändert** hat.

Praxishinweis:
Eine Montagelieferung liegt dagegen nicht vor, wenn eine betriebsfertig hergestellte Maschine lediglich zum Zwecke eines besseren und

leichteren Transports **in einzelne Teile zerlegt** und dann von einem **Monteur des Lieferers am Bestimmungsort wieder zusammengesetzt** wird. Dies gilt auch für die Fälle, in denen ein Liefergegenstand im Anschluß an die Beförderung oder Versendung vom Abnehmer selbst oder in seinem Auftrag von einem Dritten be- oder verarbeitet wird.

▶ Einfuhrlieferungen

Läßt der Lieferer oder der von ihm beauftragte Frachtführer, Ver- 93
frachter oder Spediteur den **Liefergegenstand** bei der Einfuhr in das Inland **zum freien Verkehr abfertigen** und wird er demnach Schuldner der Einfuhrumsatzsteuer (Lieferkondition **„versteuert und verzollt“**), so gilt die **Lieferung** als **im Inland bewirkt** (§ 3 Abs. 8 UStG). Der Lieferer kann in diesem Fall die **Umsatzsteuer** für die Lieferung in der Rechnung **gesondert ausweisen.** Diese Umsatzsteuer ist beim Abnehmer als **Vorsteuer** abzugsfähig. Weiterhin hat der **Lieferer** die Möglichkeit, die von ihm gezahlte Einfuhrumsatzsteuer als **Vorsteuer** abzuziehen.

Wird die Einfuhrumsatzsteuer nicht von dem Lieferer, sondern von dem Abnehmer geschuldet (Lieferkondition „unversteuert und unverzollt“), so befindet sich der Ort der Lieferung nicht im Inland. Der Lieferer unterliegt somit nicht der inländischen Umsatzsteuer. Die von dem Abnehmer gezahlte Einfuhrumsatzsteuer kann dieser als Vorsteuer geltend machen.

Beispiel:
Der Unternehmer H in Wien liefert Gegenstände, die er mit dem eigenen Lkw befördert, an seinen Abnehmer I (= Unternehmer) in Dresden. I läßt die Gegenstände zum freien Verkehr (Lieferkondition „unversteuert und unverzollt") abfertigen und entrichtet dementsprechend die Einfuhrumsatzsteuer.

Ort der Lieferung ist Wien (§ 3 Abs. 7 UStG), da nicht der Lieferer, sondern der Abnehmer Schuldner der Einfuhrumsatzsteuer ist. I kann die entrichtete Einfuhrumsatzsteuer als Vorsteuer abziehen, da die Gegenstände für sein Unternehmen in das Inland eingeführt worden sind.

Wäre die Einfuhrumsatzsteuer wegen der Lieferkondition „verzollt und versteuert" von dem Unternehmer H zu entrichten gewesen, so hätte sich der Ort der Lieferung im Inland befunden. Denn dann hätte die Fiktion des § 3 Abs. 8 UStG gegolten. In diesem Fall ist der Lieferer H zum Abzug der Einfuhrumsatzsteuer als Vorsteuer berechtigt, da der Gegenstand für sein Unternehmen eingeführt worden ist.

94 Wird von einem im Inland ansässigen Unternehmer eine Lieferung in einen anderen EG-Staat ausgeführt, so gilt für diese innergemeinschaftliche Lieferung die Regelung zum Lieferort bei Einfuhrlieferungen bis einschließlich 1992 entsprechend. Der Lieferort ist im Inland, wenn die Einfuhrumsatzsteuer von einem im Ausland ansässigen Abnehmer geschuldet wird. Ab dem 1. 1. 1993 kommt es bei innergemeinschaftlichen Lieferungen nicht mehr zur Einfuhrumsatzbesteuerung. Die Sonderregelung zum Lieferort hat dann nur noch Bedeutung für Einfuhren aus einem Nicht-EG-Staat in das Gebiet der EG.

95 Fassen wir nochmals unser Wissen zum Ort der Lieferung zusammen:

Überblick über den Ort der Lieferung

Reihengeschäft

96 Ein **Reihengeschäft** liegt vor, wenn mehrere Unternehmer über denselben Liefergegenstand Umsatzgeschäfte abschließen und diese Umsatzgeschäfte dadurch erfüllen, daß der **erste Unternehmer dem letzten Abnehmer** in der Reihe unmittelbar die **Verfügungsmacht** über den Gegenstand **verschafft**.

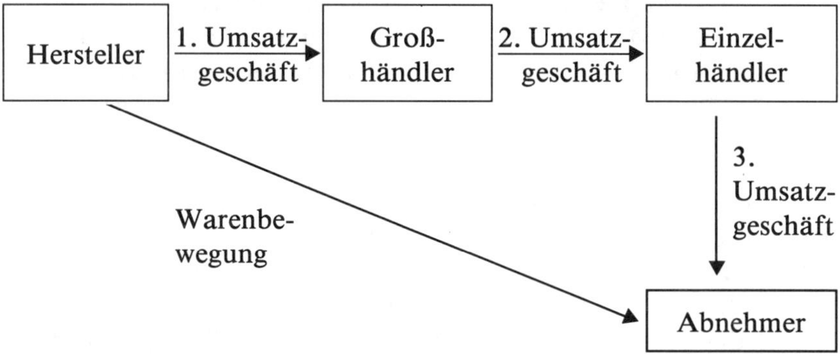

Beachten Sie folgendes:

1. Bei einem Reihengeschäft müssen mindestens **zwei Unternehmer** Umsatzgeschäfte ausführen.
2. Die zwischen allen Beteiligten geschlossenen Umsatzgeschäfte müssen **denselben Gegenstand** betreffen.
3. Die Verfügungsmacht über den Liefergegenstand muß **vom ersten Unternehmer an den letzten Abnehmer** unmittelbar verschafft werden.

97 Für die Umsatzbesteuerung des Reihengeschäfts gilt folgende Regel (§ 3 Abs. 2 UStG): Die Lieferung des ersten Unternehmers an den letzten Abnehmer gilt **gleichzeitig als Lieferung eines jeden Unternehmers** in der Reihe. Hieraus ergeben sich folgende Konsequenzen:

▶ Bei einem Reihengeschäft ergibt sich für alle Unternehmer in der Reihe **derselbe Ort der Lieferung**. Der Ort der Lieferung liegt dort, wo der erste Unternehmer dem letzten Abnehmer in der Reihe die Verfügungsmacht über den Liefergegenstand verschafft.

▶ Die Verschaffung der Verfügungsmacht durch den ersten Unternehmer an den letzten Abnehmer in der Reihe hat zur Folge, daß in diesem Augenblick so viele Lieferungen erfolgen, wie Unternehmer in die Unternehmenskette eingeschaltet sind.

Beispiel:
Der Abnehmer K mit Wohnsitz in Dresden bestellt bei einem Fachhändler L in Leipzig ein Ersatzteil für seine Kleincomputeranlage. Der Fachhändler wiederum bestellt dieses Teil bei dem Großhändler M in Berlin. Dieser wendet sich wiederum an den Hersteller N in Zürich. Der Hersteller versendet das Ersatzteil im Auftrag des Fachhändlers L unmittelbar per Post an den Abnehmer K.

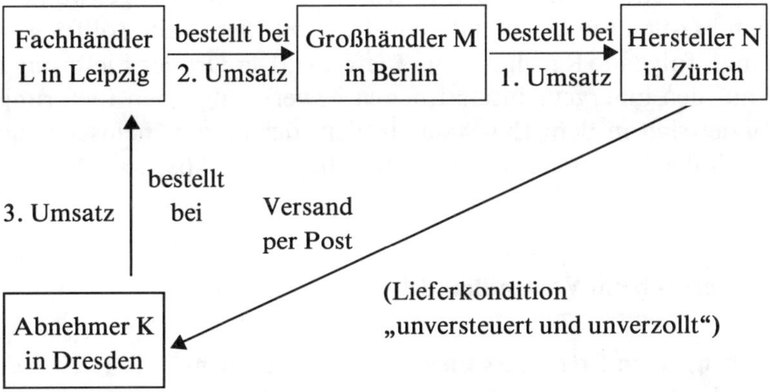

Es sind **drei Umsatzgeschäfte** zustande gekommen, und zwar zwischen dem Abnehmer K und dem Fachhändler L, dem Fachhändler L und dem Großhändler M sowie dem Großhändler M und dem Hersteller N. Der **Ort der Lieferung** befindet sich im Fall der Versendung dort, wo **mit der Versendung begonnen** worden ist, also in Zürich. Die Sondervorschrift für

Einfuhrlieferungen greift im vorliegenden Fall nicht ein, da der Abnehmer das Ersatzteil von dem Frachtführer unversteuert und unverzollt erhält, also selbst die Einfuhrumsatzsteuer tragen muß. Da sich der Ort der Lieferung im Ausland befindet, ist der Umsatz des Herstellers an den Großhändler nicht steuerbar. Dies gilt auch für die Umsätze des Großhändlers an den Einzelhändler sowie des Einzelhändlers an den Abnehmer. Denn bei einem Reihengeschäft werden alle Umsätze innerhalb der Unternehmenskette hinsichtlich des **Zeitpunkts** und des **Orts der Lieferung** nach **einheitlichen Grundsätzen** beurteilt, und zwar nach den Grundsätzen, die für die Verschaffung der Verfügungsmacht durch den ersten Unternehmer an den letzten Abnehmer maßgebend sind.

98 Ab dem 1. 1. 1993 gilt aufgrund des Umsatzsteuer-Binnenmarktgesetzes für ein Reihengeschäft, bei dem der Liefergegenstand aus einem EG-Staat in einen anderen EG-Staat oder in ein Zollfreigebiet gelangt, folgende Regelung zum Lieferort: Der Ort der Lieferung für die auf den innergemeinschaftlichen Erwerb folgenden Lieferungen befindet sich in dem EG-Staat, in dem der innergemeinschaftliche Erwerb der Umsatzbesteuerung unterliegt (§ 3 Abs. 8a UStG; vgl. Tz. 168).

Lieferort beim Versandhandel

99 **Lieferungen an Privatpersonen** unterliegen ab dem 1. 1. 1993 in dem Staat der Umsatzbesteuerung, in dem der Liefergegenstand erworben wird **(Ursprungslandprinzip)**. Dies gilt grundsätzlich auch für die Fälle, in denen der **Lieferer** Gegenstände an Privatpersonen in einen anderen EG-Staat **befördert** oder **versendet**.

Von dem Grundsatz der Besteuerung im Ursprungsland wird jedoch beim **Versandhandel** abgewichen. Hier richtet sich der **Lieferort** danach, wo die **Beförderung** oder **Versendung endet.**

Unter welchen Voraussetzungen kommt es nun beim Versandhandel 100
zu einer Verlagerung des Lieferorts? Hier müssen drei Kriterien erfüllt werden:

- Es muß eine bestimmte Art der Warenbewegung erfolgen.
- Die Ware muß an einen bestimmten Abnehmerkreis geliefert werden.
- Es muß sich um einen bestimmten Kreis von Lieferanten handeln.

Versandhandel

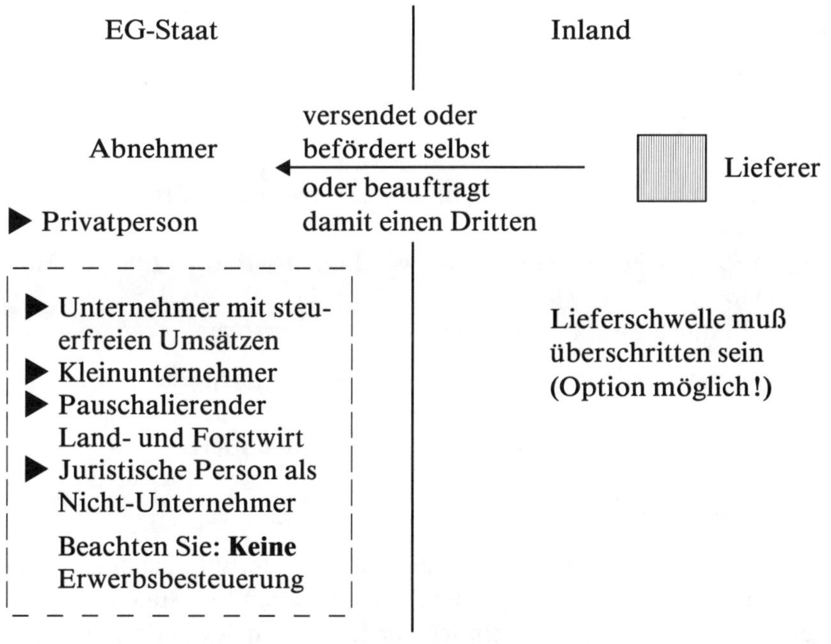

Folge: Ort dort, wo Beförderung oder Versendung endet

Zur Art der Warenbewegung:

101 Der Liefergegenstand muß **von einem EG-Staat** in einen **anderen EG-Staat** befördert oder versendet werden, wobei der **Lieferer die Beförderung** oder **Versendung veranlaßt** haben muß. Erfolgt die Beförderung oder Versendung **durch den Abnehmer** oder in dessen Auftrag durch einen Dritten, so befindet sich der Ort der Lieferung dort, wo der Abnehmer den Gegenstand erworben hat. Um einen unbelasteten Letztverbrauch in den **Zollfreigebieten**, insbesondere in den deutschen Freihäfen, zu vermeiden, werden auch Warenbewegungen aus einem EG-Staat in diese Zollfreigebiete in die Versandhandelsregelung einbezogen

Zum Abnehmerkreis:

102 Bei den Abnehmern muß es sich entweder um **Privatpersonen** handeln oder um

- **Unternehmer mit ausschließlich steuerfreien Umsätzen,**
- **Kleinunternehmer,**
- Land- und Forstwirten bei Anwendung der Pauschalbesteuerung oder
- nicht umsatzsteuerpflichtige juristische Personen,

vorausgesetzt, diese Personen überschreiten nicht die für die Erwerbsbesteuerung maßgebende **Erwerbsschwelle** und sie haben darüber hinaus **nicht für die Erwerbsbesteuerung optiert**.

Zum Kreis der Lieferanten:

103 Unter die Versandhandelsregelung fallen grundsätzlich nur solche Lieferanten, deren Lieferungen in einen anderen EG-Staat im vorangegangenen oder voraussichtlich im laufenden Kalenderjahr einen bestimmten Umfang (sog. **Lieferschwelle)** überschreiten. Für die **Bundesrepublik Deutschland** beträgt die **Lieferschwelle 200000 DM** (§ 3c Abs. 3 Nr. 1 UStG). In anderen EG-Staaten kann eine geringere Lieferschwelle **(Mindestbetrag jedoch 70000 DM)** maßgebend sein.

Überschreitet der **Lieferant** bei seinen Lieferungen in einen EG-Mitgliedstaat nicht die jeweilige Lieferschwelle, so kann trotzdem die Versandhandelsregelung angewandt werden, wenn der Lieferant auf die Anwendung der Regelung über die Lieferschwelle **verzichtet**. An die Verzichtserklärung ist der Lieferant für **mindestens zwei Kalenderjahre gebunden**.

Praxishinweise: 104

① Die Versandhandelsregelung gilt nicht für die **Lieferung neuer Fahrzeuge;** hier bleibt es stets bei der Besteuerung des innergemeinschaftlichen Erwerbs im Bestimmungsland (vgl. Tz. 179 f.).

② Die Lieferung **verbrauchsteuerpflichtiger Waren an Privatpersonen** unterliegt unabhängig von der Lieferschwelle **stets der Besteuerung** in dem Staat, in dem die **Beförderung oder Versendung endet**.

③ Bei der Lieferung verbrauchsteuerpflichtiger Waren **an andere Abnehmer** (vgl. Tz. 102) gilt die Versandhandelsregelung nicht. Hier liegt immer eine **innergemeinschaftliche Lieferung** vor, so daß der Erwerb dieser Waren stets als innergemeinschaftlicher **Erwerb durch den Abnehmer zu besteuern ist** (vgl. Tz. 175).

Kommt die Versandhandelsregelung zur Anwendung, so **verlagert** 105
sich der Lieferort vom Ursprungsland in den EG-Staat, in dem die Beförderung oder Versendung des Gegenstands endet. Wird ein Gegenstand aus einem **Nicht-EG-Staat** befördert oder versendet und im Rahmen der Beförderung oder Versendung **in einen EG-Staat eingeführt** und endet die Beförderung oder Versendung in einem anderen EG-Staat, so ist auch in diesem Fall der Lieferort dort, wo die Beförderung oder Versendung endet (§ 3 c Abs. 1 UStG).

Beispiel 1:
Ein in Bonn ansässiger Unternehmer liefert an verschiedene Privatpersonen in Belgien Möbel. In 1993 beträgt der Gesamtwert der Lieferungen nach Belgien 400000 DM. Die Versendung der Möbel erfolgt stets durch einen vom Lieferanten beauftragten Spediteur.
Die Lieferungen werden im **Versandhandel** ausgeführt. D.h.: Der Lieferer führt die Versendung der Ware in Eigenregie durch. Abnehmer der Ware sind **Privatpersonen** in einem anderen EG-Staat. Die **Lieferschwelle** wird von dem Lieferer in 1993 bei weitem **überschritten**. Beim Versandhandel **verlagert sich der Lieferort** vom Inland in den EG-Staat, in dem die Beförderung oder Versendung endet, also **nach Belgien**. Die Lieferungen sind somit **nicht steuerbar**, da sie nicht im Inland erfolgen. Vielmehr hat der Lieferant seine **Umsätze in Belgien der Umsatzsteuer zu unterwerfen**.

Beispiel 2:
Ein in Brüssel ansässiger Hersteller von Büromaschinen liefert in 1993 an deutsche Privatpersonen Schreibmaschinen und Kleincomputer im Wert von 100000 DM. Die Ware wird entweder von dem Hersteller selbst befördert oder in seinem Auftrag durch einen Spediteur an die Abnehmer versandt.
Auch hier liegen Versandhandelsgeschäfte vor. Denn die Liefergegenstände gelangen von einem EG-Staat in einen anderen EG-Staat, und zwar durch Beförderung oder Versendung des Lieferanten. Die im Inland ansässigen **Privatpersonen** gehören zu dem Kreis der begünstigten Abnehmer für den Versandhandel. Allerdings erfüllt der Lieferant in Brüssel nicht die für das Inland geltende **Lieferschwelle von 200000 DM**. Das bedeutet, daß es bei dem Lieferort im **Ursprungsland**, also in Belgien, bleibt. Nur dann, wenn unser Unternehmer auf die Anwendung der Lieferschwelle von 200000 DM **verzichtet, verlagert** sich der **Lieferort** in das Inland.

3.3 Die sonstige Leistung

Das Umsatzsteuergesetz (vgl. § 3 Abs. 9 UStG) umschreibt den Begriff der sonstigen Leistung in der Weise, daß **alle Leistungen**, die **keine Lieferungen** sind, **sonstige Leistungen** darstellen. Danach ist jedes **positive und negative Verhalten** eines Unternehmers als sonstige Leistung anzusehen, wenn für dieses Verhalten im Wirtschaftsleben ein Preis gezahlt wird, ihm also ein Wert beigemessen wird, und dieses Verhalten nicht in der Verschaffung der Verfügungsmacht über Gegenstände besteht. Klarstellend wird im Gesetz darauf hingewiesen, daß auch ein **negatives Verhalten**, nämlich das **Unterlassen** oder **Dulden** einer Handlung oder eines Zustands, eine sonstige Leistung darstellt. 106

Typische Beispiele sonstiger Leistungen sind

- die Vermietung,
- die Verpachtung,
- die Darlehensgewährung,
- die Bestellung eines Nießbrauchs und eines Erbbaurechts,
- die Übertragung und Wahrnehmung von Patenten und Urheberrechten,
- die Dienstleistungen von Freiberuflern,
- die Leistungen der Verwertungsgesellschaften und der Urheber nach dem Urheberrechtsgesetz (Stichworte: „Bibliotheksabgabe" und „Leerkassettenvergütung"),
- die Beförderungsleistungen und
- die Reiseleistungen.

Eine sonstige Leistung ist auch dann anzunehmen, wenn der Anspruch auf eine Dienstleistung durch einen käuflich zu erwerbenden **Berechtigungsschein** begründet wird. Denken Sie z. B. an den Verkauf einer Theaterkarte, die Ihnen ermöglicht, an einer Theatervorstellung teilzunehmen. Auch bei **geistigen Leistungen** handelt es sich grundsätzlich um sonstige Leistungen, und zwar auch dann, wenn das Ergebnis der geistigen Leistung „zu Papier gebracht" wird. In diesem Fall wird nicht das „zu Papier Gebrachte" geliefert, sondern 107 das Ergebnis der geistigen Leistung in einer bestimmten Form zur Verfügung gestellt. Denken Sie z. B. an einen Architekten, der für Sie ein Einfamilienhaus entwirft und Ihnen die Pläne übergibt. Der Architekt erbringt eine sonstige Leistung, und nicht eine Lieferung der Pläne.

108 Anders ist der Sachverhalt dann zu beurteilen, wenn das „zu Papier Gebrachte" **vervielfältigt** wird und die Vervielfältigung, z. B. in Form eines Buches, im Wirtschaftsleben als Liefergegenstand angesehen wird. Unter diesem Gesichtspunkt sind auch **Gemälde**, die ein Maler geschaffen hat, als Liefergegenstand anzusehen, so daß bei einer Veräußerung umsatzsteuerlich eine Lieferung vorliegt.

Besonderheit „Besorgungsleistungen"

109 Eine **Besorgungsleistung** liegt vor, wenn der Unternehmer nicht die Leistung selbst, sondern nur die **Beauftragung eines Dritten zur Leistung** im eigenen Namen übernimmt. Denken Sie z. B. an den Spediteur, der im eigenen Namen für Rechnung eines anderen die Güterversendung durch Frachtführer übernimmt. Aufgrund der Sonderregelung in § 3 Abs. 11 UStG gilt für solche Besorgungsleistungen folgender Grundsatz: Die **Besteuerung** der Besorgung erfolgt nach den Vorschriften, die für die **besorgte Leistung maßgebend** sind.

Beispiel:
Der in Leipzig ansässige Spediteur O besorgt für einen Kunden in Potsdam die Lagerung von Waren in einem Salzburger Lagerhaus.
In der Besorgung der Lagerleistung ist eine sonstige Leistung i. S. von § 3 Abs. 11 UStG zu sehen. Da die Lagerung nicht im Inland ausgeführt wird, ist diese Leistung nicht steuerbar. Die Besorgungsleistung teilt das steuerliche Schicksal der besorgten Leistung; sie ist somit im Inland nicht zur Umsatzsteuer heranzuziehen.

Zeitpunkt der sonstigen Leistung

Im Gegensatz zu einer Lieferung kann eine sonstige Leistung nicht 110
nur zu einem bestimmten Zeitpunkt, sondern auch **über einen bestimmten Zeitraum** erbracht werden. Denken Sie z. B. an einen Rechtsanwalt, der Sie in einer Bauangelegenheit vertritt. Er führt dazu Besprechungen mit der Baubehörde, mit dem Architekten und mit der Baufirma. Er besichtigt das Objekt vor Ort und nimmt Einblick in die bei den Behörden befindlichen Unterlagen. Die erforderlichen Schriftsätze diktiert er teilweise im Büro und teilweise am Wochenende in seiner Wohnung. Sie sehen aus diesem Sachverhalt, daß die „anwaltliche Beratungsleistung" an verschiedenen Orten und zu unterschiedlichen Zeitpunkten ausgeführt wird. Es ist deshalb wichtig zu wissen, wann nun diese sonstige Leistung für umsatzsteuerliche Zwecke als erbracht gilt. Hier ist folgender Grundsatz zu beachten:

Besteht die sonstige Leistung in der **Erfüllung eines bestimmten Auftrages**, so wird sie mit **Abschluß** des Auftrages erbracht. Bezogen auf den oben dargestellten Sachverhalt bedeutet dies, daß die sonstige Leistung in Form der anwaltlichen Beratung, z. B. nach Zustimmung zu einem Vergleichsvorschlag oder nach Abschluß eines Prozesses ausgeführt ist.

Bei **fortwährend erbrachten Leistungen** haben Sie als zweiten Grundsatz zu beachten:

Solche Leistungen sind, wenn sie nach wirtschaftlicher Betrachtungsweise **teilbar** sind und **in Teilen gesondert abgerechnet** werden, in sog. Teilleistungen aufzuteilen. Denken Sie z. B. an die Vermietung einer Ladenfläche gegen Zahlung einer monatlichen Miete. Die sonstige Leistung „Vermietung" ist hier in die Teilleistungen „Gebrauchsüberlassung für einen Monat" aufzuteilen. Folglich ist die sonstige Leistung, und zwar teilweise, mit Ablauf des Kalendermonats erbracht.

Ort der sonstigen Leistung

111 Für die Bestimmung des **Leistungsorts** gilt der Grundsatz, daß sie an dem Ort ausgeführt wird, **von dem aus der Unternehmer sein Unternehmen betreibt** (§ 3a Abs. 1 UStG). Dies wird in der Regel der Ort sein, wo sich die Geschäftsleitung befindet. Es kann aber auch eine Betriebsstätte des Unternehmens sein. Von diesem Grundsatz gibt es – wie Sie nachfolgend noch sehen werden – zahlreiche Ausnahmen, so daß es sich bei diesem Grundsatz mehr um eine **Auffangvorschrift** für die Sonderregelungen handelt. Es ist daher zweckmäßig, zuerst zu prüfen, ob eine Sondervorschrift zum Leistungsort eingreift, um dann – sollte dies nicht der Fall sein – den Leistungsort nach dem allgemeinen Grundsatz zu bestimmen.

Sehen wir uns nun die Sondervorschriften zum Leistungsort im einzelnen an:

▶ Sonstige Leistungen im Zusammenhang mit einem Grundstück

112 Für sonstige Leistungen, die sich überwiegend auf die **Bebauung, Verwertung, Nutzung** oder **Unterhaltung von Grundstücken** (einschließlich wesentlicher Bestandteile und Scheinbestandteile, allerdings ohne Zubehör) beziehen, ist der Leistungsort dort, wo das **Grundstück belegen** ist (§ 3a Abs. 2 Nr. 1 UStG). Nach dieser Regelung bestimmt sich der Leistungsort insbesondere bei

- der **Vermietung und Verpachtung von Grundstücken** (einschließlich kurzfristiger **Beherbergung**, Parkplatzüberlassung und kurzfristiger Vermietung auf Campingplätzen),
- Leistungen der **Grundstücksmakler** und **Grundstückssachverständigen** sowie der **Notare** bei Beurkundung von Grundstückskaufverträgen und von Nutzungsrechten an Grundstücken,
- Leistungen der **Architekten**, Bauingenieure, Vermessungsingenieure, Bausachverständigen sowie der **Unternehmer**, die **Bauleistungen** bzw. Abbruch- und Erdarbeiten ausführen, und
- der **Einräumung von Nutzungsrechten** (z. B. Nießbrauchs- und Erbbaurechte).

Von diesen Leistungen zu unterscheiden sind sonstige Leistungen, die nur mittelbar im Zusammenhang mit einem Grundstück stehen. Dies gilt insbesondere für

- den **Verkauf** von Anteilen an Grundstücksgesellschaften und die Vermittlung der Umsätze von **Anteilen an Grundstücksgesellschaften,**
- die Veröffentlichung von **Immobilienanzeigen** in Zeitungen,
- die **Finanzierung** und Finanzierungsberatung im Zusammenhang mit dem Erwerb eines Grundstücks und dessen Bebauung sowie
- die **Rechts- und Steuerberatung** in Grundstückssachen.

Praxishinweis:
Die **Veräußerung des Grundstücks** stellt keine sonstige Leistung, sondern eine Lieferung dar. Der Ort der Lieferung ist dort, wo das Grundstück belegen ist.

▶ Leistungen, die in einem positiven Tun bestehen

Bei den folgenden sonstigen Leistungen, die alle in einem positiven Tun bestehen, befindet sich der Leistungsort dort, wo die **entscheidenden Bedingungen für den Leistungserfolg** gesetzt werden. Dagegen kommt es nicht darauf an, wo der Leistungserfolg selbst eintritt oder wo sich die sonstige Leistung auswirkt. Weiterhin haben Sie zu beachten, daß **jeder einzelne Umsatz** – und nicht die Gesamttätigkeit des Unternehmers – hinsichtlich des Leistungsorts zu beurteilen ist. 113

Der Grundsatz „Ort der Tätigkeit maßgebend" gilt für folgende Leistungen: 114

- Künstlerische, **wissenschaftliche**, unterrichtende, **sportliche, unterhaltende** oder ähnliche Leistungen einschließlich der Leistungen der jeweiligen Veranstalter

  Hierzu zwei Hinweise: Wird im Fall der künstlerischen Leistung ein **Nutzungsrecht an einem Urheberrecht** oder an einem ähnlichen Recht übertragen, so bestimmt sich der Leistungsort danach, wo der Empfänger der Leistung ansässig ist. Bei der Erstellung eines wissenschaftlichen Gutachtens darf das Gutachten nicht auf die **Beratung des Auftraggebers** gerichtet sein; ansonsten gilt nämlich der Leistungsort für Beratungstätigkeiten (§ 3a Abs. 4 Nr. 3 UStG).

- **Werkleistungen an beweglichen körperlichen Gegenständen** und die **Begutachtung** dieser Gegenstände
  Hierunter fallen Wartungsleistungen an Anlagen, Maschinen und Kraftfahrzeugen. Der Leistungsort bei einer Gutachtertätigkeit bestimmt sich nur dann nach dieser Vorschrift, wenn es sich um die **Begutachtung beweglicher Gegenstände** handelt. Bei Gutachten im Zusammenhang mit Grundstücken ist der Ort der Leistung dort, wo das Grundstück belegen ist (§ 3a Abs. 2 Nr. 1 UStG).

▶ Vermittlungsleistungen

115 Bis zum **31. 12. 1992** werden **Vermittlungsleistungen** an dem Ort erbracht, von dem aus der **Unternehmer sein Unternehmen betreibt** (Grundsatzregelung in § 3 a Abs. 1 UStG). Dies ändert sich **ab dem 1. 1. 1993**. Künftig bestimmt sich der Ort der Vermittlungsleistung danach, wo der **vermittelte Umsatz ausgeführt** wird (neuer § 3 a Abs. 2 Nr. 4 UStG). Wird die Vermittlungsleistung an einen Unternehmer ausgeführt, der in einem anderen EG-Staat über eine **Umsatzsteuer-Identifikationsnummer** (vgl. Tz. 488 f.) verfügt, so gilt die Leistung als in dem **anderen EG-Staat ausgeführt**, wenn die Vermittlungsleistung von dem Leistungsempfänger unter Angabe der Umsatzsteuer-Identifikationsnummer in Anspruch genommen wird. Die Regelungen zum Ort der Vermittlungsleistung gelten nicht bei

- Vermittlungsleistungen im Zusammenhang mit Grundstücken,
- Vermittlung der in § 3 a Abs. 4 aufgeführten Leistungen (vgl. Tz. 116 f.) und
- Vermittlung der innergemeinschaftlichen Beförderung sowie der damit im Zusammenhang stehenden Leistungen (vgl. Tz. 122).

▶ **Leistungen, deren Ort sich nach dem Leistungsempfängerprinzip bestimmt**

Bei dem nachfolgenden Leistungskatalog bestimmt sich der Ort der Leistung danach, wo der **Empfänger der Leistung ansässig** ist (§ 3a Abs. 3 UStG). 116

Leistungskatalog
(vgl. § 3a Abs. 4 UStG)

▶ **Einräumung**, Übertragung und Wahrnehmung von

- **Patenten,**
- **Urheberrechten,**
- **Warenzeichenrechten** und
- **ähnlichen Rechten** (z. B. Verlagsrecht, Gebrauchsmuster, Geschmacksmuster)

▶ **Werbung**, Öffentlichkeitsarbeit, Werbungsmittler und **Werbeagenturen**

▶ **Beratungsleistungen** bei einem **Rechtsanwalt,** Patentanwalt, **Steuerberater**, Steuerbevollmächtigten, **Wirtschaftsprüfer** und vereidigten Buchprüfer, **Ingenieurleistungen**, Leistungen aus der Tätigkeit als Dolmetscher, Übersetzer und Aufsichtsratsmitglied sowie vergleichbare Leistungen, insbesondere in Form der rechtlichen, wirtschaftlichen und technischen Beratung

▶ **Datenverarbeitung**

▶ **Überlassung von Informationen**

▶ **Finanzumsätze**

▶ **Personalgestellung**

▶ **Verzicht auf Patente, Urheberrechte**, Warenzeichenrechte usw. sowie auf Ausübung einer gewerblichen oder beruflichen Tätigkeit

▶ **Vermietung beweglicher körperlicher Gegenstände mit Ausnahme von Beförderungsmitteln**

▶ **Vermittlung** der vorgenannten Leistungen

117 Die **Aufzählung** in dem o.a. Leistungskatalog ist **abschließend**. Andere sonstige Leistungen sind von dieser Ortsbestimmung nicht betroffen. Haben Sie es mit einer der o.a. Leistungen zu tun, so ist die Bestimmung des Leistungsorts davon abhängig, ob der **Leistungsempfänger Unternehmer** oder **kein Unternehmer** ist. Bei einem Unternehmer als Leistungsempfänger wird die sonstige Leistung dort ausgeführt, wo der Empfänger sein **Unternehmen betreibt** bzw. seine **Betriebsstätte innehat**. Ist der Leistungsempfänger kein Unternehmer und hat er seinen Wohnsitz oder Sitz außerhalb der EG, so wird die sonstige Leistung dort ausgeführt, wo der Empfänger seinen Wohnsitz oder seinen Sitz hat. Befindet sich der Wohnsitz oder Sitz im zuletzt genannten Fall im Gebiet der EG, so ist der Leistungsort dort, wo der leistende Unternehmer ansässig ist.

Beispiel 1:
Eine Firma in Paris stellt einem Schlachthof mit Sitz in Magdeburg Arbeitnehmer zur Verfügung.

Der Ort der sonstigen Leistung befindet sich in Magdeburg (§ 3a Abs. 3 i.V.m. Abs. 4 Nr. 7 UStG).

Beispiel 2:
Ein Rechtsanwalt in Köln berät einen Privatmann, der seinen Wohnsitz in Stockholm hat, in Rechtsangelegenheiten.

Die Beratungsleistung ist nicht steuerbar, da sich der Ort der Leistung in Stockholm, also nicht im Inland, befindet (§ 3a Abs. 3 i.V.m. Abs. 4 Nr. 3 UStG).

Praxishinweis:
Läßt sich der Ort bei einer der o.a. Leistungen nicht nur nach dem Leistungsempfängerprinzip, sondern auch nach den Sondervorschriften in § 3a Abs. 2 UStG bestimmen, so gehen diese Sondervorschriften dem Leistungsempfängerprinzip vor.

▶ Leistungsort in allen übrigen Fällen

Greift **keine** der oben dargestellten **Sonderregelungen** (vgl. Tz. 112 bis 117) hinsichtlich der Bestimmung des Leistungsorts und auch nicht die Sonderregelung zu den Beförderungsleistungen (vgl. Tz. 120f.) ein, so wird die sonstige Leistung dort ausgeführt, wo der Unternehmer sein **Unternehmen betreibt.** Ist dieser Ort bei natürlichen Personen nicht eindeutig bestimmbar, so kommt als Leistungsort der **Wohnsitz** des Unternehmers oder der **Ort seines gewöhnlichen Aufenthaltes** in Betracht. Bei Kapitalgesellschaften oder bei Personengesellschaften ist der **Ort der Geschäftsleitung** maßgebend. Wird die sonstige Leistung von einer **Betriebsstätte** ausgeführt, so gilt die Betriebstätte als Ort der sonstigen Leistung. Letzteres ist der Fall, wenn die für die sonstige Leistung erforderlichen einzelnen Arbeiten ganz oder überwiegend durch Angehörige oder Einrichtungen der Betriebsstätte erfolgt sind. 118

Die vorstehende „Auffangregelung“ für den Leistungsort (§ 3a Abs. 1 UStG) gilt insbesondere für **Reiseleistungen**, Leistungen von **Handelsvertretern** mit Ausnahme der Vermittlungsleistungen, Leistungen der Vermögensverwalter und **Testamentsvollstrecker, Notarleistungen** mit Ausnahme der Beurkundung von Grundstücksgeschäften und **Vermietungsleistungen im Zusammenhang mit Beförderungsmitteln.** 119

Beispiel:
Der Autovermieter R in Berlin vermietet seine Kraftfahrzeuge insbesondere an Bürger der Schweiz. Die Kraftfahrzeuge werden teils im Inland und teils in der Schweiz genutzt.

Die Überlassung von Kfz fällt nicht in den Leistungskatalog des § 3a Abs. 4 UStG, insbesondere nicht unter Nr. 11. Folglich kommt die „Auffangregelung“ in § 3a Abs. 1 UStG zum Zuge, nach der sich der Ort der sonstigen Leistung dort befindet, wo der Autovermieter sein Unternehmen betreibt. Dies ist Berlin. Der Umsatz ist somit steuerbar.

▶ Beförderungsleistungen und damit im Zusammenhang stehende Leistungen

120 Der Ort einer Beförderungsleistung ist dort, wo die **Beförderung tatsächlich bewirkt** wird (neuer § 3 b Abs. 1 UStG). Läßt ein mit der Beförderung beauftragter Unternehmer die Beförderung durch einen **Subunternehmer** ausführen, so werden beide Leistungen dort ausgeführt, wo der Subunternehmer die Beförderung bewirkt. Wird eine Beförderungsleistung z. B. durch einen Spediteur besorgt, so liegt der Ort der **Besorgungsleistung** dort, wo die besorgte Beförderung durchgeführt wird.

Erstreckt sich die **Beförderung sowohl auf das Inland als auch auf das Ausland,** so ist die Leistung in einen steuerbaren und einen nicht steuerbaren Teil aufzuteilen. Dies gilt auch für die damit im Zusammenhang stehenden Besorgungsleistungen. Die Aufteilung unterbleibt jedoch bei **grenzüberschreitenden Beförderungen mit kurzen Beförderungsstrecken im Inland** oder **im Ausland,** wenn diese Beförderungen aufgrund der von der Bundesregierung getroffenen Vereinfachungsregelungen entweder insgesamt als steuerbar oder insgesamt als nicht steuerbar zu behandeln sind.

121 Das **Be- und Entladen, das Umschlagen sowie ähnliche mit der Beförderung eines Gegenstands im Zusammenhang stehenden Leistungen** werden dort ausgeführt, wo der Unternehmer **ausschließlich oder zum wesentlichen Teil für diese Leistung tätig** wird (§ 3 b Abs. 2 UStG). Diese Regelung gilt nur für solche Umsätze, die **selbständige Leistungen** sind und nicht als Nebenleistungen zu einer Güterbeförderung deren umsatzsteuerliches Schicksal teilen.

122 **Ab dem 1. 1. 1993** neu ist die Bestimmung des Leistungsorts bei **Beförderung** eines Gegenstands, wenn die **Beförderung in einem EG-Staat beginnt** (Abgangsort) und **im Gebiet eines anderen EG-Staats endet** (Ankunftsort). Der Ort der Beförderungsleistung bestimmt sich grundsätzlich nach dem **Abgangsort**. Verwendet jedoch der Leistungsempfänger gegenüber dem Beförderungsunternehmer eine **Umsatzsteuer-Identifikationsnummer** (vgl. Tz. 488 f.) eines anderen

Grundsatz: (= Auffangvorschrift) Ort des Unternehmens oder der Betriebsstätte (Unternehmersitzprinzip)

AUSNAHMEN

Sonstige Leistungen im Zusammenhang mit einem Grundstück a) Vermietung b) Erwerb oder Veräußerung c) Bauleistungen u. a.	Bestimmte Leistungen wie – künstlerische, wissenschaftliche u. a. Leistungen – Werkleistungen an beweglichen Gegenständen	Sonstige Leistungen i. S. von § 3a Abs. 4 UStG – Patente, Urheberrechte, Warenzeichenrechte – Werbung, Öffentlichkeitsarbeit, Werbungsmittler, Werbeagentur – Beratungs-, Übersetzungs- und Ingenieurleistungen – Datenverarbeitung – Überlassung von Informationen – Finanzumsätze – Personalgestellung – Verzicht auf bestimmte Rechte – Vermietung beweglicher körperlicher Gegenstände mit Ausnahme von Beförderungsmitteln – Vermittlungsleistungen bezogen auf die vorgenannten Leistungen	Vermittlungsleistungen	Beförderungsleistungen und damit im Zusammenhang stehende selbständige Nebenleistungen
Ort der Belegenheit des Grundstücks (Belegenheitsprinzip)	Ort des ausschließlichen oder überwiegenden Tätigwerdens (Tätigkeitsprinzip)	Ort des Unternehmens oder der Betriebsstätte des Leistungsempfängers (bei Unternehmereigenschaft) Ort des Wohnsitzes oder des gewöhnlichen Aufenthalts (bei fehlender Unternehmereigenschaft und Wohnsitz / Sitz außerhalb EG) (Leistungsempfängerprinzip)	**Vor 1. 1. 1993:** Ort des Unternehmens oder Betriebsstätte **Ab 1. 1. 1993:** Ort der Ausführung des vermittelten Umsatzes Sonderregelung für Leistungsempfänger mit Umsatzsteuer-Identifikationsnummer beachten	Ort der Bewirkung der Beförderung oder der selbständigen Nebenleistung (Bewirkungsprinzip) Ausnahmen: Grenzüberschreitende Beförderung (Aufteilung nach Streckenanteilen) Innergemeinschaftliche Beförderung (Abgangsort oder EG-Staat bei Leistungsempfänger mit Umsatzsteuer-Identifikationsnummer)

EG-Staats, so gilt die **Beförderungsleistung in diesem EG-Staat als ausgeführt**.

Nach dieser Sonderregelung ist auch der Leistungsort für mit der Beförderung im Zusammenhang stehenden **selbständigen Nebenleistungen** zu bestimmen. Der Leistungsort bei einer Vermittlung, die mit der Beförderung innerhalb der EG-Staaten und der damit verbundenen Nebenleistungen wie Be- und Entladen sowie Umschlagen der Ware im Zusammenhang steht, befindet sich dort, wo die Leistung erbracht wird. Bei Verwendung einer Umsatzsteuer- Identifikationsnummer ist der Leistungsort im „Ausstellungs-Staat“.

123 Was wir über den Ort der sonstigen Leistung wissen, haben wir nochmals anhand eines kleinen Schaubilds auf Seite 91 zusammengefaßt.

3.4 Sonderfälle

Werklieferung oder Werkleistung?

124 Ein Umsatz darf nur dann in die Bestandteile „Lieferung“ und „sonstige Leistung“ zerlegt werden, wenn es sich hierbei um **wirtschaftlich verschiedene Vorgänge** handelt, die gleichgewichtig und **nicht** so **ineinander greifen**, daß sie für einen Außenstehenden als Ganzes erscheinen. Gestaltet sich dagegen ein Umsatz, der sowohl das Bestandteil „Lieferung“ als auch das Bestandteil „sonstige Leistung“ aufweist, als **einheitlicher wirtschaftlicher Vorgang**, also als unteilbares Ganzes, so kommt es für die Zuordnung zu der Leistungsart „Lieferung“ oder „sonstige Leistung“ auf das **überwiegende Element** an. Ein besonderer Fall der untrennbaren Vermischung der Leistungsarten „Lieferung“ und „sonstige Leistung“ stellt die sog. **Werklieferung** dar.

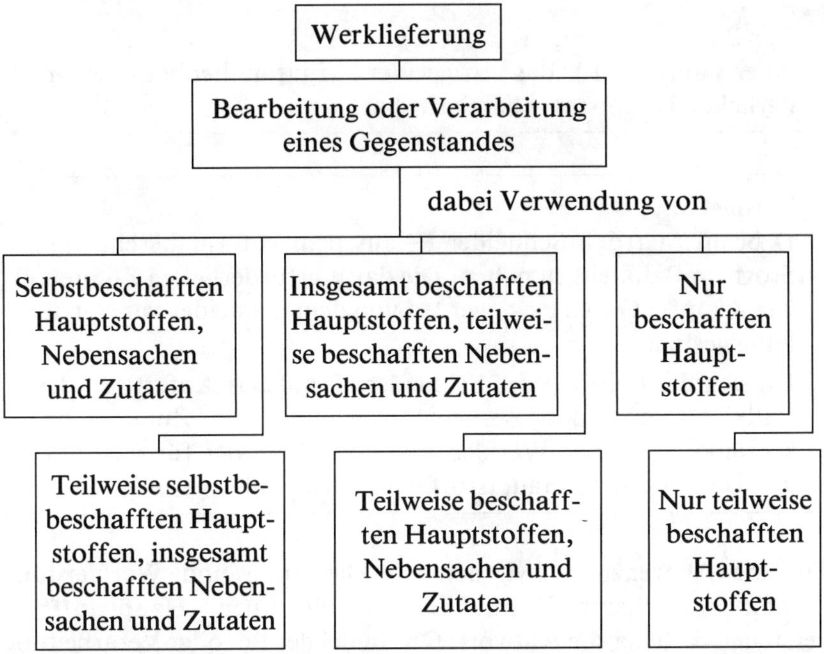

Aus dem vorstehenden Schaubild ist ersichtlich, daß eine **Werklieferung** stets dann gegeben ist, wenn der Unternehmer die für die Bearbeitung oder Verarbeitung eines Gegenstands **erforderlichen Hauptstoffe insgesamt** oder **teilweise selbst beschafft** hat. Verwendet der Unternehmer bei seiner Leistung **keinerlei selbstbeschaffte Hauptstoffe**, sondern nur Stoffe, die als Zutaten oder sonstige Nebensachen anzusehen sind, so liegt eine sog. **Werkleistung** vor. Sehen wir uns zu der Abgrenzungsproblematik die beiden folgenden Beispiele an: 125

Beispiel 1:
A beauftragt den Bauunternehmer B, ihm nach den Plänen des Architekten C ein Einfamilienhaus zu errichten. Die für den Hausbau erforderlichen Materialien werden alle von dem Bauunternehmer beschafft.

Der Bauunternehmer B tätigt gegenüber A eine Werklieferung, da er sämtliche für das fertige Werk „Einfamilienhaus“ erforderlichen Hauptstoffe beschafft hat.

Beispiel 2:
D beauftragt den Schneider E, aus dem von ihr beschafften Stoff ein Ballkleid zu nähen. Die dafür erforderlichen Zutaten, wie Knöpfe, Garne usw. werden von dem Schneider zur Verfügung gestellt.

Da sich die Leistung des Schneiders E auf das Anfertigen des Ballkleids und das Zurverfügungstellen von Zutaten beschränkt, liegt eine Werkleistung vor. Denn der für das Ballkleid erforderliche Hauptstoff wird allein von D gestellt.

126 Für die Abgrenzung zwischen Werklieferung und Werkleistung kommt es entscheidend darauf an, was unter einem **„Hauptstoff“** zu verstehen ist. Hier die Antwort: Ob ein bei der Be- oder Verarbeitung eines Gegenstands verwandter Stoff als Hauptstoff oder nur als Nebensache anzusehen ist, beurteilt sich zum einen nach der **Art des Stoffes** und zum anderen nach der **Bedeutung**, die die Beteiligten dem Stoff bei der Errichtung des Werkes beimessen. Dagegen ist es unerheblich, in welchem Verhältnis der **Wert** der vom Unternehmer **beschafften Stoffe** zum **Wert der Arbeit** oder **des Arbeitserfolges** steht. Weiterhin kann aus der **Unentbehrlichkeit** eines Stoffes nicht zwingend auf das Vorliegen eines Hauptstoffes geschlossen werden. Nägel, Schrauben, Splinte usw. bleiben trotz ihrer Unentbehrlichkeit in aller Regel Nebensachen. Der Hauptstoff muß in dem fertigen Werk **gegenständlich enthalten** sein. Elektrischer Strom, der bei der Herstellung des Werkes verwendet wird, kann daher kein Hauptstoff sein. In **Reparaturfällen** kann eine Werklieferung nur dann angenommen werden, wenn dem dabei ausgetauschten Teilstück eine **selbständige Bedeutung** zukommt, so daß nicht mehr von einer Nebensache gesprochen werden kann. Denken Sie z. B. an die Repara-

tur eines Kfz, bei dem die Kurbelwelle oder der Motor ausgetauscht wird.

Praxishinweis:
In der Praxis wird man sich bei der Abgrenzungsfrage „Hauptstoff" – „Nebensache" zum einen – wie bereits oben erwähnt – an dem Willen der Vertragsparteien und zum anderen an der **Auffassung der maßgebenden Wirtschaftskreise** orientieren.

Als Zwischenergebnis läßt sich festhalten, daß die Be- oder Verarbeitung eines Gegenstands mit insgesamt oder teilweise selbst beschafften Hauptstoffen als Werklieferung anzusehen ist, die Be- oder Verarbeitung eines Gegenstands mit vom Auftraggeber gestellten Hauptstoffen dagegen als Werkleistung. 127

Wir müssen uns nun fragen, welche **Folgerungen** sich aus dieser Unterscheidung für die Umsatzbesteuerung ergeben. Die Antwort ist bereits aus den Begriffen zu entnehmen. Die **Werklieferung** wird nämlich umsatzsteuerlich wie **eine Lieferung** und die **Werkleistung** wie **eine sonstige Leistung** behandelt. Die Differenzierung hat insbesondere Bedeutung für den **Ort der Leistung**, wie Sie dem nachfolgenden Beispiel entnehmen können. 128

Beispiel:
F betreibt in Berlin eine Schneiderei. G, der seinen Wohnsitz in Wien hat, beauftragt F, ihm einen Anzug zu nähen. Der Anzug wird ihm von F anläßlich eines Besuchs in Wien übergeben.

Hat G den für die Anfertigung des Anzuges erforderlichen Stoff selbst beschafft und ihn F zur weiteren Bearbeitung zur Verfügung gestellt, liegt eine Werkleistung vor. Denn der Umsatz des F besteht nur in der Anfertigung des Anzuges unter Beistellung von Nebensachen und Zutaten (Knöpfe, Garn, Tascheneinsätze usw.). Der Ort der Werkleistung bestimmt sich nach den Grundsätzen für die sonstige Leistung. Er befindet sich dort, wo der Schneider sein Unternehmen betreibt, also in Berlin. Die Werkleistung ist somit steuerbar. Hätte der Schneider den Anzugstoff selbst beschafft, so hätte eine Werklieferung vorgelegen. Der Ort der Werklieferung bestimmt sich nach den Grundsätzen für die Lieferung. Hätte F in Wien noch eine Anprobe vorgenommen und dabei die letzten Feinheiten mit dem Kunden G abgestimmt (z. B. Annähen der Knöpfe am Jackett), so hätte sich der Ort der Lieferung in Wien befunden. Die Werklieferung wäre somit nicht steuerbar.

Berücksichtigung von Stoffen, die der Auftraggeber beschafft hat

129 Bei der umsatzsteuerlichen Beurteilung der Werklieferung und der Werkleistung stellt sich die weitere Frage, wie die **Stoffe** umsatzsteuerlich zu behandeln sind, die der **Auftraggeber zur Verfügung gestellt** hat. Hier gilt der Grundsatz: Hat der Auftraggeber dem Auftragnehmer das Material zur Verfügung gestellt, damit dieses Material in das fertige Produkt einfließt, so ist Gegenstand des Leistungsaustausches der **vom Auftragnehmer erstellte Gegenstand, vermindert** um das vom **Auftraggeber zur Verfügung gestellte Material.**

Auftraggeber H — stellt Anzugstoff und Futterstoff zur Verfügung → Unternehmer I

Unternehmer I — fertigt daraus einen Anzug für H → Auftraggeber H

Gehalt der Leistung:

	Fertiger Anzug	
./.	Anzugstoff	
./.	Futterstoff	
=	Zuschneiden, Nähen, Anprobieren	Werkleistung des I
+	Nebensachen und Zutaten	

⇓

Rechnung des I

Für Zuschneiden, Nähen und Anprobieren des Anzuges	700 DM
Für Knöpfe, Garne, Stoßbänder und sonstiges Kleinmaterial	100 DM
	800 DM
Umsatzsteuer (15 %)	120 DM
	920 DM

Merke: Das von dem **Auftraggeber zur Verfügung gestellte Material scheidet aus dem Leistungsaustausch aus.**

Wird der **gesamte Hauptstoff** vom Auftraggeber zur Herstellung des 130
Werkes zur Verfügung gestellt, so liegt eine **Materialgestellung** vor. Wird dagegen nur ein **Teil des Hauptstoffes** oder werden nur **Nebensachen und Zutaten** zur Verfügung gestellt, so spricht man von einer **Materialbeistellung**. Eine **sonstige Beistellung** liegt vor, wenn der Auftraggeber z. B. Arbeitskräfte stellt oder Maschinen überläßt.

Noch zwei Besonderheiten zum Abschluß, erläutert anhand von **Bei-** 131
spielen:

Beispiel 1:
Der Containerhersteller K in Dresden erhält von dem Walzwerk L in Leipzig den Auftrag, aus 50 Tafeln Blech, die von dem Auftraggeber L gestellt werden, 10 Container herzustellen, in denen Abfälle, die bei der Herstellung von Blechen anfallen, gesammelt werden sollen. Auf seiner Fahrt zum Auftragnehmer K fällt der mit den Blechen beladene Lkw wegen eines Motorschadens aus. Um den geplanten Produktionsablauf nicht umstellen zu müssen, vereinbart der Containerhersteller K mit dem Walzwerk, daß er die erforderlichen Bleche aus seinem Lagerbestand entnimmt und diesen Bestand nach Eintreffen des Lkw wieder auffüllt.

Obwohl das von dem Auftraggeber L zur Verfügung gestellte Material nicht mit dem Stoff identisch ist, der zur Herstellung der Container verwendet wurde, liegt hier eine Materialbeistellung vor. Denn der Auftragnehmer K hat den vom Auftraggeber zur Verfügung gestellten Stoff gegen **gleichartiges** und **gleichwertiges Material** ausgetauscht. Dieser Austausch war wirtschaftlich geboten, um den Produktionsablauf bei dem Auftragnehmer nicht zu gefährden. Das beigestellte Walzblech scheidet somit aus dem Leistungsaustausch zwischen dem Containerhersteller und dem Walzwerk aus.

Als Ergebnis dieses Beispiels bleibt festzuhalten, daß der **Austausch gegen gleichartiges und gleichwertiges Material** für die Annahme einer Beistellung **unschädlich** ist, wenn dieser Austausch **wirtschaftlich geboten** ist.

Beispiel 2:
M erteilt dem Schneider N den Auftrag, ihm einen Frack anzufertigen. N beschränkt sich im Rahmen seiner unternehmerischen Tätigkeit nicht nur auf das Maßschneidern, sondern er verkauft auch Stoffe und sonstiges „Nähzubehör“, wie Knöp-

fe, Reißverschlüsse, Polster, Futterstoffe usw. Den für den Anzug des M erforderlichen Stoff hat er

a) als **Kommissionär** im eigenen Namen und für fremde Rechnung oder
b) im fremden Namen und für fremde Rechnung (als **Agent**)

beschafft.

Soweit der Schneider als Kommissionär gehandelt hat, ist der Stoff in seine Verfügungsmacht gelangt und anschließend nach Anfertigung des Anzuges an M weitergegeben worden. Es liegt eine Werklieferung vor, da N den Hauptstoff selbst beschafft hat. Ist der Schneider bei der Beschaffung des Anzugstoffes nur als Vermittler, nämlich im fremden Namen und für fremde Rechnung, aufgetreten, so ist der Stoff unmittelbar in die Verfügungsmacht des M gelangt und von diesem zur Bearbeitung an N weitergegeben worden. Es liegt somit ein Fall der Materialgestellung vor, so daß sich die von N erbrachte Leistung als Werkleistung darstellt. Daneben ist ggf. die Vermittlungsleistung als weiterer Umsatz zu erfassen.

Sie sehen: Handelt jemand als **Kommissionär**, so beschafft er selbst das Material mit der Folge, daß **keine Beistellung** vorliegt; tritt der Werkunternehmer dagegen nur als **Agent** auf, so haben wir es mit einer **echten Materialbeistellung** zu tun, die aus dem Leistungsaustausch ausscheidet.

Gehaltslieferungen

Ist der Gegenstand eines Umsatzgeschäfts **Bestandteil eines Objekts** 132
und muß er für Zwecke der Lieferung **aus diesem Objekt herausgelöst** werden, so stellt sich die Frage, wie die **Lieferung des Objekts** und dessen **Rückgabe nach Herauslösung** des zu liefernden „Ge-

halts“ umsatzsteuerlich zu beurteilen sind. Nach wirtschaftlicher Betrachtung beschränkt sich die **Lieferung auf den Gehalt des Objekts**; man spricht in diesem Zusammenhang auch von „Gehaltslieferungen“. Das Umsatzsteuergesetz folgt dieser wirtschaftlichen Betrachtungsweise. Denn es ordnet in § 3 Abs. 5 UStG an, daß Liefergegenstand nur der Gehalt des Objekts ist und daß die Rückgabe der bei der Be- oder Verarbeitung anfallenden Nebenerzeugnisse oder Abfälle nicht als umsatzsteuerbare Leistung anzusehen ist. Denken Sie z. B. an einen Bauer, der an eine Zuckerrübenfabrik 50 t Rüben liefert und diese Rüben nach Herauslösen des Rübensafts in Form von Rübenschnitzel zurückerhält. Die Lieferung an die Zuckerfabrik beschränkt sich in diesem Fall auf den Gehalt des Liefergegenstands, nämlich den Rübensaft. Die Rückgabe der Rübenschnitzel an den Bauern stellt dagegen keine Lieferung dar.

133 Die Annahme einer Gehaltslieferung ist von folgenden Voraussetzungen abhängig:

1. Den Beteiligten muß es nur auf die **Lieferung des Gehalts** eines Gegenstands als dessen Hauptbestandteil ankommen.
2. Die **Rückgabe** der Nebenerzeugnisse oder Abfälle muß **von vornherein vereinbart** sein.
3. Das **gesamte Ausgangsprodukt** muß dem Lieferer für das Herauslösen der Bestandteile **zur Verfügung gestellt** werden.
4. Die in dem Gegenstand enthaltenen Bestandteile müssen nach dem Herauslösen in **körperlicher Form** (nicht umgewandelt in Energie) vorliegen.
5. Die nach Herauslösen der Bestandteile zurückgegebenen Nebenerzeugnisse oder Abfälle müssen dem hingegebenen Ausgangsprodukt **mengenmäßig** entsprechen.
6. Das Verfahren der Gehaltslieferung muß für den betreffenden Gegenstand **im Wirtschaftsleben üblich** sein.

Tausch und tauschähnlicher Umsatz

Bei der Umschreibung des Begriffs „Leistungsaustausch" (vgl. Tz. 46) wurde bereits darauf hingewiesen, daß die **Gegenleistung** für eine Lieferung oder eine sonstige Leistung nicht nur in Geld, sondern ihrerseits wieder in einer Lieferung oder sonstigen Leistung bestehen kann. Von einem **Tausch** spricht man, wenn die **Gegenleistung für eine Lieferung in einer Lieferung** besteht (§ 3 Abs. 12 Satz 1 UStG). Dagegen liegt ein **tauschähnlicher Umsatz** vor, wenn eine **Lieferung gegen eine sonstige Leistung** oder eine **sonstige Leistung gegen eine Lieferung** oder eine **sonstige Leistung gegen eine sonstige Leistung** erfolgt (§ 3 Abs. 12 Satz 2 UStG). 134

Beispiel 1:
Der Kfz-Händler O liefert an den Unternehmer P einen neuen Pkw. Der Unternehmer P gibt dafür seinen gebrauchten Lkw in Zahlung. Der Kaufpreis des neuen Pkw entspricht dem Listenpreis des gebrauchten Lkw, so daß keine Ausgleichszahlung in Form von Bargeld erforderlich ist.

Umsatzsteuerlich liegt ein Tausch vor. Denn der Lieferung des neuen Pkw durch O steht die Lieferung des gebrauchten Lkw durch P gegenüber.

Beispiel 2:
Ein Rechtsanwalt führt einen Prozeß für einen Steuerberater. Der Steuerberater bezahlt das Honorar in Höhe von 500 DM durch Hingabe eines Telefonanrufbeantworters.

Der Rechtsanwalt erbringt gegenüber dem Steuerberater eine sonstige Leistung, der Steuerberater liefert dafür an den Rechtsanwalt den Telefonanrufbeantworter. Es liegt somit ein tauschähnlicher Umsatz vor.

135 Da sich in der Praxis häufig Leistung und Gegenleistung nicht wertmäßig entsprechen, wird die Differenz in Geld ausgeglichen. Diesen Vorgang bezeichnet man als **Tausch mit Baraufgabe** bzw. als **tauschähnlichen Umsatz mit Baraufgabe**. Denken Sie z. B. an den Schneider, der einen Anzug für seinen Steuerberater anfertigt (Wert 1000 DM) und sich dafür seine Steuererklärungen anfertigen läßt (Wert 800 DM). Den Differenzbetrag von 200 DM zahlt der Steuerberater drauf. Es liegt ein tauschähnlicher Umsatz mit Baraufgabe vor. Denn der Lieferung des Anzuges steht die Beratungsleistung des Steuerberaters gegenüber, wobei der Differenzbetrag in Geld ausgeglichen wird.

136 Auf **zwei Besonderheiten** sei noch kurz hingewiesen:

Denken Sie z. B. an den Fall, daß ein Bauer sein Getreide zum Müller bringt und ihn beauftragt, dieses Getreide zu vermahlen. Um nicht den Mahlvorgang abwarten zu müssen, händigt der Müller dem Bauern eine entsprechende Menge Mehl sofort aus. Für das Vermahlen bezahlt der Bauer einen sog. Mahllohn, dessen Höhe sich nach einem festgesetzten Tarif richtet. Wirtschaftlich liegt ein Tausch mit Baraufgabe vor. Der Müller erhält von dem Bauern den Weizen (Lieferung). Als Entgelt für diese Lieferung wird dem Bauern das fertiggemahlene Mehl ausgehändigt (ebenfalls Lieferung). Weiterhin hat der Bauer an den Müller einen Mahllohn für die Verarbeitung des Getreides zu zahlen. Umsatzsteuerlich wird dieser Vorgang als **Werkleistung** behandelt (§ 3 Abs. 10 UStG).

In der Kraftfahrzeugwirtschaft werden häufig **nicht mehr funktionsfähige Teile eines Kfz** (z. B. Motor, Aggregat, Achse, Benzinpumpe, Kurbelwelle, Vergaser) gegen aufbereitete funktionsfähige Austauschteile geliefert (sog. **Austauschverfahren**). Hierbei handelt es sich um einen Tausch mit Baraufgabe. Als Entgelt für die Lieferung des Austauschteils sind demnach die vereinbarte Geldzahlung und der gemeine Wert des Altteils anzusetzen. Handelt es sich bei demjenigen, der das Altteil hergibt um einen Unternehmer, so liegt in der Regel eine Lieferung an die Reparaturwerkstatt vor.

Geschäftsveräußerungen

Am Ende der unternehmerischen Tätigkeit kommt es häufig vor, daß das **Unternehmen im ganzen** an einen anderen Unternehmer veräußert wird (sog. Geschäftsveräußerung im ganzen). Eine solche Geschäftsveräußerung liegt auch dann vor, wenn ein Einzelkaufmann seinen **Betrieb** in eine Personengesellschaft oder in eine Kapitalgesellschaft **einbringt** sowie in den Fällen eines Unternehmerwechsels im Wege der **Einzelrechtsnachfolge**, wie z. B. bei der Gründung einer GmbH durch Gesellschafter einer OHG, die das Vermögen der bisherigen OHG in die neue GmbH einbringen, oder im Wege der **Gesamtrechtsnachfolge**, wie z. B. die errichtende Umwandlung einer GmbH in eine OHG. 137

Die Geschäftsveräußerung im ganzen unterscheidet sich von anderen Umsätzen darin, daß ein Gewerbebetrieb im ganzen mit seinen verschiedenen Aktiva und Passiva gegen Zahlung eines **nicht differenzierten Gesamtentgelts** übergeht. Gegenstand des Umsatzes ist die Lieferung der einzelnen, dem Erwerber übertragenen Besitzposten gegen ein Entgelt, das zum einen in dem gezahlten Kaufpreis und zum anderen in der Übernahme der auf der Passivseite ausgewiesenen Verbindlichkeiten besteht (vgl. auch Tz. 278).

3.5 Der Eigenverbrauch

Wie wir bereits bei der Umschreibung des Unternehmensbegriffs gesehen haben (vgl. hierzu Tz. 33), unterscheiden wir bei den natürlichen Personen zwischen einer **Unternehmenssphäre** und einer **Privatsphäre**. Umsätze, die im Rahmen des Unternehmens getätigt werden, unterliegen der Umsatzsteuer. Das, was die natürliche Person in ihrer Privatsphäre unternimmt, ist dagegen umsatzsteuerlich irrelevant. Diese klare Trennung kann allerdings nicht aufrechterhalten werden, wenn ein Vorgang sowohl die Unternehmenssphäre als auch die Privatsphäre berührt. Denken Sie in diesem Zusammenhang an die **Leistungen**, die der **Unternehmer an sich selbst als Privatmann** 138

erbringt. Ein Leistungsaustausch kommt hier nicht zustande, da Leistender und Leistungsempfänger **identisch** sind, es also an zwei Rechtspersonen fehlt (vgl. Tz. 44). Es ist daher erforderlich, diese Vorgänge gesondert zu regeln, will man vermeiden, daß der Unternehmer für die aus seinem Unternehmen zur Deckung seines Privatbedarfs entnommenen Leistungen nicht zur Umsatzsteuer herangezogen wird. Dies ist durch die im Gesetz aufgeführten **Eigenverbrauchstatbestände** (vgl. § 1 Abs. 1 Nr. 2 UStG) geschehen. Als Eigenverbrauch wird bei der Entnahme von Gegenständen und bei der Ausführung von sonstigen Leistungen für unternehmensfremde Zwecke die tatsächliche, von dem Willen des Unternehmers gesteuerte **Wertabgabe des Unternehmens zu unternehmensfremden Zwecken** angesehen. Als Adressat des Eigenverbrauchs kommt nicht nur der **Unternehmer** in Betracht, sondern auch ein **Angehöriger oder Bekannter**, also jede andere Person, vorausgesetzt, der Unternehmer hat dieser Person Werte des Unternehmens aus unternehmensfremden Zwecken zugewendet. Gedanklich kann man sich diesen Vorgang so vorstellen, daß der Unternehmer in einem ersten Schritt den Gegenstand oder die sonstige Leistung in seinen nichtunternehmerischen Bereich entnimmt und dann als Nichtunternehmer an den Dritten weitergibt.

Einzelunternehmer

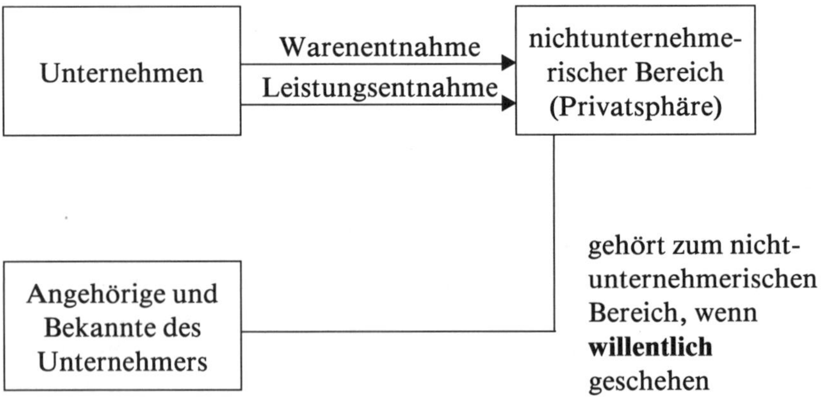

Der Eigenverbrauch ist nur dann steuerbar, wenn der **Ort** des Eigenverbrauchs **im Inland** liegt. Für die Bestimmung des Orts des Eigenverbrauchs gelten die für den Lieferungs- oder Leistungsort maßgebenden Vorschriften (vgl. Tz. 86f. und 111f.). Grundsätzlich kommt es für die Besteuerung des Eigenverbrauchs nicht darauf an, ob der Unternehmer für die entnommenen Gegenstände und sonstigen Leistungen einen **Vorsteuerabzug** geltend machen konnte. 139

Das Umsatzsteuergesetz unterscheidet beim Eigenverbrauch drei Tatbestände, und zwar 140

- den **Entnahmeeigenverbrauch,**
- den Eigenverbrauch in Form der **Entnahme sonstiger Leistungen** und
- den **Repräsentationseigenverbrauch.**

3.5.1 Der Entnahmeeigenverbrauch

Aus dem folgenden Schaubild ist ersichtlich, daß ein Entnahmeeigenverbrauch vorliegt, wenn der Unternehmer einen **Gegenstand aus seinem Unternehmen für unternehmensfremde Zwecke entnimmt**, wobei sich der Ort des Eigenverbrauchs im Inland befinden muß (§ 1 Abs. 1 Nr. 2a UStG). Dieser Eigenverbrauchstatbestand ist dem Liefertatbestand (vgl. Tz. 67f.) nachgebildet. Demnach können **Gegenstand** des Eigenverbrauchs nur **körperliche Sachen** sein oder **Wirtschaftsgüter**, die im Wirtschaftsverkehr **wie Sachen gehandelt** werden. Die Gegenstände müssen sich bis zur Entnahme in dem unternehmerischen Bereich befunden haben. Dies dokumentiert sich in der Regel in der Vornahme des Vorsteuerabzugs. Der Unternehmer hat somit bei Gegenständen, die sowohl unternehmerisch als auch nichtunternehmerisch genutzt werden können, ein **Wahlrecht**. Entscheidet er sich bei diesen Gegenständen für den Vorsteuerabzug, so ist die Entnahme aus dem Unternehmen als Eigenverbrauch zu besteuern. Macht er keinen Vorsteuerabzug geltend, so entfällt die Eigenverbrauchsbesteuerung, da hier keine Entnahme aus dem Unternehmen vorliegt. 141

Entnahmeeigenverbrauch

Entnahme

von

Körperlichen Gegenständen ≙ Liefergegenstand

aus dem

Unternehmen ⇒ muß also zum Unternehmensvermögen gehört haben; dokumentiert sich in der Regel durch Vornahme des Vorsteuerabzuges

für

unternehmensfremde Zwecke,
also für Unternehmer als Privatperson und
für Bekannte und Verwandte des Unternehmers

im

Inland

---

142 **Praxishinweis:**

Werden **Gegenstände für den privaten Verbrauch** über Ihr Unternehmen **bestellt**, so achten Sie darauf, daß die Ihnen erteilte Rechnung nicht in Ihrer Buchführung als Geschäftsvorfall und der „Privatverbrauch" nicht als Entnahme verbucht wird. Denn für diesen Gegenstand steht Ihnen **weder ein Vorsteuerabzug** zu noch ist eine Korrektur im Rahmen der **Eigenverbrauchsbesteuerung** vorzunehmen. Anders verhält es sich dagegen mit Gegenständen, die zu Ihrem **Waren-**

bestand gehören. Hier liegt im allgemeinen Eigenverbrauch vor. Sie haben jedoch die Möglichkeit, durch Form und Art der Bestellung klar zum Ausdruck zu bringen, daß Sie bestimmte Gegenstände **unmittelbar für Ihren Privatbereich** erwerben möchten. Insoweit ist dann weder ein Vorsteuerabzug noch eine Entnahme gegeben.

Der zum Unternehmen gehörende Gegenstand muß, und dies ist die 143
entscheidende Voraussetzung für die Annahme des Entnahmeeigenverbrauchs, für **unternehmensfremde Zwecke** verwendet werden. Bei einem Einzelunternehmer liegen solche unternehmensfremden Zwecke immer dann vor, wenn die entnommenen Gegenstände dem eigenen privaten Gebrauch oder Verbrauch dienen. Dies gilt auch in den Fällen, in denen der Unternehmer die Gegenstände nicht selbst verwendet, sondern sie unentgeltlich ihm nahestehenden Personen (z. B. Angehörigen und Verwandten) aus persönlichen Gründen überläßt.

Beispiel 1:
Der Bäcker R entnimmt seiner Bäckerei Brot und Kuchen für den privaten Verbrauch innerhalb der Familie.

Die Entnahme von Brot und Kuchen stellt Eigenverbrauch dar.

Beispiel 2:
Der Bierbrauer S schenkt seinem Sohn zum 18. Geburtstag ein 50 l Faß Bier für dessen Party.

Auch hier liegt Eigenverbrauch vor, und zwar durch unentgeltliche Überlassung eines Gegenstands an einen nahen Angehörigen.

Beispiel 3:
Der Unternehmer T überträgt auf seine Tochter unter Anrechnung auf ihren Erb- und Pflichtteil ein zu seinem Unternehmensvermögen gehörendes Grundstück. Die Übertragung erfolgt **unentgeltlich**. Die Tochter verpflichtet sich, das Grundstück weiterhin ihrem Vater für **unternehmerische Zwecke zur Verfügung zu stellen**.

Durch die unentgeltliche Übertragung auf die Tochter scheidet das Betriebsgrundstück **aus dem Unternehmensvermögen** des T aus. Es liegt somit ein **Entnahmeeigenverbrauch** vor, der jedoch steuerfrei ist. Daran ändert auch der Umstand nichts, daß das Grundstück aufgrund des mit der Tochter geschlossenen Pachtvertrages weiterhin für die Zwecke des Unternehmens verwendet wird.

144 **Praxishinweis:**
Entnahmeeigenverbrauch ist auch dann anzunehmen, wenn der Unternehmer an einen Angehörigen einen Gegenstand unentgeltlich überläßt, der von dem **Angehörigen zu unternehmerischen Zwecken verwendet** wird. Denken Sie z. B. an einen Fuhrunternehmer, der seinem Sohn einen Lkw unentgeltlich übereignet, wobei der Lkw von dem Sohn für sein Bauunternehmen genutzt wird. Hier wäre es aus umsatzsteuerlicher Sicht angebracht gewesen, den Lkw an den Sohn zu liefern und anschließend auf die Forderung zu verzichten. Denn dann hätte der Sohn die Möglichkeit gehabt, die ihm vom Vater in Rechnung gestellte Umsatzsteuer als Vorsteuer abzuziehen.

145 Erfolgt die **Entnahme** des Gegenstands **aus unternehmerischen Motiven**, so ist kein steuerbarer Eigenverbrauch, sondern eine nicht steuerbare Lieferung anzunehmen. Denken Sie z. B. an eine Brauerei, die anläßlich der Einweihungsfeier eines Vereinsheimes eine größere Menge Bier spendet, allerdings mit der Auflage, daß am Ausschank

und an den Tischen auf ihr Produkt aufmerksam gemacht wird und daß sie in den „Dankesreden“ als Spender erwähnt wird. An dieser Stelle sei jedoch darauf hingewiesen, daß **Geschenke über 75 DM** dem Repräsentationseigenverbrauch (vgl. Tz. 151) unterliegen.

Verläßt ein Gegenstand den Betrieb des Unternehmers, um ihm in 146
einem anderen Betrieb zu dienen, so bleibt der Gegenstand im Unternehmen mit der Folge, daß kein Eigenverbrauch, sondern ein **nicht steuerbarer Innenumsatz** vorliegt.

Beispiel:
Der Bauunternehmer T errichtet auf einem ihm gehörenden Grundstück ein Mietwohnhaus.

Es liegt keine Entnahme aus dem Unternehmen vor, da das Mietwohngrundstück ebenfalls zum Unternehmen des T gehört, so daß die von seinem Baugeschäft durchgeführte Werklieferung als Innenumsatz anzusehen ist.

Praxishinweis: 147
Wird ein zum Unternehmensvermögen gehörender Pkw durch einen **Unfall auf einer Privatfahrt** total zerstört, so liegt keine Entnahme eines Gegenstands aus dem Unternehmen vor (vgl. jedoch zum Ansatz beim Entnahmeeigenverbrauch sonstiger Leistungen Tz. 151 f.).

3.5.2 Die Entnahme sonstiger Leistungen

Der Eigenverbrauchstatbestand in Form der Entnahme sonstiger 148
Leistungen umfaßt zum einen die **Verwendung** unternehmerischer Gegenstände für unternehmensfremde Zwecke und zum anderen alle übrigen sonstigen Leistungen, die der Unternehmer für Zwecke ausführt, die **außerhalb des Unternehmens** liegen (§ 1 Abs. 1 Nr. 2b UStG).

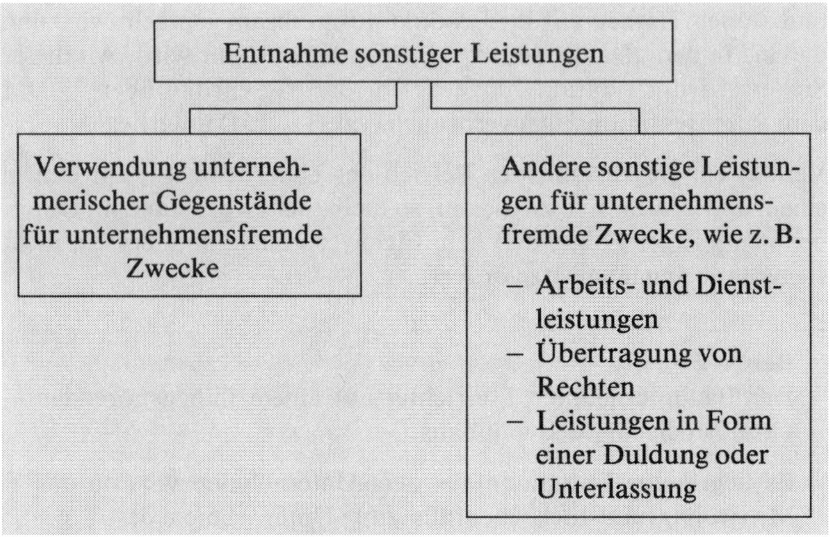

149 So wie der Entnahmeeigenverbrauch mit der Lieferung korrespondiert, so entspricht der Eigenverbrauch in Form der Entnahme sonstiger Leistungen der sonstigen Leistung, allerdings mit dem Unterschied, daß es an einem Leistungsaustausch fehlt. Voraussetzung für die Steuerbarkeit ist auch hier, daß der **Eigenverbrauch im Inland getätigt** wird. Sehen wir uns einige typische Fälle an, die von diesem Eigenverbrauchstatbestand erfaßt werden:

Beispiel 1:
Der Unternehmer U verwendet einen zu seinem Unternehmen gehörenden Pkw für Privatfahrten.
Die Nutzung des unternehmerischen Pkws für Privatfahrten stellt eine sonstige Leistung dar, die mangels Entgelt als Eigenverbrauch zu besteuern ist. Ein solcher Eigenverbrauch läge auch dann vor, wenn der Pkw nicht im Eigentum des Unternehmers stände, sondern angemietet oder geleast worden wäre.
Beachten Sie: Die Privatfahrten sind auch insoweit steuerbar, als sie auf das Ausland entfallen.

Beispiel 2:
Der Unternehmer V nutzt einen zu seinem Unternehmensvermögen gehörenden Pkw auch für Privatfahrten. Auf einer solchen Privatfahrt ereignet sich ein Unfall, bei dem der Pkw total zerstört wird.

Auch hier liegt Eigenverbrauch in Form der Entnahme einer sonstigen Leistung vor. Der Umstand, daß der unternehmerische Pkw bei einer nichtunternehmerischen Verwendung total zerstört wird, führt nicht zum Entnahmeeigenverbrauch, sondern drückt sich in der Höhe der Bemessungsgrundlage für den „Verwendungseigenverbrauch" aus. Denn der durch den Totalschaden eingetretene Wertverlust, abzüglich Kostenerstattungen von dritter Seite, bildet zusammen mit den auf die Privatfahrten entfallenden regelmäßigen Kfz-Kosten die Bemessungsgrundlage für den Eigenverbrauch.

Beispiel 3:
Der Unternehmer W benutzt seinen im Unternehmen befindlichen Fernsprecher für private Gespräche.

Obwohl Fernsprechanlagen im Eigentum der Post bleiben und dem Benutzer nur zum Gebrauch überlassen werden, ist gleichwohl in der Verwendung des unternehmerischen Fernsprechers für private Gespräche Eigenverbrauch gegeben. Der Umstand, daß die Post für ihre Leistungen keine Umsatzsteuer berechnet und somit bei dem Unternehmer keine Vorsteuern anfallen, rechtfertigt nicht, den Verwendungseigenverbrauch steuerfrei zu belassen.

Beispiel 4:
Zu dem Unternehmen des Z gehört u.a. ein Geschäftsgrundstück, dessen Dachgeschoß von Z und seiner Familie zu eigenen Wohnzwecken genutzt wird.

Da der unternehmerische Gegenstand „Geschäftsgrundstück" teilweise für private Zwecke verwendet wird, liegt Eigenverbrauch vor. Dieser Eigenverbrauch ist jedoch steuerbefreit (§ 4 Nr. 12a UStG).

Beispiel 5:
A ist Bauunternehmer. Um seinem Sohn B eine Freude zu bereiten, hat er ihm zugesagt, sämtliche Ausschachtungsarbeiten beim Bau seines Einfamilienhauses unentgeltlich auszuführen.

Auch hier liegt Eigenverbrauch in der Verwendung unternehmerischer Gegenstände und in der Gestellung von Personal vor.

150 Nicht jede unentgeltliche Leistung, die den Rahmen der unternehmerischen Tätigkeit tangiert, führt zur Annahme des Eigenverbrauchs in Form der Entnahme sonstiger Leistungen. Vielmehr ist es erforderlich, daß die Merkmale **„Ausführung im Rahmen des Unternehmens"** und **„Ausführung für unternehmensfremde Zwecke"** stets zusammen vorliegen müssen. Was dies im einzelnen bedeutet, soll anhand der folgenden Beispiele erläutert werden.

Beispiel 1:
Ein Rechtsanwalt vertritt sich vor dem Gericht in einem Privatrechtsstreit.

Der Rechtsanwalt wird nicht im Rahmen seines Unternehmens, sondern im Privatbereich tätig. Deshalb liegt kein Eigenverbrauch vor.

Beispiel 2:
Ein Steuerberater erstellt für einen guten Bekannten die Umsatzsteuererklärung, ohne ein Entgelt zu fordern. Beim Anfertigen der Steuererklärung benutzt er den in seiner Praxis befindlichen Kleincomputer. Weiterhin läßt er die Steuererklärung und die dazu erstellten Anlagen von seiner Bürokraft abschreiben.

Hier liegt Eigenverbrauch vor, da der Steuerberater seine Leistung im Rahmen des Unternehmens ausgeführt hat, allerdings für unternehmensfremde Zwecke.

Beispiel 3:
Ein selbständiger Malermeister hat am Wochenende sein Wohnzimmer tapeziert. Die dafür erforderliche Farbe und Tapete hat er sich in einem Baumarkt besorgt.

Der Malermeister wird nicht im Rahmen seines Unternehmens, sondern ausschließlich im Privatbereich tätig. Die Annahme von Eigenverbrauch scheidet daher aus.

Beispiel 4:
Der Inhaber einer Kfz-Werkstatt repariert im Laufe der Woche den Pkw seiner Ehefrau. Hierzu verwendet er Ersatzteile, die er über sein Unternehmen beschafft hat.

Der Unternehmer führt die Leistung im Rahmen seines Unternehmens „Kfz-Werkstatt" aus. Da diese Leistung für unternehmensfremde Zwecke verwendet wird, liegt steuerbarer Eigenverbrauch vor.

Beispiel 5:
Der Unternehmer C eröffnet eine Reinigung. Um Kunden zu werben, verspricht er in einer Zeitungsannonce, daß er jedem Kunden ein Kleidungsstück kostenlos reinigt.

In der kostenlosen Reinigung ist mangels Entgeltlichkeit keine steuerbare sonstige Leistung zu sehen. Auch Eigenverbrauch in Form der Entnahme sonstiger Leistungen liegt nicht vor, da die Leistung nicht für Zwecke außerhalb des Unternehmens erfolgt, sondern als Werbemaßnahme eindeutig für unternehmerische Zwecke ausgeführt wird.

3.5.3 Der Repräsentationseigenverbrauch

151 Aufwendungen, die in sehr **enger Verbindung mit der nichtunternehmerischen Sphäre** stehen, werden bei der Gewinnermittlung für einkommensteuerliche oder körperschaftsteuerliche Zwecke insgesamt oder teilweise ausgeschieden. Diese Aufwendungen, für die im Regelfall ein Vorsteuerabzug geltend gemacht worden ist, sind umsatzsteuerlich wie **private Aufwendungen des Unternehmers** zu behandeln. Sie führen daher zur Eigenverbrauchsbesteuerung (§ 1 Abs. 1 Nr. 2c UStG). Von dieser Eigenverbrauchsbesteuerung sind die folgenden Aufwendungen betroffen:

- **Geschenke** an Personen, die nicht Arbeitnehmer des Unternehmers sind, wenn die Anschaffungs- oder Herstellungskosten der dem Empfänger im Wirtschaftsjahr insgesamt zugewandten Gegenstände **mehr als 75 DM** betragen haben (Wert ohne als Vorsteuer abzugsfähige Umsatzsteuer),

Praxishinweise:
Dem Repräsentationseigenverbrauch unterliegen – unabhängig von der Betragsgrenze – nicht **Geschenke**, die beim **Empfänger ausschließlich betrieblich genutzt** werden können.

Auch bei **Unternehmern mit steuerfreien Umsätzen**, z. B. Ärzten unterliegen Sachgeschenke in Form von Werbeträgern der Eigenverbrauchsbesteuerung, wenn die **75 DM-Grenze überschritten** wird; allerdings steht diesen Unternehmern in diesem Fall der **Vorsteuerabzug** zu.

▶ **Bewirtung von Personen** aus geschäftlichem Anlaß, soweit die Aufwendungen nach der Verkehrsauffassung als unangemessen anzusehen oder soweit ihre Höhe bzw. ihre betriebliche Veranlassung nicht nachgewiesen sind

---

Praxishinweis:
Die Begrenzung des Betriebsausgabenabzugs von Bewirtungskosten auf 80 % der angemessenen und nachgewiesenen Aufwendungen führt **nicht zu einem Ansatz als Repräsentationseigenverbrauch**. Sind einem Unternehmer aus Anlaß der Bewirtung eines Geschäftsfreundes Aufwendungen in Höhe von 500 DM entstanden, so kann die darin enthaltene Umsatzsteuer von 65,22 DM als Vorsteuer abgezogen werden. Weiterhin bleibt der nicht abzugsfähige Teil der Bewirtungsaufwendungen – das sind 20 % von 434,78 DM = 86,96 DM – bei der Ermittlung des Repräsentationseigenverbrauchs außer Ansatz.

▶ **Gästehäuser des Unternehmers**, die sich außerhalb des Orts des Betriebs befinden und die der Bewirtung, Beherbergung und Unterhaltung von Personen dienen, die nicht Arbeitnehmer des Unternehmers sind,

▶ **Jagd**, Fischerei, **Segel- oder Motorjachten** sowie **Tennis- oder Golfplätze, Schwimmbäder**, Reitställe usw.,

▶ **Verpflegung des Unternehmers anläßlich von Geschäftsreisen**, soweit bestimmte **Höchstbeträge überschritten** werden,

▶ **Fahrten des Unternehmers zwischen Wohnung und Betriebsstätte** und – bei einem doppelten Wohnsitz aus betrieblichen Gründen – Fahrten zwischen dem ersten und dem zweiten Wohnsitz (sog. **Familienheimfahrten**), und

- Aufwendungen, die die **Lebensführung des Unternehmers** oder anderer Personen berühren, soweit sie nach allgemeiner Verkehrsauffassung als unangemessen anzusehen sind.

Praxishinweis:
Als Eigenverbrauch sind auch Aufwendungen zu behandeln, die **wegen Nichterfüllung bestimmter Aufzeichnungspflichten** vom Abzug als Betriebsausgaben ausgeschlossen sind.

Beispiel:
D bewirtet seine Geschäftsfreunde E und F. Die ihm dabei entstandenen Aufwendungen in Höhe von 500 DM werden nicht ordnungsgemäß nachgewiesen.

Die von D im Zusammenhang mit den Bewirtungsaufwendungen in Rechnung gestellte Umsatzsteuer kann zwar als Vorsteuer abgezogen werden, jedoch ist in gleicher Höhe ein Repräsentationseigenverbrauch anzusetzen, da die Aufwendungen von D nicht nachgewiesen und somit bei der Gewinnermittlung nicht als Betriebsausgaben berücksichtigt werden können.

152 Die mit der **Lebensführung** oder der **wirtschaftlichen und gesellschaftlichen Stellung** des Unternehmers im Zusammenhang stehenden Aufwendungen werden ebenfalls dem Repräsentationseigenverbrauch unterworfen. Auf die Versagung des Vorsteuerabzugs für solche Aufwendungen hat der Gesetzgeber verzichtet.

153 Dem **Repräsentationseigenverbrauch** unterliegen **alle Unternehmer**, gleichgültig, in welcher Rechtsform sie ihr Unternehmen betreiben. Betroffen sind somit nicht nur **Einzelunternehmer** und **Personengesellschaften**, sondern auch **Kapitalgesellschaften**, die im allgemeinen keine außerhalb des Unternehmens liegende Privatsphäre haben.

3.6 Gesellschaftsleistungen

Die Umsatzbesteuerung von Lieferungen und sonstigen Leistungen, 154 die **Körperschaften**, rechtsfähige und nichtrechtsfähige Personenvereinigungen sowie Gemeinschaften im Rahmen ihres Unternehmens an ihre Anteilseigner, **Gesellschafter**, Mitglieder, Teilhaber oder diesen **nahestehenden Personen** ausführen (vgl. § 1 Abs. 1 Nr. 3 UStG), ist lediglich ein **Auffangtatbestand** für den Entnahmeeigenverbrauch und für den Eigenverbrauch im Form der Entnahme sonstiger Leistungen. Durch die extensive Auslegung der Eigenverbrauchstatbestände auch im Bereich der Personen- und Kapitalgesellschaften hat diese Umsatzart in der Praxis an Bedeutung verloren.

3.7 Das Inland

Bei der Prüfung der **Steuerbarkeit eines Umsatzes** haben wir bereits 155 feststellen müssen, daß nur solche Umsätze zur Umsatzsteuer herangezogen werden, die im **Inland** ausgeführt worden sind. Es stellt sich daher die Frage, was als Inland anzusehen ist. Die Antwort finden wir in § 1 Abs. 2 UStG. Dort wird das Inland wie folgt umschrieben:

Inland

Gebiet der Bundesrepublik Deutschland	mit Ausnahme der Zollausschlüsse und der Zollfreigebiete

Zollausschlüsse sind deutsche Hoheitsgebiete, die einem **ausländischen Zollgebiet angeschlossen** sind. Hierzu rechnet das von der 156 Schweiz umgebene Gebiet der Gemeinde Büsingen am Hochrhein.

157 **Zollfreigebiete** sind deutsche Hoheitsgebiete, die vom **deutschen Zollgebiet ausgeschlossen**, aber **keinem ausländischen Zollgebiet angeschlossen** sind. Zu den Zollfreigebieten gehören **deutsche Schiffe** und deutsche Luftfahrzeuge in Gebieten, die zu keinem Zollgebiet gehören, die Insel **Helgoland**, die vom Zollgebiet ausgeschlossenen Teile der **Seehäfen** Bremen, Bremerhaven, Cuxhaven, Degendorf, Duisburg, Emden, Hamburg und Kiel sowie die **Gewässer** und **Watten** zwischen der Hoheitsgrenze und der Zollgrenze an der Küste. Unter bestimmten Voraussetzungen sind jedoch Umsätze, die in den Freihäfen und Hoheitsgewässern ausgeführt werden, wie Umsätze im Inland zu behandeln (§ 1 Abs. 3 UStG). Dies gilt insbesondere für Lieferungen an Privatpersonen.

Praxishinweis:
Wird ein Umsatz im Inland ausgeführt, so kommt es für die Besteuerung dieses Umsatzes nicht darauf an, welche Staatsangehörigkeit der Unternehmer hat und ob er seinen Wohnsitz oder Sitz im Inland hat, im Inland eine Betriebsstätte unterhält, die Rechnung erteilt oder die Zahlung empfängt (§ 1 Abs. 2 Satz 3 UStG).

---

158 Neben dem Begriff „Inland" verwendet das Umsatzsteuergesetz als Pendant für die Nichtsteuerbarkeit von Umsätzen den Begriff „Ausland". Unter **Ausland** ist das Gebiet zu verstehen, das nicht zum Inland gehört (§ 1 Abs. 2 Satz 2 UStG). Zum Ausland rechnen auch **Zollanschlüsse,** also ausländische Hoheitsgebiete, die dem **deutschen Zollgebiet angeschlossen** sind. Solche Zollanschlüsse sind die österreichischen Gemeinden Mittelberg und Jungholz in Tirol.

159 **Ab dem 1. 1. 1993** werden durch das Umsatzsteuer-Binnenmarktgesetz noch zwei weitere Begriffe in das UStG aufgenommen, und zwar das **Gemeinschaftsgebiet** (= Inland + Gebiete der übrigen EG-Staaten) und das **Drittlandsgebiet** (= Gebiet, das nicht Gemeinschaftsgebiet ist, in dieser Broschüre als Nicht-EG-Staaten bezeichnet).

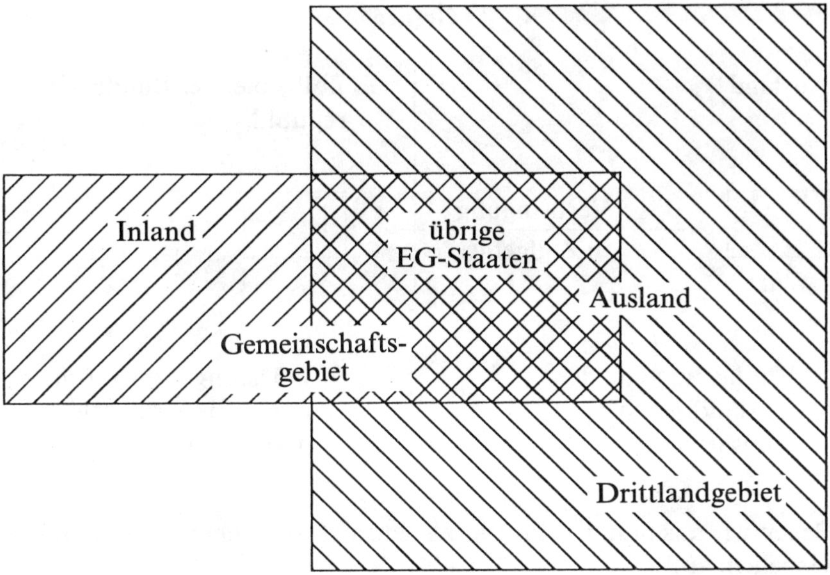

3.8 Die Einfuhr

Um sicherzustellen, daß die aus dem Ausland stammenden Waren 160
ebenso hoch mit Umsatzsteuer belastet werden wie vergleichbare Inlandsprodukte, ist die **Einfuhr** im Rahmen der Umsatzbesteuerung als **eigenständiger Steuertatbestand** aufgenommen worden (vgl. § 1 Abs. 1 Nr. 4 UStG). Die bei der Einfuhr anfallende Umsatzsteuer wird als **Einfuhrumsatzsteuer** bezeichnet; sie wird nicht von den Finanzämtern, sondern von den zuständigen Zollämtern erhoben. Belastungsunterschiede zwischen ausländischen Produkten und vergleichbaren inländischen Produkten werden dadurch vermieden, daß Gegenstände, die vom Ausland in das Inland eingeführt werden, zum einen von dem ausländischen Staat von allen Belastungen mit ausländischer Umsatzsteuer verschont werden und zum anderen von der Bundesrepublik mit einem so hohen Betrag an inländischer Umsatzsteuer belastet werden, wie für eine im Inland selbst produzierte Ware gleicher Art anfallen würde.

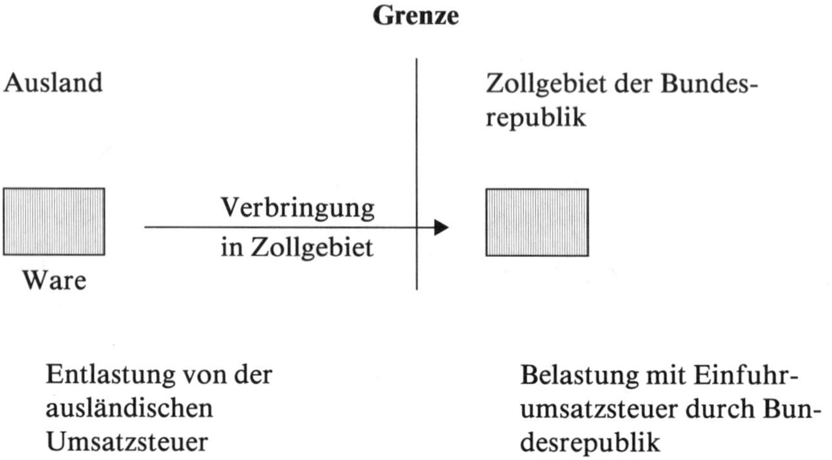

161 Sehen wir uns nun die Einfuhr als umsatzsteuerlichen Tatbestand im einzelnen an.

Besteuert wird die Einfuhr von Gegenständen – steuertechnisch als **Verbringen von Gegenständen** bezeichnet – **vom Ausland in das Zollgebiet. Bis zum 31. 12. 1992** unterliegen der Einfuhrumsatzsteuer auch die **Einfuhren aus anderen EG-Staaten** in das deutsche Zollgebiet. **Ab dem 1. 1. 1993** werden nur noch solche Einfuhren zur Einfuhrumsatzsteuer herangezogen, bei denen der **Gegenstand aus einem Staat außerhalb der EG in das deutsche Zollgebiet verbracht** wird. Die Einfuhr von Gegenständen aus einem anderen EG-Staat wird dann über einen neuen Steuertatbestand „innergemeinschaftlicher Erwerb“ (vgl. Tz. 164 f.) mit einer Erwerbsteuer belastet. Dies war erforderlich, weil durch den europäischen Binnenmarkt ab 1993 die Steuergrenzen im Bereich der Umsatzsteuer und die Grenzkontrollen innerhalb der EG wegfallen.

Für die Erhebung der Einfuhrumsatzsteuer ist es ohne Bedeutung, aus welchen Gründen ein Gegenstand eingeführt wird. Weiterhin kommt es für die Besteuerung nicht darauf an, für wen der eingeführte Gegenstand letztendlich bestimmt ist, ob die Einfuhr im Rahmen einer Lieferung erfolgt oder ob der Einführer den Gegenstand zur eigenen Verwendung in das Zollgebiet überführt hat. Im Gegensatz zur normalen Umsatzsteuer, die im Rahmen einer Veranlagung erhoben wird, ist die **Einfuhrumsatzsteuer** wie der Zoll **bei jeder Einfuhr zu zahlen**. Dabei knüpft die Einfuhrumsatzsteuer nicht an die Einfuhr in das Inland, sondern an die **Einfuhr in das Zollgebiet** an. Das **Zollgebiet** umfaßt neben dem Inland auch die **Zollanschlüsse** (Jungholz in Tirol und das Kleine Walsertal).

Beispiel 1:
Der Unternehmer G, der in Leipzig ansässig ist, bestellt bei einem Schweizer Fabrikanten ein Ersatzteil. Dieses Ersatzteil wird über Wien nach Leipzig transportiert.

Einfuhrumsatzsteuer fällt nur bei der Einfuhr in das Zollgebiet an. Demnach muß das Zollamt an der österreichischen Grenze die Einfuhrumsatzsteuer für das Ersatzteil erheben.

Beispiel 2:
Der Unternehmer H in Magdeburg bestellt bei einem Großhändler in Paris einen größeren Posten an Konserven. Die Ware wird durch einen Spediteur nach Magdeburg verbracht.

Ab 1993 fällt bei der Einfuhr innerhalb der EG-Staaten keine Einfuhrumsatzsteuer mehr an. Vielmehr handelt es sich hierbei um einen **innergemeinschaftlichen Erwerb**, der der neuen Erwerbsteuer (vgl. Tz. 164 f.) unterliegt.

Einfuhrumsatzsteuer wird nur bei der Einfuhr von Gegenständen er- 162
hoben. Dagegen werden **grenzübergreifende Dienstleistungen** nicht besteuert. Wird im Rahmen einer Werkleistung ein Gegenstand eingeführt, so erstreckt sich die Besteuerung mit Einfuhrumsatzsteuer nur auf den Wert des eingeführten Gegenstands. Denken Sie z. B. an einen ausländischen Unternehmer, der im Inland eine Maschine re-

pariert und dafür Material verwendet, das er in das Zollgebiet eingeführt hat. Die Dienstleistung an sich wird nicht zur Einfuhrumsatzsteuer herangezogen; besteuert wird nur das bei der Reparatur verwandte Material. Besonderheiten sind bei einer bloßen Be- oder Verarbeitung eines Gegenstands zu beachten.

163 Die Einfuhrumsatzsteuer wird von demjenigen **geschuldet**, der einen Gegenstand vom Ausland (ab 1993 aus einem Nicht-EG-Staat) in das Zollgebiet überführt und ihn zum freien Verkehr abfertigen läßt. Steuerschuldner kann demnach auch eine **Privatperson** sein; insoweit weicht die Erhebung der Einfuhrumsatzsteuer von den übrigen umsatzsteuerlichen Tatbeständen ab, die nur von Unternehmern verwirklicht werden können. Weiterhin ist zu beachten, daß der Schuldner der Umsatzsteuer nicht derjenige sein muß, für den der eingeführte Gegenstand letztendlich bestimmt ist. Ist der Gegenstand unter der Lieferkondition **„versteuert und verzollt"** zu dem Abnehmer im Zollgebiet transportiert worden, so ist der **Lieferer Schuldner der Einfuhrumsatzsteuer.** Er ist dann auch berechtigt, die Einfuhrumsatzsteuer als Vorsteuer abzuziehen, da er zum Zeitpunkt des Übergangs des Gegenstands in das Zollgebiet die Verfügungsmacht besitzt. In diesem Zusammenhang ist jedoch zu beachten, daß der Lieferungsort im Inland belegen ist, so daß die Lieferung als steuerbarer Umsatz zu erfassen ist. Im Ergebnis wird der Liefergegenstand durch die Belastung mit Einfuhrumsatzsteuer und die daran anschließende Entlastung über den Vorsteuerabzug nur mit normaler Umsatzsteuer belastet.

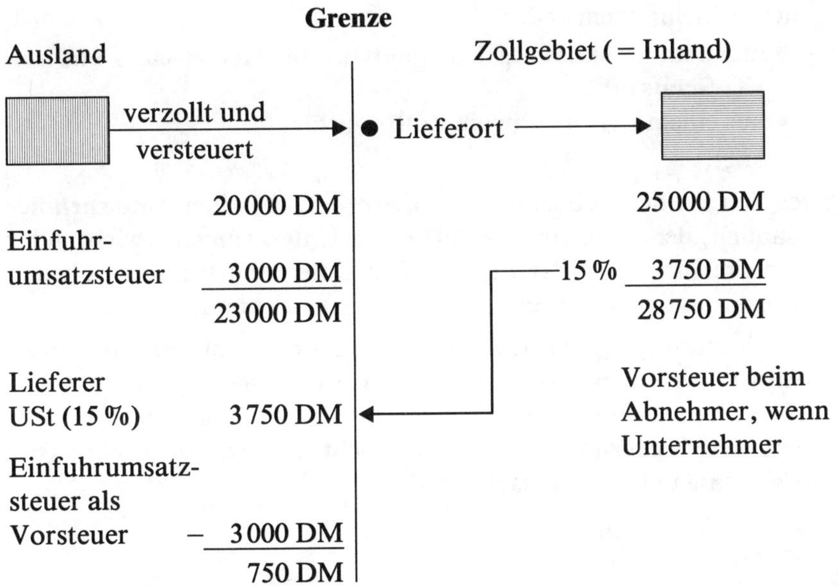

3.9 Der innergemeinschaftliche Erwerb

Beim Handel mit **vorsteuerabzugsberechtigten Unternehmen** inner- 164
halb der EG-Staaten verbleibt es auch nach Vollendung des europäischen Binnenmarktes **ab 1993 bei** der **Besteuerung im Einfuhrstaat** (= Bestimnmungslandprinzip). Dabei wird die bisherige Einfuhrumsatzsteuer durch eine **Steuer auf den innergemeinschaftlichen Erwerb** von Gegenständen ersetzt, die vom **Abnehmer erhoben** wird (vgl. § 1 Abs. 1 Nr. 5 UStG). Was verbirgt sich hinter dem neuen Begriff „innergemeinschaftlicher Erwerb“?

Sehen wir uns zuerst den wichtigsten Anwendungsfall des innerge- 165
meinschaftlichen Erwerbs an, nämlich die **Lieferung eines Unternehmers aus einem anderen EG-Staat an einen Unternehmer im Inland** (§ 1 a Abs. 1 UStG). Hier liegt ein steuerbarer Umsatz vor, wenn

- ▶ es sich um eine **Lieferung** handelt und der Gegenstand dabei an den Abnehmer entweder
  - aus dem Gebiet eines **EG-Staats** in das **Gebiet eines anderen EG-Staats** oder
  - aus einem **EG-Staat in ein Zollfreigebiet**

  gelangt,
- ▶ es sich bei dem **Abnehmer** (= Erwerber) um einen **Unternehmer** handelt, der den Gegenstand **für sein Unternehmen** erwirbt, oder um eine **juristische Person,** die nicht Unternehmer ist oder die den Gegenstand nicht für ihr Unternehmen erwirbt und
- ▶ die Lieferung an den Erwerber durch einen **Unternehmer gegen Entgelt im Rahmen seines Unternehmens** ausgeführt wird, wobei dieser Unternehmer nach dem Recht des EG-Staats, der für seine Umsatzbesteuerung zuständig ist, **nicht** der **Kleinunternehmerbesteuerung** unterliegen darf.

Lieferung

166 Der innergemeinschaftliche Erwerb muß auf einer Lieferung beruhen; **Werklieferungen** fallen **nicht** darunter. Der **Liefergegenstand** muß aus dem **Gebiet eines EG-Staats in das Gebiet eines anderen EG-Staats** gelangen. Dies kann durch eine **Beförderung** oder durch eine **Versendung** geschehen, wobei in beiden Fällen der Beginn in einem EG-Staat und das Ende in einem anderen EG-Staat erfolgen muß. **Befördern** heißt, daß entweder der Lieferer oder der Abnehmer selbst oder ein unselbständiger Erfüllungsgehilfe den Gegenstand „über die Grenze" bringen muß (vgl. Tz. 88). Das **Versenden** unterscheidet sich von der Beförderung dadurch, daß ein Frachtführer, ein Verfrachter oder ein Spediteur die Beförderung für den Lieferer oder für den Abnehmer durchführt (vgl. Tz. 90).

Praxishinweis:
Kein Fall des innergemeinschaftlichen Erwerbs liegt dann vor, wenn der Liefergegenstand aus einem **Drittland** im Wege der **Durchfuhr**

durch das Gebiet eines anderen EG-Staats **in das Inland gelangt** und erst hier **einfuhrumsatzsteuerlich zum freien Verkehr abgefertigt** wird.

Um in den **Zollfreigebieten** einen unbesteuerten Letztverbrauch zu 167
vermeiden, gehören auch solche Lieferungen zum innergemeinschaftlichen Erwerb, bei denen ein **Gegenstand aus einem anderen EG-Staat in ein Zollfreigebiet** befördert oder versendet wird. Dies gilt insbesondere für juristische Personen des öffentlichen Rechts und für Privatpersonen in bezug auf **neue Fahrzeuge** (vgl. § 1 Abs. 3 Nr. 6 und Nr. 7 UStG).

Fassen wir das Zwischenergebnis zusammen:

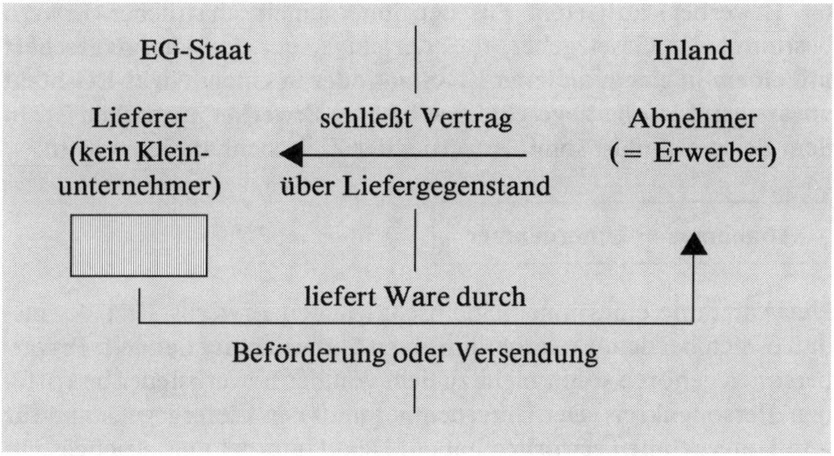

Reihengeschäft

Wie sieht es nun aus, wenn in die **Lieferkette mehrere Unternehmer** 168
eingeschaltet sind und die Umsatzgeschäfte dadurch erfüllt werden, daß der erste Unternehmer dem letzten Abnehmer in der Reihe un-

mittelbar die Verfügungsmacht über den Liefergegenstand verschafft.

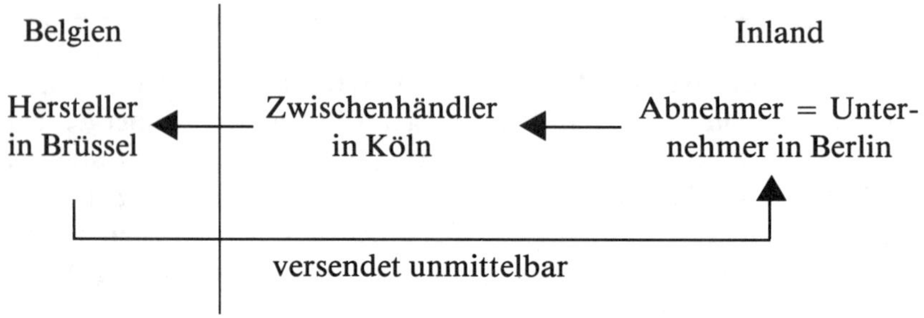

Hier liegt ein **Reihengeschäft** vor, bei dem mehrere Abnehmer (= Erwerber) auftreten. Für den innergemeinschaftlichen Erwerb bestimmt der Gesetzgeber, daß derjenige, der das **Umsatzgeschäft mit einem in einem anderen EG-Staat oder in einem Nicht-EG-Staat ansässigen Lieferer abgeschlossen** hat, als **Erwerber** anzusehen ist. In dem Beispielsfall ist somit Erwerber der Zwischenhändler in Köln.

Abnehmer = Unternehmer

169 Die Annahme eines innergemeinschaftlichen Erwerbs setzt voraus, daß es sich bei dem **Erwerber um einen Unternehmer handelt;** Privatpersonen gehören somit nicht zu dem von der Erwerbsteuer betroffenen Personenkreis. Der Unternehmer muß den Liefergegenstand **für sein Unternehmen erworben** haben. Dem Unternehmer gleichgestellt werden **juristische Personen des öffentlichen** und **privaten Rechts,** die den Liefergegenstand **nicht für unternehmerische Zwecke** verwenden.

Lieferer = Unternehmer

Bei dem **Lieferer** muß es sich um einen **Unternehmer** handeln, der die **Lieferung im Rahmen seines Unternehmens gegen Entgelt** ausführt. Dieser Unternehmer darf allerdings **kein Kleinunternehmer** sein, bei dem die Lieferung im **Lieferstaat wegen der Kleinunternehmerregelung** steuerfrei bliebe. 170

Praxishinweis:
Der Erwerber kann davon ausgehen, daß der Lieferer die vorgenannten Voraussetzungen erfüllt, wenn in seiner Rechnung die **Umsatzsteuer-Identifikationsnummer** eines anderen EG-Staats angegeben ist, keine ausländische Umsatzsteuer ausgewiesen wird und auf die in dem anderen EG-Staat geltende Steuerbefreiung für die innergemeinschaftliche Lieferung hingewiesen wird.

Fiktiver innergemeinschaftlicher Erwerb

Per Fiktion wird als innergemeinschaftlicher Erwerb gegen Entgelt 171
auch angesehen

- das **Verbringen eines Gegenstands** des Unternehmens **aus einem anderen EG-Staat in das Inland,** und zwar durch einen Unternehmer zu seiner Verfügung und
- die Inanspruchnahme einer **Werkleistung** zur Herstellung eines Gegenstands anderer Funktion aus übergebenen Gegenständen, insbesondere einer **Lohnveredelung,** die in einem anderen EG-Staat ausgeführt wird, vorausgesetzt, der „veredelte" Gegenstand gelangt zur Verfügung des Auftraggebers in das Inland (§ 1a Abs. 2 UStG).

Verbringen

172 Im zuerst genannten Fall wird ein ansonsten für die Umsatzbesteuerung unbeachtlicher Vorgang innerhalb eines Unternehmens der Erwerbsbesteuerung unterworfen. **Voraussetzung** ist ein **Befördern** oder **Versenden eines Gegenstands aus dem Gebiet eines anderen EG-Staats in das Inland,** wenn der Gegenstand in dem anderen EG-Staat bereits dem Unternehmer zugeordnet war und sich bei Beendigung der Beförderung oder Versendung im Inland weiterhin in dessen Verfügungsmacht befindet. Denken Sie z. B. an folgenden Fall:

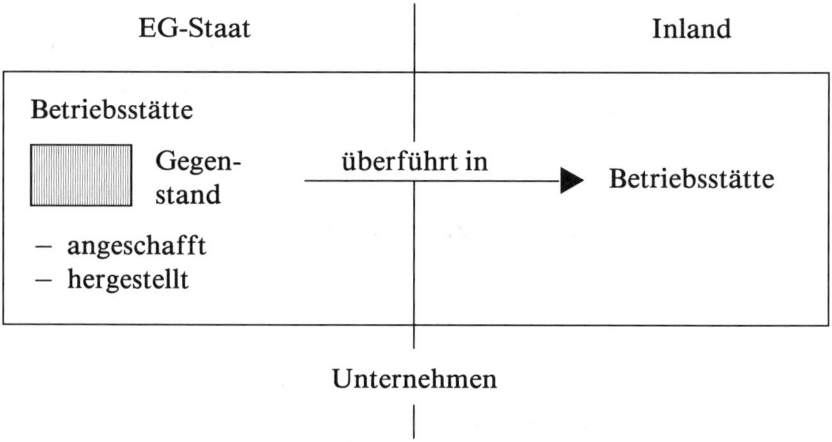

Der Unternehmer gilt hier als Erwerber.

Praxishinweis:
Die **vorübergehende Verwendung** eines Gegenstands im Inland (z. B. von Werkzeugen bei Werklieferungen oder Dienstleistungen) hat der Gesetzgeber ausdrücklich vom innergemeinschaftlichen Erwerb ausgenommen.

Lohnveredelung

Bei der zweiten Sonderregelung wird der Hauptanwendungsfall **„Lohnveredelung“** aus der Sicht des **inländischen Auftraggebers** als innergemeinschaftlicher Erwerb angesehen, wenn der Gegenstand nach der Lohnveredelung in das Inland gelangt. **Ausgenommen sind Reparaturleistungen,** aber auch die Wartung und Reinigung sowie das Beschriften, Etikettieren und Befüllen eines Gegenstands. Der inländische Auftraggeber gilt als Erwerber. 173

Erwerbsschwelle

Nachdem wir wissen, was der Gesetzgeber unter innergemeinschaftlichem Erwerb versteht, erfahren wir nun durch eine weitere Einschränkung, wann das, was als innergemeinschaftlicher Erwerb gilt, nicht als solcher anzusehen ist (§ 1a Abs. 3 UStG). **Vom innergemeinschaftlichen Erwerb** sind folgende **Erwerber** (= Abnehmer des Liefergegenstands) **ausgeschlossen:** 174

- Unternehmer, die **nur steuerfreie Umsätze** ausführen, die zum Ausschluß von Vorsteuerabzug führen,
- **Kleinunternehmer,** bei denen keine Umsatzsteuer erhoben wird,
- **Land- und Forstwirte,** für die die Steuer nach Durchschnittsätzen festgesetzt wird und
- **nicht umsatzsteuerpflichtige juristische Personen.**

Dazu kommen muß, daß der **Gesamtbetrag der Entgelte** für innergemeinschaftliche Erwerbe im **vorangegangenen Kalenderjahr** den Betrag von **25000 DM nicht überstiegen** haben darf und im **laufenden Kalenderjahr voraussichtlich nicht übersteigen** wird **(Erwerbsschwelle).** An die Stelle der Besteuerung des innergemeinschaftlichen Erwerbs tritt in diesem Fall die **Besteuerung des Lieferers im Ursprungsland.**

Praxishinweis:
Für Erwerber, deren Erwerb aus anderen EG-Staaten unter der Erwerbsschwelle von 25 000 DM liegt, besteht die Möglichkeit, die **Besteuerung für den innergemeinschaftlichen Erwerb freiwillig durchzuführen** (Option zur Erwerbsbesteuerung; § 1 a Abs. 4 UStG). Die Optionserklärung ist gegenüber dem Finanzamt abzugeben; der Erwerber ist daran für **mindestens zwei Jahre gebunden**.

175 Und noch zwei Ausnahmen sind von der Kleinunternehmerregelung für den innergemeinschaftlichen Erwerb zu beachten:
Die **Erwerbsschwelle gilt nicht** für den Erwerb **neuer Fahrzeuge** und für **verbrauchsteuerpflichtige Waren** (§ 1 a Abs. 5 UStG). D. h.: Der Erwerb neuer Fahrzeuge unterliegt stets als innergemeinschaftlicher Erwerb der Erwerbsbesteuerung. Dies gilt auch für verbrauchsteuerpflichtige Waren wie Mineralöle, Alkohol und alkoholische Getränke sowie Tabakwaren, wenn die Waren an Unternehmer und nichtunternehmerische juristische Personen geliefert werden.

Ort des innergemeinschaftlichen Erwerbs

176 Der innergemeinschaftliche Erwerb gegen Entgelt ist nur dann steuerbar, wenn er im Inland erfolgt. Wir müssen also wissen, wo der **innergemeinschaftliche Erwerb bewirkt** wird. Die Antwort hierauf finden wir in dem neuen § 3 d UStG. Dort wird bestimmt, daß der innergemeinschaftliche Erwerb grundsätzlich in dem EG-Staat bewirkt wird, in dem sich der Gegenstand **am Ende der Beförderung oder Versendung befindet.** Dies gilt auch dann, wenn die Beförderung oder Versendung in einem **Nicht-EG-Staat beginnt** und der Gegenstand von einem EG-Staat der Einfuhrumsatzsteuer unterworfen wird, bevor er in das Gebiet eines anderen EG-Staats gelangt.

1. Fall

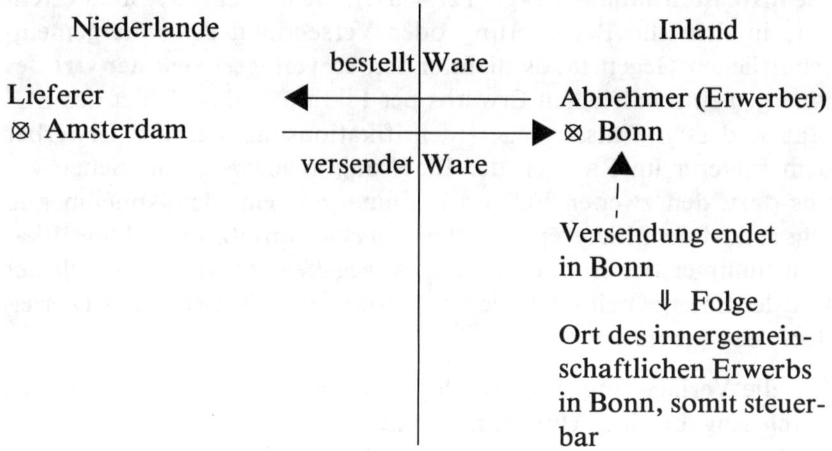
Niederlande
Inland
bestellt Ware
Lieferer
⊗ Amsterdam
Abnehmer (Erwerber)
⊗ Bonn
versendet Ware
Versendung endet
in Bonn
⇓ Folge
Ort des innergemein-
schaftlichen Erwerbs
in Bonn, somit steuer-
bar

2. Fall

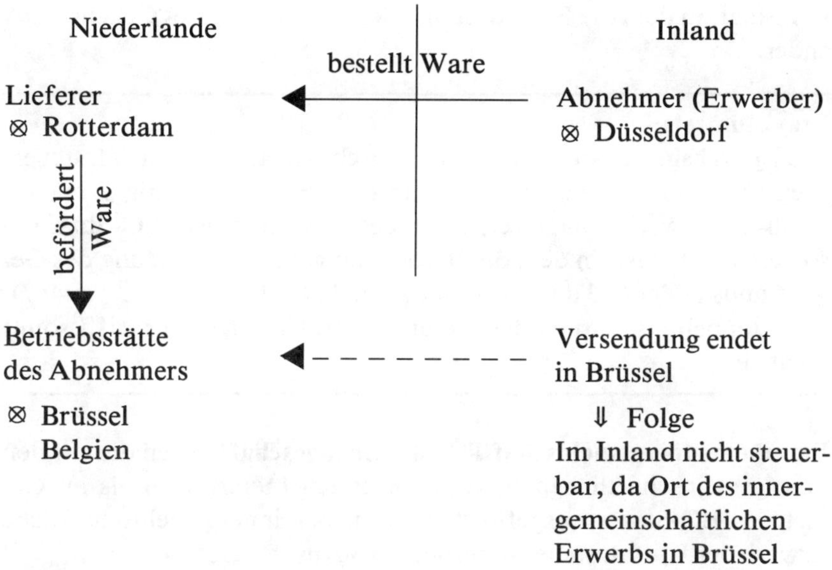
Niederlande
Inland
bestellt Ware
Lieferer
⊗ Rotterdam
Abnehmer (Erwerber)
⊗ Düsseldorf
befördert Ware
Betriebsstätte
des Abnehmers
⊗ Brüssel
Belgien
Versendung endet
in Brüssel
⇓ Folge
Im Inland nicht steuer-
bar, da Ort des inner-
gemeinschaftlichen
Erwerbs in Brüssel

177 Verwendet der Erwerber gegenüber dem Lieferer eine **Umsatzsteuer-Identifikationsnummer** (vgl. Tz. 488 f.), die ihm ein EG-Staat erteilt hat, in dem die Beförderung oder Versendung des innergemeinschaftlichen Gegenstands nicht endet, so **verlagert sich der Ort** des innergemeinschaftlichen Erwerbs per Fiktion in das Gebiet des EG-Staats, dessen Umsatzsteuer-Identifikationsnummer der Erwerber dem Lieferer im Rahmen der Lieferung angegeben hat. Sehen wir uns dazu den zweiten Fall noch einmal an. Hat der Abnehmer in Düsseldorf dem Lieferer in Rotterdam eine Umsatzsteuer-Identifikationsnummer der Bundesrepublik angegeben, so verlagert sich der Ort des innergemeinschaftlichen Erwerbs von Brüssel nach Düsseldorf, also ins Inland.

Für die Verlagerung des Orts des innergemeinschaftlichen Erwerbs durch Angabe einer Umsatzsteuer-Identifikationsnummer wird sich der Unternehmer aussprechen, der in dem EG-Staat, der die Umsatzsteuer-Identifikationsnummer ausgestellt hat, **Steuervorteile** durch einen **höheren Vorsteuerabzug** erlangen kann im Vergleich zu dem EG-Staat, in dem die Beförderung oder Versendung des Gegenstands endet.

Praxishinweis:
Die **Erwerbsbesteuerung** im Inland durch Angabe der Umsatzsteuer-Identifikationsnummer wird in dem o. a. Fall **rückgängig** gemacht, wenn der Erwerber nachweist, daß der Erwerb in dem EG-Staat besteuert worden ist, in dem die Beförderung oder Versendung des Gegenstands endet (§ 3 d i.V.m. § 17 Abs. 2 Nr. 4 UStG; vgl. Tz. 447). Eine doppelte Belastung der Lieferung mit Umsatzsteuer trifft somit nicht ein.

---

178 Bei einem **innergemeinschaftlichen Reihengeschäft** gelten die auf den innergemeinschaftlichen Erwerb folgenden Lieferungen als im Gebiet des EG-Staats ausgeführt, in dem der innergemeinschaftliche Erwerb der Umsatzsteuer unterliegt (§ 3 Abs. 8 a UStG).

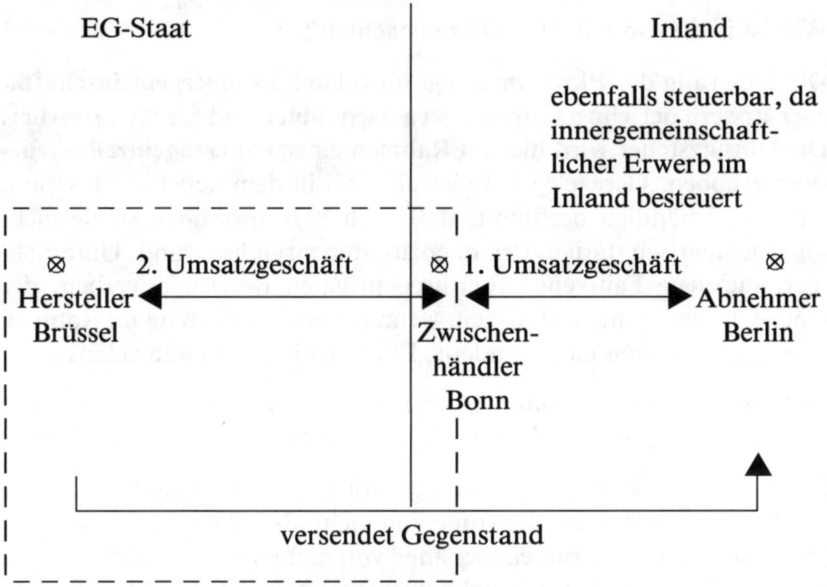

Innergemeinschaftlicher Erwerb
Ort = Berlin (Ende der Versendung)
⇓ Folge
steuerbar

Besonderheit: Innergemeinschaftlicher Erwerb neuer Fahrzeuge

Nehmen Sie an, Sie haben von einer Privatperson, die in Frankreich ansässig ist, ein neues Fahrzeug erworben. 179

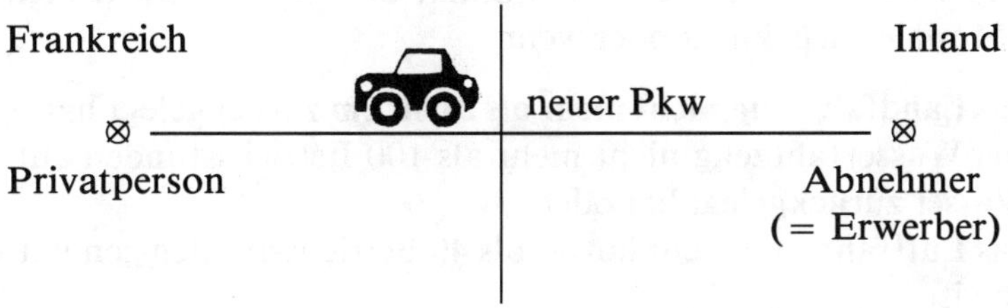

Was ist in diesem Fall ab 1993 zu beachten?

Die Lieferung des Pkws unterliegt im Inland als **innergemeinschaftlicher Erwerb** der Umsatzsteuer. **Steuerschuldner** sind Sie als **Erwerber.** Die Umsatzsteuer wird hier im Rahmen einer **Fahrzeugeinzelbesteuerung** erhoben. Geregelt wird dies ab 1993 in dem neuen § 1b UStG. Dort wird nämlich bestimmt, daß auch **Privatpersonen** sowie nicht unternehmerisch tätige Personenzusammenschlüsse und Unternehmer, die **neue Fahrzeuge** für ihren privaten Bereich erwerben, der Umsatzbesteuerung unterliegen, wenn ein neues Fahrzeug im Rahmen einer Lieferung aus einem anderen EG-Staat in das Inland gelangt.

180 In diesem Zusammenhang ist für Sie von Bedeutung, was unter **Fahrzeugen** i. S. dieser Vorschrift zu verstehen ist. Es gehören hierzu

- motorbetriebene Landfahrzeuge mit einem Hubraum von mehr als 48 ccm oder einer Leistung von mehr als 7,2 kw,
- Wasserfahrzeuge mit einer Länge von mehr als 7,5 m und
- Luftfahrzeuge, deren Starthöchstmasse mehr als 1550 kg beträgt.

Praxishinweis:
Der Fahrzeugbegriff deckt sich nicht mit dem bei den steuerfreien Vermietungsleistungen (§ 4 Nr. 12 Satz 2 UStG) und bei den steuerfreien Krankentransporten (§ 4 Nr. 17b UStG).

Weiter ist für die Besteuerung des innergemeinschaftlichen Erwerbs von Bedeutung, wann ein Fahrzeug als **neu** gilt. Hier bestimmt das Umsatzsteuergesetz, daß neue Fahrzeuge nur dann vorliegen, wenn die erste **Inbetriebnahme** im Zeitpunkt des Erwerbs **nicht mehr als drei Monate** zurückliegt oder wenn

- das Landfahrzeug **nicht mehr als 3000 km** zurückgelegt hat,
- das Wasserfahrzeug nicht mehr als 100 Betriebsstunden auf dem Wasser zurückgelegt hat oder
- das Luftfahrzeug nicht länger als 40 Betriebsstunden genutzt worden ist.

Praxishinweis:

Die Lieferung gebrauchter Fahrzeuge an Privatpersonen unterliegt im Rahmen des innergemeinschaftlichen Erwerbs nicht der Umsatzsteuer.

4 Was ist steuerfrei?

181 Wir haben uns bisher nur mit der Frage beschäftigt, welche Umsätze steuerbar sind. Liegen die Voraussetzungen für einen steuerbaren Umsatz vor, so stellt sich die weitere Frage, ob dieser **Umsatz steuerfrei** oder, falls eine Steuerbefreiung verneint wird, steuerpflichtig ist. Erst wenn ein steuerpflichtiger Umsatz anzunehmen ist, müssen die **Bemessungsgrundlage** und die **Höhe des Steuersatzes** bestimmt werden.

182 Zu den wichtigsten Steuerbefreiungen (vgl. § 4 UStG) gehört die umsatzsteuerliche **Entlastung von Exportumsätzen.** Diese Umsätze werden von der Umsatzsteuer befreit, um ihnen im Importland im Vergleich zu den dort ansässigen Unternehmen die **gleichen Wettbewerbschancen** einzuräumen. Dies wird zum einen durch die **Steuerfreistellung der Exportumsätze** erreicht und zum anderen – was für steuerfreie Umsätze untypisch ist – durch die **Gewährung des Vorsteuerabzuges.** Weitere Steuerbefreiungen gelten für bestimmte Wirtschaftszweige (z. B. Transportgewerbe oder Heilberufe), für unternehmerische Tätigkeiten bestimmter Personen oder für bestimmte Umsätze (z. B. im Geld- und Kapitalverkehr sowie im Zusammenhang mit Grundstücken). Bei diesen Befreiungen sind die mit den Umsätzen im Zusammenhang stehenden **Vorsteuern nicht abzugsfähig,** so daß die Vorsteuern als Kostenfaktor den Preis beeinflussen. Dies wirkt sich für den Unternehmer negativ aus, wenn er seine befreiten Umsätze an andere Unternehmer ausführt, die zum Vorsteuerabzug berechtigt sind (vgl. Tz. 253 f.). Das Umsatzsteuergesetz sieht daher bei bestimmten Befreiungstatbeständen die Möglichkeit vor, auf die **Steuerbefreiung zu verzichten**, um so in den Genuß des Vorsteuerabzuges zu kommen (vgl. Tz. 253 f.).

Praxishinweis:
Grundsätzlich gilt eine Steuerbefreiung für Lieferungen und sonstige Leistungen, für den Eigenverbrauch und für Gesellschaftsleistungen, es sei denn, das Gesetz selbst beschränkt die Steuerbefreiung auf bestimmte Umsätze.

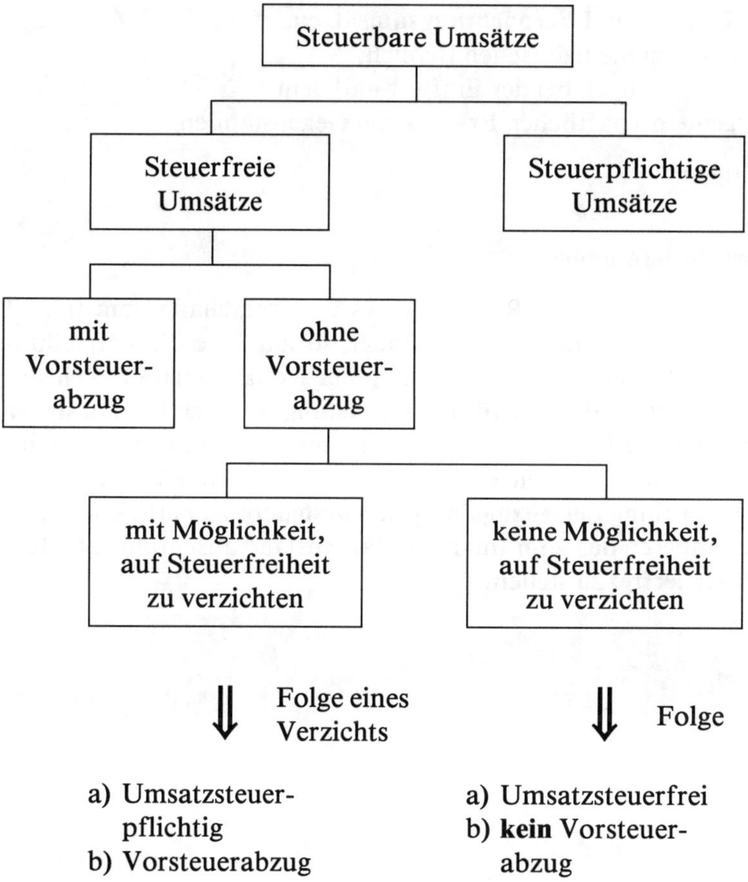

Nachfolgend werden wir uns mit den wichtigsten Steuerbefreiungen, nämlich den 183

- **Ausfuhrlieferungen,**
- **innergemeinschaftlichen Lieferungen,**
- Lohnveredelungen für ausländische Auftraggeber,
- steuerfreien Beförderungs- und Vermittlungsleistungen,
- **Umsätzen im Geld- und Kapitalverkehr,**
- **Grundstücksumsätzen,**

- **Vermietungs- und Verpachtungsumsätzen,**
- Umsätzen im medizinischen Bereich,
- Steuerbefreiungen bei der Einfuhr und dem
- innergemeinschaftlichen Erwerb von Gegenständen

beschäftigen.

4.1 Ausfuhrlieferungen

184 Wird ein Gegenstand im Rahmen eines Liefergeschäfts vom Inland in das Ausland befördert oder versendet, so soll – so die Vorstellungen des Gesetzgebers – zur Wahrung der Konkurrenzfähigkeit der deutschen Wirtschaft eine **völlige Entlastung von der Umsatzsteuer** eintreten. Hierzu ist es erforderlich, die mit dem Exportumsatz im Zusammenhang stehenden Vorleistungen durch andere Unternehmer bei der Ermittlung der **abzugsfähigen Vorsteuern** zu berücksichtigen und zum anderen das vom Inland in das Ausland ausgeführte **Liefergeschäft steuerfrei** zu stellen.

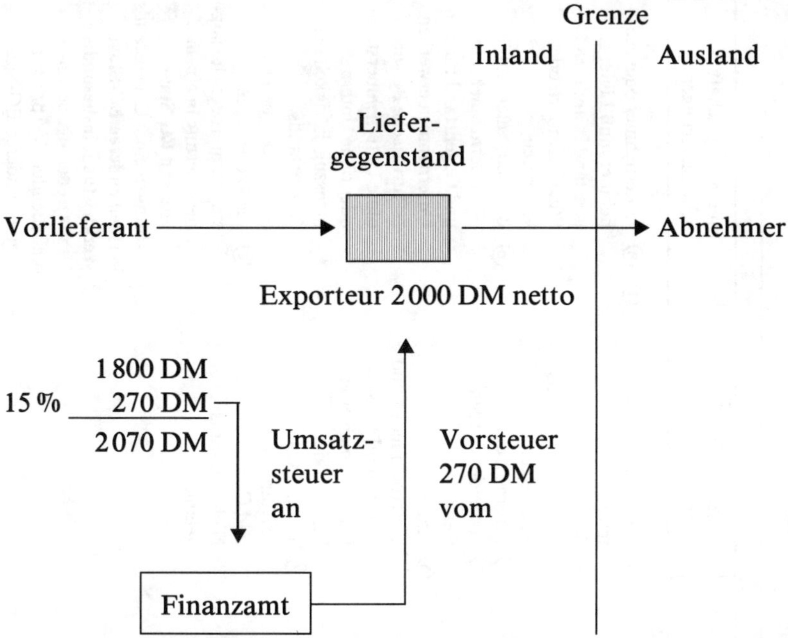

Zu dem Schaubild ist folgendes anzumerken: Der Exporteur hat einen Liefergegenstand von seinem Vorlieferanten zu einem Preis von 1800 DM zuzüglich 15 % Umsatzsteuer bezogen. Diesen Liefergegenstand hat er an einen Abnehmer im Ausland zu einem Preis von 2000 DM weitergeliefert. Der Vorlieferant hat die in Rechnung gestellte Umsatzsteuer von 270 DM an das Finanzamt abzuführen. Der Exporteur kann diese Umsatzsteuer als Vorsteuer geltend machen. Da er für seinen Umsatz keine Umsatzsteuer zu entrichten hat, ergibt sich für ihn ein Vorsteuererstattungsanspruch von 270 DM. 185

Das Gesetz unterscheidet bei den Ausfuhrlieferungen vier Fallgestaltungen: 186

Ausfuhrlieferungen

Ausfuhren durch den Lieferer

① Liefergegenstand muß
② durch Lieferer in einen
③ Nicht-EG-Staat (ausgenommen Zollfreigebiete)
④ befördert oder
⑤ versendet werden.

Ausfuhren durch den Abnehmer

① Liefergegenstand muß
② durch ausländischen Abnehmer in einen
③ Nicht-EG-Staat (ausgenommen Zollfreigebiete)
④ befördert oder
⑤ versendet werden.

Ausfuhren in ein Zollgebiet

① Liefergegenstand muß
② durch Lieferer oder Abnehmer ins
③ Zollfreigebiet
④ befördert oder
⑤ versendet werden, wenn
⑥ Abnehmer Unternehmer ist und Gegenstand für sein Unternehmen erworben hat oder
⑦ ausländische Privatperson und Gegenstand in Nicht-EG-Staat gelangt.

Innergemeinschaftliche Lieferungen

① ⓐ Unternehmer oder Abnehmer muß **Liefergegenstand in anderen EG-Staat** befördern oder versenden,
ⓑ der Abnehmer muß
– **Unternehmer** sein und Gegenstand für sein Unternehmen erwerben
– **juristische Person** ohne Unternehmerstatus oder ohne Unternehmenszugehörigkeit des Gegenstands
– **Fahrzeuglieferer** sein,
ⓒ der Liefergegenstand unterliegt Umsatzbesteuerung **in einem anderen EG-Staat**
② **Verbringen** eines Gegenstands **in einen anderen EG-Staat**
③ **Werkleistung, insbesondere Lohnveredelung,** bei anschließendem Verbringen in einen anderen EG-Staat.

Ausfuhren durch den Lieferer in einen Nicht-EG-Staat

Bei den Ausfuhren durch den **Lieferer** muß der Liefergegenstand 187 **vom Inland in einen Nicht-EG-Staat** – ausgenommen sind hier die Zollfreigebiete (vgl. hierzu Tz. 157) – **befördert** oder **versendet** werden (§ 4 Nr. 1a i.V.m. § 6 Abs. 1 Nr. 1 UStG). Die Begriffe „Liefergegenstand" und „Lieferer" sind uns aus der Umschreibung der Leistungsart „Lieferung" (vgl. Tz. 67f.) bekannt. Hier genügt nur der Hinweis, daß eine **Be- und Verarbeitung des Liefergegenstands** vor der Ausfuhr durch einen Beauftragten des Abnehmers zulässig ist. Wird die Be- oder Verarbeitung durch den Lieferer des Gegenstands vorgenommen, so handelt es sich hierbei um einen **vorgelagerten Umsatz,** der in die Ausfuhrlieferung einfließt, so daß der Liefergegenstand in der be- oder verarbeiteten Ware besteht.

Auch die Begriffe „Beförderung" oder „Versendung" sind uns be- 188 reits bekannt (vgl. Tz. 88f.). Der Liefergegenstand muß bei dieser Beförderung **ins Ausland gelangen**. Ab dem 1. 1. 1993 fallen unter diese Befreiungsvorschrift nur noch die Fälle, in denen der Liefergegenstand in einen **Nicht-EG-Staat befördert** oder **versendet** wird; die Ausfuhren in einen anderen EG-Staat werden als **innergemeinschaftliche Lieferungen** nach dem neuen § 6a UStG (vgl. Tz. 198f.) freigestellt. Ausgenommen von der Befreiungsvorschrift sind Lieferungen in Freihäfen sowie in Gewässern und Watten zwischen der Hoheitsgrenze und der Zollgrenze an der Küste (Zollfreigebiete i.S. des § 1 Abs. 3 UStG).

Ausfuhren durch den Abnehmer in einen Nicht-EG-Staat

Auch bei den **Ausfuhren durch den Abnehmer** muß ein Liefergegen- 189 stand vom Inland in das Ausland, ab dem 1. 1. 1993 in einen Nicht-EG-Staat, befördert oder versendet werden (§ 4 Nr. 1a i.V.m. § 6 Abs. 1 Nr. 2 UStG). Allerdings sind hier **drei Abweichungen** gegenüber den Ausfuhren durch den Lieferer zu beachten:

1. Die Beförderung oder Versendung muß durch den **Abnehmer** erfolgen.
2. Der Liefergegenstand muß in das **Ausland** gelangen. Zum Ausland rechnen bis 31. 12. 1992 – im Gegensatz zu den Ausfuhren durch den Lieferer – auch die Zollfreigebiete, also die **Freihäfen** und die **Küstengewässer. Ab dem 1. 1. 1993** beschränkt sich die Befreiungsvorschrift auf Ausfuhren in **Nicht-EG-Staaten**, wobei, wie bei den Ausfuhren durch den Lieferer, die Zollfreigebiete ausgenommen sind.
3. Die Lieferung muß an einen **ausländischen Abnehmer** erfolgen. Bei den ausländischen Abnehmern handelt es sich um Personen, die ihren **Wohnort** (bei natürlichen Personen) oder ihren **Sitz** (bei Personen- und Kapitalgesellschaften) **im Ausland** – ausgenommen sind die Freihäfen oder Küstengewässer – haben, ohne daß es auf die Staatsangehörigkeit ankommt. Abnehmer, die in den österreichischen Gemeinden **Mittelberg** (Kleines Walsertal) und **Jungholz** ansässig sind, gehören zwar zu den ausländischen Abnehmern, jedoch wird ihnen aufgrund des deutsch-österreichischen Abkommens über die Umsatzbesteuerung des Waren- und Dienstleistungsverkehrs vom 11. 10. 1972 (BStBl 1974 I S. 404) die Steuerbefreiung für Ausfuhrlieferungen nicht gewährt. Zu den ausländischen Abnehmern gehören auch Abnehmer mit Wohnort oder Sitz auf der Insel **Helgoland** sowie in der Gemeinde **Büsingen als Zollausschlußgebiet**.

Praxishinweis:
Eine **Zweigniederlassung** eines im Inland oder in einem Zollfreigebiet ansässigen Unternehmers, die ihren Sitz im Ausland mit Ausnahme der Zollfreigebiete hat, wird als ausländischer Abnehmer behandelt, wenn sie das Umsatzgeschäft im eigenen Namen abgeschlossen hat. Dagegen sind Zweigniederlassungen im Inland oder in den Zollfreigebieten nicht als ausländische Abnehmer anzusehen (§ 6 Abs. 2 Nr. 2 und Satz 2 UStG).

Beispiel 1:
Der Unternehmer B liefert Fleischprodukte an einen österreichischen Großunternehmer mit Sitz in Wien.

Beispiel 2:
Der Unternehmer C liefert Konserven an einen deutschen Unternehmer mit Geschäftsleitung in Zürich.

Beispiel 3:
Der Unternehmer D liefert eine Schreibmaschine an einen ungarischen Endverbraucher mit Wohnort in Köln.

Beispiel 4:
Der Unternehmer E liefert ein Farbfernsehgerät an einen deutschen Endverbraucher mit Wohnort in Warschau.

In den Beispielen 1, 2 und 4 handelt es sich um einen ausländischen Abnehmer, da sich der Wohnort oder der Sitz im Ausland befindet. Der Umstand, daß es sich bei dem Abnehmer um einen deutschen Staatsangehörigen oder um einen Nichtunternehmer handelt, hat für die Begriffsbestimmung „ausländischen Abnehmer" keinerlei Bedeutung. Im Beispiel 3 scheitert die Annahme eines ausländischen Abnehmers daran, daß der Abnehmer seinen Wohnort nicht im Ausland, sondern in der Bundesrepublik hat.

Bei Lieferungen in das Zollfreigebiet wird nur dann eine Freistellung 190
von der Umsatzsteuer gewährt, wenn der Abnehmer seinen **Wohnort oder Sitz im Ausland** und nicht in den Zollfreigebieten hat oder wenn es sich bei dem Abnehmer um eine **Zweigniederlassung** mit Sitz im Ausland handelt, wobei der Unternehmer mit seinem Hauptsitz im Inland ansässig sein kann, vorausgesetzt, das Umsatzgeschäft ist im Namen der Zweigniederlassung abgeschlossen worden.

Beispiel:
Der Unternehmer F mit Sitz in Düsseldorf liefert an eine Zweigniederlassung eines Schweizer Unternehmens im Hamburger Hafen eine Presse. Der Abnehmer läßt die Presse in den Hamburger Hafen versenden.

Es liegt eine steuerfreie Ausfuhrlieferung vor, da der Liefergegenstand „Presse" durch einen ausländischen Abnehmer in das Zollfreigebiet versandt worden ist.

Ausfuhren in ein Zollfreigebiet

191 Sehen wir uns schließlich noch die Ausfuhrlieferungen in die Zollfreigebiete, also in die Freihäfen und Küstengewässer, an. Hier ist Steuerfreiheit bis zum 31. 12. 1992 nur dann gegeben, wenn der Lieferer den Gegenstand befördert oder versendet hat und der Empfänger der Lieferung entweder

- ein **ausländischer Abnehmer** oder
- ein **Unternehmer** ist, der im Inland oder in diesen Zollfreigebieten ansässig ist und den Gegenstand **für Zwecke seines Unternehmens erworben hat** (§ 4 Nr. 1 a i. V. m. § 6 Abs. 1 Nr. 3 UStG).

192 **Ab dem 1. 1. 1993** wird die Steuerbefreiung für Ausfuhren in ein Zollfreigebiet nur dann gewährt, wenn der Unternehmer oder Abnehmer den **Gegenstand** der Lieferrung **in das Zollfreigebiet befördert oder versendet** hat und der Abnehmer entweder ein Unternehmer ist, der den Gegenstand für sein Unternehmen erworben hat, oder ein ausländischer Nicht-Unternehmer ist, wobei der Gegenstand in einen Nicht-EG-Staat gelangen muß. Durch die Neuregelung ab 1993 soll ein unversteuerter Letztverbrauch von Gegenständen, die in den Zollfreigebieten verwendet werden oder über diese Zollfreigebiete in einen anderen EG-Staat gelangen, verhindert werden.

Ausnahmen von der Steuerbefreiung für Exportumsätze

Bei der Ausfuhr von Gegenständen, die zur **Ausrüstung oder Versorgung eines Kfz** oder eines **sonstigen Beförderungsmittels** bestimmt sind, ist die Steuerbefreiung in Abholfällen und bei Lieferungen in die Zollfreigebiete nur unter den zusätzlichen Voraussetzungen zu gewähren, daß der Abnehmer ein **ausländischer Unternehmer** ist und das **Beförderungsmittel seinen unternehmerischen Zwecken** dient (§ 6 Abs. 3 UStG). 193

Weitere Besonderheiten sind bei Ausfuhren zu beachten, bei denen der Abnehmer den Liefergegenstand im **persönlichen Reisegepäck** in das Ausland überführt. Dabei ist im **nichtkommerziellen innergemeinschaftlichen Reiseverkehr** ab dem 1. 1. 1993 folgendes zu beachten: Lieferungen von Waren werden in dem EG-Staat besteuert, in dem sie erworben werden (**Ursprungslandprinzip**; vgl. Tz. 99). 194

Formalitäten

Damit das Finanzamt überprüfen kann, ob die Voraussetzungen für eine steuerbefreite Ausfuhrlieferung vorliegen, hat der Unternehmer einen **Ausfuhrnachweis** und zusätzlich einen **Buchnachweis** zu führen. Fehlt es an einem der beiden Nachweise, so kann die Steuerfreiheit auch bei zweifelsfreier Erfüllung aller Voraussetzungen nicht gewährt werden. Sie sehen, daß die Formalien genauso wichtig sind wie die vom Gesetzgeber geforderten Voraussetzungen für die Annahme einer Ausfuhrlieferung. 195

▶ Ausfuhrnachweis

Was bedeutet Ausfuhrnachweis? Die Antwort: Nachweis anhand von **Belegen**, aus denen **eindeutig** und **leicht nachprüfbar** hervorgeht, daß der Liefergegenstand in das Ausland, ab dem 1. 1. 1993 in einem Nicht-EG-Staat, gelangt ist. Der Beleg sollte folgende Angaben enthalten: 196

- Name und Anschrift des Unternehmers,
- handelsübliche Bezeichnung und Menge des ausgeführten Gegenstands,
- Ort und Tag der Ausfuhr und
- eine Ausfuhrbestätigung der Grenzzollstelle eines EG-Staats.

Die **Ausfuhrbestätigung** kann sich auf einem üblichen Geschäftsbeleg befinden, z. B. einem Lieferschein, einer Rechnungsdurchschrift sowie einer Durchschrift der Ausfuhrerklärung oder der Ausfuhrkontrollmeldung. In Versendungsfällen kann der Ausfuhrnachweis durch Versendungsbelege erfolgen, wie z. B. durch Vorlage eines Eisenbahnfrachtbriefs, eines Luftfrachtbriefs oder eines Ladescheins.

Für die **Vorlage des Ausfuhrnachweises** besteht **keine besondere Frist.**

▶ **Buchmäßiger Nachweis**

197 Die Frage, was unter buchmäßigem Nachweis zu verstehen ist, läßt sich wie folgt beantworten: Aus den **Geschäftsunterlagen** des Unternehmers muß **eindeutig** und **leicht nachprüfbar** festzustellen sein,daß der Unternehmer die Lieferung an einen ausländischen Abnehmer bewirkt hat und der Gegenstand der Lieferung nachweislich in das Ausland, ab dem 1. 1. 1993 in ein Gebiet außerhalb der EG, gelangt ist. Hierzu ist es in der Regel erforderlich, die handelsübliche Bezeichnung und die Menge des **Liefergegenstands**, den Namen und die Anschrift des **Abnehmers** oder **Auftraggebers**, den **Tag der Lieferung**, das vereinbarte **Entgelt** und die **Ausfuhr** aufzuzeichnen. Wer nun meint, daß Ausfuhrnachweis und Buchnachweis das gleiche seien, der irrt; sie überschneiden sich allerdings teilweise hinsichtlich der erforderlichen Angaben. Es ist daher zweckmäßig, in der Buchführung hinsichtlich der handelsüblichen Bezeichnung und Menge des ausgeführten Gegenstands und hinsichtlich der Ausfuhr **Querverweise** auf den Ausfuhrnachweis anzubringen.

Praxishinweis:
Im Gegensatz zum Ausfuhrnachweis muß der Buchnachweis **laufend** und **unmittelbar** nach Ausführung des jeweiligen Umsatzes vorgenommen werden. Eine nachträgliche Vervollständigung ist nur insoweit zulässig, als sie sich auf den später eingehenden Ausfuhrnachweis bezieht.

4.2 Die Steuerbefreiung von innergemeinschaftlichen Lieferungen

Die innergemeinschaftliche Lieferung ist die Umschreibung für die 198
Lieferung vom Inland in einen anderen EG-Staat aus der Sicht des Lieferanten; sie ist das Spiegelbild zur Erwerbsbesteuerung beim Abnehmer. Innergemeinschaftliche Lieferungen sind ab dem 1. 1. 1993 von der Umsatzsteuer freigestellt (§ 4 Nr. 1 b UStG); bis zu diesem Zeitpunkt waren sie als Ausfuhrlieferungen von der Umsatzsteuer befreit.

Steuerbefreiung von innergemeinschaftlichen Lieferungen
(§ 4 Nr. 1 b, § 6 a UStG)

I.

Begriff „innergemeinschaftliche Lieferungen"

① Befördern oder versenden des Liefergegenstands vom Inland in einen anderen EG-Staat

② Kreis der **Abnehmer**

- ▶ **Unternehmer** für sein Unternehmen
- ▶ Juristische Personen
  - als Nichtunternehmer
  - bei Erwerb des Liefergegenstands für nichtunternehmerische Zwecke
- ▶ Erwerber bei Fahrzeuglieferung

③ **Erwerbsbesteuerung** in anderem EG-Staat

II.

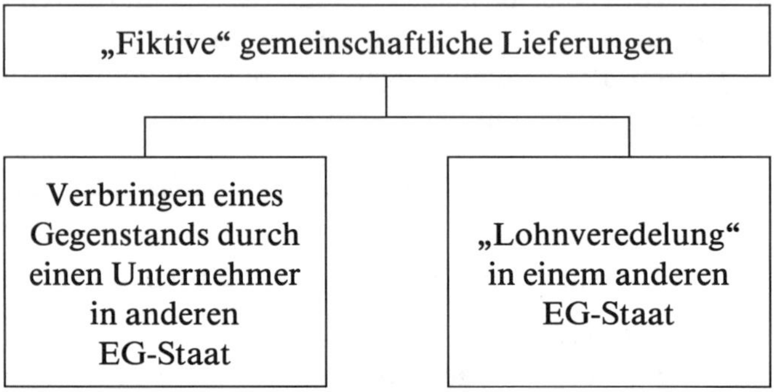

III.

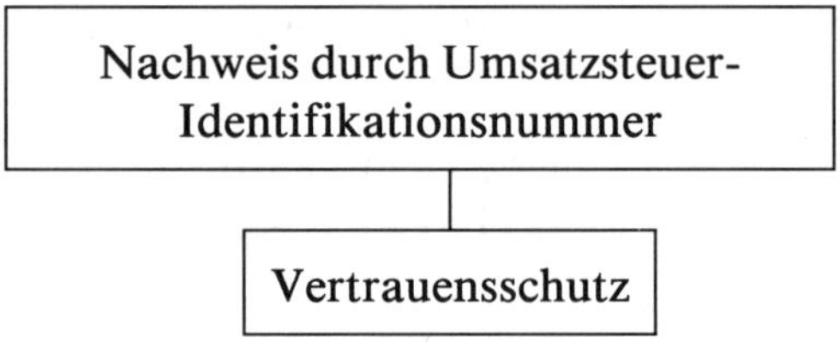

„Tatsächliche“ innergemeinschaftliche Lieferungen

199 Die Gewährung der Umsatzsteuerfreiheit für innergemeinschaftliche Lieferungen kommt nur dann in Betracht, wenn der **Liefergegenstand vom Inland** in einen **anderen EG-Staat** befördert oder versendet wird. Für die Steuerfreiheit kommt es nicht darauf an, ob der liefernde Unternehmer oder der Abnehmer die Beförderung oder Versendung durchführt.

Die innergemeinschaftliche Lieferung ist nur dann steuerfrei, wenn sie an einen bestimmten **Abnehmerkreis** erfolgt. Zu den Abnehmern gehören insbesondere **Unternehmer,** die den Liefergegenstand für **unternehmerische Zwecke** erwerben. Bei diesen Unternehmern kann es sich sowohl um ausländische als auch um inländische Abnehmer handeln.

Beispiel:
Der Unternehmer A liefert eine Maschine an den Unternehmer B, der in Köln ansässig ist. A hat sich verpflichtet, die Maschine zur Betriebsstätte des B in Amsterdam zu befördern.

Aus der Sicht des A liegt eine steuerfreie innergemeinschaftliche Lieferung vor, da die Maschine vom Inland in einen anderen EG-Staat befördert wird und es sich bei B um einen Unternehmer handelt, der die Maschine für sein Unternehmen erworben hat. Dem Umstand, daß B inländischer Abnehmer ist, mißt das Gesetz für die Gewährung der Steuerbefreiung keine Bedeutung bei.

Praxishinweis:
Von der **Unternehmereigenschaft des Abnehmers** und von dem Erwerb des Liefergegenstands für unternehmerische Zwecke ist in der Regel auszugehen, wenn der Abnehmer Ihnen eine **Umsatzsteuer-Identifikationsnummer** (vgl. Tz. 488 f.) angibt und sich aus der Art und Menge der erworbenen Gegenstände keine Zweifel an der unternehmerischen Verwendung ergeben. Bestehen Zweifel, ob der Unternehmer den Liefergegenstand für sein Unternehmen erworben hat, so ist es ratsam, sich den Erwerb für unternehmerische Zwecke bestätigen zu lassen.

Bei dem Abnehmer kann es sich auch um eine **juristische Person** des privaten oder öffentlichen Rechts handeln, die den Gegenstand für ihren **nichtunternehmerischen Bereich** erwirbt. Außerdem kann es sich bei dem Abnehmer um den **Erwerber eines neuen Fahrzeuges** handeln, wobei es in diesem Fall nicht darauf ankommt, ob er ein Unternehmer, eine juristische Person oder eine Privatperson ist. 200

201 Die Steuerfreiheit der innergemeinschaftlichen Lieferung ist weiter davon abhängig, daß der **Erwerb** des Liefergegenstands **beim Abnehmer** in einem anderen EG-Staat den **Vorschriften der Umsatzbesteuerung** unterliegt. Hiervon kann in der Regel ausgegangen werden, wenn der Abnehmer den Gegenstand unter Angabe einer ihm in einem anderen EG-Staat erteilten Umsatzsteuer-Identifikationsnummer erwirbt. Damit gibt der Abnehmer zu erkennen, daß er steuerfrei einkaufen will und der Erwerb in einem anderen EG-Staat der Umsatzbesteuerung unterliegt.

Praxishinweis:
Um die Unternehmereigenschaft des Abnehmers im nachhinein gegenüber dem Finanzamt nachweisen zu können, ist der liefernde Unternehmer verpflichtet, die **Umsatzsteuer-Identifikationsnummer des Abnehmers aufzuzeichnen** (vgl. auch Tz. 474 f. zu den Angaben in der Zusammenfassenden Meldung).

---

202 Der Steuerfreiheit der innergemeinschaftlichen Lieferung steht es nicht entgegen, daß der **Liefergegenstand** vor der Beförderung oder Versendung in den anderen EG-Staat durch Beauftragte **bearbeitet oder verarbeitet** worden ist.

Fiktive innergemeinschaftliche Lieferungen

203 Das **Verbringen eines Gegenstands** durch einen Unternehmer zu seiner nicht nur vorübergehenden Verfügung vom Inland in einen anderen EG-Staat ist ebenfalls als innergemeinschaftliche Lieferung im Inland steuerfrei. Im Bestimmungsland unterliegt das Verbringen dagegen als **innergemeinschaftlicher Erwerb** der Umsatzsteuer (vgl. Tz. 172).

Beispiel:
Der Unternehmer C aus Bonn verbringt Rechenmaschinen in sein belgisches Auslieferungslager.

C schuldet für das Verbringen der Rechenmaschinen vom Inland nach Belgien belgische Erwerbsteuer. Diese kann er als Vorsteuer abziehen. Bei einem späteren Verkauf der Rechenmaschinen fällt dann belgische Umsatzsteuer an.

Die Werkleistungen an einem Gegenstand, insbesondere die **Lohnveredelungen,** die in einem anderen EG-Staat ausgeführt werden, unterliegen der Erwerbsbesteuerung durch den Auftraggeber. Die Besteuerung ist von ihm in dem Zeitpunkt durchzuführen, in dem der Gegenstand nach der „Lohnveredelung" in das Inland zurückgelangt. 204

EG-Staat | Inland

Auftragnehmer ⊗ — „Lohnveredelung" — ⊗ Auftraggeber

= Steuerpflichtige Lieferung im Inland, die der **Erwerbsbesteuerung durch Auftraggeber** unterliegt

Wird die „Lohnveredelung" von einem inländischen Unternehmer durchgeführt und gelangt der Gegenstand vor der „Lohnveredelung" aus einem EG-Staat in das Inland und nach der „Lohnveredelung" vom Inland wieder zurück in den EG-Staat, so ist die „Lohnveredelung" als innergemeinschaftliche Lieferung aus der Sicht des inländischen Auftragnehmers steuerfrei. 205

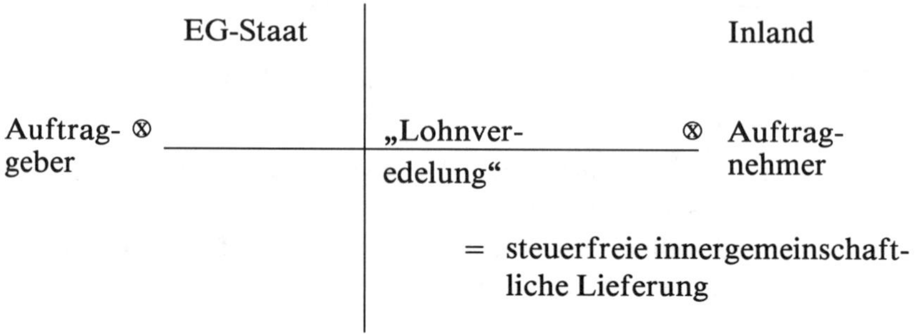

Nachweis

206 Die Voraussetzungen für das Vorliegen steuerfreier innergemeinschaftlicher Lieferungen müssen von dem Unternehmer **nachgewiesen** werden. Der Nachweis erfolgt künftig nicht mehr durch die Bestätigung einer Grenzzollstelle. Vielmehr muß der Unternehmer auf andere Art nachweisen, daß der Liefergegenstand in einen anderen EG-Staat gelangt ist und daß der Empfänger ein Abnehmer ist, dessen innergemeinschaftlicher Erwerb im Bestimmungsland der Umsatzbesteuerung unterliegt.

207 In **Beförderungsfällen** dürfte der Nachweis über die innergemeinschaftliche Lieferung wie folgt zu führen sein:

- durch das Doppel der Rechnung,
- durch einen handelsüblichen Beleg, aus dem sich der Bestimmungsort ergibt, insbesondere Lieferschein,
- durch eine Empfangsbestätigung des Abnehmers oder seines Beauftragten sowie
- in den Fällen der Beförderung des Gegenstands durch den Abnehmer durch eine Versicherung des Abnehmers oder seines Beauftragten, den Gegenstand der Lieferung in einen anderen EG-Staat zu befördern.

208 In den Fällen, in denen der **Unternehmer** oder der **Abnehmer** den Gegenstand der Lieferung in einen anderen EG-Staat **versendet**, soll der Unternehmer den Nachweis hierüber wie folgt führen:

- durch das Doppel der Rechnung und
- durch einen Beleg wie bei Ausfuhren in einen Nicht-EG-Staat.

Ist es dem Unternehmer nicht möglich oder nicht zumutbar, einen solchen Nachweis zu führen, so kann er den Nachweis auch wie in den Beförderungsfällen führen.

Darüber hinaus ist noch ein **buchmäßiger Nachweis** erforderlich. Für 209
diesen Nachweis sollte der Unternehmer in der Regel folgendes aufzeichnen:

- den Namen und die Anschrift des Abnehmers,
- den Namen und die Anschrift des Beauftragten des Abnehmers bei einer Lieferung, die im Einzelhandel oder in einer für den Einzelhandel gebräuchlichen Art und Weise erfolgt,
- den Gewerbezweig oder Beruf des Abnehmers,
- die Umsatzsteuer-Identifikationsnummer des Abnehmers,
- die handelsübliche Bezeichnung und die Menge des Gegenstands der Lieferung oder die Art und den Umfang der einer Lieferung gleichgestellten sonstigen Leistung auf Grund eines Werkvertrages,
- den Tag der Lieferung oder der einer Lieferung gleichgestellten sonstigen Leistung auf Grund eines Werkvertrages,
- das vereinbarte Entgelt oder bei der Besteuerung nach vereinnahmten Entgelten das vereinnahmte Entgelt und den Tag der Vereinnahmung,
- die Art und den Umfang einer Bearbeitung oder Verarbeitung vor der Beförderung oder der Versendung in einen anderen EG-Staat,
- die Beförderung oder Versendung in einen anderen EG-Staat,
- den Bestimmungsort im anderen EG-Staat.

In den einer Lieferung gleichgestellten **Verbringungsfällen** genügen folgende Aufzeichnungen:

- die handelsübliche Bezeichnung und die Menge des verbrachten Gegenstands,
- die Anschrift und die Umsatzsteuer-Identifikationsnummer des im anderen EG-Staat gelegenen Unternehmensteils,

- den Tag des Verbringens,
- die Bemessungsgrundlage.

Vertrauensschutzregelung

210 Stellt sich im nachhinein heraus, daß die Voraussetzungen für die Steuerbefreiung einer innergemeinschaftlichen Lieferung nicht vorliegen, so wird dem Unternehmer die Steuerbefreiung belassen, wenn er bei Beachtung der einem **ordentlichen Kaufmann** obliegenden **Sorgfalt** die unrichtigen Angaben des Abnehmers nicht erkennen konnte (§ 6a Abs. 4 UStG). Der Unternehmer kommt in der Regel seiner Sorgfaltspflicht in bezug auf die Unternehmereigenschaft des Abnehmers nach, wenn er sich die **Umsatzsteuer-Identifikationsnummer** des Abnehmers nachweisen läßt und sie in Zweifelsfällen durch das Bundesamt für Finanzen bestätigen läßt (Tz. 486f.). Liegen die Voraussetzungen der Vertrauensschutzregelung vor und kommt es daher bei dem liefernden Unternehmer nicht zur nachträglichen Besteuerung der innergemeinschaftlichen Lieferung, so **schuldet der Abnehmer** die **Umsatzsteuer.**

4.3 Lohnveredelungen für ausländische Auftraggeber

211 Aufgrund der Überschrift drängt sich sofort die Frage auf, was unter dem Begriff „Lohnveredelung“ zu verstehen ist. Deshalb vorab folgende Definition:

Lohnveredelung = Bearbeitung oder Verarbeitung von Gegenständen im Rahmen von **Werkleistungen**, wobei der Auftraggeber ab dem 1. 1. 1993 entweder den Gegenstand zum Zwecke der Be- oder Verarbeitung in das EG-Gebiet eingeführt oder zum Zwecke der Be- oder Verarbeitung im EG-Gebiet erworben hat (§ 4 Nr. 1 i.V.m. § 7 UStG).

Beachte: Eine **Werklieferung** wird als Exportumsatz, und nicht als Lohnveredelung steuerfrei gestellt.

Was ist nun mit den Lohnveredelungen? Sie sind unter den gleichen Voraussetzungen von der Umsatzsteuer befreit wie die Ausfuhrlieferungen. Das bedeutet im einzelnen, daß das **Ergebnis der Lohnveredelung**, nämlich die Be- oder Verarbeitung eines Gegenstands, **zusammen mit dem Gegenstand** ab dem 1. 1. 1993 in ein Gebiet außerhalb der EG – ausgenommen sind hier die Zollfreigebiete – **ausgeführt** werden muß. Bei Beförderung oder Versendung durch den **Auftragnehmer** genügt die Ausfuhr in ein Gebiet außerhalb der EG, wobei jedoch hinzukommen muß, daß dieser dort ansässig ist. Weitere Besonderheiten gelten für Beförderungs- oder Versendungsfälle in Zollfreigebiete. 212

Zum Abschluß noch das Formelle: Die Anforderungen an Belege und Aufzeichnungen entsprechen denen, die wir bereits bei der Steuerbefreiung von Ausfuhrlieferungen kennengelernt haben, nämlich Ausfuhrnachweis und Buchnachweis (vgl. Tz. 196 und Tz. 197).

Beispiel:
Der Inhaber einer Reparaturwerkstatt in Dresden hat einen Pkw eines schwedischen Unternehmers, der in der Bundesrepublik geschäftlich unterwegs war, repariert.

Die Reparatur des Pkws in Form einer Be- oder Verarbeitung ist steuerpflichtig, da der Pkw nicht wegen der Reparatur in das Inland eingeführt worden ist.

4.4 Steuerfreie Beförderungs- und Vermittlungsleistungen

Beförderungsleistungen

Steuerfrei sind alle sonstigen Leistungen, die im **grenzüberschreitenden Warenverkehr** durch den Transport der Güter erforderlich werden (§ 4 Nr. 3 UStG). **Ab dem 1. 1. 1993** sind jedoch **Beförderungen** von Gegenständen **innerhalb des EG-Gebiets** von der **Steuerbefrei-** 213

ung ausgenommen. Dies gilt nicht für Beförderungen von Gegenständen nach und von den Inseln, die die autonomen Regionen Azoren und Madeira bilden (§ 4 Nr. 3a Satz 2 UStG). Zu den steuerfreien Beförderungsleistungen rechnen insbesondere die **grenzüberschreitenden Güterbeförderungen,** die Beförderungen im internationalen Eisenbahnverkehr sowie die **Besorgung dieser Leistungen.**

Unter einer grenzüberschreitenden Beförderung ist eine Transportleistung zu verstehen, bei der sich die Beförderungsleistung auf zwei Gebiete erstreckt. Bis zum 31. 12. 1992 fallen hierunter alle Beförderungen, die sich sowohl auf das Ausland als auch auf das Inland erstrecken. Denken Sie z. B. an den Fall, daß ein Unternehmer in Cottbus einen Gegenstand an einen Abnehmer in Paris versendet. Ab 1993 sind nur noch solche Beförderungen als grenzüberschreitend anzusehen, bei denen sich die Beförderungsleistung auf das Gebiet der EG und einen **Staat außerhalb der EG** erstreckt. Der Teil der Beförderungsleistung, der auf das Inland, 1993 auf das EG-Gebiet, entfällt, ist steuerfrei. Der auf das Ausland, ab 1993 auf das Gebiet außerhalb der EG, entfallende Teil der Beförderungsleistung ist nicht steuerbar, so daß für die Beförderungsleistung keine Umsatzsteuer anfällt.

214 Die Steuerbefreiung kommt weiterhin für solche Leistungen in Betracht, die sich auf Gegenstände der Einfuhr beziehen und deren Kosten in der Bemessungsgrundlage für die Einfuhr enthalten sind (§ 4 Nr. 3b Doppelbuchstabe cc UStG). Auch der Umschlag und die Lagerung von Gegenständen vor der Ausfuhr sind von der Umsatzsteuer freigestellt. Anstelle der Steuerbefreiung für sonstige Leistungen, die sich unmittelbar auf Gegenstände der Durchfuhr beziehen, tritt ab dem 1. 1. 1993 die **Steuerbefreiung für sonstige Leistungen,** die **unmittelbar mit eingeführten Gegenständen zusammenhängen,** die in einem **externen Versandverfahren,** insbesondere im externen gemeinschaftlichen Versandverfahren nach der EWG-Verordnung Nr. 2726/90 (ABl. EG 1990 Nr. L 262 S. 1), nach Orten außerhalb der EG befördert werden (§ 4 Nr. 3b Doppelbuchstabe bb UStG). Das externe Versandverfahren wird im wesentlichen für die Beförderung

von Waren außerhalb der EG angewandt, die sich innerhalb des Gebiets der EG nicht im zollrechtlich freien Verkehr befinden.

Schließlich sind Anschlußbeförderungen nach einer grenzüberschreitenden Beförderung und sog. Vorfrachten, die der grenzüberschreitenden Beförderung vorausgehen, steuerfrei.

Dagegen ist die Befreiungsvorschrift nicht anzuwenden bei 215

- **Kreditgeschäften** im Zusammenhang mit den steuerfreien Beförderungsleistungen – hier gilt § 4 Nr. 8 UStG (vgl. Tz. 219 f.) –,
- **selbständigen Versicherungsleistungen** – hier gilt § 4 Nr. 10 UStG – und deren Vermittlung – hier gilt § 4 Nr. 11 UStG – sowie
- **Be- und Verarbeitungen von Gegenständen.**

Auch bei den grenzüberschreitenden Beförderungsleistungen sowie 216
bei den sonstigen Leistungen im Zusammenhang mit der Ein- und Ausfuhr sowie mit der Durchfuhr und den ab 1993 an deren Stelle tretenden Leistungen hat der Unternehmer einen **Buchnachweis** (vgl. Tz. 197 und Tz. 209) zu führen. Im Fall der Einfuhr ist zusätzlich zu diesem Buchnachweis ein geeigneter Beleg vorzulegen, aus dem ersichtlich ist, daß die **Kosten für die Leistung** in die **Bemessungsgrundlage** für die Einfuhr eingeflossen sind.

Vermittlungsleistungen

Vermittlungsleistungen von **Handelsvertretern, Maklern** und **Reise-** 217
agenturen sind von der Umsatzsteuer befreit, wenn es sich insbesondere um die Vermittlung von Ausfuhrlieferungen (vgl. Tz. 184 f.), um die Vermittlung von Lohnveredelungen an Gegenständen der Ausfuhr (vgl. Tz. 211) und um die Vermittlung von grenzüberschreitenden Güterbeförderungen (vgl. Tz. 213 f.) handelt (§ 4 Nr. 5 UStG). Weiterhin befreit ist die Vermittlung von Umsätzen, die im Ausland, ab dem 1. 1. 1993 in einem Nicht-EG-Staat bewirkt werden oder die im Zusammenhang mit Einfuhrlieferungen stehen.

Praxishinweis:
Vermittlungsleistungen der **Reisebüros** und **Reiseagenturen** sind nicht steuerbefreit, wenn die Leistungen an den Reisenden selbst erbracht werden.

Der Vermittler hat die Voraussetzungen der Steuerbefreiung durch **geeignete Unterlagen** und durch entsprechende **Aufzeichnungen nachzuweisen.**

4.5 Umsätze im Geld- und Kapitalverkehr

218 Das Schaubild der nachfolgenden Seite 159 gibt Ihnen einen Überblick über die steuerfreien Umsätze im Geld- und Kapitalverkehr:

Zu dem Befreiungskatalog ist aus der Sicht des Praktikers folgendes anzumerken:

▶ Gewährung von Krediten

219 Die Vorschrift stellt nicht die Hingabe und die Rückzahlung des Darlehensbetrages, sondern das **für die Darlehensüberlassung zu zahlende Entgelt** in Form von **Zinsen**, Diskonte, **Provisionen** und **Gebühren** von der Umsatzsteuer frei. Dabei kommt es auf die Form der Kreditgewährung (z. B. als gesichertes oder ungesichertes Darlehen) nicht an. Von der Umsatzsteuer freigestellt ist auch das bis zur Auszahlung des Darlehens angefallene **Entgelt für die Bereitschaft, Kredite zur Verfügung zu stellen** (Bereitstellungszinsen). Dies gilt auch für **Nebenleistungen zur Kreditgewährung**, insbesondere für die Wertfeststellung von Sicherungsobjekten.

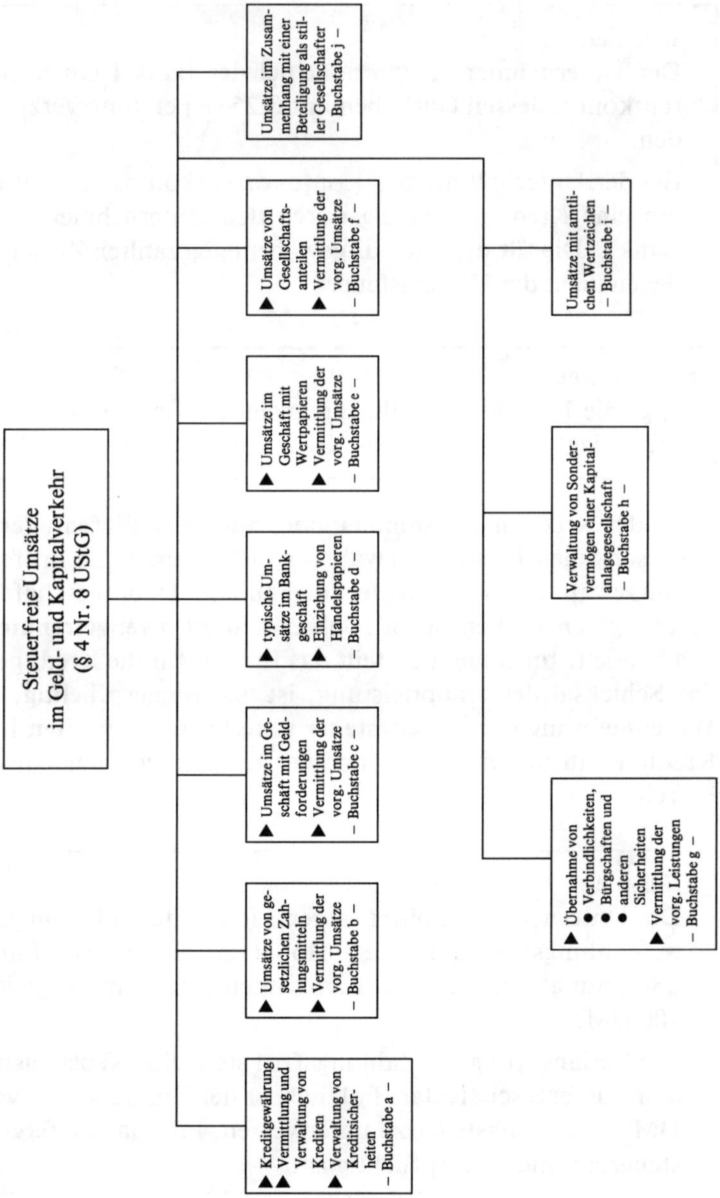
Steuerfreie Umsätze im Geld- und Kapitalverkehr (§ 4 Nr. 8 UStG)
▲ Kreditgewährung ▲ Vermittlung und Verwaltung von Krediten ▲ Verwaltung von Kreditsicherheiten – Buchstabe a –
▲ Umsätze von gesetzlichen Zahlungsmitteln ▲ Vermittlung der vorg. Umsätze – Buchstabe b –
▲ Umsätze im Geschäft mit Geldforderungen ▲ Vermittlung der vorg. Umsätze – Buchstabe c –
▲ typische Umsätze im Bankgeschäft ▲ Einziehung von Handelspapieren – Buchstabe d –
▲ Umsätze im Geschäft mit Wertpapieren ▲ Vermittlung der vorg. Umsätze – Buchstabe e –
▲ Umsätze von Gesellschaftsanteilen ▲ Vermittlung der vorg. Umsätze – Buchstabe f –
Umsätze im Zusammenhang mit einer Beteiligung als stiller Gesellschafter – Buchstabe j –
▲ Übernahme von ● Verbindlichkeiten, ● Bürgschaften und ● anderen Sicherheiten ▲ Vermittlung der vorg. Leistungen – Buchstabe g –
Verwaltung von Sondervermögen einer Kapitalanlagegesellschaft – Buchstabe h –
Umsätze mit amtlichen Wertzeichen – Buchstabe i –

Beispiel:
Der Unternehmer H unterhält bei der Bank I ein Kontokorrentkonto, dessen Guthaben mit 0,25 % per anno verzinst werden.

Bei der Unterhaltung des Kontokorrentkontos handelt es sich um eine Kreditgewährung durch den Unternehmer H an die Bank I. Die für diese Kreditgewährung gezahlten Zinsen unterliegen nicht der Umsatzsteuer.

Praxishinweis:
Erfolgt die Darlehensgewährung gegen Gewinn- und Verlustbeteiligung, so liegt keine steuerfreie Kreditgewährung vor.

220 Wird der Kredit im **Zusammenhang mit einer Warenlieferung** oder einer sonstigen Leistung gewährt, so ist als erstes zu prüfen, ob die Kreditgewährung als **Nebenleistung** zu dem Hauptgeschäft „Warenlieferung“ anzusehen ist, oder ob es sich um **zwei getrennte Leistungen** handelt. Im ersten Fall teilt das Entgelt für die Kreditgewährung das Schicksal der Hauptleistung, ist also steuerpflichtig, wenn die Warenlieferung der Umsatzsteuer unterliegt. Im zweiten Fall ist die Kreditgewährung als eigenständiger Umsatz von der Umsatzsteuer befreit.

Beispiel:
Der Unternehmer K bittet seinen Lieferanten, die ihm gewährte Zahlungsfrist um einen Monat zu verlängern. Für diese „Stundung“ zahlt er dem Lieferanten einen Zinsausgleich von 100 DM.

Die Verlängerung der Zahlungsfrist stellt eine Nebenleistung zu dem Liefergeschäft dar. Folglich ist der Zinsausgleich von 100 DM der Umsatzsteuer zu unterwerfen, falls das Liefergeschäft steuerbar und steuerpflichtig ist.

Praxishinweis:
Gerät ein Vertragspartner in **Zahlungsverzug** und muß er deshalb **Verzugszinsen** bezahlen, so handelt es sich hierbei um **echten Schadensersatz**, der nicht steuerbar ist (vgl. Tz. 53).

▶ Kreditvermittlung sowie Verwaltung von Krediten und Kreditsicherheiten

Sowohl die **Vermittlung von Krediten** als auch die **Verwaltung** von 221
Krediten und Kreditsicherheiten ist, wenn es sich hierbei um eine selbständige Leistung handelt und die Kredite **im fremden Namen** und **für fremde Rechnung** gegeben werden, ebenfalls steuerbefreit.

▶ Umsätze im Geschäft mit Geldforderungen und deren Vermittlung

Unter die Befreiungsvorschrift fallen die **Abtretung** oder **Übertra-** 222
gung von Geldforderungen, unabhängig davon, ob die Geldforderungen in inländischer oder ausländischer Währung bestehen, und unabhängig davon, ob die Geldforderungen aufschiebend bedingt sind. Auch Geschäfte, bei denen einem Dritten das Recht eingeräumt wird, bestimmte Geldforderungen innerhalb einer bestimmten Frist zu einem festen Kurs geltend machen oder veräußern zu können, sind als **Optionsgeschäfte** mit Geldforderungen steuerfrei. Darüber hinaus sind Optionsgeschäfte mit Devisen von der Umsatzsteuer befreit.

Praxishinweis:
Erklärt sich ein Unternehmer bereit, für einen anderen eine **Forderung einzuziehen**, wobei das Risiko des Forderungsausfalls bei dem ursprünglichen Gläubiger verbleibt, so liegt ein steuerpflichtiger Umsatz vor.

▶ Einziehung von Handelspapieren

223 Die **Einziehung** fälliger Ansprüche aus **Wechseln, Schecks,** Quittungen oder ähnlichen Dokumenten **für fremde Rechnung** gehört ebenfalls zu den steuerfreien Leistungen.

▶ Geschäfte mit Wertpapieren und deren Vermittlung

224 **Geschäfte mit Wertpapieren**, insbesondere mit Aktien und Schuldverschreibungen, sind von der Umsatzsteuer befreit. Dies gilt auch für die sonstigen Leistungen im **Emissionsgeschäft**, z. B. die Übernahme und Plazierung von Neu-Emissionen und die Börseneinführung von Wertpapieren sowie die **Vermittlung von Wertpapiergeschäften**. Ebenfalls steuerfrei sind **Optionsgeschäfte mit Wertpapieren**. Gegenstand eines solchen Optionsgeschäftes ist das Recht, eine bestimmte Anzahl von Wertpapieren innerhalb einer bestimmten Frist jederzeit oder zu einem bestimmten Zeitpunkt zu einem festen Preis fordern oder liefern zu können. Die Steuerbefreiung umfaßt sowohl den Abschluß von Optionsgeschäften als auch die Übertragung von Optionsrechten.

Die **Verwahrung und Verwaltung von Wertpapieren** rechnet zu den steuerpflichtigen Umsätzen. Dies gilt auch für das **Inkasso** von Zins- und Dividendenscheinen, die **Anfertigung von Depot- und Erträgnisaufstellungen** sowie von Steuerkurswertaufstellungen und die Mitteilungen an die Depotkunden nach aktienrechtlichen Vorschriften.

▶ Umsätze von Gesellschaftsanteilen

225 Die Umsätze von nicht in Wertpapieren verbrieften **Anteilen an Kapital- oder Personengesellschaften** (z. B. GmbH-Anteile und Anteile an einer OHG bzw. KG, aber auch Anteile an stillen Gesellschaften) und Umsätze von Anteilen an anderen Vereinigungen (z. B. Genossenschaften) sind befreit. Dies gilt sowohl für den ersten Umsatz bei **Entstehung der Rechte** als auch für die darauffolgenden Umsätze **bei Übertragung der Anteile**.

Beispiel 1:
K und L gründen eine GmbH, an der sie beide zu 50 % beteiligt sind. Laut Gesellschaftsvertrag hat jeder von ihnen eine Einlage von 50000 DM zu erbringen.

Die neu entstandene GmbH erbringt gegenüber ihren Gesellschaftern durch die Einräumung der Gesellschaftsrechte eine steuerbare Leistung, die jedoch von der Umsatzsteuer befreit ist.

Beispiel 2:
An der M-OHG sind die Gesellschafter N und O beteiligt. N veräußert seinen Gesellschaftsanteil an P.

Die Veräußerung des Gesellschaftsanteils stellt einen steuerbaren Umsatz dar. Dieser Umsatz ist jedoch befreit.

Praxishinweis:
Nicht nur die Einräumung und Übertragung von Gesellschaftsanteilen ist steuerfrei, sondern auch die **Vermittlung** solcher Umsätze. Wer lediglich einem **Anlageberater** Anschriften von interessierten Kapitalanlegern beschafft, bewirkt keine steuerfreie Vermittlungsleistung im Zusammenhang mit Gesellschaftsanteilen; vielmehr ist die Überlassung der Anschriftenliste als steuerpflichtiger Umsatz anzusehen.

▶ Übernahme von Verbindlichkeiten, Bürgschaften und anderen Sicherheiten

Die **Übernahme von Verbindlichkeiten** ist, soweit hierin keine Ent- 226
geltszahlung zu sehen ist, von der Umsatzsteuer ebenso befreit wie die **Übernahme von Bürgschaften** und anderen Sicherheiten (z. B. Garantieverpflichtungen und Kautionsversicherungen). Die Befreiung erstreckt sich auch auf die **Vermittlung** solcher Umsätze.

▶ Verkauf amtlicher Wertzeichen

227 Der Verkauf gültiger **amtlicher** Wertzeichen zum **aufgedruckten Wert**, insbesondere von Briefmarken, stellt einen steuerfreien Umsatz dar.

Beispiel:
Der Schreibwarenhändler R verkauft einem Touristen neben 5 Ansichtskarten auch die für deren Postversand erforderlichen Briefmarken. Für die Briefmarken verlangt er den aufgedruckten Wert.

Der Schreibwarenhändler tätigt zwei Umsätze, und zwar zum einen die Lieferung der Ansichtskarten und zum anderen die Lieferung der Briefmarken. Die Lieferung der Ansichtskarten ist steuerbar und steuerpflichtig. Dagegen ist die Lieferung der Briefmarken zwar steuerbar, aber, da sie zum aufgedruckten Wert erfolgt, steuerfrei.

Praxishinweis:
Werden die Wertzeichen **mit Aufschlägen** zum aufgedruckten Wert gehandelt, so ist der Umsatz insgesamt steuerpflichtig; dagegen ist die Steuerbefreiung zu gewähren, wenn die Briefmarken zu einem Preis veräußert werden, der unter ihrem aufgedruckten Wert liegt.

▶ Umsätze im Zusammenhang mit der Beteiligung als stiller Gesellschafter

228 Die Beteiligung als stiller Gesellschafter an einem **Handelsbetrieb** oder an einem **Geschäftsanteil** eines anderen stellt einen steuerbaren Umsatz dar. Dieser Umsatz ist jedoch von der Umsatzsteuer befreit.

4.6 Grundstücksumsätze

Um eine Doppelbelastung mit Umsatzsteuer einerseits und **Grunderwerbsteuer** andererseits auszuschließen, werden alle Umsätze, die unter das Grunderwerbsteuergesetz fallen, von der Umsatzsteuer befreit (§ 4 Nr. 9a UStG). Für die Anwendung der Befreiungsvorschrift kommt es nicht darauf an, ob der jeweilige Vorgang tatsächlich der Grunderwerbsteuer unterliegt oder von der **Grunderwerbsteuer befreit** ist. Weiterhin ist es für die Gewährung der Steuerbefreiung unerheblich, ob es sich bei der Grundstücksveräußerung um ein **Hauptgeschäft** oder ein **Nebengeschäft** handelt oder ob der Grundstücksumsatz als **Werklieferung** gestaltet ist. 229

Beispiel:
Der Bauunternehmer S errichtet auf einem ihm gehörenden Grundstück nach den Plänen seines Auftraggebers ein Mietwohngebäude. Nach Fertigstellung wird der Grund und Boden zusammen mit dem Gebäude auf den Auftraggeber übertragen.
Umsatzsteuerlich erbringt S gegenüber dem Auftraggeber eine Werklieferung, bestehend aus dem Grund und Boden und dem Mietwohngebäude. Da die Übertragung des Grundstücks und des aufstehenden Gebäudes unter das Grunderwerbsteuergesetz fällt, ist die Werklieferung von der Umsatzsteuer befreit. Anders wäre der Umsatz zu beurteilen, wenn der Bauunternehmer auf dem Grundstück des Auftraggebers nach dessen Plänen ein Mietwohngebäude errichtet hätte. In diesem Fall wäre der Erwerbsvorgang nicht unter das Grunderwerbsteuergesetz gefallen mit der Folge, daß die Werklieferung „Mietwohngebäude“ der Umsatzsteuer unterlegen hätte.

Neben der Veräußerung von Grundstücken fällt auch die **Bestellung von Erbbaurechten** und **Erbpachtrechten**, die Übertragung von **Miteigentumsanteilen an einem Grundstück** und die Lieferung von auf 230 fremdem Grund und Boden errichteten Gebäuden unter die Befreiungsvorschrift. Auch die Entnahme von Grundstücken für private Zwecke ist steuerbefreit. Von der Grunderwerbsteuer nicht erfaßt wird jedoch die Übertragung von **Maschinen** und **Betriebsvorrichtungen**; sie zählen nämlich nicht zum Grundstück. Folglich sind solche Umsätze steuerpflichtig. Wird im Rahmen eines Leistungsaustausches sowohl ein Grundstück steuerfrei geliefert als auch eine Maschine bzw. eine Betriebsvorrichtung steuerpflichtig, so ist bei Vereinbarung einer **einheitlichen Gegenleistung** eine **Aufteilung des Entgelts** vorzunehmen. Für die Aufteilung ist das Verhältnis der gemeinen Werte – im betrieblichen Bereich das Verhältnis der Teilwerte – maßgebend.

4.7 Vermietungs- und Verpachtungsumsätze

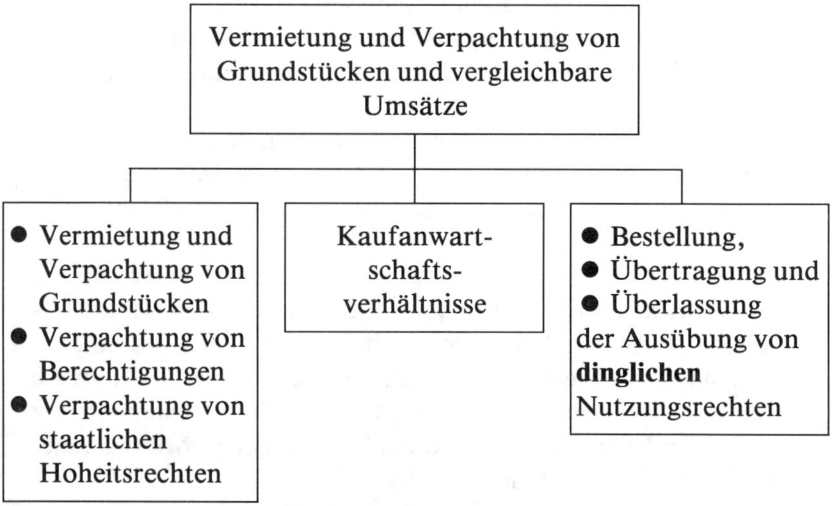

Schauen wir uns die einzelnen Befreiungstatbestände etwas genauer an:

▶ **Vermietung und Verpachtung**

Begriffe

Eine steuerfreie Grundstücksvermietung liegt vor, wenn der Vermieter dem Mieter zeitweise den **Gebrauch eines Grundstücks** gegen Zahlung eines Entgelts gewährt. Die Verpachtung eines Grundstücks unterscheidet sich von der Vermietung dadurch, daß bei der Verpachtung neben der entgeltlichen Grundstücksüberlassung das **Recht auf Fruchtziehung** hinzukommen muß. In beiden Fällen ist es erforderlich, daß der Mieter **unmittelbarer Besitzer der Mietsache** ist. 231

Dauer des Vertragsverhältnisses

Die **Dauer** des Vertragsverhältnisses ist grundsätzlich **ohne Bedeutung**. Demnach kann auch die kurzfristige Gebrauchsüberlassung eines Grundstücks, wie z. B. die stundenweise Vermietung eines Konzertsaales, steuerbefreit sein. In diesem Zusammenhang haben Sie jedoch zu beachten, daß der Gesetzgeber bestimmte kurzfristige Vermietungsumsätze (vgl. Tz. 239f.) ausdrücklich von der Befreiung ausgenommen hat. 232

Vertragsinhalt

Auch auf die formale Vertragsbezeichnung „Miete“ oder „Pacht“ kommt es nicht an. Vielmehr ist der **Vertragsinhalt** dafür **maßgebend**, ob ein Miet- oder Pachtvertrag vorliegt. Beinhaltet ein Vertrag sowohl einen Mietbestandteil als auch einen Kaufbestandteil, wie dies bei den **Mietkaufverträgen** der Fall ist, so ist eine einheitliche Beurteilung geboten; eine Aufteilung in die unterschiedlichen Vertragsbestandteile ist nicht möglich. Grundsätzlich sind Mietkaufverträge als Kaufverträge zu behandeln. Sollte jedoch der Vertrag eindeutig auf eine Vermietung ausgerichtet sein, so ist unter Berücksichtigung des Parteiwillens eine steuerfreie Leistung anzunehmen. **Ausbeute-** und **Abbauverträge**, in denen dem Pächter gestattet wird, die im 233

Grundstück vorhandenen Bodenschätze (z. B. Sand, Kies, Kalk oder Torf) abzubauen, rechnen ebenfalls zu den steuerfreien Verpachtungsumsätzen.

Vertragsgegenstand

234 Gegenstand der steuerfreien Vermietung und Verpachtung können nur **Grundstücke**, grundstücksgleiche **Berechtigungen** und **staatliche Hoheitsrechte** sein. Für den Praktiker ist nur die erste Fallgruppe „Vermietung und Verpachtung von Grundstücken" von Bedeutung. Wir wissen, was unter Vermietung und Verpachtung zu verstehen ist. Nun müssen wir noch klären, was „Grundstück" i. S. der Befreiungsvorschrift bedeutet. Hier die Antwort:

Ein **Grundstück** ist ein **begrenzter Teil der Erdoberfläche**, wobei auch Teile, die von Wasser bedeckt werden, als Grundstück anzusehen sind. Zum Grundstück gehören alle **Sachen**, die mit dem Grund und Boden **fest verbunden** sind. Hierzu zählen insbesondere die auf einem Grundstück stehenden **Gebäude** und die **Erzeugnisse des Grundstücks**, solange sie mit dem Boden zusammenhängen.

Praxishinweis:
Wohnlauben, Baracken und Baubuden **ohne festes Fundament** sind in der Regel keine Grundstücksbestandteile. Die Vermietung solcher Bauwerke ist somit nicht steuerbefreit.

Für die Gewährung der Steuerbefreiung ist es ohne Bedeutung, ob die Vermietung oder Verpachtung das **ganze Grundstück** oder nur **Grundstücksteile** (z. B. Stockwerke, Zimmer, Garagen oder Hofräume) umfaßt.

Reine Mietverträge

Im Mietwohnbereich beschränkt sich der Vertragsinhalt in der Regel 235 auf die Vermietung oder Verpachtung eines Grundstücks bzw. eines Grundstücksteils (sog. reine Grundstücksmiet- bzw. Grundstückspachtverträge). Hier ist das **gesamte Entgelt** einschließlich der **Nebenkosten** für Wasserversorgung, Treppenhausreinigung, Beleuchtung usw. sowie der Kostenvorlage für die Balkonbepflanzung steuerfrei.

Praxishinweis:
Die Lieferung von Strom, Gas und Heizöl ist steuerpflichtig.

Zusammengesetzter Vertrag

Werden dagegen mehrere an sich **selbständige** und voneinander **unabhängige Vereinbarungen** zu einem einheitlichen Gesamtvertrag zusammengefaßt (sog. **zusammengesetzter Vertrag**), so ist dieser Vertrag in seine Bestandteile zu zerlegen, wobei das Gesamtentgelt nur insoweit steuerfrei ist, als es auf die Vermietungsleistung entfällt. 236

Beispiel:
T hat mit einer Brauerei einen Grundstückspachtvertrag abgeschlossen, der neben der Überlassung der Gastwirtschaft eine Bierabnahmeverpflichtung vorsieht.

Die Vermietung der Gastwirtschaft ist steuerfrei. Dagegen ist das Entgelt für die Bierabnahmeverpflichtung als steuerpflichtiger Umsatz zu behandeln.

Gemischter Vertrag

237 Weist ein Vertrag sowohl die Merkmale einer Vermietung als auch die **Merkmale anderer Leistungen** auf, so handelt es sich um einen gemischten Vertrag. Im Gegensatz zum zusammengesetzten Vertrag, der in sich mehrere voneinander unabhängige Vereinbarungen vereinigt, sind die dem gemischten Vertrag zugrundeliegenden Leistungen dergestalt miteinander verknüpft, daß die eine Leistung in der Regel nicht ohne die andere Leistung erbracht wird. Das **Gesamtentgelt** ist in diesem Fall in einen auf die steuerfreie Grundstücksvermietung und in einen auf die steuerpflichtige Leistung entfallenden Teilbetrag **aufzuteilen**.

Praxishinweis:
Eine Aufteilung des Gesamtentgelts kommt nur dann in Betracht, wenn die einzelnen **Leistungsbestandteile nicht von untergeordneter Bedeutung** sind oder – gemessen am Gesamtentgelt – **ins Gewicht fallen**. Ist dagegen der steuerpflichtige Leistungsanteil als geringfügig anzusehen, so teilt er als Nebenleistung das Schicksal der Hauptleistung „Vermietung".

Beispiel 1:
Der Hotelier U überläßt dem Unternehmer V in der Empfangshalle seines Hotels einen Verkaufsstand für Zeitungen unter gleichzeitiger Einräumung des Rechts zum Alleinverkauf.

Beispiel 2:
Der Arbeitgeber W gewährt seinen Arbeitnehmern Kost und Logis gegen Zahlung eines monatlichen „Festbetrages".

In beiden Fällen handelt es sich um gemischte Verträge. Das Gesamtentgelt ist daher in einen steuerfreien und in einen steuerpflichtigen Entgeltsanteil aufzuteilen.

Verträge besonderer Art

Abschließend noch ein Hinweis zu den Verträgen besonderer Art. 238
Solche Verträge liegen vor, wenn nach dem Vertragsinhalt die **Gebrauchsüberlassung** des Grundstücks **gegenüber** anderen, **gewichtigeren Vertragsleistungen zurücktritt** und das Vertragsverhältnis ein einheitliches, **unteilbares Ganzes** darstellt. Denken Sie z. B. an den Pächter einer Gastwirtschaft, der für das Aufstellen von Spiel- und Verkaufsautomaten ein umsatzbezogenes Entgelt erhält. Denken Sie weiter an einen Gebrauchtwagenhändler, der den privaten Verkäufern von Fahrzeugen neben einer Vermittlungsprovision noch eine besondere Einstellgebühr berechnet. Denken Sie schließlich noch an einen Unternehmer, der Kühlräume zur Lagerung von Waren zur Verfügung stellt. In all diesen Fällen liegt ein Vertrag besonderer Art vor. Dies hat zur Folge, daß weder für die gesamte Leistung noch für einen Teil der Leistung eine Steuerbefreiung in Betracht kommt. Das **Gesamtentgelt** ist vielmehr **steuerpflichtig**.

Ausnahmen von der Steuerbefreiung für Vermietungsumsätze

Das Umsatzsteuergesetz enthält vier Ausnahmen von der Steuerbe- 239
freiung für Vermietungsumsätze. Es handelt sich hierbei um

- die Vermietung von **Wohn- und Schlafräumen** zur **kurzfristigen Beherbergung** von Fremden,
- die **Vermietung von Plätzen für das Abstellen von Fahrzeugen,**
- die **kurzfristige Vermietung von Campingplätzen** und
- die **Vermietung und Verpachtung von Betriebsvorrichtungen.**

Hierzu einige Erläuterungen:

Bei der **Beherbergung** von Fremden in Wohn- und Schlafräumen ist 240
die Steuerbefreiung nur dann ausgeschlossen, wenn die **Gebrauchsüberlassung weniger als 6 Monate** dauert. Dies ist in der Regel bei der **Beherbergung** von Fremden **in Hotels, Gaststätten** und **Pensionen**

der Fall, aber auch bei der Vermietung von Räumen in Privathäusern, z. B. an Erholungssuchende und Kurgäste.

Beispiel:
Z vermietet seine Ferienwohnung in der Hauptsaison für jeweils zwei bis drei Wochen an Urlauber. Außerhalb der Hauptsaison wird die Wohnung an zwei Dauermieter für jeweils drei Monate überlassen.

Da die Gebrauchsüberlassung in allen Fällen weniger als sechs Monate beträgt, liegt eine kurzfristige Beherbergung von Fremden vor. Die vereinnahmten Entgelte sind daher der Umsatzsteuer zu unterwerfen.

Bietet der Unternehmer dieselben Räume wahlweise zur lang- oder kurzfristigen Beherbergung von Fremden an, so sind sämtliche Umsätze, also auch die langfristige Beherbergung, steuerpflichtig.

241 Bis einschließlich 1991 war nur die kurzfristige, d.h. weniger als 6 Monate dauernde **Überlassung von Abstellplätzen für Fahrzeuge** als steuerpflichtiger Umsatz zu behandeln. **Ab dem 1. 1. 1992** unterliegt auch die **langfristige Vermietung von Abstellplätzen** der Umsatzbesteuerung. Hiervon betroffen ist insbesondere die Vermietung von **Einzelgaragen** und von gekennzeichneten **Abstellplätzen in Großgaragen**. Bei Garagen und Abstellplätzen, die bisher steuerfrei vermietet worden sind, dürfte sich in der Regel an der Umsatzbesteuerung ab dem 1. 1. 1992 nichts ändern, da der Eigentümer, falls er nicht bereits aus anderen Gründen Unternehmer ist, bis zu einem Betrag von 25 000 DM als Kleinunternehmer nicht der Umsatzsteuer unterliegt (vgl. Tz. 496 f.). In diesem Zusammenhang sei noch darauf hingewiesen, daß dem Steuerzahler die Steuerfreiheit auch in den Fällen erhalten bleibt, in denen die Vermietung des Abstellplatzes als **Nebenleistung zu einer steuerfreien Grundstücksvermietung** anzusehen ist. Wer also eine Wohnung mit Garage vermietet, erbringt auch künftig insgesamt einen steuerfreien Vermietungsumsatz.

Praxishinweis:
Der Wegfall der Steuerbefreiung kann von demjenigen, der neue Garagen errichtet, als **Steuersparmodell** genutzt werden. Denn durch die steuerpflichtige Vermietung kommt der Grundstückseigentümer auch in den Genuß des Vorsteuerabzuges. Ggf. muß er hierfür auf die Kleinunternehmerregelung (vgl. Tz. 503 f.) verzichten.

Weiterhin ist die **Vermietung von Campingplätzen** steuerpflichtig, 242
wenn die tatsächliche Gebrauchsüberlassung weniger als **sechs Monate** beträgt. Erbringt der Besitzer des Campingplatzes neben der Überlassung von üblichen Gemeinschaftseinrichtungen, wie z. B. Wasch- und Duschräumen, Toiletten, Anlagen für die Müllbeseitigung, auch andere Leistungen (z. B. Bereitstellung von Tennisplätzen und Hallenbädern), so liegt ein **gemischter Vertrag** vor, bei dem das Gesamtentgelt in einen steuerfreien und in einen steuerpflichtigen Anteil aufzuteilen ist.

Von der Steuerbefreiung ausgenommen ist schließlich noch die **Ver-** 243
mietung und Verpachtung von Maschinen und Betriebsvorrichtungen. Zu den Betriebsvorrichtungen gehören alle Vorrichtungen, mit denen ein Gewerbe unmittelbar betrieben wird. Hierbei kann es sich auch um selbständige Bauwerke oder Teile von Bauwerken (z. B. Schornsteine, Öfen und Kanäle) handeln.

Praxishinweis:
Werden Betriebsvorrichtungen zusammen mit Grundstücken vermietet oder verpachtet, so liegt ein **gemischter Vertrag** vor, bei dem das Gesamtentgelt aufzuteilen ist. Die Aufteilungsproblematik ergibt sich häufig bei der **Verpachtung eines gesamten Unternehmens** und bei der **Vermietung von Sportanlagen.**

Beispiel:
Der Unternehmer A hat sein gesamtes Unternehmen mit Grundstücken, Einrichtungen, Maschinen und dem Firmennamen gegen Zahlung eines Gesamtentgelts an B verpachtet.

Das Gesamtentgelt ist in die steuerfreie Überlassung von Grundstücken und in die steuerpflichtige Überlassung von Einrichtungen, Maschinen und dem Firmennamen aufzuteilen.

▶ Kaufanwartschaftsverhältnisse

244 Die Überlassung von Grundstücken und Grundstücksteilen zur Nutzung aufgrund von Kaufanwartschaftsverhältnissen ist ebenfalls von der Umsatzsteuer freigestellt (§ 4 Nr. 12b UStG). Ein **Kaufanwartschaftsverhältnis** liegt vor, wenn neben dem zwischen einem Wohnungsbauunternehmen und einem Kaufanwärter abgeschlossenen Kaufanwartschaftsvertrag **gleichzeitig ein Nutzungsvertrag** vereinbart wird, der dem Kaufanwärter bis zur Auflassung des Grundstücks im Grundbuch die Nutzung gestattet. Liegt zwischen der Auflassung und der Eintragung des neuen Eigentümers in das Grundbuch eine längere Zeitspanne, so ist es in der Praxis üblich, daß das bestehende Nutzungsverhältnis zwischen den Beteiligten auch nach der Auflassung fortgesetzt wird. Die während dieser Zeit gezahlte Nutzungsvergütung ist ebenfalls steuerbefreit.

Praxishinweis:
Die nach der Grundbucheintragung **weitergezahlten Verwaltungskosten** unterliegen bei dem Wohnungsbauunternehmen der Umsatzsteuer.

▶ Umsatzsteuerfreistellung von dinglichen Nutzungsrechten

245 Neben der Bestellung und Veräußerung von Nutzungsrechten an genossenschaftlich genutztem Boden sind auch die **Bestellung, Übertragung** und **Überlassung** von Grunddienstbarkeiten, **Nießbrauchs-**

rechten und beschränkten persönlichen Dienstbarkeiten an Grundstücken nicht zur Umsatzsteuer heranzuziehen (§ 4 Nr. 12c UStG).

4.8 Umsätze im medizinischen Bereich

Aus sozialen Gründen sind die freiberuflichen Tätigkeiten als **Arzt,** 246
Zahnarzt, Heilpraktiker, Krankengymnast, Hebamme und aus ähnlichen Heilberufen (z. B. **Krankenpfleger, Krankenschwestern,** Medizinische Bademeister, Logopäden, Orthoptisten und Rettungsassistenten) sowie die Tätigkeit als klinischer Chemiker von der Umsatzsteuer freigestellt. Nicht begünstigt sind dagegen die Tätigkeiten als Fußpraktiker, medizinischer **Fußpfleger** und medizinisch-technische Assistentin.

Praxishinweis:
Die Umsätze aus der Tätigkeit als **Tierarzt** sind steuerpflichtig; sie unterliegen jedoch dem **ermäßigten Steuersatz von 7 %.**

Hilfsgeschäfte

Die Steuerbefreiung beschränkt sich nur auf typische heilberufliche 247
Tätigkeiten. **Hilfsgeschäfte,** wie z. B. der Verkauf von Medikamenten, sowie Nebengeschäfte, wie z. B. das Verfassen eines Aufsatzes für eine Fachzeitschrift, sind dagegen steuerpflichtig. Dies gilt auch für die Lieferung oder Wiederherstellung von **Zahnprothesen** und **kieferorthopädischen Apparaten,** die ein Zahnarzt selbst oder sein Angestellter in seinem Unternehmen herstellt. Diese Leistungen werden jedoch **ermäßigt besteuert.**

Besonderheiten bei Umsätzen mit Praxisgegenständen

Noch eine Besonderheit: Für Gegenstände, die z. B. ein Arzt für sei- 248
ne heilberufliche Tätigkeit verwendet, steht ihm **kein Vorsteuerabzug**

zu. Denn hier gilt der Grundsatz, daß derjenige, der steuerfreie Leistungen erbringt, kein Anrecht auf den Vorsteuerabzug hat, selbst wenn die Gegenstände für unternehmerische Zwecke eingesetzt werden. Würden diese Gegenstände nun bei einem Verkauf, bei der Entnahme oder bei der Verwendung für private Zwecke der Umsatzsteuer unterworfen, so käme es zu einer umsatzsteuerlichen **Doppelbelastung**, und zwar einerseits kein Vorsteuerabzug und andererseits Umsatzbesteuerung. Diese Doppelbelastung hat der Gesetzgeber durch die Befreiung der folgenden Tatbestände vermieden (§ 4 Nr. 28 UStG):

- Die Lieferung,
- die Entnahme und
- die unternehmensfremde Verwendung

von Gegenständen, für die der Unternehmer wegen der Steuerbefreiung seiner Leistungen **keinen Vorsteuerabzug geltend machen** konnte, sind von der Umsatzsteuer freigestellt.

Beispiel:
C ist als Arzt freiberuflich tätig. Wegen der Renovierung seiner Praxis hat er sein Inventar an D veräußert.

Die Veräußerung des Praxisinventars ist von der Umsatzsteuer freigestellt.

Praxisgemeinschaft

249 Schließen sich Ärzte oder andere Heilberufler zu einer Praxisgemeinschaft zusammen, so sind die Umsätze dieser Gemeinschaft ebenfalls von der Umsatzsteuer befreit. Betreibt ein Arzt gleichzeitig ein Krankenhaus, so beschränkt sich die Steuerbefreiung auf die ärztlichen Leistungen. Die übrigen Umsätze aus dem Betrieb des Krankenhauses sind nur unter bestimmten Voraussetzungen (vgl. § 4 Nr. 16 UStG) von der Umsatzsteuer freigestellt.

Neben den heilberuflichen Tätigkeiten kennt das Umsatzsteuergesetz noch weitere Befreiungsvorschriften für den Betrieb von Krankenhäusern und für die Lieferung menschlicher Organe sowie für Krankenbeförderungen.

4.9 Steuerbefreiungen bei der Einfuhr

Spiegelbildlich zu den Steuerbefreiungen bei Exportumsätzen sind 250
zur Wahrung gleicher Wettbewerbsbedingungen für inländische und ausländische Produkte die **Einfuhren bestimmter Gegenstände** in das deutsche Zollgebiet von der Umsatzsteuer befreit. Für den Praktiker ist wichtig zu wissen, daß zu den befreiten Gegenständen **Wertpapiere, gesetzliche Zahlungsmittel**, gültige amtliche **Wertzeichen** und Wasserfahrzeuge gehören.

Weitere Befreiungen von der Einfuhrumsatzsteuer bestehen für **Übersiedlungsgut,** Heiratsgut, **Erbschaftsgut,** Hausrat und bestimmte landwirtschaftliche Erzeugnisse.

Ab dem 1. 1. 1993 ist folgende Neuregelung zu beachten: Werden 251
Waren aus einem Staat außerhalb der EG eingeführt und im Inland zum zoll- und steuerrechtlich freien Verkehr abgefertigt, so ist die **Einfuhr steuerfrei,** wenn bereits im Zeitpunkt der Einfuhr feststeht, daß die Ware **im Anschluß an die Einfuhr vom Anmelder in einen anderen EG-Staat geliefert** oder **verbracht** wird (§ 5 Abs. 1 Nr. 3 UStG). Der Anmelder hat in diesen Fällen das Vorliegen der Voraussetzungen für die steuerfreie innergemeinschaftliche Lieferung nachzuweisen.

4.10 Steuerbefreiung bei innergemeinschaftlichem Erwerb

Der innergemeinschaftliche Erwerb folgender Gegenstände ist ab 252
dem 1. 1. 1993 von der Umsatzsteuer befreit (vgl. neuer § 4 b UStG):

- Wertpapiere,
- menschliche Organe, menschliches Blut und Frauenmilch,

- Wasserfahrzeuge für die Seeschiffahrt, die dem Erwerb durch die Seeschiffahrt oder der Rettung Schiffbrüchiger zu dienen bestimmt sind, sowie Gegenstände zu deren Ausrüstung,
- Gold bei Lieferung an Zentralbanken,
- gesetzliche Zahlungsmittel, die nicht wegen ihres Metallgehalts oder ihres Sammelwerts umgesetzt werden, beschränkt auf die Umsätze mit diesen Zahlungsmitteln und deren Vermittlung,
- im Inland gültige amtliche Wertzeichen, wenn die Umsätze zum aufgedruckten Wert erfolgen,
- Luftfahrzeuge, die zur Verwendung durch Unternehmer bestimmt sind, die im entgeltlichen Luftverkehr überwiegend grenzüberschreitende Beförderungen oder Beförderungen auf ausschließlich im Ausland gelegene Strecken durchführen, und zwar beschränkt auf Lieferungen, Umbauten, Instandsetzungen, Wartungen, Vercharterungen oder Vermietungen,
- Gegenstände, die zur Ausrüstung der vorgenannten Luftfahrzeuge bestimmt sind, und zwar ebenfalls beschränkt auf Lieferungen, Instandsetzungen, Wartungen und Vermietungen,
- Gegenstände, deren Einfuhr nach den geltenden Vorschriften (§ 5 UStG und die hierzu ergangene Einfuhrumsatzsteuer-Befreiungsverordnung) steuerfrei sind sowie
- Gegenstände, die der Unternehmer für steuerfreie Umsätze verwendet, für die er zum vollen Vorsteuerabzug berechtigt ist (vgl. § 15 Abs. 3 UStG; Tz. 370).

5 Wie kann auf die Umsatzsteuerfreiheit verzichtet werden?

Bei **steuerbefreiten Umsätzen** – ausgenommen sind lediglich die Exportlieferungen und die damit zusammenhängenden Leistungen – kann der Unternehmer die damit unmittelbar oder mittelbar im Zusammenhang stehenden **Vorsteuern nicht abziehen.** Diese Vorsteuern gehen daher in seine **Kosten** ein und wirken sich, wenn er seine Umsätze an einen anderen Unternehmer ausführt, negativ auf seine Preisgestaltung aus. Sehen wir uns hierzu folgenden Sachverhalt an: 253

Der Unternehmer A ist Eigentümer eines Grundstücks, das er durch den Bauunternehmer B mit einer Lagerhalle bebauen läßt. Der Bauunternehmer berechnet ihm hierfür einen Betrag von 250000 DM zuzüglich 37500 DM Umsatzsteuer. Da A in finanzielle Schwierigkeiten geraten ist, muß er das Grundstück mit der aufstehenden Lagerhalle an den Unternehmer C zum Selbstkostenpreis veräußern. 254

Die Veräußerung eines Grundstücks fällt unter das Grunderwerbsteuergesetz und ist somit von der Umsatzsteuer befreit (§ 4 Nr. 9a UStG). Für A bedeutet dies, daß sein Umsatz gegenüber B nicht mit Umsatzsteuer belastet ist, andererseits aber die von dem Bauunternehmer B in Rechnung gestellte Umsatzsteuer in Höhe von 37500 DM nicht als Vorsteuer geltend gemacht werden kann. Um seine Kosten zu decken, muß A also neben dem Kaufpreis für das Grundstück den Bruttobetrag von 287500 DM für die Werklieferung „Lagerhalle“ in Rechnung stellen. C hat keine Möglichkeit, die im Preis enthaltene „Umsatzsteuer von 37500 DM“ als Vorsteuer abzuziehen.

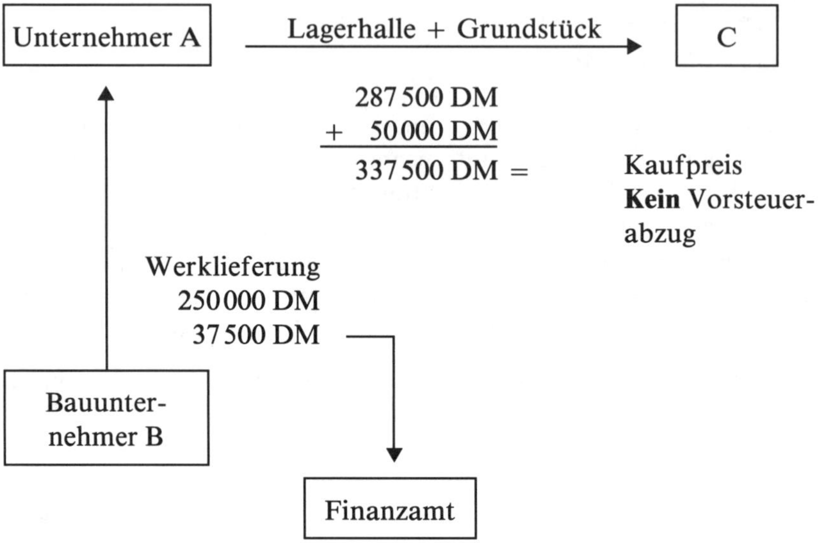

255 Wäre der Umsatz des Unternehmers A steuerpflichtig gewesen, so hätte er die von dem Bauunternehmer B in Rechnung gestellte Umsatzsteuer von 37 500 DM als Vorsteuer geltend machen können. Seine Kosten hätten dann in dem Nettobetrag von 250 000 DM und in den Anschaffungskosten des Grundstücks von 50 000 DM bestanden. Die Rechnung gegenüber C hätte wie folgt gelautet:

Lagerhalle + Grundstück:	300 000 DM
Umsatzsteuer (15 %):	45 000 DM
Rechnungsbetrag:	345 000 DM

C hätte sich die ihm in Rechnung gestellte Umsatzsteuer von 45 000 DM in Form des Vorsteuerabzuges vom Finanzamt zurückgeholt.

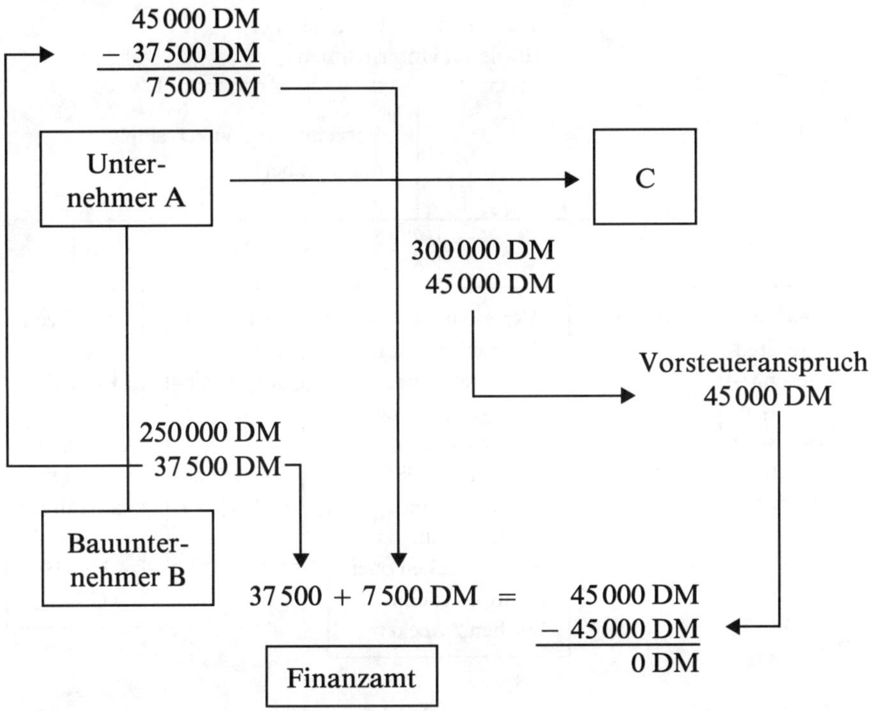

Aus dem Schaubild ist ersichtlich, daß den Umsatzsteueransprüchen des Finanzamts gegenüber A und B in Höhe von insgesamt 45 000 DM der Vorsteueranspruch des C in Höhe von ebenfalls 45 000 DM gegenübergestanden hätte. Bei Steuerpflicht hätte sich somit die Umsatzsteuer nicht auf den Preis als Kostenfaktor ausgewirkt. B hätte die Möglichkeit gehabt, von C netto noch 37 500 DM mehr zu fordern, ohne dabei den Kaufpreisrahmen beim Bruttoansatz zu überschreiten. Denn C hätte nach Inanspruchnahme des Vorsteuerabzuges ebenfalls einen Anschaffungsaufwand von 337 500 DM zu tragen gehabt.

In Anbetracht dieser Nachteile aus der Steuerfreistellung von Umsätzen hat der Gesetzgeber bei bestimmten Steuerbefreiungen die Möglichkeit zugelassen, auf die **Steuerfreiheit zu verzichten** (§ 9 UStG). 256

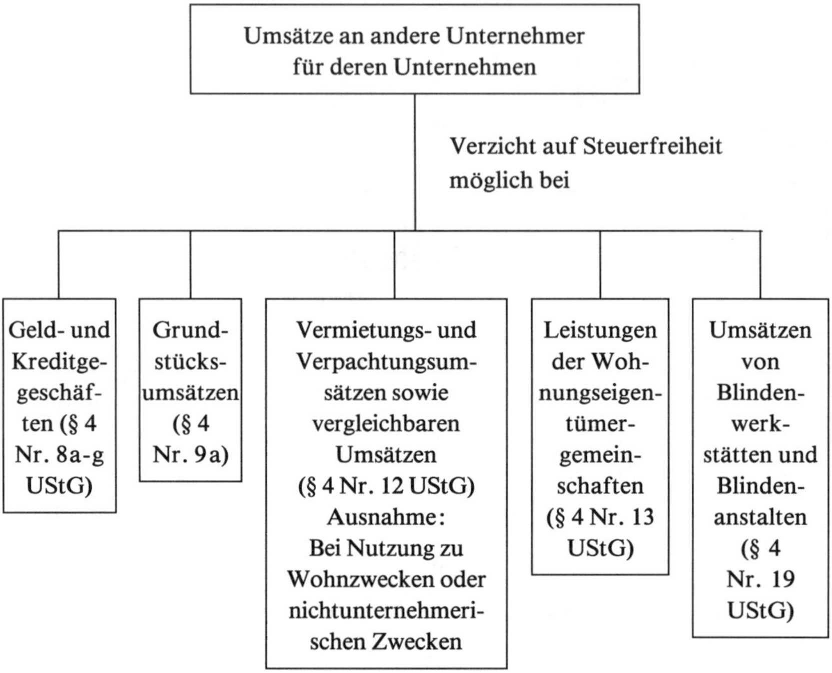

Ergänzend ist zu dem o. a. Schaubild noch darauf hinzuweisen, daß bei der Bestellung und Übertragung von Erbbaurechten sowie bei der Vermietung, Verpachtung und sonstigen Überlassung von Grundstücken der **Verzicht auf die Steuerbefreiung** nur zulässig ist, soweit der Unternehmer nachweist, daß das Grundstück **weder Wohnzwecken** noch anderen **nichtunternehmerischen Zwecken** dient oder zu dienen bestimmt ist (§ 9 Abs. 2 UStG).

257 Neben der Beschränkung der Möglichkeit des Verzichts auf bestimmte steuerfreie Umsätze ist weiterhin zu beachten, daß ein Wechsel zur Steuerpflicht nur bei solchen Leistungen in Betracht kommt, die der Unternehmer **an einen anderen Unternehmer für dessen Unternehmen** ausgeführt hat.

Beispiel 1:
D vermietet seine Gartenlaube an E.

Die Vermietung der Gartenlaube erfolgt nicht an einen anderen Unternehmer für dessen Unternehmen. Ein Verzicht auf die Steuerbefreiung des Vermietungsumsatzes ist daher nicht möglich.

Beispiel 2:
F vermietet eine kleine Lagerhalle an einen Unternehmer, der dort seinen zum Unternehmensvermögen gehörenden Lkw unterstellt.

F hat die Möglichkeit, auf die Steuerbefreiung zu verzichten, da er seinen Umsatz an einen anderen Unternehmer für dessen Unternehmen ausführt.

Praxishinweis:
Der Unternehmer kann sich bei jedem **einzelnen Umsatz** gesondert für die Steuerfreiheit oder die Steuerpflicht entscheiden.

---

6 Wie wird die Umsatzsteuer ermittelt?

258 Bisher haben wir uns mit den Fragen auseinander gesetzt, ob ein Umsatz steuerbar, steuerfrei oder steuerpflichtig ist. Kommen wir zu dem Ergebnis, daß ein steuerpflichtiger Umsatz vorliegt, so stellt sich die weitere Frage, wie die Umsatzsteuer für diesen steuerpflichtigen Umsatz zu berechnen ist, oder anders ausgedrückt, nach welchem Wert sich die Umsatzsteuer bemißt (= **Bemessungsgrundlage**). Eine Antwort hierauf gibt das Schaubild auf Seite 185.

259 Die Bemessungsgrundlage **„Entgelt"** gilt grundsätzlich für alle **Lieferungen** und **sonstigen Leistungen** sowie für den **innergemeinschaftlichen Erwerb**, teilweise für die **Einfuhr von Gegenständen**, für Tauschumsätze und für die **Geschäftsveräußerung im ganzen**. Beim Eigenverbrauch sowie bei den unentgeltlichen und verbilligten Sachzuwendungen an Arbeitnehmer, für das Verbringen von Gegenständen aus einem anderen EG-Staat in das Inland, für unentgeltliche und verbilligte Gesellschaftsleistungen und für verbilligte Umsätze der Einzelunternehmer an ihnen nahestehende Personen sind entweder die **Selbstkosten**, der **Einkaufspreis zuzüglich Nebenkosten** oder die **entstandenen Kosten** anzusetzen. Bemessungsgrundlage für den Repräsentationseigenverbrauch sind die **nichtabziehbaren Aufwendungen**.

Merke: In all diesen Fällen gehört die **Umsatzsteuer nicht zur Bemessungsgrundlage**.

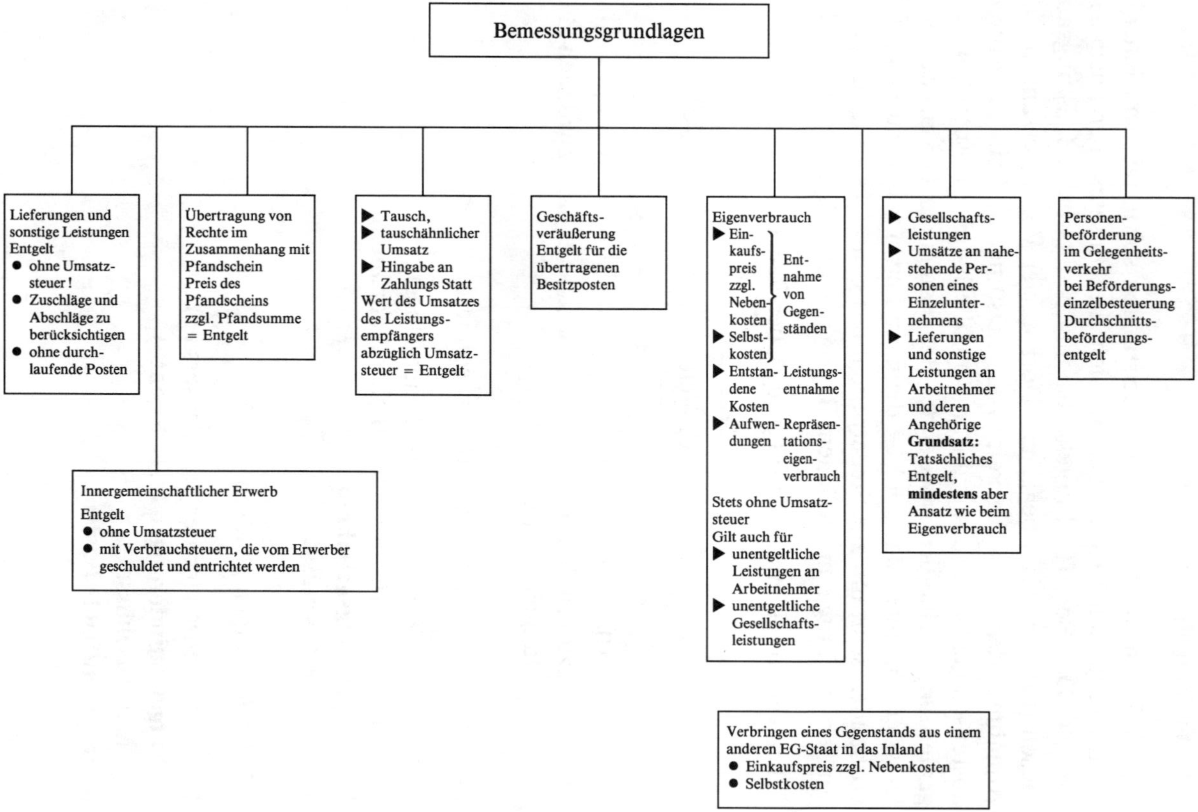
Bemessungsgrundlagen
Lieferungen und sonstige Leistungen
Entgelt
● ohne Umsatzsteuer!
● Zuschläge und Abschläge zu berücksichtigen
● ohne durchlaufende Posten
Innergemeinschaftlicher Erwerb
Entgelt
● ohne Umsatzsteuer
● mit Verbrauchsteuern, die vom Erwerber geschuldet und entrichtet werden
Übertragung von Rechte im Zusammenhang mit Pfandschein
Preis des Pfandscheins zzgl. Pfandsumme = Entgelt
▶ Tausch,
▶ tauschähnlicher Umsatz
▶ Hingabe an Zahlungs Statt
Wert des Umsatzes des Leistungsempfängers abzüglich Umsatzsteuer = Entgelt
Geschäftsveräußerung
Entgelt für die übertragenen Besitzposten
Eigenverbrauch
▶ Einkaufspreis zzgl. Nebenkosten
▶ Selbstkosten
Entnahme von Gegenständen
▶ Entstandene Kosten
Leistungsentnahme
▶ Aufwendungen
Repräsentationseigenverbrauch
Stets ohne Umsatzsteuer
Gilt auch für
▶ unentgeltliche Leistungen an Arbeitnehmer
▶ unentgeltliche Gesellschaftsleistungen
▶ Gesellschaftsleistungen
▶ Umsätze an nahestehende Personen eines Einzelunternehmens
▶ Lieferungen und sonstige Leistungen an Arbeitnehmer und deren Angehörige
Grundsatz: Tatsächliches Entgelt, mindestens aber Ansatz wie beim Eigenverbrauch
Verbringen eines Gegenstands aus einem anderen EG-Staat in das Inland
● Einkaufspreis zzgl. Nebenkosten
● Selbstkosten
Personenbeförderung im Gelegenheitsverkehr bei Beförderungseinzelbesteuerung
Durchschnittsbeförderungsentgelt

6.1 Das Entgelt

260 Bei Lieferungen und sonstigen Leistungen sowie bei dem innergemeinschaftlichen Erwerb bemißt sich die Umsatzsteuer nach dem Entgelt. Der Begriff „Entgelt“ ist uns bereits beim Leistungsaustausch (vgl. Tz. 42f.) begegnet. Dort war er Voraussetzung für die Annahme der Steuerbarkeit von Leistungen. Beim Leistungsaustausch geht es also nur darum, ob überhaupt ein **Entgelt als Gegenleistung** vorhanden ist. Bei der Bemessung der Umsatzsteuer interessiert uns nicht das „ob“ – denn ein Leistungsaustausch muß ja vorhanden sein, um zur Steuerpflicht des Umsatzes zu kommen –, sondern die Frage, mit welchem Betrag das Entgelt anzusetzen ist.

261 Sehen wir uns als erstes die folgende Übersicht an:

Entgelt

Begriff = Alles, was Leistungsempfänger aufwendet, um Leistung zu erhalten **abzüglich** Umsatzsteuer und **zuzüglich** Zahlungen Dritter

Bestandteile des Entgelts sind insbesondere

- ▶ **Freiwillige Zahlungen** (z. B. Trinkgelder)
- ▶ Zahlungen aufgrund behördlicher Anordnung
- ▶ **Finanzierungsgebühren**
- ▶ **Unechte Zuschüsse**

Nicht zum Entgelt gehören

- ▶ Verzugszinsen (echter Schadensersatz)
- ▶ **Entgeltsminderungen** (z. B. Skonto)
- ▶ **Echte Zuschüsse**
- ▶ **Durchlaufende Posten**

Es gilt also der Grundsatz: Alles das, was der Unternehmer von dem Leistungsempfänger aufgrund **vertraglicher Vereinbarung, freiwillig** oder in Befolgung gesetzlicher bzw. behördlicher Anordnungen zur Erlangung der Leistung gezahlt hat, ist **Entgelt**; die von dem Leistungsempfänger **entrichtete Umsatzsteuer** gehört jedoch **nicht zum Entgelt** (§ 10 Abs. 1 UStG). Weiterhin rechnet zum Entgelt das, was ein anderer als der Leistungsempfänger dem Unternehmer für die Leistung gewährt. Sehen wir uns nun das Entgelt etwas genauer an. 262

Bestandteile des Entgelts

Für die Bestimmung des Entgelts kommt es nicht darauf an, wie es bezeichnet wird, z.B. als „Kaufpreis“, „Honorar“ oder als „Gebühr“. Ohne Bedeutung ist weiterhin, wie sich das Entgelt zusammensetzt. Demnach gehören der **Einkaufspreis** für einen veräußerten Gegenstand, bei der Veräußerung evtl. anfallende **Provisionen, Verbrauchsteuern** und **öffentliche Abgaben** ebenso zum Entgelt, wie Löhne, Mieten und der Gewinnzuschlag des Unternehmers. Zahlt der Leistungsempfänger neben dem vereinbarten Preis ein **Zusatzentgelt**, so rechnet dieser Betrag ebenfalls zum Entgelt, wenn zwischen der Zahlung und der empfangenen Leistung eine **innere Verknüpfung** besteht. Denken Sie z.B. an das Trinkgeld, das Sie dem Frisörmeister in die Hand drücken. Trinkgelder, die das Personal erhält, sind dagegen kein Bestandteil des Entgelts. 263

Finanzierungsgebühren

Gewährt der Unternehmer seinem Abnehmer über das für eine Warenlieferung zu zahlende Entgelt einen **Kredit** und berechnet er für Zinsen, Kosten und das Kreditrisiko **Teilzahlungszuschläge**, so ist neben der Lieferung eine zusätzliche sonstige Leistung anzunehmen, wenn bei der Kreditgewährung der **Barzahlungspreis**, der **Teilzahlungspreis** und der **effektive Jahreszins getrennt angegeben** wer- 264 den. Die Kreditgewährung ist von der Umsatzsteuer freigestellt (§ 4 Nr. 8 UStG).

Beispiel:
Die Werkzeugmaschinenfabrik A liefert an ihren Kunden B eine Drehbank, deren Anschaffungskosten 600000 DM zuzüglich 90000 DM Umsatzsteuer betragen. Da der Abnehmer der Drehbank in Zahlungsschwierigkeiten geraten ist, vereinbaren beide Unternehmer, daß der Kaufpreis in Höhe von 690000 DM in drei Monatsraten á 230000 DM gezahlt wird. Neben dem Kaufpreis ist – bedingt durch die Kreditgewährung – ein Teilzahlungszuschlag in Höhe von 6900 DM zu zahlen. Hierüber wird ein gesonderter Vertrag abgeschlossen, wobei neben dem Barzahlungspreis von 690000 DM der Teilzahlungspreis von 696900 DM und die effektive Jahresverzinsung getrennt aufgeführt werden.

Die von A an den Unternehmer B erbrachten Leistungen sind gesondert zu beurteilen. Zum einen besteht die Leistung in einer Lieferung, deren Entgelt sich auf 690000 DM abzüglich 90000 DM Umsatzsteuer = 600000 DM beläuft. Neben dieser Lieferung ist die Kreditgewährung als sonstige Leistung zu berücksichtigen, wobei jedoch wegen der Steuerbefreiung in § 4 Nr. 8 UStG keine Umsatzsteuer anfällt.

265 Fehlt eine **klare Trennung** zwischen der Lieferung und dem Kreditgeschäft, z.B. weil die Entgelte für beide Leistungen nicht gesondert vereinbart worden sind, so teilt die Kreditgewährung das umsatzsteuerliche Schicksal der Hauptleistung „Lieferung“. Dies gilt auch für die Fälle, in denen sich der Käufer selbst bei einem Finanzierungsinstitut einen **Kredit beschafft** und den Kaufpreis an den Unternehmer zahlt, selbst wenn der Lieferer eine beschränkte Haftung für den Käufer übernommen hat.

Zuschüsse

Zuschüsse können entweder Entgelt für eine Leistung an den Zuschußgeber oder ein zusätzliches Entgelt eines Dritten (sog. **unechte Zuschüsse**) oder ein nicht steuerbarer Vorgang (sog. **echte Zuschüsse**) sein. In den beiden zuerst genannten Fällen unterliegt der Zuschuß der Umsatzsteuer, im letzten Fall scheidet er aus der Bemessungsgrundlage aus. 266

Wird der „Zuschuß" an den leistenden Unternehmer **im Rahmen eines Leistungsaustausches** gezahlt, so gehört der „Zuschuß" zum **Entgelt**. Ein Leistungsaustausch ist dann anzunehmen, wenn der leistende Unternehmer seine Leistung, insbesondere bei gegenseitigen Verträgen, erkennbar **um des Zuschusses Willen erbringt**. Denken Sie z. B. an die Zuschüsse, die Mineralölfirmen an Tankstellenunternehmen zum Aufbau und zur Erweiterung ihrer Tankstellenanlagen zahlen. Die Verknüpfung des Zuschusses mit der Gegenleistung ergibt sich aus den Vereinbarungen, die der leistende Unternehmer und der „Zuschußgeber" z. B. in Form von Verträgen oder Vergaberichtlinien getroffen haben. 267

Beachten Sie: Die Annahme eines Leistungsaustausches setzt weder auf der Seite des „Zuschußgebers" noch auf der Seite des leistenden Unternehmers **rechtlich durchsetzbare Ansprüche** voraus.

Als **Entgelt** zu erfassende Zahlungen liegen auch dann vor, wenn von einem anderen als dem Leistungsempfänger etwas **zusätzlich für die Lieferung oder sonstige Leistung des Unternehmers gezahlt** wird (§ 10 Abs. 1 Satz 3 UStG). Ein zusätzliches Entgelt liegt vor, wenn der Leistungsempfänger auf die Zahlung einen **Rechtsanspruch** hat, der Zuschuß an ihn in Erfüllung einer öffentlich-rechtlichen Verpflichtung gewährt oder zumindest im Interesse des leistenden Unternehmers gezahlt wird. Denken Sie z. B. an die Erstattung von Fahrgeldausfällen an Verkehrsunternehmen für die unentgeltliche Beförderung von Schwerbehinderten.

268 Nun zu dem, was als **echter Zuschuß** nicht steuerbar ist. Ein echter Zuschuß liegt stets dann vor, wenn die Zuwendungen **unabhängig von einer Leistung gezahlt** werden und für den Leistungsempfänger einen Anreiz bieten sollen, bestimmte z. B. im öffentlichen Interesse liegende Aufgaben zu erfüllen. Zu den echten Zuschüssen gehören auch die Zahlungen, durch die der Leistungsempfänger allgemein in die Lage versetzt werden soll, überhaupt tätig zu werden oder seine nach dem Gesellschaftszweck obliegenden Aufgaben zu erfüllen. Vorteile in Form von **Subventionen, Beihilfen, Förderprämien,** Geldpreisen und dergleichen, die der Unternehmer als Anerkennung oder zur Förderung seiner im allgemeinen Interesse liegenden Tätigkeiten ohne Bindung an bestimmte Umsätze erhält, rechnen daher nicht zum Entgelt. Denken Sie z. B. an die **Zuschüsse der Bundesanstalt für Arbeit,** die zu den Löhnen und Ausbildungsvergütungen oder zu bestimmten Baumaßnahmen, zu den Kosten für Arbeitserprobung und Probebeschäftigung sowie zur Winterbauförderung gewährt werden.

Zur Behandlung von Zuschüssen in Einzelfällen

269

Umschreibung der Zuschüsse	Fundstelle
Zuwendung aus öffentlichen Mitteln im Bereich der Landwirtschaft	BMF-Schreiben vom 17. 5. 1974, BStBl I S. 390
Zuschüsse des Bundesministers für Forschung und Technologie zur Förderung von Forschungs- und Entwicklungsvorhaben	BMF-Schreiben vom 17. 4. 1989, BStBl I S. 142
Zuschüsse im Rahmen der Einschaltung von Unternehmen in die Erfüllung hoheitlicher Aufgaben	BMF-Schreiben vom 27. 12. 1990, BStBl 1991 I S. 81

Verzugszinsen

Verzugszinsen und **Fälligkeitszinsen,** auf die der leistende Unternehmer einen Rechtsanspruch hat, sind als **echter Schadensersatz** ebenfalls nicht in die Bemessungsgrundlage für die Umsatzbesteuerung einzubeziehen. 270

Entgeltsminderungen

Zu den Entgeltsminderungen rechnen insbesondere **Skonti, Rabatte** 271
und **Preisnachlässe**. Für die Besteuerung ist es ohne Bedeutung, ob die Entgeltsminderungen sofort bei Zahlung vorgenommen werden oder erst zu einem späteren Zeitpunkt, z. B. nach Ablauf des Kalenderjahres, in Form einer Rückvergütung erfolgen.

Beispiel:
Der Unternehmer C hat an D eine Rechnung über 10000 DM + 1500 DM Umsatzsteuer erteilt. In der Rechnung ist u. a. vermerkt, daß bei Zahlung innerhalb von 30 Tagen ein Skonto in Höhe von 3% vorgenommen werden darf. D überweist den Rechnungsbetrag innerhalb dieser Frist.

Das ursprünglich berechnete Entgelt in Höhe von 10000 DM ist aufgrund des Skontoabzuges um 300 DM zu ermäßigen; es beträgt somit 9700 DM. Die auf das ermäßigte Entgelt entfallende Umsatzsteuer beläuft sich auf 1455 DM. Sie sehen also, daß sich der Skontoabzug auf die Höhe des Entgelts mindernd ausgewirkt hat.

Neben den vereinbarten Entgeltsminderungen wie Skonto, Rabatt oder Preisnachlaß aufgrund von Mängeln führen auch **unfreiwillige Kürzungen,** z. B. durch **Forderungsausfall,** zu einer Minderung des Entgelts.

272 In der Praxis kommt es häufig vor, daß der Unternehmer die Umsatzsteuer auf der Grundlage des ursprünglich in der Rechnung ausgewiesenen Entgelts an das Finanzamt abführt. Kommt es **im nachhinein zu einer Entgeltsminderung**, so hat er gegenüber dem Finanzamt einen **Erstattungsanspruch**. Denn der Rechnungsbetrag ist wegen der Entgeltsminderung zu ermäßigen; dies führt auch zu einer Reduzierung der Umsatzsteuer. Wegen der Frage der Rechnungsberichtigung vgl. Tz. 434f.

Verbrauchsteuern

273 Die Umsätze im Rahmen des **innergemeinschaftlichen Erwerbs** bemessen sich grundsätzlich wie die Lieferungen und sonstigen Leistungen nach dem Entgelt. Zum Entgelt gehören auch die Verbrauchsteuern, die von dem **Erwerber geschuldet** und **entrichtet** werden und somit nicht in dem Rechnungsbetrag des leistenden Unternehmers enthalten sind (§ 10 Abs. 1 Satz 4 UStG). Bei den in das Entgelt einzubeziehenden Verbrauchsteuern handelt es sich nicht nur um die nach nationalem Recht auf Mineralöle, Alkohol und alkoholische Getränke sowie Tabakwaren lastenden Verbrauchsteuern, sondern um alle Verbrauchsteuern, die innerhalb der EG erhoben werden.

Durchlaufende Posten

274 Durchlaufende Posten liegen vor, wenn der Unternehmer, der die Beträge vereinnahmt und verauslagt, im Zahlungsverkehr lediglich die Funktion einer **Mittelsperson** ausübt, **ohne** selbst einen **Anspruch** auf den Betrag gegen den Leistenden zu haben und ohne **zur Zahlung** an den Empfänger **verpflichtet** zu sein (§ 10 Abs. 1 Satz 5 UStG). Demnach ist es erforderlich, daß **unmittelbare Rechtsbeziehungen** zwischen dem Zahlungsverpflichteten und dem Zahlungsempfänger bestehen.

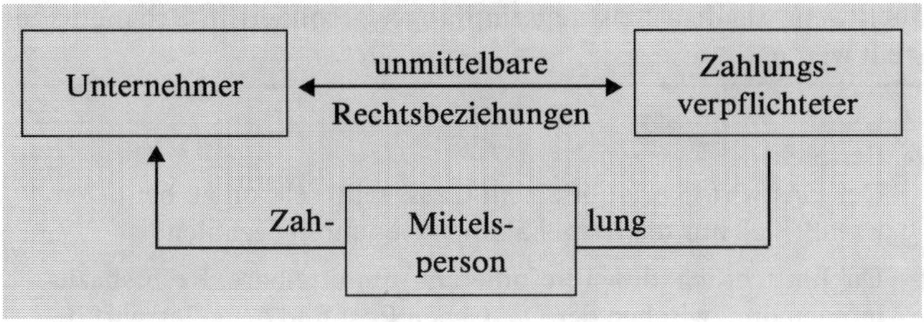

Beispiel:
Der Rechtsanwalt E vertritt F in einem Schadensersatzprozeß. Nachdem F in dem Prozeß obsiegt hat, zahlt der Beklagte den im Urteil festgesetzten Schadensersatz auf ein Bankkonto des Rechtsanwalts E ein. Der Beklagte geht davon aus, daß E den Betrag für Rechnung des F empfängt und ihn an diesen weiterleitet.

Aufgrund des Urteils bestehen unmittelbare Rechtsbeziehungen zwischen F und dem Beklagten. Der Rechtsanwalt E, an den die Zahlung des Schadensersatzes erfolgt, tritt hier nur als Mittelsperson auf. Er erhält von dem Beklagten den Betrag mit der Auflage, ihn an F weiterzuleiten. Bei dem Rechtsanwalt E liegt somit ein durchlaufender Posten vor.

Praxishinweis:
Unmittelbare Rechtsbeziehungen zwischen dem Zahlungsverpflichteten und dem Zahlungsempfänger können in der Regel nur dann angenommen werden, wenn der Zahlungsverpflichtete und der Zahlungsempfänger jeweils den **Namen des anderen** und die **Höhe des** von der Mittelsperson **gezahlten Betrages** erfahren. Bei **Abgaben** und **Beiträgen** kann jedoch auf diese Angaben verzichtet werden. Andererseits sind Steuern, öffentliche Gebühren und Abgaben, die der Unternehmer **selbst schuldet**, bei ihm keine durchlaufenden Posten,

auch wenn sie dem Leistungsempfänger gesondert in Rechnung gestellt werden.

Beispiel:
Der Gastwirt G erlaubt einem Gast, sein Telefon zu benutzen. Er läßt sich nur die festgehaltenen Gebühren bezahlen.

Da hinsichtlich des Telefonierens unmittelbare Rechtsbeziehungen nur zwischen der Deutschen Post und dem Gastwirt bestehen, kann die Kostenerstattung der Gesprächseinheiten durch den Gast nicht als durchlaufender Posten behandelt werden. Vielmehr erbringt die Deutsche Post gegenüber dem Gastwirt eine sonstige Leistung und der Gastwirt gegenüber dem Gast. Erstere ist steuerfrei und letztere steuerpflichtig.

275 Durchlaufende Posten kommen in der Praxis häufig bei **Rechtsanwälten** und **Notaren** vor. Denn bei diesen Berufsgruppen werden Gebühren und Auslagen an Behörden im Auftrag ihrer Klienten vorentrichtet. Die vorentrichteten Beträge stellen durchlaufende Posten dar, und zwar auch dann, wenn der Behörde als Zahlungsempfänger Namen und Anschrift des Auftraggebers nicht mitgeteilt werden.

Bemessungsgrundlage beim Tausch und bei tauschähnlichen Umsätzen

276 Beim **Tausch** (Lieferung gegen Lieferung) und bei **tauschähnlichen Umsätzen** (Lieferung gegen sonstige Leistung und umgekehrt sowie sonstige Leistung gegen sonstige Leistung) sowie bei **Hingabe an Zahlungs Statt** (nachträglich tritt an die Stelle der vereinbarten Zahlung eine Lieferung oder sonstige Leistung) ist als **Entgelt** für die eine Leistung jeweils der **Wert der anderen Leistung** anzusetzen (§ 10 Abs. 2 Satz 2 UStG). Bewertungsmaßstab für die andere Leistung ist der **gemeine Wert** (= Wert im gewöhnlichen Geschäftsverkehr), der die Umsatzsteuer einschließt. Folglich muß die Umsatzsteuer aus dem gemeinen Wert herausgerechnet werden (§ 10 Abs. 2 Satz 3 UStG).

Unternehmer H → liefert Pkw, gemeiner Wert: 11 500 DM → Unternehmer I

Unternehmer I → liefert Kleincomputer, gemeiner Wert: 11 500 DM → Unternehmer H

Entgelt für die Lieferung des H besteht in			Entgelt für die Lieferung des I besteht in gemeinem		
gemeinem Wert des Kleincomputers		11 500 DM	Wert des Pkw		11 500 DM
abzüglich USt	–	1 500 DM	abzüglich USt	–	1 500 DM
		10 000 DM			10 000 DM

Achtung: Zwei Lieferungen = **Tausch**

Wird der Mehrwert einer Leistung gegenüber der anderen Leistung 277
durch **Zuzahlung eines Geldbetrages** ausgeglichen, so handelt es sich umsatzsteuerlich um einen Tausch oder einen tauschähnlichen Umsatz **mit Baraufgabe**. In diesem Fall gehört zur Gegenleistung des Zahlungsempfängers auch der Geldbetrag. Bei dem Zahlungsverpflichteten ist dagegen der Geldbetrag von dem Wert der erhaltenen Leistung abzuziehen.

Unternehmer K → liefert Pkw, gemeiner Wert: 9 200 DM, Zuzahlung: 2 300 DM → Unternehmer L

Unternehmer L → liefert Kleincomputer, gemeiner Wert: 11 500 DM → Unternehmer K

Entgelt des K			Entgelt des L		
gemeiner Wert des Kleincomputers:		11 500 DM	gemeiner Wert des Pkw:		9 200 DM
Zuzahlung:	–	2 300 DM	Zuzahlung:	+	2 300 DM
		9 200 DM			11 500 DM
Umsatzsteuer:	–	1 200 DM	Umsatzsteuer:	–	1 500 DM
Entgelt:		8 000 DM	Entgelt:		10 000 DM

Ein **Tausch mit Baraufgabe** kann auch in den Fällen vorliegen, in denen bei einer Werkleistung neben der vereinbarten Barvergütung der anfallende **Materialabfall** bei dem leistenden Unternehmer verbleibt. Dies gilt stets dann, wenn der Leistungsempfänger und der leistende Unternehmer sich darüber einig sind, daß die Barvergütung kein hinreichender Gegenwert für die Werkleistung ist. Denken Sie z. B. daran, daß Sie einen ererbten Ring umändern lassen und das dabei nicht verarbeitete Gold unter Anrechnung auf das Entgelt für die Werkleistung bei dem Goldschmied verbleibt.

Besonderheiten sind hinsichtlich der Bemessungsgrundlage beim Tausch und bei den tauschähnlichen Umsätzen im

- **Austauschverfahren von Pkw-Einzelteilen** in der Kraftfahrzeugwirtschaft und
- Neuwagengeschäft bei **Inzahlungnahme von Gebrauchtwagen** zu beachten (vgl. hierzu Abschn. 153 Abs. 3 f. UStR).

Bemessungsgrundlage bei Geschäftsveräußerungen

278 Bei einer Geschäftsveräußerung wird ein **Unternehmen** oder ein **gesondert geführter Betrieb** mit **allen wesentlichen Grundlagen** an einen Erwerber übereignet, wobei der Erwerber in der Lage sein muß, das Unternehmen oder den Betrieb **ohne nennenswerte finanzielle Aufwendungen fortsetzen** zu können. **Bemessungsgrundlage** für die Geschäftsveräußerung ist das **Entgelt** für die auf den Erwerber **übertragenen Gegenstände** (§ 10 Abs. 3 UStG). Die **übernommenen Schulden** dürfen, da in der Übernahme der Schuldverpflichtung bereits eine Gegenleistung des Erwerbers zu sehen ist, nicht abgezogen werden. Weiterhin ist die **Umsatzsteuer** aus dem Gesamtkaufpreis für die übertragenen Gegenstände **herauszurechnen**. Dabei ist zu beachten, daß die Geschäftsveräußerung **keinen einheitlichen Umsatz**, sondern eine **Vielzahl** von einzelnen, selbständigen **Lieferungen** und **sonstigen Leistungen** darstellt. Es ist daher erforderlich, den Gesamtkaufpreis ohne Abzug der Schulden auf die einzelnen Besitzposten aufzuteilen. Anschließend ist der jeweilige Einzelumsatz auf seine Steuerbarkeit und seine Steuerpflicht zu überprüfen. Bei

den steuerpflichtigen Umsätzen ist dann die Bemessungsgrundlage in der Weise zu ermitteln, daß aus dem jeweiligen Teilbetrag unter Ansatz des maßgeblichen Steuersatzes das Entgelt berechnet wird. Sehen wir uns hierzu folgendes Beispiel an:

Bilanzposten	Anteil am Kaufpreis	Steuerfrei	Steuerpflichtig
	DM	DM	DM
Grundstück	200000	200000	
Maschinen	180000		180000
Vorräte	210000		210000
Bankguthaben	80000	80000	
Firmenwert	70000		70000
Schulden	400000		
Kaufpreis	340000	280000	460000

⇓

Entgelt:	400000 DM
USt (15 %)	60000 DM
	460000 DM

Praxishinweis:
Die bei der Geschäftsveräußerung anfallende **Umsatzsteuer** kann der Veräußerer **dem Erwerber gesondert in Rechnung** stellen. Damit besteht für den **Erwerber** die Möglichkeit, diese Steuer als **Vorsteuer abzuziehen**.

6.2 Die Umsatzsteuer für den Eigenverbrauch und für vergleichbare Tatbestände

Da dem Eigenverbrauch kein Leistungsaustausch und somit keine 279
Gegenleistung zugrunde liegt, mußte der Gesetzgeber auf „Ersatz-Bemessungsgrundlagen“, wie z. B. den **Einkaufspreis**, die **Selbstko-**

sten, die **entstandenen Kosten** und die **angefallenen Aufwendungen** zurückgreifen (§ 10 Abs. 4 UStG).

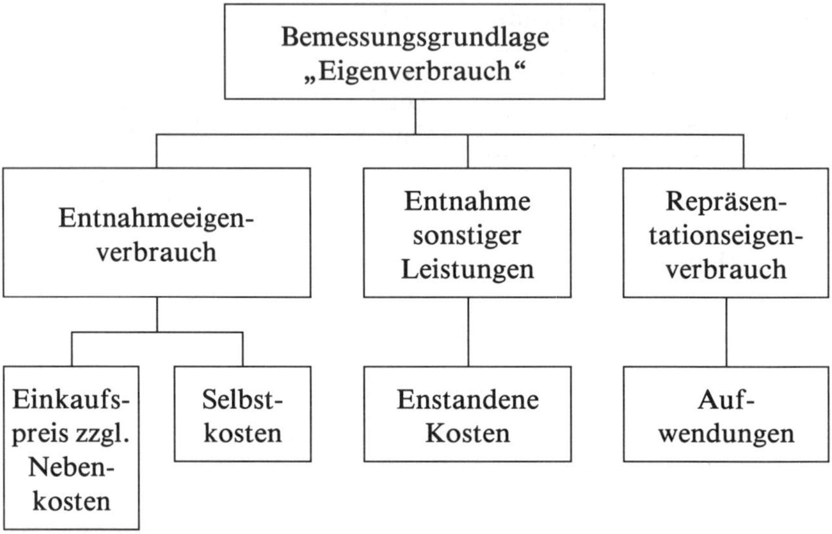

Bemessungsgrundlage bei der Entnahme von Gegenständen

280 Bei der **Entnahme von Gegenständen für private Zwecke** bemißt sich der Eigenverbrauch

- im Fall der Anschaffung des Gegenstands nach dem **Einkaufspreis zuzüglich Nebenkosten** und
- im Fall der Herstellung nach den **Selbstkosten**.

Der Einkaufspreis zuzüglich Nebenkosten umfaßt alles, was der Unternehmer für die Erlangung der Verfügungsmacht aufwenden muß. Er entspricht in der Regel dem **Wiederbeschaffungspreis**.

Kann ein Einkaufspreis nicht ermittelt werden, insbesondere in den Fällen der Herstellung, so sind als Bemessungsgrundlage die Selbstkosten anzusetzen. Hierunter sind alle Aufwendungen einschließlich

Nebenkosten zu verstehen, die bei dem Unternehmer für die **Schaffung der Verfügungsmöglichkeit** angefallen sind, also die **Herstellungskosten**. Diese umfassen alle durch den betrieblichen Leistungsprozeß bis zum Zeitpunkt der Entnahme entstandenen Kosten. **Nicht** dazu rechnet der **Unternehmergewinn** und der **Unternehmerlohn**.

Bei der Ermittlung des Einkaufspreises bzw. der Selbstkosten sind die **Preisverhältnisse zu dem Zeitpunkt** zugrunde zu legen, zu dem der **Eigenverbrauch ausgeführt** wurde. Die **Umsatzsteuer** gehört **nicht zur Bemessungsgrundlage**.

Beispiel:
Der Unternehmer M stellt Ausrüstungsgegenstände für Spielplätze her. Er hat seinem Enkel zu dessen Geburtstag eine Schaukel versprochen und diese Schaukel aus seinem Unternehmen entnommen. Die Herstellungskosten der Schaukel haben sich auf 100 DM belaufen; der Verkaufspreis einschließlich Gewinnzuschlag beträgt dagegen 150 DM.

Durch die Entnahme der Schaukel tätigt der Unternehmer M einen Eigenverbrauch. Bemessungsgrundlage für diesen Eigenverbrauch sind im Fall der Herstellung des entnommenen Gegenstands die Selbstkosten von 100 DM. In die Selbstkosten fließt nicht der Gewinnzuschlag ein. Die Umsatzsteuer für den Eigenverbrauch beläuft sich auf 15 DM (15 % von 100 DM).

Bemessungsgrundlage bei Entnahme sonstiger Leistungen

Führt ein Unternehmer **sonstige Leistungen für unternehmensfremde Zwecke** aus, so ist dieser Vorgang als Eigenverbrauch zu besteuern. Bemessungsgrundlage für diesen Eigenverbrauch sind die bei der Ausführung der Leistung **entstandenen Kosten**, jedoch ohne Unternehmerlohn. Die mit den Kosten im Zusammenhang stehenden **Vorsteuerbeträge** sind ebenfalls, soweit sie abzugsfähig sind, **aus der Bemessungsgrundlage auszuscheiden**. 281

282 Sehen wir uns einen typischen Fall für die Entnahme sonstiger Leistungen an, nämlich die **Verwendung eines betrieblichen Pkws für private Zwecke**. Hier sind folgende Grundsätze zu beachten:

- Die **variablen Kosten** (z. B. für Benzin, Öl, Inspektionen und laufende Instandhaltung) sowie die **fixen Kosten** (z. B. Versicherungsbeiträge, Kraftfahrzeugsteuer und Garagenmiete) sind unabhängig davon, ob der Unternehmer hierfür Vorsteuern geltend machen konnte, in die Bemessungsgrundlage einzubeziehen.

- Neben den **variablen und fixen Kosten** sind die auf die Verwendung für unternehmensfremde Zwecke entfallenden **Absetzungen für Abnutzung** in die Bemessungsgrundlage für den Eigenverbrauch einzubeziehen. Dies gilt jedoch nicht, wenn der Unternehmer den Gegenstand von einem Nichtunternehmer, aus dem nichtunternehmerischen Bereich eines anderen Unternehmers, aufgrund einer steuerfreien Lieferung ohne Vorsteuerabzugsmöglichkeit oder von einem Kleinunternehmer, der nicht zum Ausweis seiner Umsatzsteuer berechtigt ist, erworben hat. Weiter gehören die Absetzungen für Abnutzung nicht zur Bemessungsgrundlage, wenn der Unternehmer den **Pkw aus seinem Privatvermögen in das Unternehmen überführt** hat und somit keine Vorsteuern geltend machen konnte.

- Zur Bemessungsgrundlage gehören auch die unternehmerisch veranlaßten **Unfallkosten**. Unfallkosten im Zusammenhang mit einer **Privatfahrt** unterliegen als Lebenshaltungskosten dem einkommensteuerlichen Abzugsverbot und sind somit in vollem Umfang in die Bemessungsgrundlage für den **Eigenverbrauch** einzubeziehen. Sowohl die unternehmerisch als auch die nichtunternehmerisch veranlaßten Unfallkosten sind um die von dritter Seite erlangten und dem Unternehmen zugeführten Ersatzleistungen zu kürzen.

Beispiel:
Der Unternehmer N nutzt den zu seinem Betriebsvermögen gehörenden Pkw auch für Privatfahrten. In 1993 sind folgende Aufwendungen im Zusammenhang mit dem betrieblichen Pkw angefallen:

• Benzin, Öl usw. (2000 DM + 300 DM Umsatzsteuer):	2300 DM
• Wartung, Pflege und Reparaturen (1000 DM + 150 DM Umsatzsteuer):	1150 DM
• Garagenmiete:	600 DM
• Kfz-Steuer und Versicherungen:	1400 DM

Der Pkw ist Ende 1992 zu einem Preis von 34000 DM zuzüglich 4760 DM Umsatzsteuer angeschafft worden. Es ist von einer 4jährigen Nutzungsdauer auszugehen. N hat in 1993 mit dem Pkw insgesamt 20000 km zurückgelegt; davon entfallen 9000 km auf Privatfahrten.

In einem ersten Rechenschritt sind die Gesamtkosten für den Pkw zu ermitteln. Sie betragen 13500 DM.

• Benzin, Öl usw. (mit dem Nettobetrag anzusetzen):	2000 DM
• Wartung, Pflege und Reparaturen (mit dem Nettobetrag anzusetzen):	1000 DM
• Garagenmiete:	600 DM
• Kfz-Steuer und Versicherungen:	1400 DM
• AfA (34000 DM : 4):	8500 DM
Gesamtkosten (netto):	13500 DM

Bezogen auf die Gesamtfahrleistung von 20000 km errechnet sich aus den Gesamtkosten ein Kilometersatz von 0,675 DM/km. Mit diesem Kilometersatz sind die privat zurückgelegten Kilometer zu multiplizieren. Auf die Privatfahrten entfallen somit anteilige Kosten in Höhe von 6075 DM (0,675 DM/km ×

9000 km). Der Betrag von 6075 DM stellt die Bemessungsgrundlage für den Eigenverbrauch dar; die darauf entfallende Umsatzsteuer beläuft sich auf 911,25 DM (15 % von 6075 DM).

Bemessungsgrundlage für den Repräsentationseigenverbrauch

283 Repräsentationsaufwendungen, wie z. B. Kosten für Geschenke über 75 DM und Reisekosten, die über das übliche Maß hinausgehen (vgl. Tz. 151), unterliegen ebenfalls dem Eigenverbrauch. **Bemessungsgrundlage** sind hier die **Aufwendungen**. Auch bei Unternehmern mit steuerfreien Umsätzen ohne Vorsteuerabzug ist bei der Ermittlung der Bemessungsgrundlage für Sachgeschenke stets von den Netto-Anschaffungs- oder Herstellungskosten auszugehen (vgl. Tz. 151).

Leistungen an Gesellschafter und Arbeitnehmer

284 Bei unentgeltlichen Leistungen an Gesellschafter (sog. Gesellschaftsleistungen, vgl. Tz. 151) ist wie beim Eigenverbrauch zwischen der unentgeltlichen Lieferung und der unentgeltlichen sonstigen Leistung zu unterscheiden. Bei der **unentgeltlichen Lieferung** sind als Bemessungsgrundlage entweder der **Einkaufspreis zuzüglich Nebenkosten** oder die **Selbstkosten** anzusetzen. Handelt es sich dagegen um eine **unentgeltliche sonstige Leistung**, so bemißt sich der Umsatz nach den tatsächlich **entstandenen Kosten**.

285 Auch bei **unentgeltlichen Lieferungen und sonstigen Leistungen an Arbeitnehmer** bemißt sich die Umsatzsteuer entweder nach dem **Einkaufspreis zuzüglich der Nebenkosten** oder, falls ein Einkaufspreis nicht vorliegt, nach den **Selbstkosten**. Diese Werte weichen von der für lohnsteuerliche Zwecke anzusetzenden Bemessungsgrundlage ab. Aus Vereinfachungsgründen wird es jedoch von seiten der Finanzverwaltung nicht beanstandet, wenn für die Umsatzbesteuerung von den lohnsteuerlichen Werten ausgegangen wird. Diese Werte sind

dann als **Bruttowerte** anzusetzen, aus denen zur Ermittlung der Bemessungsgrundlage die **Umsatzsteuer herauszurechnen** ist. Der einkommensteuerliche Freibetrag von 2400 DM bleibt dabei unberücksichtigt.

Sehen wir uns hierzu einige für die Praxis bedeutsame Einzelfälle an. 286
An erster Stelle ist die **freie Kost und Logis** zu nennen. Hier gilt der Grundsatz, daß für freie Kost und Wohnung von den Werten in der **Sachbezugsverordnung** auszugehen ist. Diese Werte sind um die darin enthaltenen anteiligen Werte für Wohnung, Heizung und Beleuchtung zu kürzen, da insoweit Steuerfreiheit besteht (vgl. Tz. 231 f.). Die Gewährung der **freien Kost** unterliegt dem **allgemeinen Steuersatz**.

In diesem Zusammenhang sind auch die **unentgeltliche Abgabe von** 287
Mahlzeiten an Arbeitnehmer durch unternehmenseigene Kantinen zu erwähnen. Aus Vereinfachungsgründen können Sie bei der Ermittlung der umsatzsteuerlichen Bemessungsgrundlage von dem Wert ausgehen, der dem **amtlichen Sachbezugswert** nach der Sachbezugsverordnung entspricht. Werden die Mahlzeiten in unternehmenseigenen Kantinen **verbilligt abgegeben**, ist der von dem Arbeitnehmer gezahlte **Essenspreis** anzusetzen, wobei jedoch **mindestens der amtliche Sachbezugswert** der Besteuerung zugrunde zu legen ist.

Beispiel:
Ein großes Unternehmen gibt an seine Arbeitnehmer verbilligt Kantinenessen ab. Die Arbeitnehmer zahlen pro Essen 1,50 DM. Nach der Sachbezugsverordnung ist der Wert der Mahlzeit mit 3,90 DM anzusetzen.

Grundsätzlich wäre als umsatzsteuerliche Bemessungsgrundlage die Zahlung des Arbeitnehmers abzüglich Umsatzsteuer anzusetzen. Da dieser Wert jedoch unter dem Wert nach der Sachbezugsverordnung liegt, ist dieser als Mindestwert zugrunde zu legen. Aus diesem Mindestwert ist die Umsatzsteuer mit dem allgemeinen Steuersatz herauszurechnen.

Praxishinweis:
Soweit unterschiedliche Mahlzeiten zu unterschiedlichen Preisen verbilligt an die Arbeitnehmer abgegeben werden, kann bei der umsatzsteuerlichen Bemessungsgrundlage von dem für Lohnsteuerzwecke gebildeten Durchschnittswert ausgegangen werden.

---

288 Kleinere und mittlere Unternehmen können sich in der Regel keine betriebseigene Kantine leisten. Sie bedienen sich bei der unentgeltlichen oder verbilligten Abgabe von Mahlzeiten an ihre Arbeitnehmer einer **Gaststätte**, eines **Restaurants** oder eines **Schnellimbisses**. Hier treten in der Praxis häufig folgende Fallgestaltungen auf:

- Der Arbeitgeber vereinbart mit einem Gaststätteninhaber die Abgabe von Essen an seine Arbeitnehmer zu einem **Festpreis je Essen**. Der Gaststätteninhaber rechnet über die ausgegebenen Essen mit dem Arbeitgeber auf der Grundlage dieses Preises ab.

  Hier kommt ein **Reihengeschäft** zustande, und zwar zum einen die Essenslieferungen von dem Gaststätteninhaber an den Arbeitgeber und zum anderen die Lieferungen von dem Arbeitgeber an seine Arbeitnehmer. Entscheidend für die Annahme eines Reihengeschäfts ist, daß die Essen aufgrund bestimmter Liefervereinbarungen zwischen Arbeitgeber und Gastwirt an die Arbeitnehmer abgegeben werden, der Gastwirt also einen Zahlungsanspruch lediglich gegen den Arbeitgeber hat.

- Der Arbeitnehmer bestellt in der Gastwirtschaft sein **Essen nach Karte** und **bezahlt dem Gastwirt** den – ggf. um einen **Arbeitgeberzuschuß** geminderten – Essenspreis. Hier liegt **kein Reihengeschäft** vor. Vielmehr liefert der Gastwirt das Essen unmittelbar an den Arbeitnehmer. Dies gilt auch für den Fall, daß der Gastwirt vom Arbeitgeber ausgegebene **Essensmarken** auf den Essenspreis anrechnet und sich den Wert der Essensmarken vom Arbeitgeber erstatten läßt (= Entgelt Dritter). Die Zahlung des Essenzuschusses durch den Arbeitgeber an den Arbeitnehmer stellt einen nichtumsatzsteuerbaren Vorgang dar.

289 Zu den steuerbaren Umsätzen, die mit dem Einkaufspreis zuzüglich Nebenkosten oder mit den Selbstkosten anzusetzen sind, rechnen auch **unentgeltliche Deputate,** z. B. im Bergbau und in der Land- und Forstwirtschaft, sowie die **unentgeltliche Abgabe von Getränken und Genußmitteln** zum häuslichen Verzehr, z. B. Haustrunk im Brauereigewerbe oder Freitabakwaren in der Tabakwarenindustrie. Das gleiche gilt für **Sachgeschenke, Jubiläumsgeschenke** und ähnliche Zuwendungen aus Anlaß von **Betriebsveranstaltungen,** soweit diese Zuwendungen weder **Aufmerksamkeiten** noch Leistungen im überwiegenden betrieblichen Interesse des Arbeitgebers sind. Aus Vereinfachungsgründen können Sie auch in diesen Fällen die lohnsteuerlichen Werte für die Umsatzbesteuerung übernehmen.

290 Schließlich ist noch auf die **unentgeltliche Beförderung** der Arbeitnehmer von ihrem Wohnsitz, gewöhnlichen Aufenthalt oder von einer Sammelhaltestelle, z. B. einem Bahnhof, zum Arbeitsplatz entweder durch betriebseigene Kraftfahrzeuge oder durch Fremdunternehmer hinzuweisen. Solche Beförderungen sind mit den bei der Ausführung der Umsätze **entstandenen Kosten** zur Umsatzsteuer heranzuziehen. Dabei beanstandet es die Finanzverwaltung nicht, wenn der Arbeitgeber die entstandenen Kosten schätzt, soweit er die Beförderung mit betriebseigenen Fahrzeugen durchführt. Die Bemessungsgrundlage für die Beförderungsleistungen eines Monats kann z. B. pauschal aus der Zahl der durchschnittlich beförderten Arbeitnehmer und aus dem Preis für eine Monatskarte der Deutschen Bundesbahn für die kürzeste und weiteste gefahrene Wegstrecke (Durchschnitt) abgeleitet werden. Hat z. B. ein Unternehmer in einem Monat durchschnittlich 6 Arbeitnehmer mit einem betriebseigenen Fahrzeug unentgeltlich von ihrer Wohnung zur Arbeitsstätte befördert, und beträgt die kürzeste Strecke von der Wohnung zur Arbeitsstätte 10 km, die weiteste 30 km, so ist als durchschnittliche Wegstrecke 20 km anzusetzen, wobei für diese 20 km der Preis einer Monatskarte der Deutschen Bundesbahn 2. Klasse angesetzt werden kann.

291 Überläßt der Arbeitgeber dem Arbeitnehmer einen **Kraftwagen unentgeltlich zur privaten Nutzung,** z. B. für Fahrten zwischen Wohnung und Arbeitsstätte, so bemißt sich die steuerbare sonstige Leistung nach den Kosten. Aus Vereinfachungsgründen kann auch hier von den für Lohnsteuerzwecke anzusetzenden Werten – in der Regel **1 % des Listenpreises** für einen Neuwagen – ausgegangen werden.

Verbringen eines Gegenstands innerhalb der EG

292 Wird ein Gegenstand des Unternehmens aus einem anderen EG-Staat in das Inland durch einen Unternehmer zu seiner Verfügung verbracht, so bedarf es auch hier einer „Ersatzbemessungsgrundlage“. Da diese Vorgänge dem innergemeinschaftlichen Erwerb gleichgestellt sind, bemißt sich der Umsatz wie beim Entnahmeeigenverbrauch nach dem **Einkaufspreis zuzüglich der Nebenkosten** oder nach den **Selbstkosten** (§ 10 Abs. 4 Nr. 1 UStG).

6.3 Die Mindestbemessungsgrundlage

293 Zur Einstimmung auf den Begriff „Mindestbemessungsgrundlage“ sei auf folgenden Fall aus der Praxis hingewiesen:

Ein Unternehmer veräußert einen Pkw an seine Ehefrau zum Erinnerungswert von 1 DM. Für die Wiederbeschaffung des Pkw hätte der Unternehmer einen Betrag von 5 750 DM aufzuwenden.

Hätte der Unternehmer den Pkw seiner Ehefrau unentgeltlich überlassen, so wäre dieser Vorgang als Entnahmeeigenverbrauch zu behandeln (vgl. Tz. 141 f.). Bemessungsgrundlage für diesen Eigenverbrauch wären die Wiederbeschaffungskosten von 5 750 DM abzüglich darin enthaltener Umsatzsteuer von 750 DM. Da jedoch im vorliegenden Fall ein Entgelt, auch wenn es nur 1 DM beträgt, vereinbart worden ist, liegen die Voraussetzungen für einen Leistungsaustausch und somit für eine steuerbare Lieferung vor. Die Annahme von Eigenverbrauch scheidet dann aus. Ihr Gerechtigkeitsempfinden sagt Ihnen, daß dieses Ergebnis nicht zutreffend sein kann.

Um solche Manipulationen auszuschließen, hat der Gesetzgeber für bestimmte Lieferungen oder sonstige Leistungen neben dem tatsächlich vereinbarten Entgelt eine **Untergrenze** für die Umsatzbesteuerung, die sog. **Mindestbemessungsgrundlage**, angeordnet (§ 10 Abs. 5 UStG). Die Mindestbemessungsgrundlage ist bei folgenden Fallgestaltungen zu überprüfen. 294

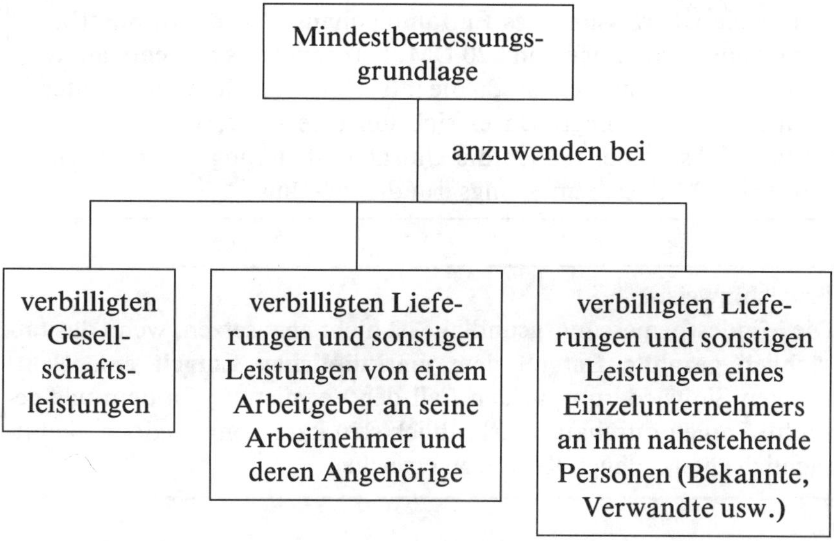

Was heißt nun Mindestbemessungsgrundlage? Wie beim Entnahmeeigenverbrauch sind auch bei **verbilligten Lieferungen** der **Einkaufspreis zuzüglich Nebenkosten** oder die **Selbstkosten** anzusetzen, wenn das **tatsächlich gezahlte Entgelt unter diesen Beträgen** liegt. Ist das gezahlte Entgelt höher, so ist die Umsatzsteuer auf der Grundlage des Entgelts zu berechnen. Erbringt der Unternehmer in den o.a. Fällen eine **verbilligte sonstige Leistung**, so sind die tatsächlich **entstandenen Kosten** als Bemessungsgrundlage anzusetzen, wenn **das** 295

gezahlte Entgelt geringer ist. Ist es dagegen höher, so ist das Entgelt der Umsatzbesteuerung zu unterwerfen.

Beispiel:
Eine große Firma stellt ihrem Geschäftsführer ein Einfamilienhaus mit Garten zur Verfügung. Der Geschäftsführer zahlt dafür eine Miete von monatlich 80 DM. Die mit dem Einfamilienhaus im Zusammenhang stehenden Kosten belaufen sich auf monatlich 220 DM.

Für die Überlassung des Einfamilienhauses ist die Mindestbemessungsgrundlage von 220 DM, berechnet aus den entstandenen Kosten, anzusetzen, da die tatsächlich gezahlte Miete unter diesem Betrag liegt. Da es sich um eine steuerfreie Leistung handelt, scheidet jedoch die Umsatzbesteuerung – unter Ansatz der Mindestbemessungsgrundlage – aus.

Praxishinweis:
Die Mindestbemessungsgrundlage ist nicht anzusetzen, wenn das tatsächlich **gezahlte Entgelt** dem **marktüblichen Entgelt entspricht**. Denken Sie wiederum an den Fall der Vermietung, in dem das gezahlte Entgelt durchaus marktüblich sein kann, ohne jedoch die tatsächlich entstandenen Kosten zu erreichen.

6.4 Besonderheiten bei der Ermittlung der Bemessungsgrundlage

296 Eine Sondervorschrift für die Entgeltsermittlung besteht für **Personenbeförderungen im Gelegenheitsverkehr** mit ausländischen Kraftominibussen in den Fällen der Beförderungseinzelbesteuerung (§ 10 Abs. 6 UStG). Bei diesen Leistungen wird nämlich nicht das tatsächliche Entgelt, sondern ein **Durchschnittsbeförderungsentgelt** der Besteuerung zugrunde gelegt. Dieses Durchschnittsbeförderungsentgelt wird nach der Zahl der beförderten Personen und der Zahl der im In-

land gefahrenen Kilometer berechnet. Es beträgt bis 31. 12. 1992 **5 Pfennig je Personenkilometer**. Ab dem 1. 1. 1993 erhöht es sich voraussichtlich auf 8,67 Pfennig je Personenkilometer.

Praxishinweis:
Ab dem 1. 1. 1993 ist die Entgeltsvorschrift für Personenbeförderungen im Gelegenheitsverkehr mit ausländischen Kraftomnibussen **innerhalb der EG-Staaten** nicht mehr anzuwenden. Hier ist dann wie in allen anderen Fällen der innergemeinschaftlichen Leistungen das Entgelt als Bemessungsgrundlage anzusetzen. Lediglich bei Personenbeförderungen in Gebiete außerhalb der EG ist das Durchschnittsbeförderungsentgelt für die Umsatzbesteuerung maßgebend.

6.5 Die Bemessungsgrundlage für die Einfuhr

Für die Einfuhr, die einen eigenständigen Besteuerungstatbestand 297
darstellt, allerdings ab dem 1. 1. 1993 auf Einfuhren aus einem Nicht-EG-Staat in das EG-Gebiet beschränkt ist, gilt auch eine besondere Bemessungsgrundlage, die sich an die jeweils maßgeblichen **zollrechtlichen Einfuhrwerte,** dem sog. **Zollwert,** anlehnt. Die Bemessungsgrundlage „Entgelt" für die Fälle der Lieferung ist ab dem 1. 1. 1993 weggefallen (§ 11 Abs. 1 UStG).

Der Zollwert ist für die Ermittlung der Einfuhrumsatzsteuer um bestimmte Beträge (z. B. **Zoll,** besondere **Verbrauchsteuern** und Kosten für die Vermittlung der Lieferung bzw. für die Beförderung zum ersten Bestimmungsort im Inland) zu erhöhen. Im Zeitpunkt der Einfuhr bestehende Preisermäßigungen und -vergütungen gehören nicht zur Bemessungsgrundlage. Wegen weiterer Einzelheiten wird auf § 11 UStG hingewiesen.

7 Welche Steuersätze sind anzuwenden?

298 Steht die Bemessungsgrundlage für einen steuerpflichtigen Umsatz fest, so ist nur noch die Frage zu klären, welcher **Steuersatz** auf diese Bemessungsgrundlage anzuwenden ist. Das Umsatzsteuergesetz kennt grundsätzlich zwei Steuersätze, und zwar ab dem 1. 1. 1993 den **allgemeinen Steuersatz von 15 %** (vorher 14 %) und den **ermäßigten Steuersatz von 7 %.**

7.1 Der allgemeine Steuersatz

299 Grundsätzlich unterliegen die steuerpflichtigen Leistungen, der steuerpflichtige Eigenverbrauch, die steuerpflichtigen Gesellschaftsleistungen und der innergemeinschaftliche Erwerb ab dem 1. 1. 1993 dem **allgemeinen Steuersatz von 15 %**. Steht das Entgelt oder die „Ersatz-Bemessungsgrundlage" mit ihrem **Nettowert** fest, so beträgt die Umsatzsteuer bei Anwendung des allgemeinen Steuersatzes **15 % dieses Betrages**. Liegt ein **Bruttobetrag** vor, so ist es erforderlich, aus diesem Bruttobetrag die Bemessungsgrundlage zu berechnen und erst dann den allgemeinen Steuersatz anzuwenden. Hierfür können folgende Faktoren verwandt werden:

$$\text{Bruttobemessungsgrundlage} \times \frac{86{,}9565}{100} = \text{Nettobemessungsgrundlage}$$

$$\text{Bruttobemessungsgrundlage} \times \frac{13{,}0435}{100} = \text{Umsatzsteuer} \longleftrightarrow = \text{Umsatzsteuer} = \text{Nettobemessungsgrundlage} \times \frac{15}{100}$$

300 Der neue Steuersatz von 15 % ist auf Lieferungen, sonstige Leistungen, Eigenverbrauchstatbestände, Einfuhren und innergemeinschaftliche Erwerbe anzuwenden, die **nach dem 31. 12. 1992 bewirkt** werden (vgl. auch Tz. 415 f., 423 und 425 f.). Auf den Zeitpunkt der

vertraglichen Vereinbarung oder der Rechnungserteilung kommt es ebenso wenig an, wie auf den Zeitpunkt der Entgeltsvereinnahmung.

Versteuert der Unternehmer seine Umsätze nach **vereinnahmten Entgelten**, so ist in den Fällen, in denen das Entgelt für eine Lieferung oder sonstige Leistung vor dem 1. 1. 1993 vereinnahmt, die Lieferung oder sonstige Leistung jedoch erst nach dem 31. 12. 1992 bewirkt wird, bei Ansatz des allgemeinen Steuersatzes für diesen Umsatz eine **„Nachsteuer“** in Höhe der Differenz zwischen altem und neuem Steuersatz zu entrichten. Die „Nachsteuer“ ist in dem Voranmeldungszeitraum anzugeben, in dem die Leistung bewirkt wird. Sind **Abschlagszahlungen, Anzahlungen, Vorauszahlungen** und Vorschüsse für Teilleistungen vor dem 1. 1. 1993 vereinnahmt worden, werden die Leistungen jedoch erst nach dem 31. 12. 1992 bewirkt, so ist die zusätzlich geschuldete Umsatzsteuer für den Voranmeldungszeitraum zu berechnen und zu entrichten, in dem das restliche Entgelt vereinnahmt wird. 301

Praxishinweis:
Sind im Fall der Besteuerung nach vereinnahmten Entgelten Leistungen vor dem 1. 1. 1993 bewirkt worden, so ist bei **Vereinnahmung** der Entgelte oder Teilentgelte **nach dem 31. 12. 1992** noch der alte Umsatzsteuersatz von 14 % anzuwenden.

Eine **Werklieferung** oder **Werkleistung** unterliegt insgesamt der Besteuerung nach dem neuen Steuersatz von 15 %, wenn sie nach dem 31. 12. 1992 bewirkt wird. Eine andere umsatzsteuerliche Behandlung kommt nur in Betracht, soweit die Werklieferung oder Werkleistung wirtschaftlich **teilbar** ist und in **Teilleistungen** erbracht wird. Bei den Teilleistungen handelt es sich um wirtschaftlich abgrenzbare Teile einer einheitlichen Leistung, für die das Entgelt gesondert vereinbart wird und die demnach statt der einheitlichen Gesamtleistung geschuldet wird. Folgende Voraussetzungen müssen dabei für die Anwendung des alten Steuersatzes von 14 % beachtet werden: 302

- Es muß sich um einen **wirtschaftlich abgrenzbaren Teil** einer Werklieferung oder Werkleistung handeln.
- Der Leistungsteil muß, wenn er Teil einer Werklieferung ist, **vor dem 1. 1. 1993 abgenommen** worden sein; ist er Teil einer Werkleistung, so muß er vor dem 1. 1. 1993 vollendet oder beendet worden sein.

- **Vor dem 1. 1. 1993 muß vereinbart** worden sein, daß für Teile einer Werklieferung oder Werkleistung entsprechende **Teilentgelte zu zahlen** sind. Sind für Teile einer Werklieferung oder Werkleistung zunächst keine Teilentgelte gesondert vereinbart worden, so muß die vertragliche Vereinbarung vor dem 1. 1. 1993 entsprechend geändert werden.
- Das **Teilentgelt** muß **gesondert abgerechnet** werden.

303 Die Anhebung des Steuersatzes von 14 % auf 15 % ab 1993 wirkt sich auch auf **Dauerleistungen** aus, sofern die Leistungen vor dem 1. 1. 1993 vereinbart worden sind. Handelt es sich bei der Dauerleistung um eine **sonstige Leistung,** so wird sie grundsätzlich an dem Tag bewirkt, an dem der vereinbarte **Leistungszeitraum endet.** Wird die Dauerleistung nicht für den gesamten vereinbarten Leistungszeitraum, sondern für kürzere Zeitabschnitte (z.B. für ein Kalendervierteljahr oder für einen Kalendermonat) abgerechnet, so liegen insoweit **Teilleistungen** vor. Dies gilt auch für unbefristete Dauerleistungen, soweit diese für bestimmte Zeitabschnitte abgerechnet werden. Der neue Steuersatz von 15 % ist hier nur auf die **Teilleistungen** anzuwenden, die **nach dem 31. 12. 1992 bewirkt** werden. Handelt es sich bei der Dauerleistung um den Fall **wiederkehrender Lieferungen,** so ist die Leistung an dem Tag bewirkt, an dem die letzte Lieferung für den vereinbarten Leistungszeitraum vorgenommen wird.

Für **Zeitungs- und Zeitschriftenabonnements** kann der vereinbarte Leistungszeitraum unter bestimmten Voraussetzungen aus Gründen der Verwaltungsvereinfachung aufgeteilt werden. Vereinfachungsregelungen sind auch bei **Entgeltsminderungen** und **-erhöhungen** zu beachten.

7.2 Der ermäßigte Steuersatz

Der ermäßigte **Steuersatz von 7 %** ist dagegen bei den Umsätzen an- 304
zuwenden, die im einzelnen in § 12 Abs. 2 UStG aufgeführt sind. An dem ermäßigten Steuersatz hat sich ab 1993 nichts geändert. Einzelheiten hierzu sind aus dem nachfolgenden Schaubild ersichtlich.

Ermäßigter Steuersatz

anzuwenden bei

1. Lieferungen, Eigenverbrauch und Einfuhr bestimmter Gegenstände, wie z. B. **Lebensmittel, Holz, Bücher**, Kunstgegenstände, orthopädische Apparate; **ausgenommen: Speisen und Getränke in Restaurants**, Gastwirtschaften usw.
2. Vermietung bestimmter Gegenstände, wie z. B. Kunstwerke, Sammlungsstücke usw.
3. **Vieh**- und **Pflanzenzucht**
4. **Tierzucht**
5. Leistungen und Eigenverbrauch der Zahntechniker und in begrenztem Umfang der Zahnärzte
6. Leistungen der **Theater, Orchester**, Kammermusikensembles, **Chöre** und **Museen**
7. Überlassung von Filmen sowie Filmvorführungen
8. **Einräumung, Übertragung** und **Wahrnehmung urheberrechtlich geschützter Rechte**
9. Schaustellerische Leistungen
10. Leistungen gemeinnütziger, mildtätiger oder kirchlicher Körperschaften
11. Leistungen der Schwimm- oder Heilbäder
12. Begünstigter Beförderungsverkehr
13. Gestellung von Betriebshelfern

Praxishinweis:
Im Umsatzsteuer-Binnenmarktgesetz ist die ermäßigte Besteuerung der Beförderung von Personen mit Schiffen, die am 31. 12. 1992 ausgelaufen wäre, bis zum 31. 12. 1995 verlängert worden (§ 28 Abs. 4 UStG).

Der Steuersatz von 7 % ist ebenfalls auf die Bemessungsgrundlage (ohne Umsatzsteuer) anzuwenden. Ist lediglich der **Bruttowert** bekannt, so ist folgende Berechnung vorzunehmen:

$$\text{Bruttobemessungsgrundlage} \times \frac{93{,}46}{100} = \text{Nettobemessungsgrundlage}$$

$$\text{Bruttobemessungsgrundlage} \times \frac{6{,}54}{100} = \text{Umsatzsteuer}$$

$$\text{Nettobemessungsgrundlage} \times \frac{7}{100} = \text{Umsatzsteuer}$$

$$\text{Umsatzsteuer} \longleftrightarrow{=} \text{Umsatzsteuer}$$

8 Unter welchen Voraussetzungen können Vorsteuern abgezogen werden?

Wie wir bereits bei der Darstellung der Allphasen-Nettoumsatzsteuer 305
gesehen haben, ist der **Vorsteuerabzug** das zentrale Element, um die „Umsatzsteuer auf die Umsatzsteuer", d. h. die **Steuerkumulierung** auf den einzelnen Umsatzstufen, zu vermeiden und eine **wettbewerbsneutrale Umsatzbesteuerung** zu gewährleisten. Wettbewerbsneutralität bedeutet, daß der Umsatz, unabhängig von der Anzahl der Umsatzstufen, beim Letztverbraucher mit der Umsatzsteuer ankommt, die der letzte Unternehmer für das von ihm verlangte Entgelt unter Ansatz des maßgeblichen Steuersatzes berechnet. Weiterhin wird durch den Vorsteuerabzug bei **Exportumsätzen** eine **vollständige Entlastung** von der Umsatzsteuer erreicht (vgl. Tz. 370).

Nach diesen einleitenden Worten stellt sich für Sie als Unternehmer 306
die Frage, was bedeutet Vorsteuerabzug im einzelnen.

Vorsteuerabzug bedeutet, daß Sie als Unternehmer **Umsatzsteuerbeträge**, die Ihnen **von anderen Unternehmern** für **Lieferungen** und **sonstige Leistungen an ihr Unternehmen** gesondert **in Rechnung gestellt** worden sind, von der Umsatzsteuer, die Sie für Ihre Lieferungen und sonstige Leistungen schulden, abziehen können.

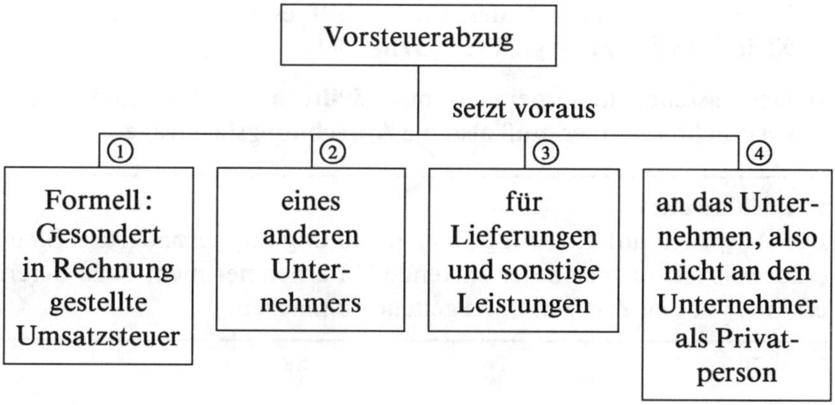

Bevor wir uns mit den Fragen auseinandersetzen, wer Vorsteuer abziehen kann und wann ein Abzug möglich ist, müssen wir uns zuerst mit dem Formellen beschäftigen, und zwar der **Rechnung mit gesondertem Steuerausweis.**

8.1 Die Rechnungserteilung

307 Um die formelle Voraussetzung für den Vorsteuerabzug, nämlich die Vorlage einer Rechnung mit gesondertem Steuerausweis, erfüllen zu können, hat der Gesetzgeber dem **Leistungsempfänger** einen **Anspruch auf Rechnungserteilung** eingeräumt (§ 14 Abs. 1 UStG). Diesem Anspruch steht die **Verpflichtung des leistenden Unternehmers** gegenüber, eine **Rechnung mit gesondertem Steuerausweis** zu erteilen, wenn der Leistungsempfänger dies verlangt und darüber hinaus folgende Voraussetzungen vorliegen:

- Die an den Leistungsempfänger ausgeführte **Lieferung** oder **sonstige Leistung** muß **steuerpflichtig** sein.
- Der **Leistungsempfänger** muß **Unternehmer** sein.
- Die **Leistung muß an das Unternehmen des Leistungsempfängers** ausgeführt worden sein.
- Bei dem **leistenden Unternehmer** darf es sich **nicht** um einen **Kleinunternehmer** (vgl. Tz. 495) handeln.
- Der leistende Unternehmer muß **zivilrechtlich** zur Abrechnung verpflichtet sein; er muß also die **Abrechnungslast** tragen.

Praxishinweis:
Der Anspruch auf Erteilung einer Rechnung mit gesondertem Steuerausweis ist, falls sich der leistende Unternehmer nicht dazu bereit erklärt, vor den Zivilgerichten geltend zu machen.

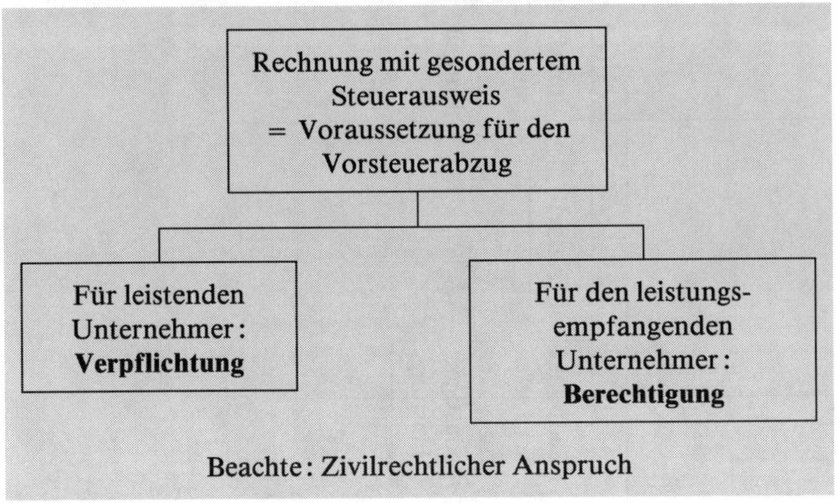

Begriff der Rechnung

Nun zu dem, was Rechnung bedeutet und wie eine Rechnung auszu- 308
sehen hat. Hier ein kurzer Überblick:

Begriff „Rechnung“

= Urkunde, mit der

- **Unternehmer** oder
- in seinem Auftrag ein Dritter

über

- **Lieferung** oder
- **sonstige Leistung**

gegenüber Leistungsempfänger abrechnet.

Beachte: Bezeichnung der Urkunde **unbedeutend!**

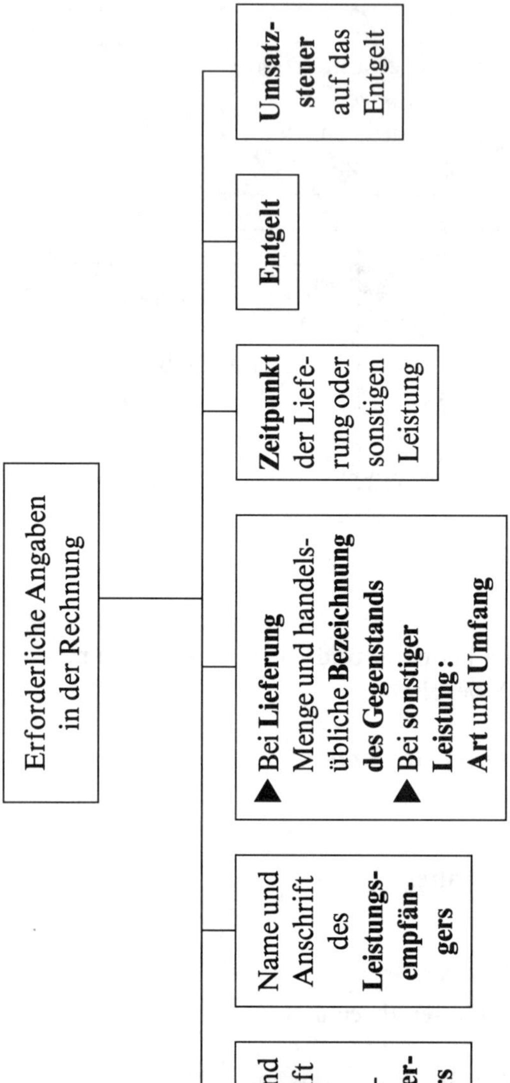

Besonderheiten bei

- Zahlung eines Teilentgelts
- Abrechnung durch Gutschrift
- Unrichtigem bzw. unberechtigtem Steuerausweis
- Innergemeinschaftlichem Handel

Unter Rechnung im umsatzsteuerlichen Sinne ist jede **Urkunde** zu verstehen, in der ein **Unternehmer** oder in seinem Auftrag ein **Dritter** über eine **Lieferung** oder eine **sonstige Leistung gegenüber dem Leistungsempfänger abrechnet** (§ 14 Abs. 4 UStG). Dabei kommt es nicht darauf an, ob der Rechnungsaussteller zum **gesonderten Ausweis der Umsatzsteuer** berechtigt ist oder ob Gegenstand der Rechnung eine **nichtsteuerpflichtige** Lieferung bzw. sonstige Leistung ist. Rechnungen brauchen auch nicht ausdrücklich als solche bezeichnet zu werden. Folglich können auch **Verträge**, z. B. Miet-, Wartungs- und Beratungsverträge, **als Rechnungen angesehen** werden, wenn sie die vom Gesetzgeber geforderten Angaben enthalten. Sind die Angaben im Vertrag unvollständig, so muß der Vertrag, um als Rechnung anerkannt zu werden, zumindest einen Hinweis auf andere Unterlagen (z. B. Überweisungsaufträge) enthalten, aus denen die fehlenden Angaben ersichtlich sind. Allerdings müssen die Angaben über den **gesonderten Steuerausweis** so **klar** und **eindeutig** sein, daß sie keine wahlweise Behandlung der Leistung als steuerfrei oder steuerpflichtig zulassen. 309

Keine Rechnung im umsatzsteuerlichen Sinne ist dagegen gegeben, wenn der Aussteller **nicht als Unternehmer abrechnet**, wie dies z. B. bei privaten Verkäufen der Fall ist, oder der Abrechnung **keine Lieferung** bzw. **sonstige Leistung** zugrunde liegt. Denken Sie z. B. an den Fall, daß ein Bauunternehmer auf einem zu seinem Privatvermögen gehörenden Grundstück ein Mehrfamilienhaus errichtet und für Zwecke der ertragsteuerlichen Gewinnermittlung einen Beleg erstellt, aus dem neben dem Entgelt auch Art und Umfang der Leistung ersichtlich sind. Da die Leistung im Rahmen des Unternehmens erbracht wird und somit als **Innenumsatz** (Tz. 31) zu behandeln ist, handelt es sich bei dem Beleg nicht um eine Rechnung, sondern um einen unternehmensinternen Abrechnungsbeleg. **Keine Rechnungen** sind auch 310

- **Schriftstücke**, mit denen nicht über eine Leistung abgerechnet wird, sondern die sich vielmehr **ausschließlich auf den Zahlungsverkehr** beziehen, wie z. B. Kontoauszüge oder Mahnungen, sowie
- **Bestell-** oder **Lieferscheine.**

Notwendige Angaben in der Rechnung

311 Nun zu der Frage, welche Angaben die Rechnung enthalten muß. Das Umsatzsteuergesetz (vgl. § 14 Abs. 1 UStG) schreibt – wie aus dem Schaubild unter Tz. 308 ersichtlich ist – die **Bezeichnung des leistenden Unternehmers**, und zwar durch Angabe von Name und Anschrift, vor. Dabei ist es zulässig, **Abkürzungen**, Buchstaben, Zahlen oder **Symbole** zu verwenden, wenn sie dem **Rechnungsempfänger bekannt** sind oder ihm **ausdrücklich mitgeteilt** werden. Weiterhin sind in der Rechnung **Name und Anschrift des Leistungsempfängers** – ggf. durch Abkürzungen, Buchstaben, Zahlen oder Symbole – anzugeben. Hierauf haben Sie besonders zu achten, wenn Sie den Vorsteuerabzug nicht aus formellen Gründen verlieren wollen.

Praxishinweis:
Wird bei einer Leistung, die gegenüber einer **Personengesellschaft** ausgeführt wird, die Rechnung auf den **Namen eines Gesellschafters** ausgestellt, so führt dies nicht wegen „unzutreffender Angabe des Leistungsempfängers“ zur Versagung des Vorsteuerabzuges.

---

312 Aus der Rechnung muß auch ersichtlich sein, **was** an Ihr Unternehmen **geliefert** worden ist bzw. **welche sonstige Leistung** an Ihr Unternehmen **erbracht** worden ist. Dazu reicht es bei **Lieferungen** aus, wenn eine **allgemeine Bezeichnung** oder eine **handelsübliche Sammelbezeichnung**, die allerdings die Bestimmung des anzuwendenden Steuersatzes eindeutig ermöglichen muß, benutzt werden. Denken Sie z. B. an die Bezeichnungen Baubeschläge, Büromöbel, Schnittblumen, Spirituosen, Tabakwaren, Waschmittel usw. Die Bezeichnungen dürfen jedoch nicht soweit gefaßt werden, daß sie Gruppen verschiedener Gegenstände umfassen, wie z. B. die Bezeichnungen „Geschenkartikel“ und „Büromaterial“.

Praxishinweis:
Bei Gaststättenrechnungen über den Verzehr von Speisen und Getränken genügt die Angabe „Speisen und Getränke".

Bei **sonstigen Leistungen** muß die Leistung so eindeutig bezeichnet werden, daß sich aus ihr der Leistungsort, der Steuersatz und der Bezug für das Unternehmen eindeutig ergeben. 313

Beispiel:
Der Bauunternehmer A, der für den Unternehmer B eine Lagerhalle errichtet hat, erteilt ihm folgende Rechnung:

Gemäß dem Angebot vom 5. 3. 1992 werden im Zusammenhang mit der Erstellung einer Lagerhalle folgende Leistungen berechnet:

– Ausschachtungsarbeiten:	15000 DM
– Fundamentierungsarbeiten:	20000 DM
– Erstellen des Rohbaus:	60000 DM
– Dach mit Isolierung:	30000 DM
– Außen- und Innenputz:	25000 DM
Gesamtbetrag:	150000 DM
Umsatzsteuer (15 %):	22500 DM
Rechnungsbetrag:	172500 DM

Aus der o. a. Rechnung ist eindeutig ersichtlich, welche Arbeiten der Bauunternehmer A ausgeführt hat. Die Rechnung genügt somit den Anforderungen für die Vornahme des Vorsteuerabzuges.

Praxishinweis:
Die **handelsübliche Bezeichnung des Liefergegenstands** bzw. **Art und Umfang der sonstigen Leistung** können durch **Abkürzungen, Buchstaben, Zahlen** oder **Symbole verschlüsselt** werden, vorausgesetzt,

dem Rechnungsempfänger sind diese Zeichen bekannt oder sie werden ihm als Anlage zu der Rechnung ausdrücklich mitgeteilt.

---

314 In der Rechnung muß auch der **Zeitpunkt** der Lieferung oder sonstigen Leistung angegeben werden. Hierbei genügt es, wenn der **Kalendermonat** bezeichnet wird, in dem die Leistung ausgeführt wurde.

315 Die Rechnung muß weiterhin Angaben zur **Höhe des Entgelts** für die Lieferung oder sonstige Leistung enthalten. Anstelle des Entgelts kann auch der **Bruttopreis** angegeben werden, wenn in der Rechnung **zusätzlich** die in dem Bruttopreis **enthaltene Umsatzsteuer vermerkt** ist.

316 Nun zu dem wichtigsten, nämlich dem **auf das Entgelt entfallenden Steuerbetrag**. Dieser Steuerbetrag ist stets gesondert in der Rechnung aufzuführen. Dabei braucht der **maßgebliche Steuersatz** nicht zusätzlich angegeben zu werden, es sei denn, es handelt sich um Lieferungen und sonstige Leistungen der pauschalierenden Land- und Forstwirte (vgl. hierzu § 24 Abs. 1 Satz 5 UStG). Unterliegen die in der Rechnung ausgewiesenen Umsätze **verschiedenen Steuersätzen** oder ist **ein Teil** dieser Umsätze **nicht steuerbar** oder **steuerfrei**, so sind die Entgelte und Steuerbeträge nach Steuersätzen bzw. nach steuerpflichtigen und nicht steuerpflichtigen Umsätzen zu trennen. Bei maschinell erstellten Rechnungen ist es jedoch zulässig, den Steuerbetrag in einer Summe auszuweisen, wenn bei den einzelnen Rechnungsposten jeweils der maßgebliche Steuersatz oder ein Hinweis auf den maßgeblichen Steuersatz vermerkt wird.

Beispiel:
Rechnung

1 kg Brot	2,80 DM E
6 Stück Würstchen	6,00 DM E
3 kg Waschmittel	10,35 DM N
	19,15 DM

Darin enthaltene Umsatzsteuer: 1,92 DM
E = Steuersatz von 7 %
N = Steuersatz von 15 %

Praxishinweis:
Enthält die Rechnung nicht alle erforderlichen Angaben, so muß der Leistungsempfänger – will er den Vorsteuerabzug erhalten – die Rechnung von dem Rechnungsaussteller **nachträglich vervollständigen** lassen. Dies ist **nicht erforderlich**, wenn es um die **Angaben über die Menge der gelieferten Gegenstände** oder um den **Zeitpunkt des Umsatzes** geht, vorausgesetzt, diese Angaben können anhand der sonstigen Geschäftsunterlagen (z. B. Lieferschein) ergänzt oder nachgewiesen werden.

Zum Abschluß noch ein Beispiel, wie eine Rechnung in der Praxis 317
aussehen muß:

Farbengroßhandlung Johann Schmitz Lindenstr. 12 1080 Berlin	Berlin, 14. 2. 1993 Rechnungs-Nr.: 3030 Kunden-Nr.: 110

Firma
Max Müller
Goethestr. 20
1080 Berlin

Betr.: Lieferung von Wandfarbe

200 kg Wandfarbe (weiß) à 5,80 DM / kg	1 160,00 DM
Umsatzsteuer 15 %	+ 174,00 DM
Rechnungsbetrag	1 334,00 DM

Zahlung eines Teilentgelts

318 Bei sonstigen Leistungen, die sich über einen längeren Zeitraum hinziehen (z. B. Bauvorhaben), ist es üblich, daß der Leistungsempfänger vor Beendigung der sonstigen Leistung bereits **Abschlagszahlungen** leistet. Um in diesen Fällen die Inanspruchnahme des Vorsteuerabzuges vor Ausführung der Leistung zu ermöglichen, sieht das Umsatzsteuergesetz (vgl. § 14 Abs. 1 Satz 5 UStG) vor, daß über diese Zahlungen bereits **Vorausrechnungen** oder **Anzahlungsrechnungen** mit gesondertem Steuerausweis erteilt werden können. Für den **leistenden Unternehmer** bedeutet dies, daß er bei Eingang der Zahlung die darin enthaltene **Umsatzsteuer an das Finanzamt abführen** muß. Für den **Leistungsempfänger** bedeutet dies, daß er die gesondert ausgewiesene Umsatzsteuer, Zahlung **und Rechnungserhalt** vorausgesetzt, als **Vorsteuer abziehen** kann.

319 Ein Anspruch auf Erteilung von Vorausrechnungen oder Anzahlungsrechnungen mit gesondertem Steuerausweis besteht nur dann, wenn das **vorweg gezahlte Entgelt** oder das **einzelne Teilentgelt mindestens 10000 DM** beträgt. Bei Beträgen von weniger als 10000 DM ist es Sache der Vertragsparteien, solche Rechnungen bei Voraus- oder Anzahlungen zu vereinbaren.

320 Noch zwei Hinweise: In den Voraus- und Anzahlungsrechnungen sind wie in einer normalen Rechnung Name und Anschrift des leistenden Unternehmers und des Leistungsempfängers, Menge und handelsübliche Bezeichnung des Liefergegenstands bzw. Art und Umfang der sonstigen Leistung, anstelle des Zeitpunkts der Leistung der **voraussichtliche** oder **vereinbarte Ausführungstermin**, das **vorweg zu zahlende Entgelt** oder das **einzelne Teilentgelt** sowie die **darauf entfallende Umsatzsteuer** anzugeben.

321 Wird nach Ausführung der Leistung eine **zusammenfassende Endrechnung** erteilt, so sind in dieser Endrechnung die bereits **vereinnahmten Teilentgelte** und gesondert davon auch die dafür in Rechnung gestellten Steuerbeträge **abzusetzen.** Dadurch wird bei dem Lei-

stungsempfänger vermieden, daß er den Vorsteuerabzug hinsichtlich der Teilentgelte doppelt vornimmt. Sollten Sie versehentlich die bereits vereinnahmten **Teilentgelte** in der Endrechnung **nicht abziehen**, so schulden Sie den in der Endrechnung **insgesamt ausgewiesenen Umsatzsteuerbetrag,** ohne daß der Leistungsempfänger die auf die Anzahlungen entfallenden Steuerbeträge nochmals als Vorsteuer abziehen darf. Statt einer Endrechnung können Sie auch eine sog. **Restrechnung** erteilen, in der nur noch über die **verbliebene Restzahlung** und die darauf entfallende **restliche Umsatzsteuer** abgerechnet wird. Bei dieser Restrechnung brauchen Anzahlungen und die darauf entfallenden Steuerbeträge nicht angegeben zu werden. Zulässig ist auch, in der Restrechnung zunächst das gesamte Nettoentgelt aufzuführen und davon die bereits enthaltenen Nettoanzahlungen abzuziehen, so daß als Saldo der verbleibende Restbetrag und die darauf entfallende Steuer ausgewiesen werden.

Abrechnung durch Gutschrift

Der Leistungsempfänger kann sich die formelle Voraussetzung für 322
den Vorsteuerabzug auch dadurch schaffen, daß er die **Rechnung für den leistenden Unternehmer ausfertigt** (siehe dazu das nachfolgende Schaubild). Eine solche Rechnung wird umsatzsteuerlich als **Gutschrift** bezeichnet (§ 14 Abs. 5 UStG).

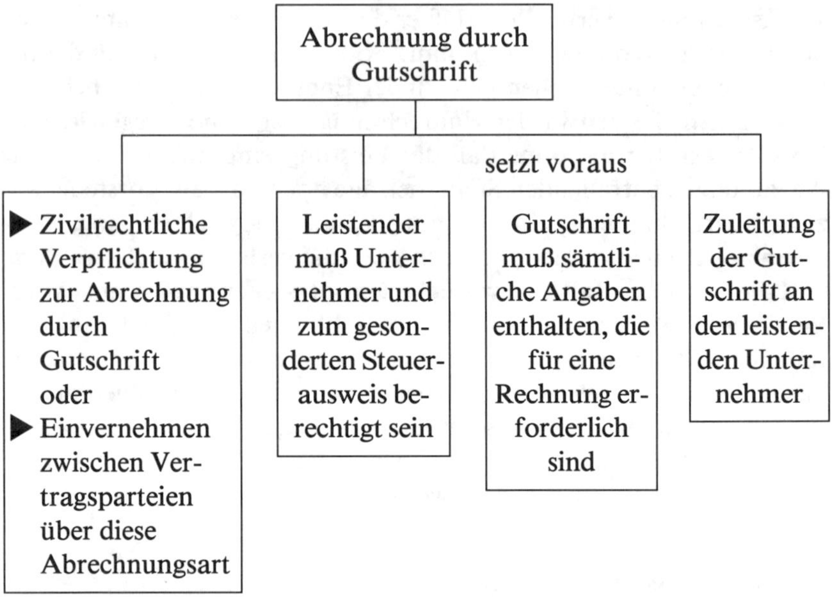

323 Ist der leistende Unternehmer mit der ihm erteilten Gutschrift nicht einverstanden, so kann er ihr **widersprechen**. Durch den Widerspruch verliert die Gutschrift die Wirkung einer Rechnung (§ 14 Abs. 5 Satz 4 UStG). Für den Leistungsempfänger bedeutet dies, daß er den bereits vorgenommenen **Vorsteuerabzug rückgängig** machen muß.

Praxishinweis:
Auch über Voraus- und Anzahlungen kann mittels einer Gutschrift abgerechnet werden, unabhängig von der Höhe der einzelnen Zahlungen.

Vereinfachungen bei der Rechnungserteilung

324 In der Praxis sind folgende Vereinfachungen bei der Rechnungserteilung zu beachten:

▶ Kleinbetragsrechnungen

Rechnungen bis zu einem **Gesamtbetrag einschließlich Umsatzsteuer** 325
von 200 DM müssen zur Vornahme des Vorsteuerabzuges nur Angaben über den **leistenden Unternehmer**, über die Menge und handelsübliche **Bezeichnung des Liefergegenstands** bzw. über **Art und Umfang der sonstigen Leistung** und über den **maßgeblichen Steuersatz** enthalten. Das **Entgelt** und der **Steuerbetrag** können **in einer Summe** ausgewiesen werden.

Beispiel:
Der Schreibwarenhändler C erteilt dem Unternehmer D folgende Rechnung über die Lieferung von Büromaterial:

Schreibwarenhändler C, Dresden, Mühlenstraße 3
20 Kugelschreiber à 5 DM = 100 DM
Steuersatz 15 %

Da der Rechnungsbetrag nicht über 200 DM hinausgeht, genügen die Angaben zum leistenden Unternehmer, zur Menge und handelsüblichen Bezeichnung des Liefergegenstands, zur Höhe des brutto ausgewiesenen Rechnungsbetrages und des dafür maßgeblichen Steuersatzes.

Praxishinweis:
Der **Steuersatz** ist stets **zahlenmäßig**, z. B. 15 % oder 7 %, aufzuführen. Sind in der Rechnung Umsätze aufgeführt, die **verschiedenen Steuersätzen** unterliegen, so muß hinter jeder Position kenntlich gemacht werden, welcher Steuersatz hierfür anzusetzen ist.

▶ Fahrkarten

Bei Fahrausweisen für die Beförderung von Personen genügt es für 326
die Anerkennung als Rechnung, wenn auf den Fahrausweisen Name und Anschrift des **Beförderungsunternehmers**, das **Entgelt** und der **Steuerbetrag in einer Summe** sowie der **Steuersatz** vermerkt sind.

Beträgt die **Tarifentfernung** nicht mehr als **50 km** und ist daher der ermäßigte Steuersatz anzuwenden, so kann auf die Angabe des Steuersatzes verzichtet werden. Bei einer Tarifentfernung von mehr als 50 km kann anstelle des Steuersatzes auch die Tarifentfernung angegeben werden.

Praxishinweis:
Ist in dem Fahrausweis weder der Steuersatz noch die Tarifentfernung angegeben, so ist die Umsatzsteuer stets mit 7 % aus dem Rechnungsbetrag herauszurechnen.

---

327 Bei einer **grenzüberschreitenden Beförderung** ist, falls die Beförderungsleistung ab dem 1. 1. 1993 nicht nach dem Abgangsortprinzip (vgl. Tz. 122) besteuert wird, zusätzlich der anteilige Beförderungspreis und der Steuersatz für den Streckenanteil im Inland zu bescheinigen.

Praxishinweis:
Die Vereinfachungsregelung für Fahrausweise gilt auch für **Zuschlag-, Platz-, Bett-** und **Liegekarten** sowie für **Zeitkarten** und für Belege im Reisegepäckverkehr. Sie sind jedoch nicht anzuwenden bei Beförderungen mit **Taxen** oder **Mietwagen**; hier ist die Vereinfachungsregelung für Kleinbetragsrechnungen zu beachten.

Rechnung bei unentgeltlichen und verbilligten Leistungen

328 Führen Gesellschaften und sonstige Personenvereinigungen **unentgeltliche oder verbilligte Leistungen an ihre Gesellschafter,** Mitglieder oder diesen nahestehende Personen aus, führen **Einzelunternehmer verbilligte Leistungen an ihnen nahestehende Personen** aus oder führen Unternehmer **verbilligte Leistungen an ihre Arbeitnehmer** oder deren Angehörige aufgrund des Dienstverhältnisses aus, so hat der leistende Unternehmer die Umsatzsteuer unter Berücksichtigung

der Mindestbemessungsgrundlage „Einkaufspreis zuzüglich Nebenkosten, Selbstkosten oder entstandene Kosten“ zu entrichten (vgl. Tz. 293 f.). Ohne Sonderregelung wäre in diesen Fällen trotz des Ansatzes der Mindestbemessungsgrundlage der Vorsteuerabzug des Leistungsempfängers nur bis zur Höhe der Steuer zulässig, die auf das zwischen den Parteien vereinbarte Entgelt entfällt. Hier hilft § 14 Abs. 1 Satz 3 UStG weiter. Dort ist nämlich geregelt, daß es dem leistenden Unternehmer gestattet ist, die gesamte für den Umsatz **geschuldete Steuer** – also unter Berücksichtigung der Mindestbemessungsgrundlage – **in der Rechnung gesondert auszuweisen.** Damit wird dem Leistungsempfänger die Möglichkeit eröffnet, den vollen Steuerbetrag als Vorsteuer abzuziehen, so daß eine Steuerkumulierung innerhalb der Unternehmenskette vermieden wird. Der Leistungsempfänger hat einen Anspruch auf Erteilung einer solchen Rechnung.

Beispiel:
Eine Gesellschaft liefert an ihren unternehmerisch tätigen Gesellschafter eine gebrauchte Maschine zu einem Kaufpreis von 40000 DM. Die Wiederbeschaffungskosten der Maschine betragen netto 70000 DM.

In diesem Fall muß die Rechnung neben den übrigen erforderlichen Angaben zum einen die Mindestbemessungsgrundlage von 70000 DM und zum anderen die darauf entfallende Umsatzsteuer enthalten. Der die Maschine erwerbende Gesellschafter kann die auf die Mindestbemessungsgrundlage entfallende Umsatzsteuer als Vorsteuer abziehen.

Land- und Forstwirte, die die Durchschnittsbesteuerung (vgl. § 24 329
Abs. 1 bis 3 UStG) anwenden, dürfen die Steuer nur in Höhe des vereinbarten Entgelts in der Rechnung ausweisen, weil sie die für ihre Umsätze geschuldete Steuer nicht an das Finanzamt abzuführen brauchen und daher insoweit nicht zusätzlich belastet werden.

Praxishinweis:
Die Rechnungserteilung bei Ansatz der Mindestbemessungsgrundlage gilt nicht für die Fälle, in denen Gesellschaften und sonstige Personenvereinigungen ihren Gesellschaftern, Mitgliedern oder den ihnen nahestehenden Personen **Leistungen aus nichtunternehmerischen Gründen unentgeltlich** zukommen lassen. Diese Vorgänge sind nach wie vor als Entnahme- oder Verwendungseigenverbrauch zu beurteilen. D. h.: **Kein Vorsteuerabzug** für den Leistungsempfänger.

Zu Unrecht erfolgter Steuerausweis

330 Sehen wir uns zum Einstieg in diese Problematik das folgende Schaubild an:

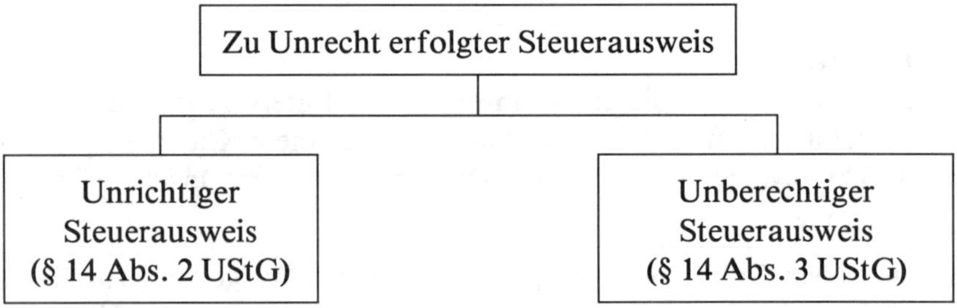

Folge: Unrichtig ausgewiesene Steuer wird vom Rechnungsersteller geschuldet

Rechnungsberichtigung möglich, wenn

- Rechnungsersteller Unternehmer und zum gesonderten Steuerausweis berechtigt
- Abrechnung über Lieferung oder sonstige Leistung erfolgt

Folge: Unberechtigt ausgewiesene Steuer wird vom Rechnungsersteller geschuldet

Grundsätzlich **keine** Rechnungsberichtigung

Billigkeitsregelung jedoch möglich

Aus dem Schaubild ergibt sich, daß wir zwei Fälle von zu Unrecht erfolgter Steuerausweise unterscheiden müssen, und zwar zum einen den **unrichtigen Steuerausweis** und zum anderen den **unberechtigten Steuerausweis.**

① Unrichtiger Steuerausweis

Wird die Umsatzsteuer in einer Rechnung **unrichtig ausgewiesen,** so 331
schuldet der Unternehmer neben der zutreffenden Umsatzsteuer auch den **Mehrbetrag**. Er hat allerdings die Möglichkeit, durch eine **Rechnungsberichtigung** gegenüber dem Leistungsempfänger die **zusätzliche Steuerschuld rückgängig** zu machen.

▶ Wann ist der Steuerausweis unrichtig?

Von einem unrichtigen Steuerausweis kann nur dann ausgegangen 332
werden, wenn die Rechnung von einem **Unternehmer erteilt** worden ist, der zum **gesonderten Ausweis** der Umsatzsteuer **berechtigt** ist, also kein Kleinunternehmer ist, und der Rechnung eine **Lieferung** oder eine **sonstige Leistung** zugrunde liegt. Schauen wir uns dazu die folgenden Beispiele an.

Beispiel 1:
Der Unternehmer E vermietet eine Wohnung an F zu einer monatlichen Miete von 200 DM zuzüglich 30 DM Umsatzsteuer.

Da es sich bei der Vermietung zu Wohnzwecken um eine steuerfreie Leistung handelt, bei der nicht auf die Umsatzsteuerfreiheit verzichtet werden kann, ist die von dem Unternehmer E in Rechnung gestellte Umsatzsteuer unzutreffend. E hat die Möglichkeit, diese Rechnung zu berichtigen, indem er den Umsatz als steuerfrei behandelt und keine Umsatzsteuer in seiner Rechnung ausweist.

Beispiel 2:
Der Unternehmer G hat gegenüber H eine Lieferung ausgeführt, deren Ort sich in Österreich befindet. In der Rechnung über diese Lieferung wird neben dem Entgelt von 2000 DM Umsatzsteuer in Höhe von 300 DM ausgewiesen.

Da es sich bei der Lieferung um einen nicht steuerbaren Umsatz handelt, ist der Ausweis der Umsatzsteuer zu Unrecht erfolgt. G hat jedoch die Möglichkeit, die unzutreffende Rechnung zu berichtigen und auf diese Weise die zusätzliche Steuerschuld rückgängig zu machen.

Beispiel 3:
Der Einzelhändler I hat an den Abnehmer K Lebensmittel geliefert, die ermäßigt zu besteuern sind. In seiner Rechnung hat er jedoch die Umsatzsteuer mit 15 % ausgewiesen.

Auch hier liegt ein unrichtiger Steuerausweis vor. Die Rechnung kann in der Weise berichtigt werden, daß die Umsatzsteuer auf der Grundlage des ermäßigten Steuersatzes von 7 % berechnet wird.

Beispiel 4:
Der Bauunternehmer L hat von dem Unternehmer M für die Errichtung eines Verwaltungsgebäudes Abschlagszahlungen erhalten und ihm über diese Abschlagszahlungen Rechnungen erteilt. Bei der Erstellung der Endrechnung werden diese Abschlagszahlungen nicht berücksichtigt.

L schuldet den gesamten in der Endrechnung ausgewiesenen Umsatzsteuerbetrag. Von der doppelt erfaßten Umsatzsteuer – einerseits durch die Rechnungen über die Abschlagszahlungen und andererseits durch den vollen Ausweis in der Endrechnung – kann sich L nur dadurch „befreien“, daß er die Endrechnung berichtigt.

Beispiel 5:
Der Bäcker N hat in einer Rechnung über die Lieferung von 250 Brötchen einen Bruttobetrag von 115 DM und einen Steuersatz von 15 % ausgewiesen.

Die Lieferung von Brötchen unterliegt dem ermäßigten Steuersatz von 7 %. N hat somit in der Kleinbetragsrechnung den Steuersatz falsch angegeben; er schuldet neben der zutreffenden Umsatzsteuer von 7 DM auch den Mehrbetrag von 8 DM. Den Mehrbetrag kann er nur dadurch rückgängig machen, daß er die Kleinbetragsrechnung berichtigt und in der neuen Rechnung zum einen einen Bruttopreis von 107 DM und zum anderen einen Steuersatz von 7 % angibt.

Beispiel 6:
Der Unternehmer O hat an einen Kunden eine Maschine im Nettowert von 10000 DM geliefert. Da der Kunde den Rechnungsbetrag nicht fristgemäß überwiesen hatte, hat O in seiner Rechnung neben dem Entgelt für die Maschine Verzugszinsen von 200 DM berechnet und auf den Gesamtbetrag von 10200 DM die Umsatzsteuer mit 15 % ausgewiesen. Bei den Verzugszinsen handelt es sich um echten Schadensersatz.

Da das Entgelt für die Lieferung der Maschine lediglich 10000 DM, und nicht, wie von O angenommen, 10200 DM beträgt, ist die Umsatzsteuer, soweit sie auf die Verzugszinsen von 200 DM entfällt, zu Unrecht ausgewiesen worden. Auch hier ist eine Rechnungsberichtigung möglich.

▶ Rechnungsberichtigung

Nachdem wir nun wissen, wann eine Rechnungsberichtigung in Betracht kommt, wollen wir uns kurz mit der Technik der Rechnungsberichtigung beschäftigen. 333

Die Rechnungsberichtigung kann auf **zwei Arten** erfolgen, und zwar zum einen unter Beibehaltung des Bruttorechnungsbetrages und Korrektur der darin enthaltenen Umsatzsteuer und zum anderen unter Beibehaltung des Entgelts und gleichzeitiger Minderung des Rechnungsbetrages.

Beispiel:
Der Unternehmer P hat an R eine Lieferung ausgeführt und in seiner Rechnung anstelle des ermäßigten Steuersatzes von 7 % den normalen Steuersatz von 15 % ausgewiesen. Die Rechnung lautet:

– Entgelt für die Lieferung:	1 000 DM
– Umsatzsteuer (15 %):	150 DM
– Rechnungsbetrag:	1 150 DM

Führt der Unternehmer P eine Rechnungsberichtigung durch, so kann dies – ungeachtet der zivilrechtlichen Rechtslage – auf zweierlei Weise erfolgen:

▶ **Kürzung des Rechnungsbetrages**

Entgelt für die Lieferung:	1 000 DM
Umsatzsteuer (7 %):	70 DM
neuer Rechnungsbetrag:	1 070 DM

Die **Differenz** zwischen altem und neuem Rechnungsbetrag ist dem **Abnehmer zu erstatten**.

▶ **Beibehaltung des Rechnungsbetrages**

Bisheriger Rechnungsbetrag:	1 150,00 DM
darin enthaltene Umsatzsteuer zu einem Steuersatz von 7 % (6,542 % von 1 150 DM):	– 75,23 DM
neues Entgelt:	1 074,77 DM

In diesem Fall ändert sich an der Zahlung des Kunden nichts; lediglich der von dem Kunden evtl. vorgenommene **Vorsteuerabzug** ist aufgrund der Rechnungsberichtigung **zu mindern**.

Praxishinweis:
Bei einer Rechnungsberichtigung für einen **nicht steuerpflichtigen Umsatz** muß sich der leistende Unternehmer die **Originalrechnung** von dem Leistungsempfänger **zurückgeben** lassen.

Ist die Abrechnung zwischen dem leistenden Unternehmer und dem 334
Leistungsempfänger durch Erteilung einer **Gutschrift** erfolgt, so hat der leistende Unternehmer bei einem unrichtigen Steuerausweis den Mehrbetrag an das Finanzamt abzuführen. Eine **Berichtigungsmöglichkeit** besteht nur in den Fällen, in denen die **Umsatzsteuer** für eine steuerpflichtige Lieferung oder sonstige Leistung **zu hoch ausgewiesen** worden ist. Hier kann sich der leistende Unternehmer der zusätzlichen Steuerschuld dadurch entziehen, daß er der **Gutschrift widerspricht.**

Praxishinweis:
Wird in einer Gutschrift ein Steuerbetrag für eine nicht steuerbare oder eine steuerfreie Leistung ausgewiesen, so bedarf es zur Vermeidung der Umsatzsteuerschuld keines Widerspruchs durch den leistenden Unternehmer. Denn **Gutschriften** sind **nur bei steuerpflichtigen Leistungen zulässig,** so daß die dem leistenden Unternehmer zugegangene Abrechnung nicht die Qualität einer Gutschrift hat. Für den Leistungsempfänger bedeutet dies, daß sein Vorsteuerabzug unzulässig ist.

---

② Unberechtigter Steuerausweis

Ein unberechtigter Steuerausweis liegt vor, wenn 335

- ein **Kleinunternehmer** in einer Rechnung einen Steuerbetrag ausweist,
- eine Rechnung mit gesondertem Steuerausweis erteilt wird, obwohl der Rechnungsersteller **keine Lieferung oder sonstige Leistung** ausgeführt hat,
- ein Unternehmer eine Rechnung mit gesondertem Steuerausweis erteilt, in der er statt des **tatsächlich gelieferten Gegenstands** einen

anderen, von ihm **nicht gelieferten Gegenstand aufführt,** oder statt der tatsächlich ausgeführten sonstigen Leistung eine andere, von ihm nicht erbrachte Leistung angibt,

- ein Unternehmer eine Rechnung mit gesondertem Steuerausweis für eine Leistung erteilt, die er **nicht im Rahmen seines Unternehmens** ausführt oder
- eine **Privatperson** eine Rechnung mit gesondertem Steuerbetrag ausstellt.

In all diesen Fällen muß der Rechnungsersteller die Umsatzsteuer an das Finanzamt abführen, ohne daß er die Möglichkeit der **Rechnungsberichtigung** hat. Weiterhin kann der **Rechnungsempfänger** die gesondert ausgewiesene Umsatzsteuer **nicht als Vorsteuer abziehen.**

Beispiel 1:
Der Kleinunternehmer S weist in seiner Heizkostenabrechnung den auf den Unternehmer T entfallenden Anteil am Gesamtbetrag der Heizkosten mit dem Nettobetrag und der darauf entfallenden Umsatzsteuer aus.

S war als Kleinunternehmer nicht berechtigt, die Umsatzsteuer in der Heizkostenabrechnung offen auszuweisen.

Beispiel 2:
Der Einzelhändler U führt in einer Rechnung den Monitor für einen Kleincomputer auf, obwohl er tatsächlich ein Fernsehgerät geliefert hat.

U schuldet die gesondert ausgewiesene Umsatzsteuer in der „unzutreffenden“ Rechnung neben der Steuer für die tatsächlich ausgeführte Leistung; er wird also doppelt zur Umsatzsteuer herangezogen.

Beispiel 3:
V hat die von seiner Firma ausgeführten Bauarbeiten in der Rechnung lediglich durch Angabe einer Baustelle und „Arbeiten wie gesehen und besichtigt" beschrieben.

Hier ist lediglich die Art und der Umfang des Leistungsgegenstands unvollständig umschrieben worden. Dieser Mangel kann durch eine Rechnungsergänzung beseitigt werden. V schuldet somit die von ihm gesondert ausgewiesenen Steuerbeträge nicht aufgrund eines unberechtigten Steuerausweises.

Beispiel 4:
Der Uhrmacher W hat eine in seinem Einfamilienhaus befindliche Standuhr verkauft und dem Erwerber eine Rechnung mit gesondertem Steuerausweis erteilt.

Da W die Lieferung nicht im Rahmen seines Unternehmens ausgeführt hat, schuldet er die Umsatzsteuer wegen des unberechtigten Steuerausweises.

Praxishinweis:
In Härtefällen ist das Finanzamt gehalten, trotz der fehlenden Möglichkeit der Rechnungsberichtigung, im **Billigkeitswege einer Korrektur der erteilten Rechnung zuzustimmen**. Solche Billigkeitsmaßnahmen sind vor allem in der Phase der Umstellung des Umsatzsteuerrechts auf den Binnenmarkt erforderlich.

Rechnungsausstellungspflicht im innergemeinschaftlichen Handel

▶ **Innergemeinschaftliche Lieferungen**

336 Um dem Abnehmer der Ware in einem anderen EG-Staat die für die Durchführung der Erwerbsbesteuerung erforderlichen Angaben zu machen, ist der **inländische Lieferer verpflichtet,** über **steuerfreie innergemeinschaftliche Lieferungen Rechnungen zu erteilen** (§ 14a Abs. 1 Satz 1 UStG). In den Rechnungen ist auf die Steuerfreiheit der Lieferung hinzuweisen.

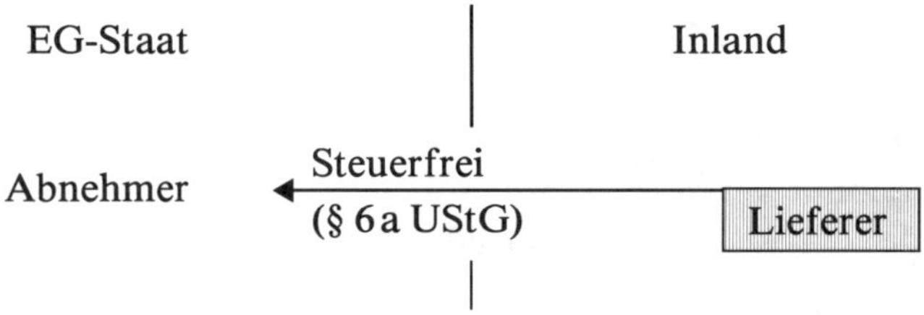

Rechnungserteilung für Erwerbsbesteuerung erforderlich!

▶ **Rechnungserteilung durch ausländische Unternehmer**

337 Ausländische Unternehmer, deren Lieferungen aufgrund der **Versandhandelsregelung** im Inland zu versteuern sind, sind ebenfalls verpflichtet, über ihre Lieferungen **Rechnungen mit gesondert ausgewiesener deutscher Umsatzsteuer** zu erteilen. Diese Verpflichtung besteht auch in den Fällen, in denen der Abnehmer **kein Unternehmer** ist. So hat z. B. ein Lieferer aus einem anderen EG-Staat eine Rechnung zu erteilen, wenn er Gegenstände an eine Privatperson in Deutschland versendet.

Beachten Sie: Die Verpflichtung gilt nicht für inländische Lieferer, die Versendungslieferungen in einen anderen EG-Staat ausführen; hier kommt es für die Verpflichtung zur Rechnungserteilung auf die Vorschriften des EG-Staates an, in dem die Versendungslieferungen zu versteuern sind. Wer die Aufbewahrungsfrist nicht einhält, handelt ordnungswidrig (§ 26a Abs. 1 Nr. 1 UStG) und kann mit einem Bußgeld bis zu 10000 DM bestraft werden.

EG-Staat		Inland
Lieferer	──────────►	Abnehmer
	Verpflichtung zur Rechnungserteilung mit offenem Umsatzsteuer-Ausweis **auch** gegenüber Privatpersonen	⊗ Lieferort nach Versandhandelsregelung (= Ende der Beförderung oder Versendung)

Die Verpflichtung des in der Regel ausländischen Unternehmers zur Erteilung von Rechnungen mit gesondert ausgewiesener deutscher Umsatzsteuer gilt auch dann, wenn **Güterbeförderungen**, damit im Zusammenhang stehende Nebenleistungen sowie **Vermittlungsleistungen** im Inland ausgeführt werden.

Der Lieferer ist verpflichtet, von allen Ausgangsrechnungen jeweils ein **Doppel 6 Jahre lang aufzubewahren** (§ 14a Abs. 1 Sätze 3 und 4 UStG). Diese Aufbewahrungspflicht ist für das **Kontrollverfahren** (vgl. Tz. 470f.) erforderlich. Betroffen von der neuen Aufbewahrungspflicht sind im Ergebnis nur die Unternehmer, die **nicht zur Buchführung verpflichtet** sind.

Praxishinweis:
Auch der **private Fahrzeuglieferer** hat seinem Abnehmer in einem anderen EG-Staat eine Rechnung über seine Lieferung zu erteilen (§ 14a Abs. 1 Satz 5 UStG).

▶ Umsatzsteuer-Identifikationsnummer angeben

338 In den Rechnungen über steuerfreie innergemeinschaftliche Lieferungen und über innergemeinschaftliche Leistungen im Zusammenhang mit der Güterbeförderung und Vermittlung hat der leistende Unternehmer sowohl **seine eigene Umsatzsteuer-Identifikationsnummer** als auch die **Umsatzsteuer-Identifikationsnummer seines Leistungsempfängers** anzugeben. Aus der Angabe der Umsatzsteuer-Identifikationsnummer des leistenden Unternehmers ist für den Leistungsempfänger ersichtlich, daß es sich hierbei nicht um einen Kleinunternehmer, um einen Unternehmer mit ausschließlich steuerfreien Umsätzen oder um einen Unternehmer, der ausschließlich Umsätze im Rahmen eines land- und forstwirtschaftlichen Betriebs ausführt, handelt (vgl. Tz. 489f.). Hieraus kann er Rückschlüsse auf die umsatzsteuerliche Behandlung der Leistung ziehen. Außerdem werden die Angaben der Umsatzsteuer-Identifikationsnummer für das Kontrollverfahren (vgl. Tz. 470f.) benötigt (§ 14a Abs. 2 UStG).

▶ Angaben bei neuen Fahrzeugen

339 Rechnungen über die innergemeinschaftlichen **Lieferungen von neuen Fahrzeugen** – insbesondere an Privatpersonen – müssen für die Durchführung der Einzelbesteuerung bestimmte Angaben enthalten (§ 14a Abs. 3 UStG). Anhand dieser Angaben muß der Erwerber und die Finanzbehörde feststellen können, ob ein Fahrzeug neu ist. Zu den erforderlichen Angaben in der Rechnung gehören insbesondere der Tag der ersten Inbetriebnahme und der Kilometerstand im Zeitpunkt des Erwerbs.

Praxishinweis:
Rechnungen über Fahrzeuglieferungen vom Hersteller an den Autohändler fallen nicht unter diese Sonderregelung. In diesen Rechnungen genügen die für den Vorsteuerabzug üblichen Angaben (vgl. Tz. 308f.).

Die zusätzlichen Angaben sind sowohl in den Fällen erforderlich, in denen ein neues Fahrzeug in einen anderen EG-Staat geliefert wird, als auch in den Fällen, in denen die Lieferung eines neuen Fahrzeugs von einem anderen EG-Staat in das Inland erfolgt.

8.2 Der Vorsteuerabzug

Haben wir eine ordnungsmäßige Rechnung mit gesondertem Steuer- 340
ausweis vorliegen, so sind damit bereits drei Voraussetzungen für die Inanspruchnahme des Vorsteuerabzuges (vgl. § 15 Abs. 1 UStG) erfüllt, nämlich

- **Rechnung mit gesondert ausgewiesener Steuer,**
- **Lieferung** oder **sonstige Leistung** an den **Leistungsempfänger** und
- Ausführung der **Leistung durch einen Unternehmer.**

Denn eine Rechnung im umsatzsteuerlichen Sinne ist grundsätzlich nur dann anzunehmen, wenn ein Unternehmer über eine Lieferung oder eine sonstige Leistung abrechnet. Zur Rechnungserteilung als Voraussetzung für den Vorsteuerabzug sei noch auf drei Dinge hingewiesen:

1. Umsatzsteuer nach deutschem Recht

Abziehbar ist nur die Umsatzsteuer, die nach dem **Umsatzsteuerge-** 341
setz der Bundesrepublik geschuldet wird; hierzu gehört auch die Steuer für den innergemeinschaftlichen Erwerb von Gegenständen.

Umsatzsteuerbeträge, die nach den **Umsatzsteuergesetzen anderer** 342
Staaten geschuldet werden, können dagegen nicht als Vorsteuerbeträge berücksichtigt werden. Hier besteht jedoch, soweit es sich um einen Mitgliedstaat der EG handelt, die Möglichkeit, sich unter bestimmten Voraussetzungen die **Umsatzsteuer als Vorsteuer vergüten** zu lassen (vgl. Tz. 467).

2. Unrichtiger Umsatzsteuerausweis

343 Ist die **Umsatzsteuer** in einer Rechnung **unrichtig ausgewiesen** worden, so hindert dies den Leistungsempfänger nicht, in Höhe der gesondert ausgewiesenen Umsatzsteuer Vorsteuern geltend zu machen. Eine Ausnahme gilt lediglich für die Fälle, in denen der Leistungsempfänger ohne weitere Nachprüfung erkennen kann, daß die Umsatzsteuer in der Rechnung unrichtig angegeben worden ist.

Beispiel:
Der Unternehmer S erhält eine Rechnung über die Lieferung eines Gegenstands, in der das Entgelt mit 1000 DM und die Umsatzsteuer mit 160 DM angegeben worden sind.

Für den Unternehmer S ist aus der Rechnung eindeutig erkennbar, daß die Umsatzsteuer aufgrund eines Rechenfehlers zu hoch ausgewiesen worden ist. Sie kann nämlich bei Anwendung des normalen Steuersatzes nur 15 %, also 150 DM, betragen.

3. Unberechtigter Steuerausweis

344 Um einen unberechtigten Steuerausweis zu vermeiden, muß der Unternehmer, der die Lieferung oder sonstige Leistung ausgeführt hat, in der Rechnung mit seinem **wirklichen Namen** oder mit seiner wirklichen Firma angegeben sein (vgl. auch § 31 Abs. 2 UStDV). Grundsätzlich ist daher der Vorsteuerabzug zu versagen, wenn in der Rechnung ein **Scheinname** oder eine **Scheinfirma** aufgeführt wird und auch die übrigen Angaben in der Rechnung keinen Hinweis auf den tatsächlich leistenden Unternehmer geben. Denken Sie z. B. an die Verwendung gefälschter Rechnungsformulare ohne Wissen der betroffenen Firma. Ein Vorsteuerabzug ist auch dann nicht möglich, wenn nach der Abrechnung mehrere leistende Unternehmer in Be-

tracht kommen und sich der **tatsächlich leistende Unternehmer nicht zweifelsfrei** aus der Rechnung ergibt. Dies gilt auch für die Fälle, in denen aus der Rechnung der tatsächlich leistende Unternehmer nur schwerlich zu ermitteln ist. Selbst in den Fällen, in denen der tatsächlich leistende Unternehmer bekannt ist, seine Identität allerdings nicht aus der Rechnung unmittelbar oder mittelbar zu entnehmen ist, kann kein Vorsteuerabzug gewährt werden.

Wird von einem **Privatmann** eine Rechnung mit **gesondertem Steuerausweis** erteilt, so ist die dort ausgewiesene Umsatzsteuer nicht als Vorsteuer abzugsfähig. Der Umstand, daß diese Umsatzsteuer an das Finanzamt abzuführen ist (vgl. Tz. 335 f.), hat somit – anders als bei einem unrichtigen Steuerausweis (vgl. Tz. 331 f.) – für den Vorsteuerabzug keinerlei Bedeutung. 345

Weitere Voraussetzungen für den Vorsteuerabzug

Neben den drei Voraussetzungen „Rechnung mit gesondertem Steuerausweis", „Unternehmereigenschaft des Leistenden" und „Lieferung oder sonstige Leistung" ist der Vorsteuerabzug davon abhängig, daß eine Leistung **an den Unternehmer für dessen Unternehmen** erfolgt (§ 15 Abs. 1 UStG). 346

Anspruchsberechtigter

Den Vorsteuerabzug kann nur ein Unternehmer **im Rahmen seiner unternehmerischen Tätigkeit** in Anspruch nehmen. Dabei kommt es nicht darauf an, ob die Vorsteuerbeträge im Zusammenhang mit der **Unternehmensgründung** oder nach **Aufgabe des Unternehmens** angefallen sind; sie müssen jedoch der unternehmerischen Tätigkeit zuzurechnen sein. Handelt es sich bei dem Unternehmer um einen sog. **Kleinunternehmer** (vgl. Tz. 495 f.), so entfällt der Vorsteuerabzug. Dies gilt auch dann, wenn der Kleinunternehmer in einer Rechnung 347 unberechtigt Umsatzsteuer ausgewiesen hat und diese Umsatzsteuer schuldet.

Leistungen für das Unternehmen

348 Die Lieferung oder sonstige Leistung muß nicht nur an einen Unternehmer erfolgt sein, sondern sie muß darüber hinaus **für sein Unternehmen bestimmt** sein. Dies ist der Fall, wenn der bezogene Gegenstand oder die empfangene Leistung **im unternehmerischen Bereich verwendet** wird. Ob dies der Fall ist, entscheidet sich nach den Verhältnissen im Zeitpunkt der Ausführung des Umsatzes. Eine erstmalige vorübergehende nichtunternehmerische Verwendung steht dem Leistungsbezug für das Unternehmen nicht entgegen, wenn der erworbene Gegenstand anschließend bestimmungsgemäß unternehmerisch genutzt wird.

Praxishinweis:
Ist die Lieferung oder sonstige Leistung im Zeitpunkt des Umsatzes für das Unternehmen bestimmt, so bleibt der Vorsteuerabzug auch dann erhalten, wenn der Gegenstand oder die Leistung zu einem späteren Zeitpunkt für nichtunternehmerische Zwecke entnommen wird. Hier erfolgt die Korrektur des Vorsteuerabzuges über die dann erforderliche Eigenverbrauchsbesteuerung (vgl. Tz. 138 f.).

Beispiel:
Der Unternehmer Z hat eine Schreibmaschine erworben, die er anfangs zu 100 % für betriebliche Zwecke nutzt. Die Anschaffungskosten der Schreibmaschine haben 1 000 DM zuzüglich 150 DM Umsatzsteuer betragen. Nach einem Monat entschließt sich Z, die Schreibmaschine seiner Tochter zum Zwekke der Erstellung der Doktorarbeit zu schenken. Die Wiederbeschaffungskosten der Schreibmaschine (ohne Umsatzsteuer) betragen zu diesem Zeitpunkt 1 000 DM.

> Da die Schreibmaschine im Zeitpunkt der Ausführung des Umsatzes für das Unternehmen bestimmt war, kann Z die ihm in Rechnung gestellte Umsatzsteuer als Vorsteuer abziehen. Der Umstand, daß die Schreibmaschine nach einem Monat für private Zwecke entnommen wird, hat auf den Vorsteuerabzug keine Auswirkung. Vielmehr führt die Entnahme der Schreibmaschine aus dem Unternehmensbereich zu einem Eigenverbrauch, der mit den Wiederbeschaffungskosten von 1000 DM anzusetzen ist. Die darauf entfallende Umsatzsteuer beträgt 150 DM, so daß sich im Ergebnis der Vorsteuerabzug und die Umsatzsteuerbelastung des Eigenverbrauchs ausgleichen.

Als Nachweis dafür, daß die Leistung für Ihr Unternehmen bezogen 349
wurde, müssen aus der Rechnung **Angaben über Art und Umfang der ausgeführten Leistung** ersichtlich sein. Bei einer Lieferung bestehen die erforderlichen Angaben grundsätzlich in der zutreffenden **handelsüblichen Bezeichnung** des einzelnen Liefergegenstands; bei der Lieferung von ausschließlich gewerblich nutzbaren Erzeugnissen können die gelieferten Gegenstände in **Warengruppen zusammengefaßt** werden. Bei den sonstigen Leistungen kann der Rechnungsaussteller entweder die **Leistungshandlung** umschreiben oder den beim Leistungsempfänger eingetretenen **Erfolg seiner Leistungshandlung** bezeichnen.

Dagegen ist der Vorsteuerabzug zu versagen, 350

- wenn eine in der Rechnung aufgeführte Leistung tatsächlich nicht erbracht ist und auch nicht erbracht werden soll (sog. **Gefälligkeitsrechnungen**),
- wenn die **tatsächlich ausgeführte Leistung** sich **nicht** mit der in der Rechnung **angegebenen Leistung** deckt,
- wenn die Angaben in der Rechnung zwar nicht unrichtig, aber auch **nicht so eingehend und präzise** sind, daß sie ohne weiteres völlige Gewißheit über Art und Umfang des Leistungsgegenstands verschaffen.

Leistungen für unternehmerische und unternehmensfremde Zwecke

351 Wird eine Lieferung oder sonstige Leistung sowohl für das Unternehmen als auch für unternehmensfremde Zwecke ausgeführt, so ist beim Vorsteuerabzug wie folgt vorzugehen:

- Besteht der Umsatz in der **Lieferung vertretbarer Sachen** oder in **mehreren sonstigen Leistungen**, die sich eindeutig dem einen oder dem anderen Bereich zuordnen lassen, so ist nur die Umsatzsteuer als Vorsteuer abziehbar, die auf Gegenstände oder sonstige Leistungen entfällt, die das Unternehmen betreffen. Denken Sie z. B. an die Lieferung von Heizöl für das Unternehmen und für das private Einfamilienhaus des Unternehmers. Die über diese Lieferung erstellte Gesamtrechnung ist im Verhältnis der „betrieblich abgefüllten Liter Heizöl" zu den „privat abgefüllten Liter Heizöl" aufzuteilen.

- In der Praxis kommt es häufig vor, daß ein Gegenstand angeschafft wird, der **sowohl im unternehmerischen Bereich als auch im Privatbereich genutzt** wird. Denken Sie z. B. an einen Pkw, der von dem Unternehmer sowohl für betriebliche Fahrten als auch für Privatfahrten verwandt wird. Die bei der Anschaffung des Pkw anfallende Umsatzsteuer kann **in vollem Umfang als Vorsteuer** abgezogen werden. Als Ausgleich für den vollen Vorsteuerabzug sind die auf die **Privatfahrten entfallenden Kosten** einschließlich der Abschreibung für den Pkw der **Eigenverbrauchsbesteuerung** zu unterwerfen.

Beispiel:

Der Unternehmer A hat im Juli 1993 einen Pkw angeschafft, den er zu 70 % betrieblich und zu 30 % privat nutzt. Das Entgelt für die Anschaffung des Pkw beläuft sich auf 30000 DM; darauf entfällt eine Umsatzsteuer von 4500 DM. Vom Zeitpunkt der Anschaffung bis zum Ende des Kalenderjahres 1993 sind im Zusammenhang mit dem Pkw Aufwendungen einschließlich Abschreibung in Höhe von 15 000 DM angefallen.

Die mit der Anschaffung des Pkw im Zusammenhang stehende Umsatzsteuer von 4 500 DM ist in vollem Umfang als Vorsteuer abzugsfähig. Der Umstand, daß der Pkw auch zu 30 % privat genutzt wird, hat somit auf die Höhe des Vorsteuerabzuges keinerlei Auswirkungen. Das Korrektiv zum Vorsteuerabzug besteht, soweit der Pkw für private Zwecke genutzt wird, in der Eigenverbrauchsbesteuerung. Der Eigenverbrauch bemißt sich nach den Kosten, die auf die private Verwendung des Pkws entfallen (vgl. Tz. 282). Folglich sind 4 500 DM als steuerpflichtiger Eigenverbrauch der Umsatzsteuer zu unterwerfen.

Geringfügige unternehmerische Nutzung

Der volle Vorsteuerabzug ist auch in den Fällen möglich, in denen 352 die nichtunternehmerische Nutzung eines einheitlichen Gegenstands überwiegt. Beträgt allerdings die unternehmerische Nutzung **weniger als 10 %**, so ist der Vorsteuerabzug wegen wirtschaftlicher Bedeutungslosigkeit insgesamt zu versagen.

Praxishinweis:
Werden **Gegenstände** zunächst insgesamt **für nichtunternehmerische Zwecke angeschafft** und zu einem späteren Zeitpunkt im Unternehmen verwandt, so führt dieser Vorgang **nicht** zu einer **nachträglichen Gewährung des Vorsteuerabzuges.**

Zeitpunkt des Vorsteuerabzuges

Die von anderen Unternehmern in Rechnung gestellte Umsatzsteuer 353 kann dann als Vorsteuer geltend gemacht werden, wenn eine ordnungsgemäße Rechnung – insbesondere mit offenem Steuerausweis – vorliegt und wenn die der Rechnung zugrundeliegende Lieferung oder sonstige Leistung ausgeführt ist (wegen der Ausnahme bei An- oder Vorauszahlungen vgl. Tz. 361 f.).

Erleichterungen beim Vorsteuerabzug

354 Kleinbetragsrechnungen, das sind solche, deren **Bruttorechnungsbetrag nicht über 200 DM hinausgeht**, können von dem Leistungsempfänger zum Zwecke des Vorsteuerabzuges unter Berücksichtigung des in der Rechnung angegebenen Steuersatzes in das umsatzsteuerliche Entgelt und den darauf entfallenden Steuerbetrag aufgeteilt werden. Die Ermittlung der abzugsfähigen Vorsteuern kann dabei entweder nach dem **Multiplikationsverfahren** oder nach dem **Divisionsverfahren** erfolgen. Bei dem Multiplikationsverfahren wird der Bruttorechnungsbetrag mit einem Faktor multipliziert, wobei das Ergebnis den abzugsfähigen Vorsteuerbetrag darstellt. Bei Anwendung des ermäßigten Steuersatzes von 7 % ist ein **Faktor von 6,54 %** und bei Anwendung des allgemeinen Steuersatzes von 15 % ein **Faktor von 13,0435 %** anzusetzen. Bei Anwendung des Divisionsverfahrens wird der Bruttorechnungsbetrag beim ermäßigten Steuersatz durch **1,07** und beim allgemeinen Steuersatz durch **1,15** dividiert – das Ergebnis stellt das Entgelt dar – und anschließend mit dem jeweiligen Steuersatz multipliziert – als Ergebnis erhält man dann die Umsatzsteuer –.

Praxishinweis:
Liegt der Wert der dritten Stelle hinter dem Komma von 1 bis 4, wird abgerundet, liegt er von 5 bis 9, wird aufgerundet.

Beispiel:
Dem Unternehmer B liegen zwei Kleinbetragsrechnungen vor. In der einen Rechnung ist ein Bruttobetrag von 115 DM und

ein Steuersatz von 15 % angegeben. In der anderen Rechnung beläuft sich der Bruttobetrag auf 160,50 DM, wobei der Steuersatz mit 7 % ausgewiesen ist.

Bei Anwendung des **Multiplikationsverfahrens** ist die in den Rechnungsbeträgen enthaltene Umsatzsteuer wie folgt zu ermitteln:

Rechnungsbetrag von 115 DM × Faktor von 13,0435 % = 15 DM
Rechnungsbetrag von 160,50 DM × Faktor von 6,54 % = 10,50 DM

Wird die Umsatzsteuer nach dem **Divisionsverfahren** ermittelt, so ist folgende Berechnung erforderlich:

Rechnungsbetrag von 115 DM : 1,15 = 100 DM × 15 % = 15 DM
Rechnungsbetrag von 160,50 DM : 1,07 = 150 DM × 7 % = 10,50 DM

Praxishinweis:
Dem Unternehmer ist es gestattet, Kleinbetragsrechnungen für einen Voranmeldungszeitraum – dies ist in der Regel der Kalendermonat (vgl. Tz. 454) – **getrennt nach Steuersätzen zusammenzufassen** und aus dem Gesamtbetrag den Steuerbetrag zu ermitteln.

Vorsteuerabzug bei Fahrausweisen

Ist der Unternehmer aus betrieblichen Gründen verreist, so kann er 355
die in den Fahrausweisen enthaltene Vorsteuer nach den Grundsätzen, die wir bei den Kleinbetragsrechnungen bereits kennengelernt haben (vgl. Tz. 354), herausrechnen. Für die Ermittlung der Vorsteuer ist ab 1993 der allgemeine **Steuersatz von 15 %** zugrunde zu le-

gen, wenn er **im Fahrausweis aufgeführt** ist oder wenn in dem Fahrausweis eine **Tarifentfernung von mehr als 50 km** vermerkt ist. In **allen übrigen Fällen** ist der ermäßigte **Steuersatz von 7 %** zugrunde zu legen.

Praxishinweis:
Bei Zuschlagskarten, bei Übergangskarten sowie bei **Platz-, Liege-** und **Bettkarten** im Eisenbahnverkehr richtet sich die Höhe des **Steuersatzes** nach den **Angaben auf der dazugehörigen Fahrkarte.**

---

356 Noch zwei Hinweise zum Abschluß:

Bei einer **grenzüberschreitenden Personenbeförderung** ist darauf zu achten, daß sich der auf das Inland entfallende Streckenanteil aus der **zusätzlichen Bescheinigung des Beförderungsunternehmers** ergibt. Lediglich für diesen Streckenanteil können die Vorsteuern aus dem Fahrausweis herausgerechnet werden.

Stellt der Unternehmer seinen **Arbeitnehmern** für die **Fahrten zwischen Wohnung und Arbeitsstätte** Fahrausweise zur Verfügung, so handelt es sich hierbei **nicht um Beförderungsleistungen**, die an das Unternehmen erbracht werden. Sie berechtigten deshalb nicht zum Vorsteuerabzug.

Vorsteuerabzug bei Reisekosten

357 Ist aus **geschäftlichem Anlaß** eine **Reise** erforderlich, so können die in den Reisekosten enthaltenen Umsatzsteuerbeträge als Vorsteuern abgezogen werden. Ein Vorsteuerabzug ist auch in den Fällen möglich, in denen ein **Arbeitnehmer** für den Unternehmer **geschäftlich unterwegs** ist. Bei Inanspruchnahme von Pauschbeträgen für Verpflegungsmehraufwendungen anläßlich **doppelter Haushaltsführung** des Unternehmers und entsprechender Erstattungen an den Arbeitnehmer sowie für Erstatttungen von **Fahrtkosten und Verpflegungskosten an Arbeitnehmer bei Einsatzwechseltätigkeit und Fahrtätig-**

keit steht Ihnen als Unternehmer für die dadurch entstandenen Aufwendungen kein Vorsteuerabzug zu.

▶ Einzelnachweis

Werden die mit einer Geschäftsreise oder mit einem Geschäftsgang 358
im Zusammenhang stehenden **Aufwendungen** einzeln anhand von Belegen **nachgewiesen**, so kann der Unternehmer die in den Rechnungen ausgewiesene Umsatzsteuer als Vorsteuer abziehen. Bei **Reisen von Arbeitnehmern** (sog. Dienstreisen und Dienstgänge) ist ein solcher Abzug auch dann möglich, wenn die **Rechnung** anstatt auf den Namen des Unternehmers **auf den Namen des** betreffenden **Arbeitnehmers** lautet.

Für die **Verpflegungskosten** gelten folgende Besonderheiten:

- Da durch die Verpflegung während einer Geschäfts- oder Dienstreise auch das private Bedürfnis nach Beköstigung „befriedigt" wird, ist der Anteil der Verpflegungsaufwendungen, der auf dieses Bedürfnis entfällt, als privat veranlaßt anzusehen. Den privat veranlaßten Anteil der Verpflegungsaufwendungen bezeichnet man als **Haushaltsersparnis.** Die Haushaltsersparnis ist auf **20 % der Verpflegungsaufwendungen** zu schätzen. Für den Vorsteuerabzug können nur die **um die Haushaltsersparnis gekürzten Verpflegungsaufwendungen**, die sog. **Verpflegungsmehraufwendungen**, berücksichtigt werden.
- Neben der Kürzung um die Haushaltsersparnis ist bei den Verpflegungsaufwendungen zu beachten, daß beim Überschreiten bestimmter **Höchstgrenzen** ebenfalls eine private Veranlassung der Aufwendungen anzunehmen ist. Jedoch führt das Überschreiten der Höchstbeträge als Kriterium für eine private Veranlassung bei Reisen des Unternehmers nicht zur Kürzung der Verpflegungsaufwendungen, sondern zu einer **Korrektur über den Repräsentationseigenverbrauch** (vgl. Tz. 151 f.). Das bedeutet für Sie, daß die Vorsteuerbeträge aus den Verpflegungsmehraufwendungen ohne Rücksicht auf die Höchstbeträge herauszurechnen sind und

der Aufwand, der über die Höchstbeträge hinausgeht, als Eigenverbrauch der Umsatzsteuer unterliegt.

- Die Regelung „voller Vorsteuerabzug und Korrektur über den Eigenverbrauch" gilt nicht für Reisen **von Arbeitnehmern**. Bei diesen Reisen sind die Verpflegungsaufwendungen, gekürzt um die Haushaltsersparnis, auf die zulässigen **Höchstbeträge zu begrenzen**. Aus diesen begrenzten Höchstbeträgen ist die **abziehbare Vorsteuer herauszurechnen** (wegen der dazu erforderlichen Faktoren vgl. Tz. 354).

Beispiel:
Der Unternehmer C ist 14 Stunden für sein Unternehmen unterwegs gewesen. Dabei sind Verpflegungsaufwendungen in Höhe von 90 DM angefallen. Der Höchstbetrag für abzugsfähige Verpflegungsaufwendungen soll 64 DM betragen.

Für Zwecke des Vorsteuerabzuges sind die Verpflegungsaufwendungen um die Haushaltsersparnis von 18 DM (= 20 % von 90 DM) zu kürzen. Aus dem danach verbleibenden Betrag ist die Vorsteuer durch Anwendung des Faktors 13,0435 % (bei einem Steuersatz von 15 %) herauszurechnen; sie beträgt 9,39 DM. Als Nettoaufwand ergibt sich somit ein Betrag von 62,61 DM. Da die Nettoaufwendungen nicht über den Höchstbetrag von 64 DM (hierbei handelt es sich ebenfalls um einen Nettobetrag) hinausgehen, kommt es zu keiner Eigenverbrauchsbesteuerung.

Wäre die Reise von einem Arbeitnehmer durchgeführt worden, so wären die Verpflegungsmehraufwendungen zum einen um die Haushaltsersparnis von 18 DM zu kürzen und zum anderen wäre der verbleibende Betrag auf den Höchstbetrag von 64 DM zu begrenzen. Aus diesem Höchstbetrag wäre dann die Vorsteuer mit dem Faktor 13,0435 % (= 8,35 DM) herauszurechnen. Denn bei Anwendung des Höchstbetrages auf Arbeitnehmer-Reisen handelt es sich bei den 64 DM um einen Bruttowert.

Praxishinweis:
Bei Reisen in das Ausland berechtigen nur die auf das Inland entfallenden Reisekosten zum Vorsteuerabzug.

▶ Ansatz von Pauschbeträgen

Anstelle des Einzelnachweises kann der Unternehmer den Vorsteuer- 359
abzug auch nach **Einzelpauschalen** vornehmen, ohne daß er eine Rechnung mit Steuerausweis vorlegen muß. Bei Reisen, die der Unternehmer ausführt, sind solche **Pauschalen** bei den **Mehraufwendungen für Verpflegung** und bei den **Aufwendungen für die Benutzung eines nicht zum Unternehmen gehörenden Kfz** anzusetzen. Erfolgt die **Reise durch einen Arbeitnehmer**, so können auch die **Aufwendungen für Übernachtung** durch Pauschalen berücksichtigt werden. Für die Ermittlung der Vorsteuerbeträge aus diesen Pauschalen gelten folgende Prozentsätze:

Art der Reise	Mehraufwendungen für Verpflegung		Aufwendungen für Übernachtung		Aufwendungen für Benutzung eines nicht zum Unternehmen gehörenden Kfz	
	bis 31. 12. 1992	ab 1. 1. 1993 vorgesehen	bis 31. 12. 1992	ab 1. 1. 1993 vorgesehen	bis 31. 12. 1992	ab 1. 1. 1993 vorgesehen
Reise durch den Unternehmer	11,4%	12,3%	–	–	5,3%	5,7%
Reise durch den Arbeitnehmer	11,4%	12,3%	11,4%	12,3%	7,6%	8,2%

Praxishinweis:
Der Unternehmer hat die Möglichkeit, bei den einzelnen Reisen zwischen der Inanspruchnahme von **Einzelpauschalen** und der **Abrechnung nach Einzelnachweisen frei zu wählen.** Außerdem kann er sogar bei derselben Reise für bestimmte Kosten die Einzelpauschale ansetzen und bei anderen Kosten den Einzelnachweis führen. Allerdings ist innerhalb derselben Kostenart ein Wechsel nicht zulässig.

▶ Gesamtpauschalierung

360 Anstelle der Einzelpauschalierung kann sich der Unternehmer auch für eine Gesamtpauschalierung der in den Reisekosten enthaltenen Vorsteuern entscheiden. An die Gesamtpauschalierung ist der Unternehmer für ein **ganzes Kalenderjahr** und für **alle in seinem Unternehmen anfallenden Reisekosten gebunden**. Die Vorsteuern werden bei der Gesamtpauschalierung in der Weise ermittelt, daß auf alle Reisekosten, die im Inland angefallen und die mit **Umsatzsteuer belastet** sind, ein **einheitlicher Faktor von 9,2 %** bis 31. 12. 1992 und voraussichtlich 9,8 % ab 1. 1. 1993 angewandt wird. Es bestehen keine Bedenken, **betriebliche Kfz-Kosten**, die zwar Reisekosten sind, aber getrennt von diesen Reisekosten über das Pkw-Konto gebucht werden, bei der Gesamtpauschalierung außer Ansatz zu lassen und statt dessen mit dem tatsächlichen Vorsteuerbetrag anzusetzen.

Praxishinweis:
Sowohl bei den Einzelpauschalen als auch bei der Gesamtpauschalierung muß für Zwecke des Vorsteuerabzuges durch den Unternehmer ein **Eigenbeleg** erstellt werden, aus dem die für die Ermittlung der abziehbaren Vorsteuerbeträge bedeutsamen Angaben ersichtlich sind. Zu diesen Angaben gehören **Zeit, Ziel** und **Zweck der Reise, Höhe der Reisekosten** und die **Person des Reisenden**.

Vorsteuerabzug bei An- und Vorauszahlungen

Zahlt der Leistungsempfänger An- oder Vorauszahlungen **vor Ausführung der Leistung**, so ist der **Vorsteuerabzug** für diese An- oder Vorauszahlungen **im Zeitpunkt der Zahlung** möglich, wenn dem **Leistungsempfänger** eine **Rechnung mit gesondertem Steuerausweis** vorliegt und die **Zahlung geleistet** worden ist (§ 15 Abs. 1 Nr. 1 Satz 2 UStG). Geht die Rechnung erst nach erfolgter Zahlung ein oder liegt eine Rechnung vor, ohne daß bereits eine Zahlung erfolgt ist, so ist der Vorsteuerabzug in dem Zeitpunkt zulässig, in dem erstmalig beide Voraussetzungen erfüllt sind. 361

Ist in der dem Unternehmer vorliegenden **Rechnung** die **Umsatzsteuer höher ausgewiesen** als der Umsatzsteuerbetrag, der auf die An- oder Vorauszahlung entfällt, so kann der Leistungsempfänger nur den in der An- oder Vorauszahlung enthaltenen Steuerbetrag als Vorsteuer abziehen. Dies gilt auch dann, wenn vor der Ausführung des Umsatzes bereits über die gesamte Leistung abgerechnet wird, die Gegenleistung aber **in Teilbeträgen gezahlt** wird. 362

Beispiel:
Der Unternehmer D hat bereits im Juli 1993 eine Gesamtrechnung für einen im November 1993 zu liefernden Gegenstand über 100000 DM zuzüglich 15000 DM Umsatzsteuer erhalten. In den Monaten August, September und Oktober hat er jeweils Anzahlungen in Höhe von 23000 DM geleistet. Die Restzahlung in Höhe von 46000 DM überweist er nach Ausführung der Lieferung im Dezember 1993.

D kann in den Monaten August, September und Oktober den in der jeweiligen Anzahlung enthaltenen Steuerbetrag von 3000 DM als Vorsteuer abziehen. Die in der Restzahlung von 46000 DM enthaltene Vorsteuer von 6000 DM kann er im Zeitpunkt der Ausführung des Umsatzes, somit im November 1993, geltend machen.

363 Bei Erteilung einer **zusammenfassenden Endrechnung** (vgl. Tz. 321) kann der Leistungsempfänger nur die Umsatzsteuer als **Vorsteuer** abziehen, die auf die **verbliebene Restzahlung** entfällt. Ein höherer Vorsteuerabzug ist auch dann nicht zulässig, wenn in der Endrechnung die im voraus gezahlten Teilentgelte und die darauf entfallenden Steuerbeträge nicht oder nicht vollständig abgesetzt worden sind. **Restrechnungen** (vgl. Tz. 321), die lediglich die über die bereits versteuerten An- und Vorauszahlungen hinausgehende Abschlußzahlung und den darauf entfallenden Steuerbetrag enthalten, berechtigen in vollem Umfang zum Vorsteuerabzug.

Abzug der Einfuhrumsatzsteuer

364 Der Unternehmer kann die von ihm tatsächlich **entrichtete Einfuhrumsatzsteuer als Vorsteuer** geltend machen, wenn die betreffenden, mit Einfuhrumsatzsteuer belasteten Gegenstände **für sein Unternehmen eingeführt** worden sind oder zur Ausführung von bestimmten Umsätzen (vgl. § 1 Abs. 3 UStG) verwandt werden. Der Abzug der Einfuhrumsatzsteuer auf Gegenstände, die für Privatzwecke bestimmt sind, ist somit nicht möglich. Wird ein eingeführter Gegenstand sowohl für unternehmerische als auch für unternehmensfremde Zwecke verwandt, so ist die **Einfuhrumsatzsteuer aufzuteilen**, und zwar nach den gleichen Grundsätzen wie beim Abzug der für Lieferungen und sonstige Leistungen gesondert in Rechnung gestellten Umsatzsteuer (vgl. Tz. 377 f.).

Praxishinweis:
Voraussetzung für den Abzug der Einfuhrumsatzsteuer ist stets, daß sie **an die zuständige Zollstelle entrichtet** worden ist und die **Zahlung** durch einen **zollamtlichen Beleg nachgewiesen** wird. Dabei kommt es nicht darauf an, ob die Einfuhrumsatzsteuer durch den abzugsberechtigten Unternehmer selbst oder durch einen anderen, z. B. durch einen Spediteur, entrichtet worden ist.

Überläßt ein Auftraggeber, der im Ausland, ab dem 1. 1. 1993 außerhalb der EG, ansässig ist, einem Unternehmer im Inland einen **Gegenstand zur Ausführung einer Werkleistung** oder **stellt** er ihm den **Gegenstand** zur Ausführung einer **Werklieferung bei** (sog. Fälle der Lohnveredelung), so kann die Einfuhrumsatzsteuer für diesen Gegenstand aus Vereinfachungsgründen **vom Auftragnehmer** als **Vorsteuer abgezogen** werden, vorausgesetzt, der betreffende **Gegenstand** gelangt nach Durchführung der Veredelung wieder in das Ausland, ab dem 1. 1. 1993 **in einen Nicht-EG-Staat**. Wird dagegen der veredelte Gegenstand von dem Auftraggeber im Ausland, ab dem 1. 1. 1993 in **einem Nicht-EG-Staat**, an einen Abnehmer im Inland steuerpflichtig weitergeliefert, so darf nur der **Auftraggeber** die Einfuhrumsatzsteuer als **Vorsteuer** geltend machen. 365

Sonderregelungen bestehen für **Einfuhren in bestimmte Zollfreigebiete**, für **Anschlußlieferungen** an eine Einfuhr und für **Ordergeschäfte**.

Steuer für den innergemeinschaftlichen Erwerb

Neu ist ab dem 1. 1. 1993, daß die **Erwerbsteuer**, die von dem Abnehmer bei Erwerb von Gegenständen aus einem anderen EG-Staat erhoben wird, von ihm **als Vorsteuer abgezogen** werden kann, wenn der Gegenstand **für sein Unternehmen bezogen** wurde (§ 15 Abs. 1 Nr. 3 UStG). Das Recht auf den Vorsteuerabzug der Erwerbsteuer entsteht in dem Zeitpunkt, in dem auch die Erwerbsteuer selbst entsteht. Der Unternehmer kann somit den Abzug der Erwerbsteuer in **derselben Umsatzsteuer-Voranmeldung** oder -Erklärung geltend machen, in der er die **Erwerbsteuer für den gemeinschaftlichen Erwerb anzugeben** hat. Ist der Unternehmer zum vollen Vorsteuerabzug berechtigt, so wird er im Ergebnis durch die Erwerbsteuer nicht belastet, da sich Erwerbsteuer und Vorsteuerabzug ausgleichen. Lediglich bei den Unternehmen, die ganz oder teilweise vom Vorsteuerabzug ausgeschlossen sind (vgl. Tz. 368 f.), fließt der nichtabziehbare Teil der Erwerbsteuer in die Kosten ein. 366

367 Fassen wir nochmals unsere Kenntnisse zum Vorsteuerabzug zusammen:

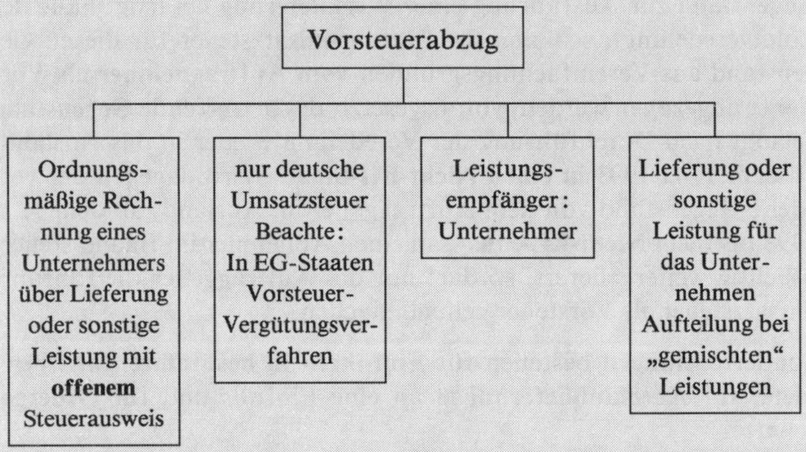

Sonderregelungen für

- unrichtigen/unberechtigten Steuerausweis
- Kleinbetragsrechnungen
- Fahrausweise
- Reisekosten

Zeitpunkt des Vorsteuerabzuges:	Vorlage der Rechnung **und** Ausführung der Leistung (Ausnahme: An- und Vorauszahlungen)
Vorsteuerabzug der Einfuhrumsatzsteuer:	Einfuhr für das Unternehmen **und** Zahlung
Vorsteuerabzug beim innergemeinschaftlichen Erwerb:	Erwerb für das Unternehmen (i. d. R. Verrechnung mit Erwerbsteuer möglich)

8.3 Der Ausschluß vom Vorsteuerabzug

Von anderen Unternehmern in Rechnung gestellte Umsatzsteuerbeträge, die mit **steuerfreien Umsätzen** (Lieferungen und sonstigen Leistungen, aber auch Eigenverbrauch) im Zusammenhang stehen, sind grundsätzlich nicht als Vorsteuern abzugsfähig (§ 15 Abs. 2 und 3 UStG). Durch das Abzugsverbot will der Gesetzgeber erreichen, daß Umsätze, die auf der Stufe des Endverbrauchers nicht der Umsatzsteuer unterliegen, zumindest auf der letzten Unternehmerstufe mit den Umsatzsteuerbeträgen belastet bleiben, die sich aus Rechnungen der Vorunternehmer für diese Umsätze ergeben. Den steuerfreien Umsätzen gleichgestellt werden solche Umsätze, die steuerfrei wären, wenn sie im Inland oder – bei Lieferungen und sonstigen Leistungen – gegen Entgelt ausgeführt würden. Bei bestimmten steuerfreien Umsätzen, insbesondere bei **Exportumsätzen**, ist der **Vorsteuerabzug trotz Steuerfreistellung** möglich. Sehen wir uns das Schaubild auf Seite 260 an, das die Grundsätze zum Ausschluß vom Vorsteuerabzug darstellt. 368

Für uns stellt sich zuerst die Frage, welche Umsatzsteuerbeträge für Lieferungen, sonstige Leistungen, für die Einfuhr und für den innergemeinschaftlichen Erwerb von Gegenständen vom Abzugsverbot betroffen sind. Hier die Antwort: Der **Ausschluß vom Vorsteuerabzug** erstreckt sich auf Umsatzsteuerbeträge von Vorunternehmern, auf die Einfuhrumsatzsteuer und auf die Erwerbsteuer, wenn die diesen Umsätzen zugrundeliegenden Gegenstände oder sonstigen Leistungen der **Ausführung bestimmter steuerfreier oder nicht steuerbarer Umsätze** dienen. Schauen wir uns die zum Ausschluß des Vorsteuerabzuges führenden Umsätze einmal an. 369

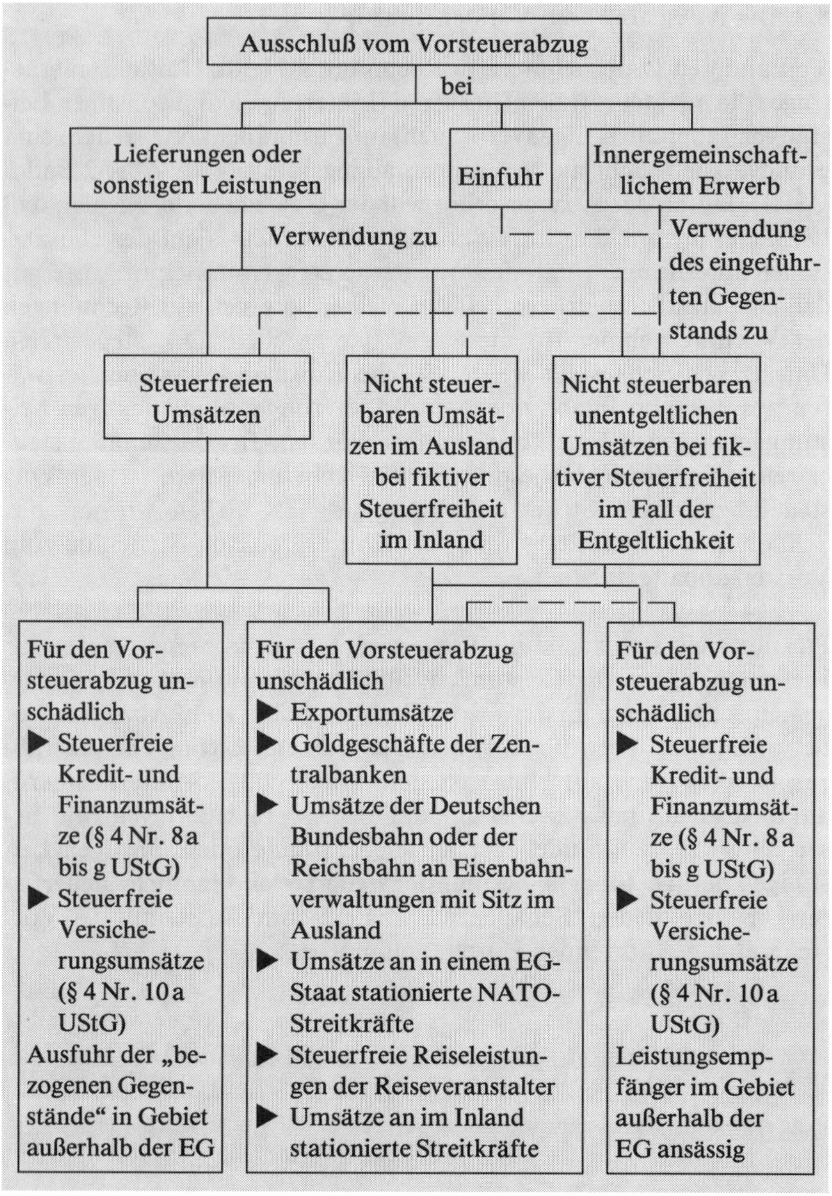
Ausschluß vom Vorsteuerabzug
bei
Lieferungen oder sonstigen Leistungen
Einfuhr
Innergemeinschaftlichem Erwerb
Verwendung zu
Verwendung des eingeführten Gegenstands zu
Steuerfreien Umsätzen
Nicht steuerbaren Umsätzen im Ausland bei fiktiver Steuerfreiheit im Inland
Nicht steuerbaren unentgeltlichen Umsätzen bei fiktiver Steuerfreiheit im Fall der Entgeltlichkeit
Für den Vorsteuerabzug unschädlich
▶ Steuerfreie Kredit- und Finanzumsätze (§ 4 Nr. 8a bis g UStG)
▶ Steuerfreie Versicherungsumsätze (§ 4 Nr. 10a UStG)
Ausfuhr der „bezogenen Gegenstände“ in Gebiet außerhalb der EG
Für den Vorsteuerabzug unschädlich
▶ Exportumsätze
▶ Goldgeschäfte der Zentralbanken
▶ Umsätze der Deutschen Bundesbahn oder der Reichsbahn an Eisenbahnverwaltungen mit Sitz im Ausland
▶ Umsätze an in einem EG-Staat stationierte NATO-Streitkräfte
▶ Steuerfreie Reiseleistungen der Reiseveranstalter
▶ Umsätze an im Inland stationierte Streitkräfte
Für den Vorsteuerabzug unschädlich
▶ Steuerfreie Kredit- und Finanzumsätze (§ 4 Nr. 8a bis g UStG)
▶ Steuerfreie Versicherungsumsätze (§ 4 Nr. 10a UStG)
Leistungsempfänger im Gebiet außerhalb der EG ansässig

Steuerfreie Umsätze als Ausschlußgrund

Zum einen handelt es sich hierbei um die steuerfreien Umsätze (§ 15 370
Abs. 2 Nr. 1 UStG). In diesem Zusammenhang ist jedoch zu beachten, daß der Ausschluß vom Vorsteuerabzug nicht für alle steuerfreien Umsätze gilt. Der **Vorsteuerabzug** ist nämlich **nicht ausgeschlossen** bei **Exportumsätzen**, Geldgeschäften der Zentralbanken, Umsätzen der Deutschen Bundesbahn und der Reichsbahn an Eisenbahnverwaltungen mit Sitz im Ausland, Umsätze an in einem anderen EG-Staat stationierte NATO-Streitkräfte, **steuerfreien Reiseleistungen** des Reiseveranstalters und Umsätze an im Inland stationierte Streitkräfte der Alliierten und anderer NATO-Staaten (§ 15 Abs. 3 Nr. 1a UStG). Weiterhin tritt der Ausschluß vom Vorsteuerabzug bei bestimmten **steuerfreien Kredit- und Finanzumsätzen** (§ 4 Nr. 8a bis g UStG) sowie bei **steuerfreien Versicherungsumsätzen** (§ 4 Nr. 10a UStG) nicht ein, wenn sie in unmittelbarem Zusammenhang mit Gegenständen stehen, die in ein Gebiet außerhalb der EG ausgeführt werden.

Beispiel:
Der Unternehmer A schließt mit dem Unternehmer B eine Versicherung über Transportschäden an Gegenständen ab, die B nach Rumänien ausführt.

Die Versicherungsleistung bezieht sich unmittelbar auf einen Gegenstand, der in ein Gebiet außerhalb der EG ausgeführt wird. Die steuerfreie Leistung des Versicherungsunternehmers schließt somit bei ihm den Vorsteuerabzug nicht aus.

Praxishinweis:
Hat der Unternehmer auf die **Steuerfreiheit** bestimmter Umsätze **verzichtet** (vgl. Tz. 253f.), so hat dies zur Folge, daß diese Umsätze steuerpflichtig sind und somit **nicht zur Versagung des Vorsteuerabzuges** führen.

Umsätze im Ausland als Ausschlußgrund

371 Auch Umsätze im Ausland schließen den Vorsteuerabzug grundsätzlich aus, wenn sie bei Ausführung im Inland steuerfrei wären (§ 15 Abs. 2 Nr. 2 UStG). Die Frage, ob der Umsatz **steuerfrei** wäre, beurteilt sich ausschließlich nach dem **Umsatzsteuerrecht der Bundesrepublik**. Dabei sind auch solche Umsätze als steuerfrei anzusehen, die bei Ausführung im Inland als steuerpflichtig behandelt werden könnten. Denken Sie z. B. an die Vermietung eines im Ausland belegenen Bürogebäudes an einen anderen Unternehmer. Hier könnte, wenn der Umsatz im Inland ausgeführt worden wäre, auf die Steuerfreiheit verzichtet werden. Trotz der Verzichtsmöglichkeit ist der Umsatz als steuerfrei anzusehen und insoweit der Vorsteuerabzug ausgeschlossen. **Ausgenommen vom Ausschluß** des Vorsteuerabzuges sind auch hier die **Ausfuhrlieferungen**, die **Lohnveredelungen** an Gegenständen der Ausfuhr, die Umsätze für die Seeschiffahrt und für die Luftfahrt, die sonstigen Leistungen im Zusammenhang mit der **Einfuhr** und Ausfuhr, die Goldlieferungen an die Zentralbanken, bestimmte Umsätze der Deutschen Bundesbahn und der Reichsbahn, Umsätze an in einem anderen EG-Staat stationierte NATO-Truppen, **steuerfreie Reiseleistungen** und Leistungen an alliierte und andere NATO-Truppen im Inland. Weiterhin ausgenommen sind bestimmte steuerfreie **Kredit-** und **Finanzumsätze** sowie steuerfreie Versicherungsumsätze, wenn der Leistungsempfänger in einem **Gebiet außerhalb der EG ansässig** ist (§ 15 Abs. 3 Nr. 2b UStG).

Beispiel:
Ein Kreditinstitut in Dresden gewährt der in Genf gelegenen Betriebsstätte des Unternehmers C, dessen Geschäftsleitung sich in Paris befindet, ein Darlehen. Das Darlehen ist zur Renovierung des Betriebsgebäudes der Genfer Betriebsstätte bestimmt.

Für die Frage der Ansässigkeit des Unternehmers C ist der Ort seiner Betriebsstätte in Genf maßgebend. Dieser Ort liegt außerhalb des Gebiets der EG. Das Kreditinstitut in Dresden kann daher die Vorsteuern abziehen, die der nicht steuerbaren Darlehensgewährung zuzurechnen sind. Wäre das Darlehen für den in Paris gelegenen Teil des Unternehmens bestimmt, entfiele der Vorsteuerabzug.

Fehlende Entgeltlichkeit als Ausschlußgrund

Nun noch zu den unentgeltlichen Lieferungen und sonstigen Leistun- 372
gen, die ebenfalls den Vorsteuerabzug ausschließen, vorausgesetzt, sie wären im Fall der **Entgeltlichkeit steuerfrei** (§ 15 Abs. 2 Nr. 3 UStG). Wie bei den Umsätzen im Ausland sind auch bei den unentgeltlichen Lieferungen und sonstigen Leistungen die Umsätze **vom Abzugsverbot ausgenommen**, die den **Export**, die Goldlieferungen an Zentralbanken, bestimmte Leistungen der Deutschen Bundesbahn und der Reichsbahn, Umsätze an NATO-Streitkräfte, steuerfreie **Reiseleistungen**, bestimmte **Kredit- und Finanzgeschäfte** sowie Versicherungsleistungen betreffen (§ 15 Abs. 3 Nr. 2 UStG).

Beispiel:
Der Arzt A behandelt an seinem Urlaubsort in Ungarn einen Patienten, ohne ihm dafür etwas zu berechnen.

Die unentgeltliche ärztliche Behandlung schließt den Vorsteuerabzug aus, da sie bei Ausführung im Inland steuerfrei wäre.

Umfang des Abzugsverbots

Vom Abzugsverbot sind **alle Vorsteuerbeträge** aus Umsätzen an das 373
Unternehmen betroffen, die der Unternehmer zur **Ausführung** der unter Tz. 370 bis 372 angeführten **steuerfreien** und **nichtsteuerbaren**

Umsätze verwendet. Die **Einfuhrumsatzsteuer** und die Steuer auf den innergemeinschaftlichen Erwerb sind vom Vorsteuerabzug ausgeschlossen, wenn die für das Unternehmen eingeführten oder innergemeinschaftlich erworbenen Gegenstände und die damit im Zusammenhang stehenden sonstigen Leistungen zur Ausführung der o.a. steuerfreien oder nicht steuerbaren Umsätze dienen. Die **Zuordnung** zu den nicht zum Vorsteuerabzug berechtigenden Umsätzen ist nach **wirtschaftlichen Gesichtspunkten** vorzunehmen, wobei der Abzug nicht nur bei einem **unmittelbaren wirtschaftlichen Zusammenhang**, sondern auch bei einer **mittelbaren wirtschaftlichen Verbindung** zu versagen ist. Folglich sind vom Vorsteuerabzug auch Anschaffungen von Anlagegütern, Leistungen zur Vorbereitung von Umsätzen und Aufwendungen im Bereich der Gemeinkosten betroffen.

Tatsächliche Verwendung maßgebend

374 Für den Ausschluß des Vorsteuerabzuges kommt es allein auf die **tatsächliche Verwendung** der erworbenen Gegenstände oder die tatsächliche Inanspruchnahme der sonstigen Leistungen an. Maßgebend ist somit die **erste Leistung** oder der **erste Eigenverbrauch**, in die oder in den die bezogene Leistung Eingang findet. Auf den Anlaß für den Leistungsbezug und auf die beabsichtigte Verwendung des bezogenen Gegenstands kommt es nicht an. Wird z. B. ein insgesamt für ein Unternehmen angeschafftes Gebäude nach der Fertigstellung nur teilweise vermietet, während es im übrigen leersteht, so richtet sich der Vorsteuerabzug hinsichtlich der vermieteten Flächen danach, ob der „Vermietungsumsatz" steuerfrei oder steuerpflichtig ist. Im Fall des anschließenden Verkaufs dieses Gebäudes kommt es hinsichtlich der vermieteten Flächen, falls Steuerpflicht besteht, zu einer Vorsteuerkorrektur. Hinsichtlich der bis zum Verkauf leerstehenden Flächen des Gebäudes ist die Veräußerung als erstmalige tatsächliche Verwendungsleistung anzusehen. Da die Veräußerung der Grunderwerbsteuer unterliegt und somit von der Umsatzsteuer freigestellt ist, kann hinsichtlich der leerstehenden Flächen kein Vorsteuerabzug gewährt werden.

Darüber hinaus ist ein Vorsteuerabzug nicht möglich, wenn der Unternehmer zwar ursprünglich beabsichtigte, die von anderen Unternehmern bezogenen Leistungen für die Ausführung steuerpflichtiger Umsätze zu verwenden, sich jedoch zu einem späteren Zeitpunkt entschieden hat, sie für Umsätze einzusetzen, die den Vorsteuerabzug ausschließen. Der zunächst **vorgenommene Vorsteuerabzug** ist dann **rückgängig zu machen**. Dies gilt selbstverständlich auch für den umgekehrten Fall, allerdings führt dann die Änderung der Verwendungsabsicht zu einer **nachträglichen Vorsteuergewährung**. 375

Beispiel:
Der Unternehmer D errichtet ein Verwaltungsgebäude, das er nach Fertigstellung für sein Unternehmen verwenden will. D führt nur steuerpflichtige Umsätze aus. Die mit der Errichtung des Verwaltungsgebäudes im Zusammenhang stehenden Umsatzsteuerbeträge hat D als Vorsteuern abgezogen. Nach Fertigstellung erkennt er, daß das Verwaltungsgebäude für sein Unternehmen, das mittlerweile erheblich expandiert ist, „zu klein geraten“ ist. Er entschließt sich daher, das Gebäude steuerfrei zu vermieten.

D durfte wegen seiner ursprünglichen Absicht, das Verwaltungsgebäude für eigene unternehmerische Zwecke zu verwenden, den Vorsteuerabzug aus den Bauleistungen geltend machen. Da er von dieser Absicht Abstand genommen hat und das Gebäude nunmehr steuerfrei vermieten will, stehen die auf die Bauleistungen entfallenden Vorsteuerbeträge mit Umsätzen im Zusammenhang, die zum Ausschluß des Vorsteuerabzuges führen. Der ursprünglich vorgenommene Vorsteuerabzug ist daher rückgängig zu machen.

Praxishinweis:
Sind Gegenstände oder in Anspruch genommene sonstige Leistungen für Umsätze des Unternehmens bestimmt gewesen, die den Vorsteuerabzug ausschließen, sind sie hierfür allerdings **nicht verwendet**

worden, so ist die Vorsteuer nicht abziehbar. Denken Sie z. B. an Gegenstände, die unbrauchbar geworden sind.

Eindeutige Zuordnung

376 Die o. a. Grundsätze zum Ausschluß des Vorsteuerabzuges lassen sich in der Praxis nur dann ohne eine weitere Sonderregelung anwenden, wenn die Umsätze, die an das Unternehmen ausgeführt werden, eindeutig entweder der Gruppe von Umsätzen zugeordnet werden können, die nicht zur Versagung des Vorsteuerabzuges führen, oder der Gruppe von Umsätzen, bei denen der Vorsteuerabzug ausgeschlossen ist. Denken Sie z. B. an einen Unternehmer, der ausschließlich steuerpflichtige Umsätze ausführt. In diesem Fall sind alle Vorsteuern uneingeschränkt abzugsfähig. Denken Sie weiter an einen Unternehmer, der nur steuerfreie Umsätze ohne Vorsteuerabzugsberechtigung tätigt und keine Möglichkeit hat, auf die Steuerfreiheit zu verzichten. In diesem Fall sind alle Vorsteuern nicht abzugsfähig.

In allen übrigen Fällen, in denen ein Unternehmer sowohl Umsätze ohne Vorsteuerabzugsrecht als auch zum Vorsteuerabzug berechtigende Umsätze ausführt, ergibt sich die Notwendigkeit, die **Vorsteuerbeträge** entsprechend ihrer wirtschaftlichen Zugehörigkeit **zuzuordnen** und **aufzuteilen** (vgl. Tz. 377 f.).

8.4 Die Vorsteueraufteilung

377 Verwendet ein Unternehmer die für sein Unternehmen gelieferten oder eingeführten Gegenstände und die in Anspruch genommenen sonstigen Leistungen sowohl für Umsätze, die zum Vorsteuerabzug berechtigen, als auch für Umsätze, die den Vorsteuerabzug ausschließen, so hat er die angefallenen **Vorsteuerbeträge** in einen **abziehbaren** und einen **nichtabziehbaren Teil aufzuteilen** (§ 15 Abs. 4 UStG). Für die Aufteilung kommt es allein auf die **tatsächliche Verwendung** des bezogenen Gegenstands oder der in Anspruch genommenen sonstigen Leistungen an (vgl. Tz. 374 f.).

Praxishinweis:
Bei Vorsteuerbeträgen, die im Zusammenhang mit der **Anschaffung von Anlagegütern** stehen, sind die Verhältnisse in dem Zeitpunkt maßgebend, in dem das Anlagegut erstmalig zur Ausführung von Umsätzen verwendet wird. Wegen der Berichtigung des Vorsteuerabzuges bei späterer Änderung der Verhältnisse vgl. Tz. 386f.

Aufteilung der Vorsteuerbeträge in Gruppen

Für Aufteilungszwecke sind drei Gruppen von Vorsteuerbeträgen zu bilden: 378

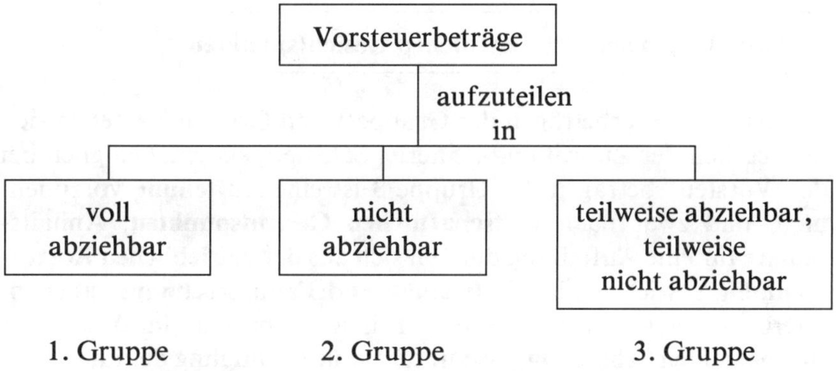

Zu der **1. Gruppe** gehören Vorsteuerbeträge, die in voller Höhe abziehbar sind, weil sie **ausschließlich Umsätze** betreffen, die zum **Vorsteuerabzug berechtigen**. Denken Sie z. B. an ein Einzelhandelsunternehmen, das ausschließlich steuerpflichtige Lieferungen tätigt und daher die Vorsteuerbeträge aus den Warenbezügen in voller Höhe abziehen kann und das daneben einen Teil des Geschäftsgrundstücks, in dem sich der Laden befindet, steuerfrei vermietet.

Zu der **2. Gruppe** der Vorsteuerbeträge rechnen diejenigen, die in voller Höhe vom Abzug ausgeschlossen sind, weil sie **ausschließlich**

Umsätzen zuzurechnen sind, die **nicht zum Vorsteuerabzug berechtigen**. Denken Sie z. B. an die Vorsteuerbeträge aus Makler- oder Notarrechnungen, die steuerfreie Grundstücksverkäufe betreffen. Denken Sie aber auch an die Vorsteuerbeträge aus Bauleistungen für Wohngebäude, die steuerfrei vermietet werden.

In die **3. Gruppe** fallen alle Vorsteuerbeträge, die sowohl mit Umsätzen im **wirtschaftlichen Zusammenhang** stehen, die zum **Vorsteuerabzug berechtigen**, als auch mit Umsätzen, die den **Vorsteuerabzug ausschließen**. Hierzu gehören z. B. Vorsteuerbeträge, die mit dem Bau, der Errichtung und Unterhaltung eines Verwaltungsgebäudes in Verbindung stehen, das teils der Ausführung steuerpflichtiger Umsätze und teils der Ausführung steuerfreier Umsätze dient.

Aufteilung nach wirtschaftlichen Gesichtspunkten

379 Bei den Vorsteuerbeträgen der Gruppe 1 und Gruppe 2 ergeben sich hinsichtlich der Zuordnung keinerlei Schwierigkeiten. Lediglich bei den Vorsteuerbeträgen der Gruppe 3 ist eine **Aufteilung** vorzunehmen, und zwar nach **wirtschaftlichen Gesichtspunkten**. Anhaltspunkte für eine Aufteilung dürften sich aus der **betrieblichen Kostenrechnung** sowie aus der **Aufwands- und Ertragsrechnung** ergeben. Hierbei kann der nicht abziehbare Teil der Vorsteuern im Wege einer **sachgerechten Schätzung**, also unter Berücksichtigung der im Einzelfall bestehenden wirtschaftlichen Verhältnisse, ermittelt werden (§ 15 Abs. 4 Satz 2 UStG). Eine **Aufteilung** allein **nach der Höhe des Umsatzes** führt in der Regel nicht zu einer sachgerechten Schätzung. Ist jedoch kein anderer sachgerechter Aufteilungsmaßstab vorhanden, so kann der nichtabziehbare Teil der einer Umsatzgruppe nicht ausschließlich zurechenbaren Vorsteuerbeträge einheitlich nach dem **Verhältnis der Umsätze**, die den Vorsteuerabzug ausschließen, zu den anderen Umsätzen ermittelt werden. Dabei bleiben Einfuhren und Umsätze im innergemeinschaftlichen Erwerb außer Ansatz.

Praxishinweis:
Aus Vereinfachungsgründen bestehen keine Bedenken, Vorsteuerbeträge, die sich auf die sog. **Verwaltungsgemeinkosten** beziehen (z. B. Vorsteuerbeträge für die Beschaffung von Büromaterial), nach einem **einheitlichen Verhältnis** – ggf. schätzungsweise – aufzuteilen, auch wenn einzelne dieser Vorsteuerbeträge an sich bestimmten Umsätzen ausschließlich zuzurechnen wären.

Für **Umsätze von Geldforderungen**, für **Wechselumsätze**, für Liefe- 380
rungen von gesetzlichen Zahlungsmitteln und **gültigen amtlichen Wertzeichen** sowie für **Einlagen bei Kreditinstituten** gilt, vorausgesetzt, es handelt sich hierbei um **Hilfsumsätze**, folgende Vereinfachungsregelung: Sind Vorsteuerbeträge den vorgenannten Umsätzen zum Teil zuzurechnen und würde daher ein Teil der Vorsteuerbeträge vom Abzug ausgeschlossen sein, so kann auf eine **Aufteilung verzichtet** werden und auch der auf die steuerfreien Hilfsumsätze entfallende Teil der Vorsteuerbeträge abgezogen werden.

Beispiel 1:
Der Unternehmer E hat im Juli 1993 Umsätze in Höhe von 500000 DM getätigt. Von diesen Umsätzen sind 450000 DM steuerpflichtig und 50000 DM steuerfrei (Vermietung eines Wohngebäudes). An Vorsteuern sind im Monat Juli 1993 25000 DM angefallen. Diese Vorsteuern sind nach wirtschaftlichen Gesichtspunkten wie folgt zuzurechnen:

- Vorsteuerbeträge aus Rechnungen über Warenlieferungen der Vorlieferanten (betreffen ausschließlich steuerpflichtige Umsätze): 22000 DM
- Vorsteuerbeträge aus Rechnungen über Reparaturen an dem Wohngebäude (betreffen ausschließlich steuerfreie Vermietungsumsätze): 2000 DM
- Vorsteuerbeträge, die aus Büro- und Verwaltungskosten stammen und sowohl die steuerpflichtigen als auch die steuerfreien Umsätze betreffen: 1000 DM

Nach dem Verhältnis der Arbeitszeiten der Büromitarbeiter entfallen auf die steuerfreien Vermietungsumsätze 10 % der Arbeitszeit und auf die steuerpflichtigen Umsätze 90 % der Arbeitszeit.

Die unmittelbar mit den steuerpflichtigen Umsätzen im Zusammenhang stehenden Vorsteuerbeträge in Höhe von 22000 DM sind voll abziehbar. Soweit die Vorsteuerbeträge ausschließlich den steuerfreien Vermietungen zuzurechnen sind, ist der Vorsteuerabzug zu versagen. Die beide Umsatzarten betreffenden Vorsteuern von 1000 DM sind im Verhältnis der Arbeitszeiten mit 10 % den nichtabziehbaren Vorsteuerbeträgen (100 DM) und mit 90 % den abziehbaren Vorsteuerbeträgen (900 DM) zuzuordnen.

Beispiel 2:
Der Unternehmer F nutzt ein von ihm errichtetes Gebäude im Jahr der Fertigstellung wie folgt:

- 50 % der Nutzfläche werden für gewerbliche Zwecke vermietet, wobei F auf die Steuerfreiheit der Vermietungsumsätze verzichtet hat,
- 30 % der Nutzfläche werden für Wohnzwecke genutzt,
- 20 % der Nutzfläche nutzt F für seinen eigenen Betrieb, wobei – gemessen an der Arbeitszeit – 60 % mit steuerpflichtigen Umsätzen und 40 % mit steuerfreien Umsätzen im Zusammenhang stehen.

Im Zusammenhang mit der Errichtung des Gebäudes sind Vorsteuerbeträge von 80000 DM angefallen.

Die Vorsteuern in Höhe von 80000 DM sind zunächst in drei Gruppen zu unterteilen, und zwar

- in Vorsteuern, die ausschließlich auf die steuerpflichtigen Umsätze entfallen (50 % von 80000 DM = 40000 DM),

- ▶ in Vorsteuern, die ausschließlich mit den steuerfreien Vermietungsumsätzen im Zusammenhang stehen (30 % von 80000 DM = 24000 DM) und
- ▶ in Vorsteuern, die anteilig beiden Umsatzarten zuzurechnen sind (20 % von 80000 DM = 16000 DM).

Letztere Gruppe von Vorsteuern ist nach wirtschaftlichen Gesichtspunkten aufzuteilen, und zwar im vorliegenden Fall entsprechend den Nutzungszeiten. Danach sind 60 % von 16000 DM = 9600 DM als Vorsteuern abziehbar und 40 % von 16000 DM = 6400 DM nicht abziehbar.

Praxishinweis:
In der Regel ist die Vorsteuer bei Gebäuden nach dem **Verhältnis der tatsächlichen Nutzflächen aufzuteilen,** wie das Beispiel 2 zeigt. Weicht jedoch die **Ausstattung** der unterschiedlich genutzten Räume erheblich voneinander ab, so ist es erforderlich, den **Bauaufwand** den einzelnen Verwendungsumsätzen zuzuordnen. Dies gilt auch bei **abweichenden Geschoßhöhen**.

8.5 Vorsteuerabzug bei privater Fahrzeuglieferung

Liefert eine Privatperson im Inland ein neues Fahrzeug an einen Ab- 381
nehmer in einem anderen EG-Staat und gelangt das Fahrzeug bei dieser Lieferung vom Inland in einen anderen EG-Staat, so wird der Lieferer für diesen Umsatz wie ein Unternehmer behandelt (§ 2a UStG). Die Fahrzeuglieferung ist im Inland steuerfrei (§ 6a UStG). Sie unterliegt jedoch in dem anderen EG-Staat der Erwerbsbesteuerung.

Der Fahrzeuglieferer wird auch beim **Vorsteuerabzug wie ein Unternehmer** behandelt (§ 15 Abs. 4a UStG). Dies bedeutet, daß er die mit der Fahrzeuglieferung im Zusammenhang stehenden Vorsteuern abziehen kann. Auf diese Weise wird eine Doppelbelastung des neuen

Fahrzeugs mit Umsatzsteuer vermieden. Bei der Vornahme des Vorsteuerabzugs sind drei Einschränkungen zu beachten:

- Abziehbar sind nur die beim **Kauf**, bei der **Einfuhr** oder beim **innergemeinschaftlichen Erwerb** des neuen Fahrzeugs **angefallenen Steuern.** Ein weiterer Vorsteuerabzug (z. B. aus den **Nebenkosten der Anschaffung**) ist nicht möglich.
- Veräußert der Fahrzeuglieferer das neue Fahrzeug zu den Anschaffungskosten oder zu einem darüber liegenden Betrag, so kann er die Vorsteuern in vollem Umfang abziehen. Liegt der **Nettoveräußerungspreis unter den Anschaffungskosten,** so kann die **Vorsteuer nur in der Höhe** berücksichtigt werden, bis zu der eine Lieferung im Inland unter Ansatz des **Nettoveräußerungspreises** Umsatzsteuer angefallen wäre.
- Der Vorsteuerabzug kann erst zu dem **Zeitpunkt der Weiterlieferung** des neuen Fahrzeugs in Anspruch genommen werden.

8.6 Vorsteuerpauschalen

382 Zur Vereinfachung des Besteuerungsverfahrens können die abziehbaren **Vorsteuerbeträge** bei **kleineren Unternehmern pauschal** ermittelt werden, indem allgemeine Durchschnittsätze auf den Umsatz, den der betreffende Unternehmer in dem jeweiligen Berufs- und Gewerbezweig erzielt hat, angewandt werden. Dazu müssen folgende Voraussetzungen eingehalten werden:

- Der Umsatz in dem jeweiligen Berufs- und Gewerbezweig darf im **vorangegangenen Kalenderjahr 100000 DM** nicht überstiegen haben. Bei Betriebseröffnung erfolgt eine Umrechnung des tatsächlichen Umsatzes in einen Jahresumsatz, bevor die Umsatzgrenze von 100000 DM überprüft wird.
- Der Unternehmer, der von der Pauschalierungsmöglichkeit Gebrauch macht, darf **nicht zur Buchführung verpflichtet** sein.
- Der Berufs- oder Gewerbezweig muß in der **Anlage zur Umsatzsteuer-Durchführungsverordnung** aufgeführt sein.

Sind die drei Voraussetzungen erfüllt, so kann der Unternehmer seine Vorsteuerbeträge unter Anwendung des Durchschnittsatzes auf den Umsatz, den er in dem **jeweiligen Gewerbe- oder Berufszweig im Inland** erzielt hat, errechnen. Führt der Unternehmer auch noch andere Umsätze aus, so ist eine **Pauschalierung bei Handelsbetrieben** nur dann bei **allen** Umsätzen möglich, wenn die eigentlichen Umsätze in dem maßgeblichen Gewerbe- oder Berufszweig **überwiegen**. Bei **anderen Unternehmern** dürfen die Durchschnittsätze auf **alle** Umsätze nur dann angewandt werden, wenn die Umsätze aus der **zusätzlichen Tätigkeit 25 %** des gesamten Umsatzes **nicht übersteigen**. Werden die Grenzwerte überschritten, so können die in Betracht kommenden Durchschnittsätze zwar auf die **Umsätze aus der Haupttätigkeit**, nicht aber auf die Umsätze aus der Nebentätigkeit angewandt werden. Für die **Umsätze aus der Nebentätigkeit** sind dann die **tatsächlich** angefallenen **Vorsteuerbeträge** anzusetzen. 383

Beispiel:
Der Schriftsteller G hat im Kalenderjahr 1992 folgende Umsätze erzielt:

- aus schriftstellerischer Tätigkeit: 25 000 DM und
- aus Vortragstätigkeit: 17 000 DM.

Da die Vortragstätigkeit – gemessen an dem Gesamtumsatz – mehr als 25 % ausmacht, kann der allgemeine Durchschnittsatz von 2,2 % nur auf die Umsätze aus schriftstellerischer Tätigkeit angewandt werden. Für den schriftstellerischen Bereich ergeben sich somit abziehbare Vorsteuern in Höhe von 550 DM (2,2 % von 25 000 DM). Der Durchschnittsatz von 2,2 % kann dagegen nicht auf die Umsätze aus der Vortragstätigkeit angewandt werden. Hier müssen die Vorsteuerbeträge einzeln nachgewiesen werden.

Durchschnittsätze für unterschiedliche Gruppen

384 Bei Anwendung der Durchschnittsätze sind zwei Gruppen von Gewerbe- und Berufszweigen zu unterscheiden, und zwar die **Gruppe A**, bei der die jeweiligen **Durchschnittsätze sämtliche Vorsteuern abgelten**, und die **Gruppe B**, bei der die Durchschnittsätze nur **für einen Teil der insgesamt abziehbaren Vorsteuern** gelten.

Beispiele für Durchschnittsätze der Gruppe A:

I. Handwerk

1. Bäckerei: **5 %** (ab 1. 1. 1993 voraussichtlich 5,2 %) des Umsatzes, wobei die Kaffeeumsätze 10 % des Umsatzes nicht übersteigen dürfen.
2. Bau- und Möbeltischlerei: **7,8 %** (ab 1. 1. 1993 voraussichtlich 8,4 %) des Umsatzes
3. Druckerei: **5,6 %** (ab 1. 1. 1993 voraussichtlich 6,0 %) des Umsatzes
4. Elektroinstallation: **7,9 %** (ab 1. 1. 1993 voraussichtlich 8,5 %) des Umsatzes
5. Fließen- und Plattenlegerei, sonstige Fußbodenlegerei und -kleberei: **7,6 %** (ab 1. 1. 1993 voraussichtlich 8,1 %) des Umsatzes
6. Friseure: **3,9 %** (ab 1. 1. 1993 voraussichtlich 4,2 %) des Umsatzes
7. Gewerbliche Gärtnerei: **5,3 %** (ab 1. 1. 1993 voraussichtlich 5,6 %) des Umsatzes
8. Glasergewerbe: **8 %** (ab 1. 1. 1993 voraussichtlich 8,6 %) des Umsatzes
9. Klempnerei, Gas- und Wasserinstallation: **7,4 %** (ab 1. 1. 1993 voraussichtlich 7,9 %) des Umsatzes
10. Maler- und Lackiergewerbe, Tapezierer: **3,3 %** (ab 1. 1. 1993 voraussichtlich 3,5 %) des Umsatzes
11. Reparatur von Kraftfahrzeugen: **7,9 %** (ab 1. 1. 1993 voraussichtlich 8,5 %) des Umsatzes

12. Schlosserei und Schweißerei: **6,9 %** (ab 1. 1. 1993 voraussichtlich 7,4 %) des Umsatzes
13. Schneiderei: **5,2 %** (ab 1. 1. 1993 voraussichtlich 5,6 %) des Umsatzes
14. Schuhmacherei: **5,7 %** (ab 1. 1. 1993 voraussichtlich 6,1 %) des Umsatzes
15. Stukkateurgewerbe: **3,8 %** (ab 1. 1. 1993 voraussichtlich 4,1 %) des Umsatzes
16. Zimmerei: **7,1 %** (ab 1. 1. 1993 voraussichtlich 7,6 %) des Umsatzes.

II. Einzelhandel

1. Blumen und Pflanzen: **5,3 %** (ab 1. 1. 1993 voraussichtlich 5,5 %) des Umsatzes
2. Brennstoffe: **10,9 %** (ab 1. 1. 1993 voraussichtlich 11,7 %) des Umsatzes
3. Drogerien: **9,5 %** (ab 1. 1. 1993 voraussichtlich 10,2 %) des Umsatzes
4. Elektrotechnische Erzeugnisse, Leuchten, Rundfunk-, Fernseh- und Phonogeräte: **10,3 %** (ab 1. 1. 1993 voraussichtlich 11,0 %) des Umsatzes
5. Fahrräder und Mopeds: **10,6 %** (ab 1. 1. 1993 voraussichtlich 11,4 %) des Umsatzes
6. Kartoffeln, Gemüse, Obst und Südfrüchte: **6,2 %** (ab 1. 1. 1993 voraussichtlich 6,3 %) des Umsatzes
7. Lacke, Farben und sonstiger Anstrichbedarf: **9,8 %** (ab 1. 1. 1993 voraussichtlich 10,5 %) des Umsatzes
8. Nahrungs- und Genußmittel: **7,9 %** (ab 1. 1. 1993 voraussichtlich 8,1 %) des Umsatzes
9. Oberbekleidung: **10,7 %** (ab 1. 1. 1993 voraussichtlich 11,5 %) des Umsatzes
10. Schuhe und Schuhwaren: **10,4 %** (ab 1. 1. 1993 voraussichtlich 11,1 %) des Umsatzes
11. Süßwaren: **6,2 %** (ab 1. 1. 1993 voraussichtlich 6,4 %) des Umsatzes

12. Textilwaren verschiedener Arten: **10,7 %** (ab 1. 1. 1993 voraussichtlich 11,5 %) des Umsatzes
13. Unterhaltungszeitschriften und Zeitungen: **6,1 %** (ab 1. 1. 1993 voraussichtlich 6,2 %) des Umsatzes

III. Sonstige Gewerbebetriebe

1. Eisdielen: **5,3 %** (ab 1. 1. 1993 voraussichtlich 5,6 %) des Umsatzes
2. Fremdenheime und Pensionen: **5,9 %** (ab 1. 1. 1993 voraussichtlich 6,3 %) des Umsatzes
3. Gast- und Speisewirtschaften: **7,9 %** (ab 1. 1. 1993 voraussichtlich 8,3 %) des Umsatzes
4. Personenbeförderung mit Personenkraftwagen: **5,2 %** (ab 1. 1. 1993 voraussichtlich 5,6 %) des Umsatzes

IV. Freie Berufe

1. Selbständige Mitarbeiter bei Bühne, Film, Funk, Fernsehen und Schallplattenproduzenten: **3,2 %** (ab 1. 1. 1993 voraussichtlich 3,4 %) des Umsatzes
2. Journalisten: **4,2 %** (ab 1. 1. 1993 voraussichtlich 4,5 %) des Umsatzes
3. Schriftsteller: **2,2 %** (ab 1. 1. 1993 voraussichtlich 2,4 %) des Umsatzes

Beispiele für Durchschnittsätze nach Anlage B

1. Architekten: **1,7 %** (ab 1. 1. 1993 voraussichtlich 1,8 %) des Umsatzes
2. Rechtsanwälte und Notare: **1,3 %** (ab 1. 1. 1993 voraussichtlich 1,4 %) des Umsatzes
3. Schornsteinfeger: **1,4 %** (ab 1. 1. 1993 voraussichtlich 1,5 %) des Umsatzes
4. Wirtschaftliche Unternehmensberatung, Wirtschaftsprüfung: **1,5 %** (ab 1. 1. 1993 voraussichtlich 1,6 %) des Umsatzes

Die **Anwendung der Durchschnittsätze** kann, falls die Voraussetzungen hierfür erfüllt sind, bis zur **Bestandskraft der Steuerfestsetzung** beantragt werden. Für den Antrag ist **keine besondere Form** vorgesehen. Ein **Antrag** kann, und zwar ebenfalls bis zur Bestandskraft der Steuerfestsetzung, mit Wirkung vom Beginn eines Kalenderjahres an **widerrufen** werden. Nach einem solchen Widerruf ist eine **erneute Anwendung** der Durchschnittsätze frühestens **nach Ablauf von 5 Kalenderjahren** zulässig. 385

8.7 Die Vorsteuerberichtigung

Vorsteuerbeträge, die beim Erwerb, bei der Einfuhr oder beim inner- 386
gemeinschaftlichen Erwerb von **Wirtschaftsgütern des Anlagevermögens** angefallen sind, können, wie wir bereits wissen, grundsätzlich abgezogen werden. Die Höhe des Vorsteuerabzuges richtet sich dabei nach den tatsächlichen Verhältnissen im Zeitpunkt der Anschaffung und Rechnungserteilung (vgl. Tz. 374). **Ändern** sich diese **Verhältnisse** zu einem späteren Zeitpunkt und wirkt sich diese Änderung auf die Aufteilung der Vorsteuern aus, so kommt es zu einer **Berichtigung des ursprünglichen Vorsteuerabzuges** (§ 15a UStG). Aus steuertechnischen Gründen kommt eine solche Berichtigung bei **Grundstücken**, Gebäuden auf fremdem Grund und Boden und grundstücksgleichen Rechten nur innerhalb von **10 Jahren** und bei **allen anderen Wirtschaftsgütern** innerhalb von **5 Jahren** seit dem Beginn der Verwendung in Betracht. Ist die Nutzungsdauer eines Wirtschaftsguts kürzer, so ist anstelle des 10- bzw. 5-Jahreszeitraumes die kürzere Nutzungsdauer für die Vornahme einer eventuellen Berichtigung maßgebend.

Praxishinweis:
Eine **Änderung der Verhältnisse** liegt auch dann vor, wenn ein Wirtschaftsgut **veräußert** oder **entnommen** wird. In diesen Fällen ist bei einer **steuerpflichtigen Veräußerung** oder Entnahme so zu tun, als wenn das Wirtschaftsgut bis zum Ablauf des Berichtigungszeitraumes im Unternehmen zur Ausführung **steuerpflichtiger Umsätze ver-**

wandt worden wäre. Bei einer **steuerfreien Veräußerung** oder Entnahme ist bis zum Ablauf des Berichtigungszeitraumes eine **steuerfreie Verwendung** zu unterstellen.

---

387 Die Berichtigung des Vorsteuerabzuges gilt nicht nur für die **ursprünglichen Anschaffungs- oder Herstellungskosten**, sondern sie ist sinngemäß auch auf **nachträgliche Anschaffungs- oder Herstellungskosten** anzuwenden. Zur Durchführung der Berichtigung muß für das jeweilige Berichtigungsjahr der Anteil an dem Vorsteuerbetrag – dies ist bei einem Berichtigungszeitraum von **10 Jahren 1/10** und bei einem Berichtigungszeitraum von **5 Jahren 1/5** – festgestellt werden. Sodann ist der anteilige Vorsteuerbetrag zu ermitteln, der auf den Zeitraum ab Nutzungsänderung bis zum Ablauf des Berichtigungszeitraumes entfällt. Dieser Vorsteuerbetrag ist unter Berücksichtigung des geänderten Verhältnisses „steuerpflichtige zu steuerfreie Umsätze“ **neu** in einen abziehbaren und einen nichtabziehbaren Anteil **aufzuteilen**.

388 Nach soviel Theoretischem sehen wir uns zur Erläuterung der Berichtigungsvorschrift folgendes Beispiel an:

Der Unternehmer H errichtet auf einem ihm gehörenden Grundstück in der zweiten Jahreshälfte 1992 und 1993 ein Bürogebäude. Im Zusammenhang mit den Baukosten sind Vorsteuerbeträge von 400000 DM angefallen. Da H in 1992 und 1993 nur steuerpflichtige Umsätze ausgeführt hat, hat er die Vorsteuern in voller Höhe abgezogen. Das Bürogebäude wird ab dem 1. 1. 1994 zu eigengewerblichen Zwecken genutzt. Ab dem 1. 1. 1998 werden 25 % des Bürogebäudes an ein anderes Unternehmen steuerfrei vermietet. Mit Wirkung zum 1. 1. 2000 wird das Bürogebäude steuerfrei veräußert.

Die auf die Errichtung des Bürogebäudes entfallenden Vorsteuern von 400000 DM sind in den Jahren 1992 und 1993 voll abzugsfähig, da das Gebäude nach der Absicht des Unternehmers H zu 100 % steuerpflichtigen Umsätzen dienen soll und in den Jahren bis einschließlich 1997 auch tatsächlich dient. Ab dem 1. 1. 1998 ist gegenüber den ursprünglichen Verhältnissen eine Änderung dadurch eingetreten, daß ein Teil des Bürogebäudes, nämlich 25 %, steuerfrei vermietet wird. Ab diesem Zeitpunkt ist somit eine Korrektur der ursprünglich in Anspruch genommenen Vorsteuern vorzunehmen. Bei dieser Korrektur ist für jedes Jahr von einem Zehntel der gesamten Vorsteuern von 400000 DM = 40000 DM auszugehen. Nach den Verhältnissen der Jahre 1998 und 1999 sind von dem Jahresbetrag lediglich 75 % als Vorsteuern abzugsfähig und 25 % nicht abzugsfähig. Für H bedeutet dies, daß er für diese Jahre jeweils 10000 DM (25 % von 40000 DM) an das Finanzamt zurückzahlen muß.

Die steuerfreie Veräußerung mit Wirkung ab dem 1. 1. 2000 ist so zu behandeln, als wenn H das Bürogebäude bis zum Ablauf des 10jährigen Berichtigungszeitraumes (31. 12. 2003) ausschließlich zur Ausführung steuerfreier Umsätze verwandt hätte. Insoweit entfällt der Vorsteuerabzug insgesamt. H hat deshalb den auf den Zeitraum vom 1. 1. 2000 bis zum 31. 12. 2003 (= 4 Jahre) entfallenden Vorsteueranteil zurückzuzahlen. Dieser Vorsteueranteil beträgt 40000 DM (Jahresbetrag) × 4 Jahre = 160000 DM.

Vereinfachungen bei der Vorsteuerberichtigung

Bei der Berichtigung des Vorsteuerabzuges sind folgende, für die 389
Praxis bedeutsame **Vereinfachungen** zu beachten:

- Entfallen auf die Anschaffungs- oder Herstellungskosten eines Wirtschaftsguts **nicht mehr als 500 DM** Vorsteuern, so ist die **Berichtigungsvorschrift nicht anzuwenden.**

- Eine Berichtigung in den Folgejahren unterbleibt auch dann, wenn sich die **Verhältnisse** gegenüber dem Erstjahr um **weniger als 10 Prozentpunkte ändern** und der Betrag, um den der Vorsteuerabzug zu berichtigen wäre, **500 DM** nicht übersteigt.
- Beträgt die auf die Anschaffungs- oder Herstellungskosten eines Wirtschaftsguts entfallende Vorsteuer nicht mehr als **2000 DM,** so kann die **Berichtigung** für alle in Betracht kommenden Folgejahre einheitlich bei der Steuerberechnung für das **letzte Kalenderjahr des Berichtigungszeitraumes vorgenommen** werden. Damit entfällt eine ansonsten für jedes Folgejahr erforderliche Berichtigung.
- Wird das Wirtschaftsgut während des Berichtigungszeitraumes **veräußert** oder zum Eigenverbrauch **entnommen,** so ist die **Berichtigung im Jahr der Veräußerung** oder **Entnahme** bereits insgesamt für den noch verbleibenden Berichtigungszeitraum durchzuführen.
- Endet der **Berichtigungszeitraum im Laufe eines Kalendermonats,** so ist dieser Monat voll zu berücksichtigen, wenn der Abschlußzeitpunkt nach dem 15. Tag liegt. Andernfalls scheidet dieser Kalendermonat aus dem Berichtigungszeitraum insgesamt aus.

9 Wie ermittelt ein land- und forstwirtschaftlicher Betrieb seine Umsatzsteuer?

Für die **Inhaber kleinerer land- und forstwirtschaftlicher Betriebe** besteht zum einen die Möglichkeit, die von ihnen ausgeführten **Umsätze** nach **Durchschnittsätzen zu besteuern** und zum anderen die mit diesen Umsätzen im Zusammenhang stehenden **Vorsteuerbeträge** ebenfalls unter Ansatz von **Durchschnittsätzen pauschal zu ermitteln.** Da im allgemeinen die für die Umsätze und die für die Vorsteuern festgesetzten Durchschnittsätze der Höhe nach übereinstimmen, entfällt für die Land- und Forstwirte in der Regel eine Zahlungspflicht. Ihnen bleibt es somit auch erspart, Aufzeichnungen zu führen sowie Umsatzsteuer-Voranmeldungen und Umsatzsteuer-Jahreserklärungen einzureichen. 390

Durchschnittsätze für land- und forstwirtschaftliche Umsätze

Durchschnittsatz 5%: Für die Lieferungen und den Eigenverbrauch von **forstwirtschaftlichen Erzeugnissen** – ausgenommen sind hier Sägewerkerzeugnisse – ist ein Durchschnittsatz von **5%** maßgebend. Zu den forstwirtschaftlichen Erzeugnissen gehören insbesondere **Stammholz,** Schwellenholz, Stangen, Schichtholz, **Industrieholz, Brennholz,** sonstiges Holz, Forstsamen, Rinde, Baumharz, **Weihnachtsbäume,** Schmuckgrün, Waldstreu, Pilze und Beeren. 391

Durchschnittsatz von 8,5%: Für die wichtigsten **landwirtschaftlichen Erzeugnisse,** wie z.B. **Getreide,** Getreideerzeugnisse, **Vieh, Fleisch, Milch, Obst, Gemüse** und **Eier** ist ein Durchschnittsatz von **8,5%** anzusetzen. Außerdem gehören hierzu die Umsätze, die nicht den eigentlichen Gegenstand des Unternehmens bilden, wie z.B. der Verkauf gebrauchter landwirtschaftlicher Geräte (= **Hilfsumsätze).**

Durchschnittsatz von 15%: Der Durchschnittsatz von **15%** ist für die Lieferung und den Eigenverbrauch bestimmter **Sägewerkerzeugnisse** und **Getränke** sowie von **alkoholischen Flüssigkeiten** anzusetzen. Hierunter fallen Sägewerkerzeugnisse wie Balken, Bohlen, Kanthölzer, besäumte und unbesäumte Bretter sowie Holzwolle und Holzmehl sowie Getränke und alkoholische Flüssigkeiten, wie Wein, Obstwein, Traubenmost, Frucht- und Gemüsesäfte sowie Alkohol und Sprit.

Praxishinweis:
Für land- und forstwirtschaftliche Umsätze, die **vor dem 1. 1. 1993** ausgeführt werden, gilt anstelle eines Durchschnittsatzes von 8,5 % ein Durchschnittsatz von **8 %**.

---

392 Die Durchschnittsatzbesteuerung gilt nur für die im Rahmen eines land- und forstwirtschaftlichen Betriebs ausgeführten Umsätze. Begünstigt sind aber auch Umsätze, die im Rahmen eines **land- und forstwirtschaftlichen Nebenbetriebs** anfallen, wenn dieser Nebenbetrieb dem land- und forstwirtschaftlichen Hauptbetrieb zu dienen bestimmt ist. Unterhält dagegen der Unternehmer neben seinem land- und forstwirtschaftlichen Betrieb einen **anderen Betrieb** (z. B. eine Gastwirtschaft), so sind die daraus erzielten Umsätze und die damit im Zusammenhang stehenden Vorsteuern getrennt aufzuzeichnen und gesondert zur Umsatzsteuer heranzuziehen.

Praxishinweis:
Land- und forstwirtschaftliche Betriebe in der **Rechtsform einer GmbH** oder einer Genossenschaft gelten steuerrechtlich als **Gewerbebetrieb;** für sie kommt die **Besteuerung nach Durchschnittsätzen nicht in Betracht.**

---

393 Führt der Land- und Forstwirt Lieferungen oder sonstige Leistungen an andere Unternehmer aus, so hat er auf Verlangen des Leistungsempfängers eine **Rechnung auszustellen** und in dieser Rechnung die Umsatzsteuer in der Regel mit einem Steuersatz von **5 %** bzw. **8,5 %** gesondert auszuweisen. In Höhe des gesonderten Umsatzsteueraus-

weises kann dann der Leistungsempfänger seinen Vorsteuerabzug geltend machen.

394 Für die ab dem 1. 1. 1993 neu in das Umsatzsteuergesetz aufgenommenen **innergemeinschaftlichen Lieferungen** gelten ebenfalls die o. a. Durchschnittsätze, wenn sie im Rahmen eines land- und forstwirtschaftlichen Betriebs ausgeführt werden. Dabei ist zu beachten, daß die innergemeinschaftlichen Lieferungen bestimmter Sägewerkserzeugnisse und Getränke sowie von alkoholischen Flüssigkeiten mit einem Durchschnittsatz von 8,5 %, also nicht wie Lieferungen im Inland mit 15 %, zu besteuern sind. In der Regel entsteht durch den Vorsteuerabzug von ebenfalls 8,5 % keine Umsatzsteuer. Diese Regelung knüpft an die bisherige Besteuerung von Ausfuhrlieferungen an.

Praxishinweis:
Der innergemeinschaftliche Erwerb wird nicht nach Durchschnittsätzen besteuert.

---

395 Die Umsätze bei der **Veräußerung eines land- und forstwirtschaftlichen Betriebs** oder Teilbetriebs einschließlich des Einbringens in eine Gesellschaft sind **ab dem 1. 1. 1992** von der **Durchschnittsatzbesteuerung ausgenommen** (§ 24 Abs. 1 Satz 2 UStG). Sie unterliegen im Rahmen dieser Besteuerungsform nicht der Umsatzsteuer. Dies gilt auch für die Fälle, in denen der bisherige Betriebsinhaber Teile des Betriebsvermögens zurückbehält, um es, wie z. B. Grundstücke, zu vermieten oder zu verpachten. Von der Einschränkung nicht betroffen sind dagegen einzelne **Hilfsgeschäfte,** z. B. der Verkauf eines Mähdreschers; solche Hilfsgeschäfte unterliegen weiterhin der Durchschnittsatzbesteuerung.

Durchschnittsätze für den Vorsteuerabzug

396 Macht der Land- oder Forstwirt von der Durchschnittsatzbesteuerung Gebrauch, so sind auch seine **Vorsteuern pauschal** zu ermitteln.

Stehen die Vorsteuerbeträge mit **Umsätzen von forstwirtschaftlichen Erzeugnissen** im Zusammenhang, so sind sie mit **5 %** des auf diese Umsätze entfallenden Entgelts abzugsfähig. Stehen die Vorsteuerbeträge mit anderen **land- und forstwirtschaftlichen Umsätzen** im Zusammenhang, so sind die Vorsteuern mit **8,5 %** des Entgelts zu berücksichtigen. In der Praxis bedeutet dies, daß lediglich bei der Lieferung und dem Eigenverbrauch bestimmter **Sägewerkerzeugnisse** und **Getränke** sowie von **alkoholischen Flüssigkeiten** überhaupt eine **Umsatzsteuer anfallen** kann.

Praxishinweis:
Vor dem Kalenderjahr 1993 sind die Vorsteuern bei den übrigen land- und forstwirtschaftlichen Umsätzen mit **8 %** anstelle von 8,5 % anzusetzen.

Verzicht auf die Durchschnittsatzbesteuerung

397 Fallen bei einem land- und forstwirtschaftlichen Betrieb Vorsteuern an, die über die Durchschnittsätze von 5 % bzw. 8,5 %, bis 1992 8 %, hinausgehen, so kann es für den Unternehmer günstiger sein, auf die **Durchschnittsatzbesteuerung zu verzichten.** Für die Erklärung ist **keine bestimmte Form** vorgesehen. Sie muß dem Finanzamt jedoch bis **spätestens am 10. Januar des auf den Übergang zur Normalbesteuerung folgenden Kalenderjahres** vorliegen, also für 1993 am 10. 1. 1994. Die Erklärung **bindet** den Land- und Forstwirt für mindestens **5 Kalenderjahre.** Nach Ablauf der 5jährigen Bindungsfrist ist eine **Rückkehr zur Durchschnittsatzbesteuerung** zum **Beginn eines jeden Kalenderjahres** möglich. Die Mitteilung über die Rückkehr zur Durchschnittsatzbesteuerung muß dem Finanzamt ebenfalls bis zum **10. 1. des Kalenderjahres** zugehen, für das die **Durchschnittsatzbesteuerung wieder gelten** soll, also bei Rückkehr zur Durchschnittsatzbesteuerung in 1995 bis zum 10. 1. 1995.

Praxishinweis:
Für bestimmte im Rahmen eines land- und forstwirtschaftlichen Betriebs ausgeführte Umsätze stand dem Land- und Forstwirt in der Vergangenheit ein **Kürzungsanspruch** von 3 % zu (alter § 24 a UStG). Dieser Kürzungsanspruch ist **ab 1992 weggefallen.**

---

10 Welche Aufzeichnungspflichten gelten für die Umsatzbesteuerung?

398 Der Unternehmer ist verpflichtet, die für eine ordnungsmäßige Umsatzbesteuerung erforderlichen **Belege aufzubewahren** und seine **Aufzeichnungen** so zu führen, daß es für einen sachverständigen Dritten innerhalb einer angemessenen Zeit möglich ist, sich einen Überblick über die Umsätze und die abziehbaren Vorsteuern zu verschaffen.

Umsätze des Unternehmens

399 Im einzelnen müssen die Aufzeichnungen folgende Angaben enthalten

- bei den ausgeführten Lieferungen und sonstigen Leistungen:
  - die **Entgelte** für steuerpflichtige Umsätze, **getrennt nach Steuersätzen,**
  - die **Entgelte** für Umsätze, bei denen auf die **Steuerbefreiung verzichtet** worden ist, getrennt nach Steuersätzen, und
  - die **Entgelte für steuerfreie Umsätze.**

  Ist der Unternehmer nur **teilweise zum Vorsteuerabzug** berechtigt, so sind die Bemessungsgrundlagen für die **steuerfreien Umsätze** zu **unterteilen**, und zwar in solche, die den Vorsteuerabzug nicht ausschließen, und in solche, bei denen der Vorsteuerabzug zu versagen ist (vgl. Tz. 377 f).

- bei den noch nicht ausgeführten Lieferungen und sonstigen Leistungen:
  - **vereinnahmte Entgelte** und **Teilentgelte** für **steuerpflichtige Umsätze**, getrennt nach Steuersätzen,
  - **vereinnahmte Entgelte** und **Teilentgelte** für Umsätze, bei denen der Unternehmer auf die **Steuerfreiheit verzichtet** hat, getrennt nach Steuersätzen und

- **vereinnahmte Entgelte** und **Teilentgelte** für **steuerfreie Umsätze** oder für Umsätze, bei denen das Entgelt bzw. Teilentgelt **weniger als 10000 DM** beträgt und für die **keine Rechnungen** erteilt worden sind.

▶ beim Eigenverbrauch:
- **Bemessungsgrundlagen** (Einkaufspreis zuzüglich Nebenkosten, Selbstkosten, entstandene Kosten und Aufwendungen), unterteilt in
- steuerpflichtige Umsätze mit 15 % (vor 1993: 14 %) und 7 % Steuersatz und
- steuerfreie Umsätze.

▶ bei Umsätzen, für die die Mindestbemessungsgrundlage (vgl. Tz. 293 f.) anzusetzen sind:
- Bemessungsgrundlagen für **steuerpflichtige** Lieferungen und sonstige Leistungen, getrennt nach Steuersätzen,
- Bemessungsgrundlagen für Leistungen, bei denen auf die **Steuerbefreiung verzichtet** worden ist, getrennt nach Steuersätzen, und
- Bemessungsgrundlagen für **steuerfreie** Umsätze.

▶ bei Umsätzen im Zusammenhang mit dem innergemeinschaftlichen Erwerb von Gegenständen:
- Bemessungsgrundlagen (Entgelt, bei Verbringen eines Gegenstands Einkaufspreis zuzüglich Nebenkosten oder Selbstkosten) und
- hierauf entfallende Steuerbeträge.

Aufzeichnungen über Vorsteuern

Weiterhin hat der Unternehmer für Zwecke des **Vorsteuerabzuges** 400
die Entgelte und die darauf entfallenden Steuerbeträge für steuerpflichtige Lieferungen und sonstige Leistungen aufzuzeichnen, die an sein Unternehmen ausgeführt worden sind. Er hat ferner die von ihm gezahlten **Entgelte** und **Teilentgelte** und die darauf entfallenden

Steuerbeträge, die **vor Ausführung der steuerpflichtigen Lieferungen und sonstigen Leistungen** gezahlt worden sind und für die eine **Rechnung mit gesondertem Steuerausweis** vorliegt, in seinen Aufzeichnungen festzuhalten. **Vorsteuerbeträge**, die vom **Abzug ausgeschlossen** sind, brauchen nicht gesondert ausgewiesen werden. Kommt es zu einer **Aufteilung der Vorsteuerbeträge**, so reicht es aus, wenn der Unternehmer nur die Entgelte und Steuerbeträge aufzeichnet, die zum Vorsteuerabzug insgesamt oder teilweise berechtigen.

Aufzeichnungen bei Einfuhr

401 Wird im Zusammenhang mit einer Einfuhr eine Lieferung an den Unternehmer bewirkt, so sind entweder die **Bemessungsgrundlage für die Einfuhr** und die dafür **entrichtete Einfuhrumsatzsteuer** oder vor 1993 ggf. das Entgelt und die darauf entfallende Steuer aufzuzeichnen.

Aufzeichnungen bei unrichtigem / unberechtigtem Steuerausweis

402 Schließlich sind noch die **Steuerbeträge gesondert aufzuzeichnen**, die der Unternehmer wegen eines **unrichtigen** oder eines **unberechtigten Steuerausweises** (vgl. § 14 Abs. 2 und 3 UStG; Tz. 330 f.) schuldet.

Praxishinweis:
Sind die für die Umsatzsteuerfestsetzung erforderlichen Angaben aus der Buchführung des Unternehmers eindeutig und leicht nachprüfbar ersichtlich, so braucht der Unternehmer für die Umsatzbesteuerung **keine gesonderten Aufzeichnungen** zu führen.

Weitere Besonderheiten

In den Fällen der **Berichtigung des Vorsteuerabzuges** ist der Unternehmer verpflichtet, folgende Angaben eindeutig und leicht nachprüfbar aufzuzeichnen: 403

- die **Anschaffungs- oder Herstellungskosten** für das betreffende Wirtschaftsgut und die **darauf entfallenden Vorsteuerbeträge,**
- den **Zeitpunkt** der **erstmaligen Verwendung** des Wirtschaftsguts,
- die **Verwendungsdauer** (= betriebsgewöhnliche Nutzungsdauer) und den maßgeblichen **Berichtigungszeitraum** für das Wirtschaftsgut,
- die **Anteile,** zu denen das Wirtschaftsgut in den einzelnen Kalenderjahren des Berichtigungszeitraumes zur Ausführung der den **Vorsteuerabzug ausschließenden Umsätze** und zur Ausführung der zum **Vorsteuerabzug berechtigenden Umsätze** verwendet wurde,
- bei einer **Veräußerung** oder **Entnahme** des Wirtschaftsguts während des maßgeblichen Berichtigungszeitraumes den Zeitpunkt und die umsatzsteuerliche Behandlung dieses Umsatzes und
- bei einer Verkürzung des Berichtigungszeitraumes wegen **vorzeitiger Unbrauchbarkeit** des Wirtschaftsguts die Ursache unter Angabe des Zeitpunkts und unter Hinweis auf die entsprechenden Unterlagen.

Ab dem 1. 1. 1993 müssen auch Aufzeichnungen über das **Verbringen von Gegenständen** vom Inland **in einen anderen EG-Staat** geführt werden, und zwar in folgenden Fällen (§ 22 Abs. 4 a UStG): 404

- Die Gegenstände wurden an einen in einem anderen EG-Staat ansässigen **Unternehmer mit Umsatzsteuer-Identifikationsnummer** zur Ausführung einer Werkleistung befördert oder versendet.
- An den Gegenständen wurden in einem anderen EG-Staat Arbeiten ausgeführt.
- Mit den Gegenständen wurden bei einer **vorübergehenden Verwendung** sonstige Leistungen in einem anderen EG-Staat ausgeführt, wobei der Unternehmer in dem Staat keine Zweigniederlassung hat.

- Es liegt eine vorübergehende Verwendung in einem anderen EG-Staat vor, wobei in entsprechenden Fällen die Einfuhr der Gegenstände aus einem Nicht-EG-Staat vollständig steuerfrei wäre.

Zusammenfassend bleibt festzustellen, daß es sich bei den o.a. Fällen ausnahmslos um solche handelt, in denen der Gegenstand **im Bestimmungsland** zunächst **nicht der Erwerbsteuer unterliegt.**

Schließlich sind ab dem 1. 1. 1993 Gegenstände, die der **Unternehmer** von einem in einem **anderen EG-Staat ansässigen Unternehmer** mit Umsatzsteuer-Identifikationsnummer zur Ausführung einer **Werkleistung** erhält, gesondert aufzuzeichnen (§ 22 Abs. 4b UStG).

405 Wie sieht nun die Erfüllung der Aufzeichnungspflichten in der Praxis aus? Hierzu folgendes **Beispiel:**

Der Unternehmer A hat im Januar 1993 Hosen im Wert von 20000 DM zuzüglich 15% Umsatzsteuer (3000 DM) bezogen. Von diesen Hosen sind im Januar 1993 mengenmäßig 35% verkauft worden, und zwar zu einem Entgelt von 15000 DM zuzüglich 2250 DM Umsatzsteuer.

Der Warenbezug ist auf den Konten „Wareneinkauf" und „Vorsteuer" im Soll und bei Bezahlung durch die Bank auf dem Konto „Bank" im Haben zu buchen. Die Veräußerung der Hosen führt zu Einnahmen in Höhe von 17250 DM, die dem Konto „Kasse" gutzuschreiben sind. Als Gegenkonten sind der „Warenverkauf" und die „Umsatzsteuer" zu belasten.

Wareneinkauf (14 %)	
① 20000 DM	

Vorsteuer	
① 3000 DM	

Bank	
	① 23000 DM

Warenverkauf (14 %)	
	② 15000 DM

Umsatzsteuer	
	② 2250 DM

Kasse	
② 17250 DM	

Praxishinweis:
Bei Entgeltsminderungen in Form von Skonti, Rabatten und Preisnachlässen (vgl. Tz. 436 f.) ist darauf zu achten, daß hierbei auch das Konto „Umsatzsteuer" bzw. das Konto „Vorsteuer" berührt werden. Denken Sie z. B. an den Fall, daß ein Unternehmer bei Bezahlung einer Warenrechnung in Höhe von 10000 DM zuzüglich 1500 DM Umsatzsteuer einen Skontoabzug von 3 % (= 345 DM) vornimmt. Dieser Skontoabzug ist bei Nettoverbuchung dem Wareneinkaufskonto in Höhe von 300 DM und dem Vorsteuerkonto in Höhe von 45 DM zu belasten.

Erleichterungen bei den Aufzeichnungen

Anstelle der getrennten Aufzeichnung der Entgelte und der darauf entfallenden Steuerbeträgen (vgl. Tz. 399) kann der Unternehmer seine Umsätze und die an sein Unternehmen ausgeführten Umsätze – **getrennt nach Steuersätzen** – mit den **Bruttobeträgen aufzeichnen**, sie am Schluß jedes Voranmeldungszeitraumes – dies ist in der Regel der Kalendermonat – summieren und aus den Summen die darin enthaltenen Umsatzsteuer- und Vorsteuerbeträge errechnen. Bruttobeträge, die die Umsatzsteuer zu Unrecht oder nicht in zutreffender Höhe enthalten, sind dabei auszuscheiden. 406

Auf **Antrag** des Unternehmers kann das Finanzamt weitere Erleichterungen bei der Trennung der Bemessungsgrundlagen nach Steuersätzen, z. B. die nachträgliche Ermittlung der Entgelte auf der Grundlage der Wareneingänge (sog. **Aufschlagsverfahren**), genehmigen. Entsprechende Erleichterungen können auf Antrag auch für die Trennung in steuerfreie und steuerpflichtige Umsätze sowie für nachträgliche Entgeltsminderungen gewährt werden. 407

Daneben bestehen besondere Verfahren für **Filialunternehmen** sowie für **Personen-Beförderungsunternehmen.**

408 Bei den **Einfuhren** reicht es aus, wenn anstelle der Bemessungsgrundlage lediglich die Einfuhrumsatzsteuer unter Hinweis auf den maßgeblichen zollamtlichen Beleg erfaßt wird.

409 In der Regel sind **Land- und Forstwirte** von den Aufzeichnungspflichten entbunden (vgl. Tz. 390), vorausgesetzt, bei ihnen fällt keine Steuerzahllast an. Hat jedoch ein Land- oder Forstwirt Umsätze ausgeführt, für die trotz Durchschnittsbesteuerung Umsatzsteuer an das Finanzamt abzuführen ist, so genügt es, wenn der betreffende Land- und Forstwirt lediglich die Bemessungsgrundlagen für diese Umsätze festhält.

Trennung für jeden Betrieb / Umsatzsteuerheft

410 Der Unternehmer kann für jeden **gesondert geführten Betrieb** getrennte Aufzeichnungen machen.

Unternehmer, die ohne Begründung einer gewerblichen Niederlassung oder außerhalb einer solchen von Haus zu Haus oder auf öffentlichen Straßen oder an anderen öffentlichen Orten Umsätze ausführen oder Gegenstände erwerben (sog. **Wandergewerbetreibende**), sind von den allgemeinen Aufzeichnungspflichten befreit; sie haben lediglich ein vom Finanzamt ausgestelltes **Steuerheft** zu führen (§ 22 Abs. 5 UStG).

Fassen wir zusammen:

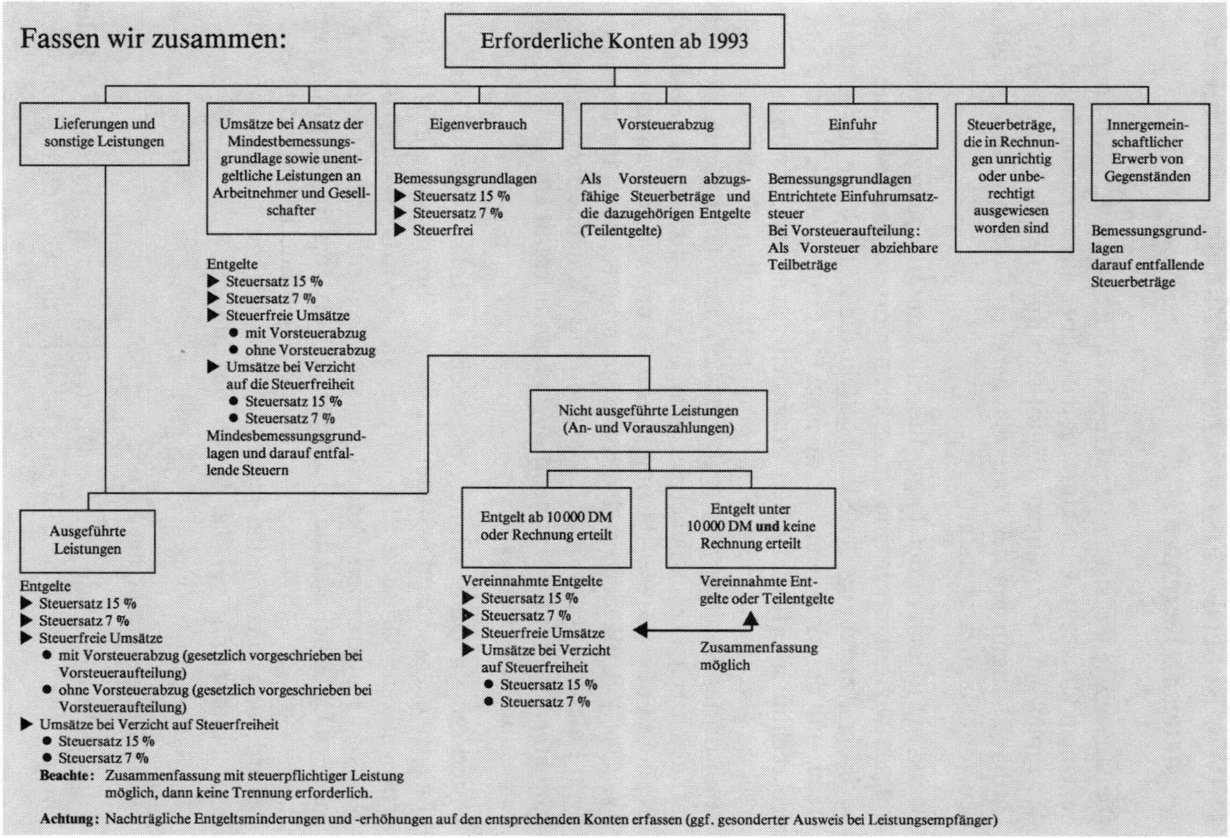

11 Was ist bei der Festsetzung und Zahlung der Umsatzsteuer zu beachten?

411 Die Umsatzsteuer ist von dem Unternehmer selbst zu berechnen und bei einem Überschuß der Umsatzsteuer über die Vorsteuerbeträge an das Finanzamt abzuführen. Ergibt sich durch hohe Vorsteuern ein Guthaben zugunsten des Unternehmers, so wird ihm dieses Guthaben vom Finanzamt erstattet.

412 Bevor wir jedoch in der Lage sind, die Umsatzsteuer zu berechnen, müssen wir uns noch eine Frage beantworten, und zwar die Frage nach der **Entstehung der Steuer**. Steht die Entstehung der Umsatzsteuer und der Vorsteuer fest, so ist es ein Einfaches, die für die Steuerberechnung erforderlichen Angaben für einen bestimmten Besteuerungszeitraum dem Finanzamt mitzuteilen. **Besteuerungszeitraum** ist das **Kalenderjahr** (vgl. Tz. 429). Um den Eingang der Umsatzsteuer zeitgerecht sicherzustellen, ist der Unternehmer verpflichtet, neben der Jahreserklärung **Umsatzsteuer-Voranmeldungen** (vgl. Tz. 454 f.) abzugeben, in denen die Steuerberechnung für den jeweiligen Kalendermonat oder für das jeweilige Kalendervierteljahr vorzunehmen ist. Den Voranmeldungen kommt somit ein gewisser **Vorauszahlungscharakter** zu.

413 Unterliegt ein Unternehmer, der nicht im Inland ansässig ist, der Umsatzsteuer, so ist die Steuer für die von ihm durchgeführten steuerpflichtigen Umsätze im Wege des **Abzugsverfahrens** (vgl. Tz. 465 f.) zu erheben. Andererseits wird einem nicht im Inland ansässigen Unternehmer die abzugsfähige Vorsteuer im Vergütungsverfahren (vgl. Tz. 467) erstattet. Weitere Besonderheiten sind bei der Beförderungseinzelbesteuerung (vgl. Tz. 463) und bei der Fahrzeugeinzelbesteuerung (vgl. Tz. 464) zu beachten.

11.1 Die Entstehung der Steuer

414 Für die Frage, wann ein Umsatzsteueranspruch entsteht, ist **jeder Umsatz für sich** zu beurteilen. Dabei ist der Entstehungszeitpunkt

zum einen davon abhängig, ob eine Lieferung, eine sonstige Leistung, Eigenverbrauch usw. vorliegt, und zum anderen, ob sich der Unternehmer für die Sollversteuerung (vgl. Tz. 415 f.) oder für die Istversteuerung (vgl. Tz. 420 f.) entschieden hat. Sehen wir uns zuerst die Sollversteuerung an.

▶ Sollversteuerung

Bei der **Sollversteuerung** – die grundsätzlich für alle Unternehmer anzuwenden ist – **entsteht die Umsatzsteuer** in dem Zeitpunkt, in dem die einzelnen **Lieferungen** und **sonstigen Leistungen** von dem Unternehmer **ausgeführt** werden. Dies gilt auch für verbilligte oder unentgeltliche Leistungen von Gesellschaften an ihre Gesellschafter (vgl. Tz. 154) und für Sachzuwendungen an Arbeitnehmer (vgl. Tz. 59 f.). Für den Entstehungszeitpunkt kommt es somit bei der Sollversteuerung nicht darauf an, wann das Entgelt fällig ist oder gezahlt wird (vgl. auch Tz. 300 f.). 415

Praxishinweis:
Ist im Zeitpunkt der Ausführung des Umsatzes die **Höhe des Entgelts** noch nicht bekannt, so ist es zunächst zu **schätzen** und dann, wenn seine entgültige Höhe, z. B. nach der Rechnungserteilung, feststeht, zu korrigieren.

Aus steuertechnischen Gründen wird der Entstehungszeitpunkt für alle Umsätze, die innerhalb eines Voranmeldungszeitraumes (vgl. Tz. 454 f.) ausgeführt werden, einheitlich auf den **Ablauf des Voranmeldungszeitraumes** „verlegt". Für Sie bedeutet dies, daß bei einem Kalendermonat als Voranmeldungszeitraum die Umsatzsteuer für alle in diesem Monat bewirkten Lieferungen und sonstigen Leistungen mit Ablauf des letzten Tages des Kalendermonats entsteht. 416

Beispiel:
Der Unternehmer A hat am 5. 1. 1993 eine Lieferung über 10000 DM zuzüglich 1500 DM Umsatzsteuer, am 10. 1. 1993 eine Lieferung über 20000 DM zuzüglich 3000 DM Umsatzsteuer und am 30. 1. 1993 eine Lieferung über 15000 DM zuzüglich 2250 DM Umsatzsteuer ausgeführt. Sämtliche Rechnungen sind von dem Unternehmer erst Anfang Februar 1993 ausgestellt worden, so daß für den Monat Januar 1993 noch keine Zahlung eingegangen ist. In diesem Monat sind keine Vorsteuern angefallen. Der Unternehmer A ermittelt seine Umsatzsteuer für den Kalendermonat als Voranmeldungszeitraum.

Im Rahmen seiner Umsatzsteuer-Voranmeldung für den Monat Januar 1993 hat A folgende Umsätze zu erklären:

– Lieferung am 5. 1. 1993:	10000 DM
– Lieferung am 10. 1. 1993:	20000 DM
– Lieferung am 30. 1. 1993:	15000 DM
Umsätze für den Monat Januar 1993:	45000 DM
darauf entfallende Umsatzsteuer (15 % von 45000 DM):	6750 DM

Der Umstand, daß A für seine Lieferungen noch keine Zahlungen von den Leistungsempfängern erhalten hat, ist für die Sollversteuerung ohne Bedeutung. Hier kommt es grundsätzlich nur auf den Zeitpunkt der Ausführung der Leistungen an.

Abweichende Entstehungszeitpunkte

417 Zwei Abweichungen von dem Grundsatz „Entstehungszeitpunkt = Ausführungszeitpunkt der Leistung“ müssen Sie jedoch beachten, und zwar

1. bei Ausführung von **Teilleistungen** und
2. bei **Anzahlungen**.

Zu 1: Ist eine einheitliche **Gesamtleistung** unter wirtschaftlichen Gesichtspunkten betrachtet in sich **teilbar** und werden für die einzelnen Teile der Gesamtleistung **gesonderte Entgelte vereinbart** – man spricht in diesem Zusammenhang von Teilleistungen –, so richtet sich die Besteuerung nicht nach dem Zeitpunkt der Beendigung der Gesamtleistung, sondern nach dem **Abschluß der jeweiligen Teile der Gesamtleistung**. Für Sie bedeutet dies, daß bei Vorliegen von Teilleistungen die Besteuerung in der Regel in mehreren Voranmeldungszeiträumen erfolgt (vgl. Tz. 302). Denken Sie z. B. an einen Bauunternehmer, der für einen Auftraggeber die Ausschachtungsarbeiten und das Erstellen des Rohbaus übernommen hat. Wird für beide Leistungen ein gesondertes Entgelt vereinbart, so liegen Teilleistungen vor mit der Folge, daß die Umsatzsteuer für die Leistung „Ausschachtung" zu einem anderen Zeitpunkt entsteht wie die Umsatzsteuer für die Leistung „Erstellen des Rohbaus". 418

Zu 2: Erhält der Unternehmer bereits vor Ausführung der Leistung **An- oder Vorauszahlungen**, so muß er diese Zahlungen bereits im Zeitpunkt der Vereinnahmung versteuern, wenn die einzelne Zahlung **10000 DM und mehr** beträgt **oder** er über diese Zahlung **eine Rechnung mit gesondertem Steuerausweis** erteilt hat. Hat er über die An- oder Vorauszahlung keine Rechnung mit gesondertem Steuerausweis ausgestellt und beträgt die Entgeltszahlung weniger als 10000 DM, so erfolgt die Besteuerung erst in dem Zeitpunkt, in dem die Leistung ausgeführt worden ist. 419

▶ Istversteuerung

Kleinere Unternehmer und Freiberufler können bei ihrem Finanzamt anstelle der Sollversteuerung die Istversteuerung beantragen. Istversteuerung bedeutet, daß die **Umsatzsteuer** erst in dem Zeitpunkt **entsteht**, in dem das **Entgelt vereinnahmt** wird. Aus steuertechnischen Gründen wird auch hier auf den **Ablauf des Voranmeldungszeitrau-** 420

mes als einheitlichen Entstehungszeitpunkt für alle im Laufe des Voranmeldungszeitraumes vereinnahmten Entgelte abgestellt. Für den Entstehungszeitpunkt kommt es nicht darauf an, ob das Entgelt für eine bereits ausgeführte Leistung oder als An- oder Vorauszahlung für eine noch auszuführende Leistung gezahlt worden ist.

421 Wer kommt nun in den Genuß der Istversteuerung? Diese Besteuerungsform sieht das Gesetz für drei Gruppen von Unternehmern vor (vgl. § 20 Abs. 1 UStG), nämlich

- für Unternehmer, deren **Gesamtumsatz** im vorangegangenen Kalenderjahr nicht mehr als **250 000 DM** betragen hat,
- für Unternehmer, die **nicht zur Buchführung verpflichtet** sind und
- für **Freiberufler**, unabhängig von der Höhe ihres Umsatzes.

Praxishinweis:
Hat der Unternehmer seine gewerbliche oder berufliche **Tätigkeit im Laufe des Kalenderjahres aufgenommen**, so ist der in diesem Jahr angefallene tatsächliche Gesamtumsatz in einen Jahresumsatz umzurechnen. Dabei können angefangene Kalendermonate als volle Kalendermonate behandelt werden, es sei denn, daß die Umrechnung nach Tagen zu einem für den Unternehmer günstigeren Ergebnis führt.

Zeitpunkt der Vereinnahmung

422 Nun noch einige Hinweise zu der Frage, wann **Entgelte vereinnahmt** werden. Bei **Überweisungen auf ein Bank- oder Postgirokonto** liegt eine Vereinnahmung grundsätzlich im **Zeitpunkt der Gutschrift** vor. Wird für eine Leistung ein **Wechsel** in Zahlung genommen, so gilt das Entgelt erst mit dem **Tag der Einlösung** oder – bei Weitergabe – mit dem **Tag der Gutschrift** oder **Wertstellung** als vereinnahmt. **Scheckbeträge** werden bereits mit **Hingabe des Schecks**, und nicht erst im Zeitpunkt ihrer Einlösung, vereinnahmt. Letzteres setzt aller-

dings voraus, daß die bezogene Bank im Falle der sofortigen Vorlage des Schecks den Scheckbetrag auszahlen oder gutschreiben wird.

Praxishinweis:
Wechselt der Unternehmer **zwischen der Ist- und der Sollversteuerung**, so ist darauf zu achten, daß die Umsätze weder **doppelt erfaßt** noch **unversteuert** bleiben.

▶ Entstehungszeitpunkt beim Eigenverbrauch

Beim **Eigenverbrauch** entsteht die Umsatzsteuer unabhängig davon, 423
ob für die Lieferungen und sonstigen Leistungen eine Soll- oder Istversteuerung durchgeführt wird, mit **Ablauf des Voranmeldungszeitraumes**, in dem die Gegenstände für nichtunternehmerische Zwecke **entnommen, sonstige Leistungen für nichtunternehmerische Zwecke ausgeführt** oder **Repräsentationsaufwendungen getätigt** worden sind.

Praxishinweis:
Erstreckt sich eine **sonstige Leistung** für private Zwecke **über einen längeren Zeitraum**, wie dies z. B. bei der privaten Pkw-Nutzung der Fall ist, so ist der **auf den einzelnen Voranmeldungszeitraum entfallende Anteil** in diesem Voranmeldungszeitraum zu **versteuern.**

▶ Unrichtig oder unberechtigt ausgewiesene Steuerbeträge

Hat der Unternehmer in einer Rechnung für eine Lieferung oder son- 424
stige Leistung einen **Steuerbetrag unrichtig** ausgewiesen, so schuldet er die Differenz zu dem richtigen Steuerbetrag in dem Zeitpunkt, in dem er die Steuer für die der Rechnung zugrundeliegende Leistung abzuführen hat. Wird in einer Rechnung ein Steuerbetrag ausgewiesen, obwohl der **Rechnungsaussteller** dazu **nicht berechtigt** ist, so entsteht die Umsatzsteuer im Zeitpunkt der Ausgabe der Rechnung. Denken Sie z. B. an den Kleinunternehmer, der in seinen Rechnungen keine Umsatzsteuer offen ausweisen darf, dieses Verbot jedoch

aus Unkenntnis nicht beachtet hat. Hier entsteht die Umsatzsteuer im Zeitpunkt der Ausgabe der Rechnung.

▶ Innergemeinschaftlicher Erwerb

425 Die Steuerschuld entsteht beim innergemeinschaftlichen Erwerb von Gegenständen – ausgenommen sind hier neue Fahrzeuge durch Privatpersonen – grundsätzlich mit Ausstellung der Rechnung. Wird die Rechnung erst längere Zeit nach dem Erwerb ausgestellt, so entsteht die Steuer spätestens mit Ablauf des Monats, der auf den Monat folgt, in dem der innergemeinschaftliche Erwerb bewirkt worden ist (§ 13 Abs. 1 Nr. 6 UStG). Dies gilt auch für die Fälle, in denen überhaupt keine Rechnung ausgestellt wird.

Beispiel:
Der Unternehmer A hat am 10. 1. 1993 von dem Unternehmer B mit Sitz in Brüssel einen Gegenstand im Rahmen des innergemeinschaftlichen Erwerbs erworben. Die Rechnung wird

a) am 20. 2. 1993,
b) am 20. 3. 1993

ausgestellt.

Im Fall a) entsteht die Steuer am 20. 2. 1993, nämlich im Zeitpunkt der Rechnungsausstellung.

Im Fall b) erfolgt die Rechnungsausstellung nach Ablauf der zeitlichen „Höchstgrenze“, die am 28. 2. 1993 endet. Entstehungszeitpunkt für die Erwerbsteuer ist somit der 28. 2. 1993.

▶ Innergemeinschaftlicher Erwerb neuer Fahrzeuge durch Privatpersonen

426 Bei einem innergemeinschaftlichen Erwerb neuer Fahrzeuge durch Privatpersonen (vgl. § 1 b UStG) entsteht die Steuer am Tag des Er-

werbs (§ 13 Abs. 1 Nr. 7 UStG). Dieser sehr frühe Entstehungszeitpunkt ist vom Gesetzgeber gewählt worden, um das Steueraufkommen aus diesem Erwerb zu sichern.

▶ Unrichtige Angaben bei innergemeinschaftlichen Lieferungen

Für den Fall, daß eine innergemeinschaftliche Lieferung aufgrund 427
unrichtiger Angaben des Abnehmers von dem liefernden Unternehmer steuerfrei belassen wird, hat der Abnehmer die Steuer zu entrichten, wenn die Lieferung bei dem liefernden Unternehmer aufgrund der Vertrauensschutzregelung steuerfrei bleibt (§ 6a Abs. 4 Satz 2 UStG). Die von dem Abnehmer zu übernehmende Steuer entsteht in dem Zeitpunkt, in dem die Lieferung ausgeführt wird (§ 13 Abs. 1 Nr. 8 UStG).

▶ Entstehung des Vorsteueranspruchs

Wie unter Tz. 353 bereits ausgeführt, entsteht die Vorsteuer in dem 428
Zeitpunkt, in dem die **Lieferung oder sonstige Leistung** an das Unternehmen des Leistungsempfängers **ausgeführt** worden ist und dem Leistungsempfänger hierüber eine **Rechnung mit gesondertem Steuerausweis vorliegt.** Bei An- oder Vorauszahlungen kann hiervon abweichend unter bestimmten Voraussetzungen bereits bei Zahlungseingang und Rechnungsvorlage ein Vorsteuerabzug vorgenommen werden (vgl. Tz. 361 f.).

11.2 Die Berechnung der Umsatzsteuer

Aus den vorangegangenen Kapiteln wissen wir, welche Umsätze steu- 429
erpflichtig sind, welcher Steuersatz anzuwenden ist, unter welchen Voraussetzungen Vorsteuern abgezogen werden können und wann die Umsatzsteuer entsteht. Mit diesen Kenntnissen können wir nun die Umsatzsteuerschuld für einen bestimmten Zeitraum, das Gesetz geht hier vom **Kalenderjahr** aus, berechnen (§ 16 Abs. 1 UStG). Ist ein Unternehmen **im Laufe des Kalenderjahres neu gegründet** oder **eingestellt** worden, so tritt an die Stelle des Kalenderjahres entweder

der Zeitraum ab Gründung bis zum Ablauf des Kalenderjahres oder der Zeitraum ab Beginn des Kalenderjahres bis zur Einstellung (§ 16 Abs. 3 UStG).

Praxishinweis:
Sollte der Unternehmer für Zwecke der Einkommensbesteuerung seinen Gewinn für ein **abweichendes Wirtschaftsjahr** ermitteln, so hat dies für die Umsatzbesteuerung keinerlei Bedeutung; hier bleibt es bei dem Ermittlungszeitraum „Kalenderjahr".

---

430 Um Ihnen die Berechnung der Umsatzsteuer zu erleichtern, sind in dem folgenden Berechnungsschema die wichtigsten Besteuerungskomponenten zusammengestellt worden.

Vereinfachtes Berechnungsschema ab 1993

			Steuer
Steuerpflichtige Umsätze (einschl. Eigenverbrauch) zum Steuersatz von			
15 %	______ DM		______ DM
7 %	______ DM		______ DM
Erwerbsteuer	______ DM		______ DM
Umsatzsteuer			______ DM
Vorsteuer		–	______ DM
Beträge aus Vorsteuerberichtigung		±	______ DM
In Rechnungen unberechtigt ausgewiesene Steuerbeträge		+	______ DM
Umsatzsteuerschuld			______ DM

431 Noch ein Hinweis für diejenigen, die steuerpflichtige Umsätze in einer **ausländischen Währung** vereinbart und abgerechnet haben. Die Werte in fremder Währung sind in DM umzurechnen (§ 16 Abs. 6 UStG). Die dafür erforderlichen Umrechnungskurse werden vom Bundesfinanzminister monatlich bekanntgegeben.

Bei **Personenbeförderungen im Gelegenheitsverkehr** mit nicht im Inland zugelassenen Omnibussen wird eine Einzelbesteuerung durchgeführt, und zwar ab dem 1. 1. 1993 an den Grenzen zu einem Nicht-EG-Staat. 432

Ab dem 1. 1. 1993 gibt es darüber hinaus eine **Fahrzeugeinzelbesteuerung**. Was verbirgt sich hinter diesem Begriff? Beim innergemeinschaftlichen Erwerb neuer Fahrzeuge, insbesondere durch Privatpersonen, ist die Steuer von dem Erwerber für diesen einzelnen steuerpflichtigen Erwerb zu berechnen und an das Finanzamt abzuführen (§ 16 Abs. 5 a UStG). 433

11.3 Die Berichtigung der Bemessungsgrundlage

Innerhalb der Unternehmenskette ist die Umsatzsteuer des einen Unternehmers gleichzeitig die Vorsteuer des anderen Unternehmers. Kommt es zu einer Änderung des Entgelts für steuerpflichtige Lieferungen, sonstige Leistungen oder innergemeinschaftliche Erwerbe, so hat nicht nur der **leistende Unternehmer** seine **Steuer** für diese Umsätze zu **berichtigen**, sondern auch der **Leistungsempfänger** in gleicher Höhe eine **Berichtigung seines Vorsteuerabzuges** vorzunehmen. Denn besteuert wird bei der Umsatzsteuer, unabhängig ob Soll- oder Istversteuerung, stets das **tatsächlich** für eine Leistung **gezahlte Entgelt**. 434

Verpflichtung zur Berichtigung

Um der Doppelwirkung, einerseits Korrektur der geschuldeten Umsatzsteuer und andererseits Korrektur des Vorsteuerabzuges, Rechnung zu tragen, ordnet das Umsatzsteuergesetz (§ 17) an, daß bei einer Änderung des Entgelts sowohl der Unternehmer, der den Umsatz ausgeführt hat, als auch der Unternehmer, an den dieser Umsatz ausgeführt worden ist, die Steuer bzw. den Vorsteuerabzug berichtigen müssen. Die erforderlichen **Berichtigungen** sind **für den Voranmeldungszeitraum** vorzunehmen, in dem die **Änderung der Bemes-** 435 sungsgrundlage eingetreten ist. Handelt es sich bei dem Leistungsempfänger um einen Unternehmer und ist die Umsatzsteuer gesondert in der Rechnung ausgewiesen worden, so ist – will man sich nicht den Folgen eines unrichtigen Umsatzsteuerausweises aussetzen (vgl. Tz. 335 f.) – die **ursprüngliche Rechnung durch Erteilung einer neuen Rechnung**, durch Ausstellen einer Gutschrift oder in sonstiger Form zu **berichtigen**. Eine vereinfachte Form der Rechnungsberichtigung gilt für den **Skontoabzug**. Hier reicht es aus, wenn die Entgeltskorrektur einseitig, z. B. durch den Leistungsempfänger auf dem Überweisungsbeleg, erfolgt.

Sehen wir uns nun die einzelnen Fälle der Entgeltskorrektur etwas genauer an:

Skontoabzug

436 Beim Skonto handelt es sich um einen **Barzahlungsnachlaß**, der 3 % des Normalpreises der Ware oder Leistung nicht überschreiten darf. In der Regel wird Skonto auf den Bruttopreis gewährt. Bei dem leistenden Unternehmer kommt es dann zu einer Minderung des Entgelts und der von ihm in Rechnung gestellten Umsatzsteuer. Beim Leistungsempfänger ist dementsprechend der Vorsteuerabzug zu korrigieren (§ 17 Abs. 1 UStG).

Beispiel:
Der Unternehmer B hat für eine Lieferung an den Unternehmer C folgende Rechnung erteilt:

Nettobetrag für die Lieferung:	1 000 DM
Umsatzsteuer (15 %):	150 DM
Rechnungsbetrag:	1 150 DM

Der Unternehmer B hat den Rechnungsbetrag unter Vornahme eines Skontoabzuges von 2 % (= 23,00 DM) überwiesen.

Aufgrund der Vornahme des Skontoabzuges kommt es zu einer Berichtigung des Entgelts und der darauf entfallenden Steuer. Für den Unternehmer B bedeutet dies, daß er seine Umsatzsteuer um 3,00 DM kürzen kann. In der Buchführung ist dieser Vorgang wie folgt zu erfassen:

Warenverkauf

		①	1 000 DM

Gewährte Skonti

②	20 DM		

Umsatzsteuer

②	3 DM	①	150 DM

Forderungen

①	1 150 DM	②	23 DM
		③	1 117 DM

Bank

③	1 117 DM		

① Forderungen	1 150 DM	an Warenverkauf	1 000 DM und
		Umsatzsteuer	150 DM
② Skontoaufwand	20 DM und		
Umsatzsteuer	3 DM	an Forderungen	23 DM
③ Bank	1 117 DM	an Forderungen	1 117 DM

Bei dem Unternehmer C führt der Skontoabzug zum einen zu einem Ertrag von 20 DM und zum anderen zu einer Kürzung des Vorsteuerabzuges um 3 DM. Folgende Buchungen sind vorzunehmen:

① Wareneinkauf	1 000 DM und		
Vorsteuer	150 DM	an Verbindlichkeiten	1 150 DM
② Verbindlichkeiten	23 DM	an Skontoertrag	20 DM und
		Vorsteuer	3 DM
③ Verbindlichkeiten	1 117 DM	an Bank	1 117 DM

Wareneinkauf

①	1 000 DM		

Erhaltene Skonti

		②	20 DM

Vorsteuer

①	150 DM	②	3 DM

Verbindlichkeiten

②	23 DM	①	1 150 DM
③	1 117 DM		

Bank

		③	1 117 DM

437 Wird der Skontoabzug aufgrund besonderer Vereinbarungen ausnahmsweise nur vom **Netto-Rechnungspreis** gewährt, so ist es erforderlich, den vorgenommenen Abzug in die Komponenten „Entgeltsminderung“ und „Minderung des Steuerbetrages“ aufzuteilen. Für diese Aufteilung können die unter Tz. 299 und 304 aufgeführten Multiplikatoren bzw. Divisoren verwandt werden. Soll z. B. der Netto-Rechnungspreis von 1 000 DM um einen Skontoabzug von 30 DM gemindert werden, so ergibt sich daraus eine Korrektur des Steuerbetrages von 3,91 DM (13,0435 % von 30 DM).

Rabatte / Boni

438 Wie der Skontoabzug ist auch die Gewährung von Rabatten und Boni zu behandeln. Dabei ist für **Jahresboni** folgende Sonderregelung zu beachten:

Werden die Entgelte für unterschiedlich besteuerte Lieferungen oder sonstige Leistungen gemeinsam geändert, so ist der **leistende Unternehmer verpflichtet**, dem Leistungsempfänger einen **Beleg zu erteilen**, aus dem ersichtlich ist, wie sich die **Änderung der Entgelte auf die unterschiedlich besteuerten Umsätze verteilt** (§ 17 Abs. 4 UStG).

Beispiel für einen solchen Beleg:

Jahresboni für 1993

Nettopreis	Steuersatz	Bonus (10 %)	darauf entfallende Umsatzsteuer
200000 DM	15 %	20000 DM	3000 DM
100000 DM	7 %	10000 DM	700 DM
		30000 DM	3700 DM

Sonstige Entgeltsminderungen

Ist der **Liefergegenstand mit Mängeln** behaftet, so kommt es in der 439
Praxis häufig zu einer Minderung des vereinbarten Kaufpreises. Auch in diesem Fall liegt eine Berichtigung des Entgelts vor.

Uneinbringliche Forderungen

Ist das vereinbarte **Entgelt** für eine steuerpflichtige Leistung **unein-** 440
bringlich geworden, so kann der Unternehmer den ursprünglichen Steuerbetrag ebenfalls zu seinen Gunsten berichtigen (§ 17 Abs. 2 Nr. 1 UStG). Ab dem 1. 1. 1993 gilt dies auch für die Uneinbringlichkeit des **Entgelts von innergemeinschaftlichen Erwerben. Uneinbringlichkeit** bedeutet in diesem Zusammenhang, daß der Schuldner **zahlungsunfähig** sein muß. Dies dokumentiert sich in der Regel in einer fruchtlosen Pfändung oder in einem Konkurs- bzw. Vergleichsverfahren.

Praxishinweis:
Der Gläubiger, der eine Forderung als uneinbringlich ansieht, muß dem Schuldner hiervon keine Mitteilung machen.

---

441 Wie die Uneinbringlichkeit einer Forderung ist der **Forderungsverzicht** zu behandeln, also der Fall, in dem der leistende Unternehmer seine Forderung gegenüber dem Leistungsempfänger erläßt.

442 Sowohl bei der Zahlungsunfähigkeit als auch bei dem Forderungsverzicht wird die Finanzverwaltung durch **Kontrollmitteilungen** sicherstellen, daß der Vorsteuerabzug beim Leistungsempfänger entsprechend der Minderung der Umsatzsteuerschuld beim leistenden Unternehmer korrigiert wird.

Praxishinweis:
Kommt es in den Fällen der Zahlungsunfähigkeit im nachhinein zur teilweisen oder vollständigen Bezahlung der „ausgebuchten" Forderung, so führt dies beim leistenden Unternehmer zu einer weiteren Korrektur seiner Umsatzsteuer und beim Leistungsempfänger zum Wiederaufleben des Vorsteuerabzuges.

Nicht ausgeführte Leistungen

443 Ist vor Durchführung einer Lieferung oder sonstigen Leistung eine **An- oder Vorauszahlung** bereits der Umsatzsteuer unterworfen worden und war diese **Leistung** im nachhinein **nicht zustande gekommen**, so müssen ebenfalls die **Umsatzsteuer** und die **Vorsteuer berichtigt** werden (§ 17 Abs. 2 Nr. 2 UStG). Denken Sie z.B. an den Fall, daß ein Unternehmer bereits Anzahlungen erhalten und versteuert hat, vor Durchführung seiner Leistung jedoch in Konkurs geht. Der leistende Unternehmer hat aufgrund der von ihm abgeführten Umsatzsteuer einen Anspruch gegenüber dem Finanzamt, der jedoch zur Konkursmasse gehört. Beim Leistungsempfänger ist die Angelegenheit doppelt schmerzlich. Einerseits verliert er durch den Konkurs des leistenden Unternehmers seinen Anspruch auf Durchführung der Leistung, ohne seine Anzahlung zurückzuerhalten, und andererseits muß er die bereits in Anspruch genommenen Vorsteuern an das Finanzamt zurückzahlen.

Rückgängigmachung

Wird eine steuerpflichtige Lieferung, sonstige Leistung oder ein innergemeinschaftlicher Erwerb rückgängig gemacht, so hat dies zur Folge, daß die Leistung umsatzsteuerlich als **nicht erbracht** anzusehen ist. Die bereits abgeführte Umsatzsteuer ist vom Finanzamt zu erstatten und der vorgenommene Vorsteuerabzug ist rückgängig zu machen (§ 17 Abs. 2 Nr. 3 UStG). 444

Entgeltserhöhungen

Was für Entgeltsminderungen gilt, ist auch bei Entgeltserhöhungen zu beachten. Hat z. B. ein Unternehmer vergessen, eine vereinbarte Nebenleistung in der Rechnung aufzunehmen und fällt ihm dies im nachhinein auf, so muß er die auf die Entgeltserhöhung entfallende Umsatzsteuer an das Finanzamt abführen. Bei dem Leistungsempfänger entsteht durch die Entgeltserhöhung ein zusätzlicher Vorsteueranspruch. 445

Korrektur der Einfuhrumsatzsteuer

Hat ein Unternehmer Gegenstände für sein Unternehmen eingeführt, so ist die entrichtete Einfuhrumsatzsteuer als Vorsteuer abzugsfähig (vgl. Tz. 364). Wird die **Einfuhrumsatzsteuer herabgesetzt**, erlassen oder **erstattet**, so ist der daraus resultierende Vorsteuerabzug entsprechend zu berichtigen (§ 17 Abs. 3 UStG). 446

Korrektur beim innergemeinschaftlichen Erwerb

Beim innergemeinschaftlichen Erwerb kann es durch die Vorlage einer **Umsatzsteuer-Identifikationsnummer** dazu kommen, daß der Erwerb **in zwei EG-Staaten besteuert** wird. In diesem Fall wird die 447

Doppelbesteuerung erst rückgängig gemacht, wenn der Erwerber nachweist, daß der Erwerb von dem EG-Staat besteuert wurde, in dem sich der Gegenstand am Ende der Beförderung oder Versendung befindet. Die **Rückgängigmachung** erfolgt dann bei der Umsatzbesteuerung in dem EG-Staat, der die vom Erwerber vorgelegte Umsatzsteuer-Identifikationsnummer erteilt hat. Verfahrensrechtlich wird dies durch einen neuen § 17 Abs. 2 Nr. 4 UStG sichergestellt.

11.4 Das Besteuerungsverfahren

448 Der **Unternehmer** ist verpflichtet, die von ihm geschuldete Umsatzsteuer und die abziehbaren Vorsteuern **selbst zu berechnen**. Sehen wir uns zuerst den Fall der Jahreserklärung an.

▶ Jahreserklärung

Erklärungspflicht

449 Nach Ablauf des Kalenderjahres hat der Unternehmer eine Steuererklärung nach **amtlich vorgeschriebenem Vordruck** bei seinem zuständigen Finanzamt abzugeben (§ 18 Abs. 3 UStG). In dieser Erklärung hat der Unternehmer die auf das vorangegangene Kalenderjahr entfallenden Umsätze, getrennt nach Steuersätzen, aufzunehmen und die **Steuer** auf diese Umsätze **selbst zu berechnen**. Von den Umsätzen sind die im vorangegangenen Kalenderjahr angefallenen Vorsteuern abzuziehen (vgl. hierzu das vereinfachte Berechnungsschema unter Tz. 430). Die so erstellte Umsatzsteuererklärung ist in der Regel bis zum **31. Mai des folgenden Kalenderjahres** abzugeben. Bezüglich der Umsatzsteuer 1993 bedeutet dies, daß Sie die Steuererklärung bis zum 31. Mai 1994 beim Finanzamt einzureichen haben. Bei Vorliegen trifftiger Gründe kann die **Abgabefrist verlängert** werden. Haben Sie Ihre Umsatzsteuererklärung **verspätet** abgegeben, so kann das Finanzamt **Verspätungszuschläge** zusätzlich zur Umsatzsteuer festsetzen. Kommen Sie Ihrer Verpflichtung zur Abgabe der Umsatzsteuererklärung überhaupt nicht nach, so wird die Umsatzsteuer

und ggf. der Vorsteueranspruch anhand der dem Finanzamt vorliegenden Unterlagen **geschätzt**. Da das Finanzamt bei dieser Schätzung zumeist Sicherheitszuschläge berücksichtigt, wird das Ergebnis der Schätzung häufig über dem tatsächlich zu zahlenden Betrag liegen.

Eine Umsatzsteuererklärung haben ab 1993 auch natürliche und juri- 450
stische Personen abzugeben, die ausschließlich **Steuern auf innergemeinschaftliche Erwerbe** zu entrichten haben (§ 18 Abs. 4a UStG). Denken Sie z.B. an den Kleinunternehmer, der ausschließlich seine Steuer auf innergemeinschaftliche Erwerbe an das Finanzamt abführen muß.

Praxishinweis:
Erklärungspflichtig ist auch ein **Fahrzeuglieferer,** der im Rahmen des innergemeinschaftlichen Erwerbs neuer Fahrzeuge im Inland **Vorsteuern** für das von ihm erworbene neue Fahrzeug geltend macht (§ 18 Abs. 4a Satz 1 i.V.m. § 15 Abs. 4a UStG).

Schließlich haben auch Personen, die keine Unternehmer sind, eine 451
Umsatzsteuererklärung abzugeben, wenn sie entweder als Abnehmer aufgrund **falscher Angaben** für eine **innergemeinschaftliche Lieferung** eine **Steuerfreiheit** erhalten oder **unberechtigt in einer Rechnung Umsatzsteuer ausgewiesen** haben (§ 18 Abs. 4b UStG).

Entrichtung der selbst berechneten Umsatzsteuer

Haben Sie die Umsatzsteuererklärung innerhalb der Abgabefrist bei 452
Ihrem Finanzamt eingereicht, so stellt sich für Sie die weitere Frage, was mit dem Ergebnis der Selbstberechnung zu geschehen hat. In der Regel wird sich für Ihr Unternehmen ein Überschuß der Umsatzsteuer über die Vorsteuer ergeben. Das bedeutet für Sie, daß der Differenzbetrag, nämlich die **Umsatzsteuer-Zahllast**, ggf. nach Verrechnung von bereits geleisteten Vorauszahlungen, **an das Finanzamt ab-**

zuführen ist. Dies muß **innerhalb eines Monats nach Eingang der Steuererklärung** beim Finanzamt geschehen (§ 18 Abs. 4 Satz 1 UStG). Versäumen Sie diese Zahlungsfrist, so fallen automatisch **Säumniszuschläge** in Höhe von **1 % des Nachzahlungsbetrages** (abgerundet auf volle 100 DM) pro Monat an. Angefangene Monate zählen dabei als volle Monate. Ergibt sich aus der Jahreserklärung, z. B. aufgrund größerer Investitionen, ein Überschuß der Vorsteuern über die Umsatzsteuer, also ein Guthaben zu Ihren Gunsten, so ist dieser Überschuß nach der **erforderlichen Zustimmung** durch Ihr Finanzamt **ohne besonderen Antrag** an Sie **auszuzahlen**.

Überprüfung der Steuererklärung

453 Erkennt das Finanzamt bei Überprüfung Ihrer Steuererklärung, daß die Umsatzsteuer nicht richtig errechnet worden ist, so kann es jederzeit von den Angaben in Ihrer Steuererklärung abweichen und Ihnen gegenüber einen **Steuerbescheid erteilen**, in dem die Umsatzsteuer zutreffend ermittelt worden ist. In der Regel ist dieser Steuerbescheid mit dem Vermerk „Steuerfestsetzung unter dem Vorbehalt der Nachprüfung“ gekennzeichnet. Dieser Vermerk besagt, daß der Steuerbescheid ebenfalls jederzeit geändert werden kann, und zwar auch von Ihnen, wenn ein entsprechender Antrag erfolgt. In dem Steuerbescheid ist u. a. der Unterschiedsbetrag zwischen der von Ihnen berechneten Umsatzsteuer-Zahllast und der vom Finanzamt ermittelten Umsatzsteuer-Zahllast ausgewiesen. Von einer Nacherhebung wird aus Vereinfachungsgründen in den Fällen abgesehen, in denen der Unterschiedsbetrag nicht mehr als 20 DM beträgt.

Praxishinweis:
Achten Sie bitte darauf, daß die Umsatzsteuer-Jahreserklärung eigenhändig zu unterschreiben ist (§ 18 Abs. 3 Satz 3 UStG).

▶ Umsatzsteuer-Voranmeldung

Zur Sicherung seines Steueranspruchs verlangt der Staat – von den 454 Bagatellfällen einmal abgesehen – von dem Unternehmer die Zahlung von **Umsatzsteuer-Vorauszahlungen** auf seine Jahressteuerschuld. Diese Vorauszahlungen sind aufgrund der Umsatzsteuer-Voranmeldungen zu entrichten. Bei der **Umsatzsteuer-Voranmeldung** handelt es sich um eine **Steuererklärung,** die nicht, wie die Jahreserklärung, ein Kalenderjahr, sondern in der Regel einen **Kalendermonat** umfaßt (§ 18 Abs. 1 UStG). Alle innerhalb eines Kalendermonats entstandenen Umsatzsteuerbeträge und alle in demselben Kalendermonat angefallenen Vorsteuerbeträge sind dort anzugeben. Für die Voranmeldung gilt somit ebenfalls der Grundsatz, daß der Unternehmer die steuerlich relevanten Daten selbst ermitteln und berechnen muß. Hierzu ist für das Kalenderjahr 1992 der auf den Seiten 316 und 317 abgedruckte Vordruck „Umsatzsteuer-Voranmeldung 1992" zu verwenden.

Soweit natürliche oder juristische Personen ab 1993 ausschließlich 455 **Steuern auf innergemeinschaftliche Erwerbe** zu entrichten haben, sind sie nur für die Kalendermonate zur Abgabe von Umsatzsteuer-Voranmeldungen verpflichtet, in denen die Steuer für solche innergemeinschaftliche Erwerbe zu erklären ist. Für die übrigen Kalendermonate besteht keine Verpflichtung zur Abgabe von Umsatzsteuer-Voranmeldungen. Dies gilt auch für Privatpersonen, die im Rahmen des innergemeinschaftlichen **Erwerbs neuer Fahrzeuge Vorsteueransprüche** geltend machen. Hier ist eine Umsatzsteuer-Voranmeldung nur für den Kalendermonat einzureichen, in dem solche Vorsteueransprüche angefallen sind (§ 18 Abs. 4a UStG).

Praxishinweis:
Derjenige, der als Abnehmer die Steuer aus einer unzutreffend als steuerfrei behandelten innergemeinschaftlichen Lieferung schuldet, und derjenige, der **unberechtigt Umsatzsteuer** in einer Rechnung ausgewiesen hat, sind ebenfalls ab 1993 verpflichtet, neben der Umsatz-

steuer-Jahreserklärung auch **Voranmeldungen für die Monate** abzugeben, in denen die **Steuer zu erklären** ist (§ 18 Abs. 4b UStG).

Abgabe- und Zahlungsfrist

456 Die Umsatzsteuer-Voranmeldung ist bis zum **10. Tag nach Ablauf jedes Kalendermonats** beim Finanzamt **einzureichen**. Die in der Voranmeldung berechnete Umsatzsteuer ist bei einer **Zahllast** bis zu diesem Zeitpunkt an das Finanzamt abzuführen. Bei einem **Guthaben**, d. h. bei einem Überschuß der Vorsteuern über die Umsatzsteuer, erfolgt eine Erstattung nach Zustimmung durch das Finanzamt.

Beispiel:
Der Unternehmer D hat im Januar 1993 Umsätze zu einem Steuersatz von 15 % in Höhe von 50000 DM ausgeführt. In diesem Monat sind abziehbare Vorsteuern in Höhe von 2000 DM angefallen.

Der Unternehmer D hat die Umsatzsteuer im Rahmen der Voranmeldung für den Monat Januar 1993 selbst zu berechnen. Aus den steuerpflichtigen Umsätzen von 50000 DM ergibt sich eine Umsatzsteuer von 7500 DM. Von dieser Umsatzsteuer ist der Vorsteuerbetrag von 2000 DM abzurechnen, so daß eine Zahllast von 5500 DM verbleibt. Die Umsatzsteuer-Voranmeldung hat D bis zum 10. 2. 1993 bei seinem zuständigen Finanzamt einzureichen. Bis zu diesem Zeitpunkt muß auch die Umsatzsteuer-Zahllast von 5500 DM beim Finanzamt eingegangen sein.

Praxishinweis:
Sowohl für die Abgabe von Voranmeldungen als auch für die Entrichtung der Vorauszahlungen werden **Schonfristen** von **5 Tagen** gewährt. Diese Schonfristen verlängern sich in den Fällen, in denen der letzte Tag der Schonfrist auf einen Samstag, Sonntag oder gesetzlichen Feiertag fällt, auf den nächstfolgenden Werktag. Nehmen Sie z. B. die Umsatzsteuer-Voranmeldung für den Monat Januar 1993. Sie ist grundsätzlich am 11. 1. 1993 abzugeben – der 10. 1. 1993 ist ein Sonntag. Die Abgabefrist verlängert sich jedoch aufgrund der o. a. „Schonfrist-Regelung" um 5 Tage, also bis zum 16. 1. 1993. Da es sich bei dem 16. 1. 1993 um einen Samstag handelt, tritt eine weitere Verlängerung bis zum nächstfolgenden Werktag, also bis zum 18. 1. 1993, ein. Bis zu diesem Zeitpunkt muß spätestens die Umsatzsteuer-Voranmeldung Januar 1993 beim Finanzamt eingegangen sein.

Folgen bei Verspätung

Wird die **Abgabefrist versäumt**, so kann das Finanzamt, wie bei der 457
Umsatzsteuer-Jahreserklärung, einen **Verspätungszuschlag** festsetzen. Bei **verspäteter Entrichtung** der Vorauszahlung fallen **Säumniszuschläge** an.

– Weiße Felder bitte ausfüllen oder ☒ ankreuzen, Anleitung beachten –

1992

Fallart	Steuernummer	Unterfallart
11		56

Finanzamt

Unternehmen – Art und Anschrift – Telefon

99 | 11   30 Eingangsstempel oder -datum

Umsatzsteuer-Voranmeldung 1992

Voranmeldungszeitraum

bei **monatlicher** Abgabe bitte ankreuzen

92 01	Jan.		92 07	Juli		
92 02	Feb.		92 08	Aug.		
92 03	März		92 09	Sept.		
92 04	April		92 10	Okt.		
92 05	Mai		92 11	Nov.		
92 06	Juni		92 12	Dez.		

bei **vierteljährlicher** Abgabe bitte ankreuzen

92 41	I. Kalendervierteljahr	
92 42	II. Kalendervierteljahr	
92 43	III. Kalendervierteljahr	
92 44	IV. Kalendervierteljahr	

Berichtigte Anmeldung (falls ja, bitte eine „1" eintragen) | 10 |

Es wurden Waren in andere Mitgliedstaaten der EG geliefert und/oder von dort bezogen (falls ja, bitte eine „1" eintragen) | 60 |

I. Berechnung der Umsatzsteuer-Vorauszahlung

		Bemessungsgrundlage volle DM	Pf		Steuer DM	Pf
Steuerfreie Umsätze (einschl. Eigenverbrauch) **mit** Vorsteuerabzug (z. B. Umsätze nach § 4 Nr. 1 bis 6 UStG)	43		—			
ohne Vorsteuerabzug Umsätze nach § 4 Nr. .... UStG	48		—			
Steuerpflichtige Umsätze (einschl. Eigenverbrauch) ohne Umsatzsteuer zum Steuersatz von 14 v. H.	85		—			
7 v. H.	86		—			
Umsätze, für die eine Steuer nach § 24 Abs. 1 UStG zu entrichten ist (Sägewerkserzeugnisse, Getränke u. alkoholische Flüssigkeiten sowie Umsätze bis zum 31. Dezember 1991 aus der Tierzucht u. Tierhaltung bei Überschreiten der Obergrenze von 330 Vieheinheiten)	76		—	80		
Umsätze, die anderen Steuersätzen unterliegen	35		—	36		
Summe der steuerfreien und steuerpflichtigen Umsätze			—			
Steuer infolge Wechsels der Besteuerungsart/-form, sowie Nachsteuer auf versteuerte Anzahlungen				65		
Umsatzsteuer						
Vorsteuer- und Kürzungsbeträge Vorsteuerbeträge (Umsatzsteuer und Einfuhrumsatzsteuer), die nicht vom Abzug ausgeschlossen sind (§ 15 UStG), ausgenommen Vorsteuerbeträge, die nach § 24 UStG pauschaliert sind				66		
Kürzungsbeträge zur umsatzsteuerlichen Begünstigung von Warenbezügen bis zum 31. März 1991 (§ 26 Abs. 4 UStG)				67		
Zwischensumme						
Kürzungsbeträge nach § 24a UStG für land- und forstwirtschaftliche Betriebe, die ihre Umsätze nach den allgemeinen Vorschriften versteuern – für Umsätze bis zum 31. Dezember 1991 –				81		
Zwischensumme .... zu übertragen						

- 2 -

			Steuer DM	Pf
Kürzungen nach dem BerlinFG – für diesen Voranmeldungszeitraum –	Übertrag Bemessungsgrundlage volle DM	Pf		
§ 1 Abs. 1 bis 4 BerlinFG (einschließlich der Kürzungen bei erhöhter Berliner Wertschöpfungsquote)	21		22	
§ 1 Abs. 5 BerlinFG – Überlassung von Filmen –	23			
§ 1 Abs. 6 BerlinFG – sonstige Leistungen –	33			
§ 1 a BerlinFG – Innenumsätze –	37		87	
– für frühere Voranmeldungszeiträume –				
§§ 1, 1 a und 2 BerlinFG	57		58	
Zwischensumme				
In Rechnungen unberechtigt ausgewiesene Steuerbeträge (§ 14 Abs. 2 und 3 UStG) sowie Steuerbeträge, die nach § 17 Abs. 1 Satz 2 UStG geschuldet werden			69	
Zwischensumme				
Abzug (Anrechnung) der festgesetzten **Sondervorauszahlung** für Dauerfristverlängerung (Nur ausfüllen in der letzten Voranmeldung des Besteuerungszeitraums, **in der Regel Dezember**)			39	
Umsatzsteuer-Vorauszahlung (Bitte in jedem Fall ausfüllen) **Überschuß** – rot eintragen oder mit Minuszeichen versehen –			83	

(kann auf 10 Pf zu Ihren Gunsten gerundet werden)

Im Falle eines Überschusses wird der Betrag auf das dem Finanzamt benannte Konto überwiesen, soweit nicht eine Verrechnung mit Steuerschulden vorzunehmen ist.
Verrechnung des Überschusses erwünscht (falls ja, bitte eine „1" eintragen) **29**
Geben Sie bitte die Verrechnungswünsche auf einem besonderen Blatt oder auf dem beim Finanzamt erhältlichen Vordruck „Verrechnungsantrag" an.

Die **Einzugsermächtigung** wird ausnahmsweise (z.B. wegen Verrechnungswünschen) für diesen Voranmeldungszeitraum **widerrufen** (falls ja, bitte eine „1" eintragen) **26**

II. Anmeldung der Umsatzsteuer im Abzugsverfahren

Gesamtbetrag der Umsatzsteuer, die im Abzugsverfahren (§§ 51 bis 56 UStDV) bei Leistungen im Ausland ansässiger Unternehmer einzubehalten und abzuführen ist **75**

(kann auf 10 Pf zu Ihren Gunsten gerundet werden)

Ich versichere, die Angaben in dieser Steueranmeldung wahrheitsgemäß nach bestem Wissen und Gewissen gemacht zu haben.

Bei der Anfertigung dieser Steueranmeldung hat mitgewirkt:
(Name, Anschrift, Telefon)

Datum, Unterschrift

Hinweis nach den Vorschriften der Datenschutzgesetze:
Die mit der Steueranmeldung angeforderten Daten werden aufgrund der §§ 149 ff. der Abgabenordnung, des § 18 des Umsatzsteuergesetzes und des Artikels 10 der Verordnung (EWG) des Rates über die Statistiken des Warenverkehrs zwischen Mitgliedstaaten erhoben. Die Angaben der Telefonnummern sind freiwillig.

Vom Finanzamt auszufüllen

Kz	Wert	Kz	Wert	Kz	Wert
12		19		88	
11		20			

Namenszeichen/Unterschrift, Datum

Bearbeitungshinweis

1. Die aufgeführten Daten sind mit Hilfe des geprüften und genehmigten Programms sowie ggf. unter Berücksichtigung der gespeicherten Daten maschinell zu verarbeiten.
2. Die weitere Bearbeitung richtet sich nach den Ergebnissen der maschinellen Verarbeitung.

Kontrollzahl und/oder Datenerfassungsvermerk

Längere Voranmeldungszeiträume

458 Bei Unternehmern, deren **Steuerzahllast** im vorangegangenen Kalenderjahr **nicht mehr als 6000 DM** betragen hat, umfaßt der Voranmeldungszeitraum das jeweilige **Kalendervierteljahr**. Ihre Abgabe- und Zahlungstermine sind daher jeweils der 10. April für das erste Kalendervierteljahr, der 10. Juli für das zweite Kalendervierteljahr, der 10. Oktober für das dritte Kalendervierteljahr und der 10. Januar des folgenden Jahres für das vierte Kalendervierteljahr. Das Finanzamt kann jedoch zur Sicherung des Steueranspruchs anordnen, daß der Unternehmer die Voranmeldung monatlich abzugeben hat. Beträgt die **Steuerzahllast** für das vorangegangene Kalenderjahr **nicht mehr als 1000 DM**, so kann das Finanzamt den Unternehmer von der Verpflichtung zur **Abgabe der Voranmeldungen** und zur **Entrichtung von Vorauszahlungen befreien**. Für die Anwendung der Bagatellgrenzen kommt es auf die Umsatzsteuer **ohne die Steuer für innergemeinschaftliche Erwerbe** und ohne die **Einfuhrumsatzsteuer** an (§ 18 Abs. 2 UStG).

459 Noch zwei Hinweise: Ist die **unternehmerische Tätigkeit** nur **in einem Teil des vorangegangenen Kalenderjahres** ausgeübt worden, so ist die tatsächliche Zahllast in einen **Jahresbetrag umzurechnen** (§ 18 Abs. 2 Satz 4 UStG). Bei Neugründungen im laufenden Kalenderjahr wird sich das Finanzamt hinsichtlich der Einordnung „monatlicher Voranmeldungszeitraum, vierteljährlicher Voranmeldungszeitraum und Befreiung von den Voranmeldungen" an die Angaben des Unternehmers halten.

460 Sollten Sie in einem Jahr **erhebliche Investitionen** tätigen, so empfiehlt es sich, bei einem vierteljährlichen Voranmeldungszeitraum einen **Antrag auf Abgabe von monatlichen Voranmeldungen** zu stellen. Durch diesen Antrag kommen Sie früher in den Genuß von Guthaben durch „Vorsteuerüberhänge".

Dauerfristverlängerung

Auf Antrag kann das Finanzamt dem Unternehmer die **Fristen** für die Abgabe der Voranmeldungen und die Entrichtung der Vorauszahlungen um **einen Monat verlängern**. Der Antrag ist auf dem dafür amtlich vorgeschriebenen Vordruck vorzunehmen. Hat der Unternehmer **monatliche Vorauszahlungen** zu leisten, so ist die Gewährung der Dauerfristverlängerung davon abhängig, daß der Unternehmer mit dem Antrag eine **Sondervorauszahlung** für das jeweilige Kalenderjahr leistet. Diese Sondervorauszahlung beträgt **1/11 der Summe der Vorauszahlungen des vorangegangenen Kalenderjahres**; sie wird jeweils auf die Vorauszahlung für den Monat Dezember angerechnet. Für das folgende Kalenderjahr hat der Unternehmer die Vorauszahlung neu zu berechnen und bis zum **10. Februar** an das Finanzamt zu entrichten. 461

▶ Rechtsbehelfe

Ist der Unternehmer mit einem vom Finanzamt erteilten Bescheid nicht einverstanden, so kann er hiergegen **Einspruch** einlegen. Dies gilt sowohl für einen Jahres- als auch für einen Vorauszahlungsbescheid. Der Einspruch muß spätestens bis zum **Ablauf eines Monats nach Bekanntgabe des Bescheids** bei dem zuständigen Finanzamt eingegangen sein. 462

Beispiel:
Der Unternehmer E hat für 1993 keine Umsatzsteuererklärung abgegeben. Das Finanzamt hat daraufhin die Umsatzsteuer und die Vorsteuern durch Schätzung ermittelt. Der Umsatzsteuerbescheid wird am 4. 3. 1994 bekanntgegeben.

Hält E die gegen ihn in dem Bescheid festgesetzte Zahllast für unzutreffend, so kann er gegen den Bescheid bis zum 4. 4. 1994 Einspruch einlegen und z. B. durch Vorlage der zutreffenden Umsatzsteuererklärung eine Änderung bewirken.

11.5 Die Beförderungseinzelbesteuerung

463 Die Besteuerung der **grenzüberschreitenden Personenbeförderung** zwischen einem EG-Staat und einem Nicht-EG-Staat **im Gelegenheitsverkehr** mit nicht im Inland zugelassenen Kraftomnibussen erfolgt für jede einzelne Fahrt, und zwar durch Abgabe einer Steuererklärung nach amtlich vorgeschriebenem Vordruck in zwei Stücken bei der ersten an der Zollstraße gelegenen Zollstelle (§ 18 Abs. 5 UStG). Fahrten innerhalb des Gebiets der EG werden als innergemeinschaftliche Personenbeförderungen mit dem dafür entrichteten Entgelt der Umsatzsteuer unterworfen.

11.6 Die Fahrzeugeinzelbesteuerung

464 In den Fällen der **Besteuerung des innergemeinschaftlichen Erwerbs neuer Fahrzeuge** durch bestimmte Personen, die keine Unternehmer sind, hat der Erwerber spätestens bis zum 10. Tag nach Ablauf des Tages, an dem die Steuer entstanden ist (vgl. Tz. 426), eine Steueranmeldung nach amtlich vorgeschriebenem Vordruck abzugeben, in der er die zu entrichtende Steuer selbst zu berechnen hat. Die Steueranmeldung muß von dem Erwerber eigenhändig unterschrieben sein. Gibt der Erwerber die Steueranmeldung nicht ab oder hat er die Steuer nicht richtig berechnet, so kann das Finanzamt die Steuer festsetzen. Die Steuer ist am 10. Tag nach Ablauf des „Entstehungstages“ fällig (§ 18 Abs. 5a UStG).

11.7 Das Abzugsverfahren

465 Zur Sicherung des Steuereingangs hat der Gesetzgeber für die Fälle, in denen ein im Ausland ansässiger Unternehmer eine steuerpflichtige **sonstige Leistung** oder eine steuerpflichtige **Werklieferung** – beide unterliegen nicht der Einfuhrumsatzsteuer – ausführt, ein sog. „Abzugsverfahren“ angeordnet (§ 18 Abs. 8 UStG). Bei den vorgenannten Umsätzen ist der Leistungsempfänger, sofern er ein **Unternehmer** ist, verpflichtet, die **Umsatzsteuer**, die auf an ihn erbrachte Leistungen entfällt, **von seiner Gegenleistung einzubehalten**, anzu-

melden und an sein zuständiges Finanzamt abzuführen. Kommt er dieser Verpflichtung nicht nach, so haftet er für diese Steuer.

Beispiel:
Ein österreichischer Grundstücksmakler vermittelt den Verkauf eines in Dresden gelegenen Geschäftsgrundstücks an einen ungarischen Käufer. Auftraggeber ist ein Unternehmer in Dresden, der teilweise steuerfreie Leistungen bewirkt.

Die sonstige Leistung des Maklers wird dort erbracht, wo das Grundstück liegt, also in Dresden und somit im Inland. Die sonstige Leistung ist steuerbar und steuerpflichtig. Da der Auftraggeber ein Unternehmer ist, hat er die auf diese sonstige Leistung entfallende Umsatzsteuer für den österreichischen Grundstücksmakler einzubehalten, und zwar von seinem Entgelt zzgl. Umsatzsteuer. Die einbehaltene Umsatzsteuer ist von dem Auftraggeber anzumelden und an sein Finanzamt abzuführen.

Praxishinweis:
Die Verpflichtung zur Einbehaltung der Umsatzsteuer im Abzugsverfahren entfällt für den Leistungsempfänger, wenn der leistende Unternehmer keine Rechnung mit gesondertem Steuerausweis erteilt und der Leistungsempfänger im Fall des gesonderten Steuerausweises voll zum Vorsteuerabzug berechtigt wäre **(sog. Nullregelung).**

Nach dem Umsatzsteuer-Binnenmarktgesetz wird das Abzugsverfahren voraussichtlich auch auf die **Lieferung sicherungsübereigneter Gegenstände** durch den Sicherungsgeber an den Sicherungsnehmer außerhalb des Konkursverfahrens und auf die **Lieferung von Grundstücken im Zwangsversteigerungsverfahren** durch den Vollstreckungsschuldner an den Ersteher ausgedehnt. In diesen Fällen ist der Steueranspruch gefährdet, weil der leistende Unternehmer zur Entrichtung der von ihm geschuldeten Umsatzsteuer in der Regel nicht 466 in der Lage ist, der Leistungsempfänger aber gleichwohl den Vorsteuerabzug geltend machen kann. Die Ausdehnung des Abzugsverfahrens dient daher in diesen Fällen ebenfalls der Sicherung des Steueranspruchs.

Praxishinweis:
Das Abzugsverfahren ist bei **innergemeinschaftlichen Erwerben** nicht anzuwenden.

11.8 Das Vorsteuer-Vergütungsverfahren

467 Im **Ausland ansässige** Unternehmer erhalten ihren **Vorsteueranspruch nicht im Veranlagungsverfahren**, sondern aus Vereinfachungsgründen in einem besonderen **Vorsteuer-Vergütungsverfahren**. Dieses Verfahren setzt voraus, daß die betreffenden Unternehmer im Inland keine eigenen Umsätze oder bestimmte steuerfreie Umsätze oder Umsätze ausgeführt haben, die dem Abzugsverfahren (vgl. Tz. 463) oder der Beförderungseinzelbesteuerung (vgl. Tz. 465 f.) unterlegen haben. Die Vergütung der Vorsteuer kommt nur auf **Antrag** in Betracht; dem Antrag sind die Vorsteuerbelege im Original beizufügen.

11.9 Der innergemeinschaftliche Erwerb neuer Landfahrzeuge und Luftfahrzeuge

468 Zur Sicherung des Steueranspruchs beim innergemeinschaftlichen Erwerb neuer motorbetriebener Landfahrzeuge und neuer Luftfahrzeuge (§ 1b Abs. 2 und 3 UStG) ist ab dem 1. 1. 1993 folgendes zu beachten:

▶ Die für die Zulassung oder die Registrierung von Fahrzeugen zuständigen Behörden sind verpflichtet, den für die Besteuerung des innergemeinschaftlichen Erwerbs neuer Fahrzeuge zuständigen Finanzämtern ohne Ersuchen die **erstmalige Zulassung** und die **erstmalige Registrierung neuer Fahrzeuge** mitzuteilen und hierbei bestimmte Daten (vgl. die nachfolgenden Ausführungen) sowie das zugeteilte **amtliche Kennzeichen** zu übermitteln.

▶ In den Fällen des innergemeinschaftlichen Erwerbs neuer motorbetriebener Landfahrzeuge hat der Antragsteller bei der **erstmaligen Zuteilung eines amtlichen Kennzeichens** im Inland folgende Angaben zu machen:

- **Name** und die **Anschrift des Antragstellers** sowie das für ihn **zuständige Finanzamt,**
- Name und die Anschrift des **Lieferers,**
- **Tag der Lieferung,**
- **Entgelt** (= Kaufpreis),
- Tag der ersten Inbetriebnahme,
- **Kilometerstand** am Tag der Lieferung,
- **Fahrzeugart,** Fahrzeughersteller und Fahrzeugtyp sowie
- **Verwendungszweck.**

Praxishinweis:
Die Zulassungsbehörde darf den Fahrzeugschein erst aushändigen, wenn der Antragsteller die o. a. Angaben gemacht hat.

Ist die Steuer für den innergemeinschaftlichen Erwerb nicht entrichtet worden, so hat die Zulassungsbehörde auf Antrag des Finanzamts den **Fahrzeugschein einzuziehen** und das amtliche Kennzeichen zu entstempeln. Das Finanzamt kann die Abmeldung von Amts wegen auch selbst vornehmen, wenn die Zulassungsbehörde das Verfahren noch nicht eingeleitet hat. Bei Streitigkeiten über Abmeldungen von Amts wegen ist der Verwaltungsrechtsweg gegeben.

▶ In den Fällen des innergemeinschaftlichen Erwerbs **neuer Luftfahrzeuge** sind ebenfalls bestimmte Angaben zu machen, von deren Erteilung die Eintragung in der Luftfahrzeugrolle abhängig ist. Auch hier besteht die Möglichkeit, die **Betriebserlaubnis zu widerrufen,** wenn die Steuer für den innergemeinschaftlichen Erwerb nicht entrichtet worden ist.

All das finden Sie in dem neuen § 18 Abs. 10 UStG geregelt.

11.10 Die Zusammenfassende Meldung

469 Grundlage für das innergemeinschaftliche Überwachungsverfahren ist die ab 1993 neu in das Umsatzsteuergesetz aufgenommene Zusammenfassende Meldung (§ 18a UStG). Was verbirgt sich hinter diesem neuen Begriff?

Neues Kontrollverfahren

470 Bisher konnten die Finanzbehörden über die Zollgrenzkontrollen die Voraussetzungen der Steuerbefreiung von Ausfuhrlieferungen überprüfen. Beim Import von Gegenständen war durch die Entrichtung der Einfuhrumsatzsteuer ebenfalls eine Besteuerung sichergestellt. Durch den Wegfall der Grenzkontrollen ab dem 1. 1. 1993 mußte dieses „Sicherungssystem" im innergemeinschaftlichen Warenverkehr durch ein neues Kontrollsystem ersetzt werden. Dies soll durch **gegenseitige Informationen über innergemeinschaftliche Umsätze** zwischen den Finanzbehörden der EG-Staaten erreicht werden. Die gegenseitigen Informationen beschränken sich auf die getätigten **steuerfreien Ausfuhrlieferungen.** Die Daten über diese Ausfuhrlieferungen sind von den Export-Unternehmen in Zusammenfassenden Meldungen anzugeben. Diese Daten werden dann bei einer zentralen Behörde des Exportlandes, in der Bundesrepublik beim Bundesamt für Finanzen, gespeichert. Die Finanzbehörden des Importlandes können auf diese gespeicherten Exportdaten zur Kontrolle der ordnungsmäßigen Durchführung der **Erwerbsbesteuerung** in ihrem Land zurückgreifen. Um einen solchen Rückgriff zu ermöglichen, muß eine Zuordnung der Export-Umsätze zu den Umsätzen, die im Importland der Erwerbsbesteuerung unterliegen, möglich sein; dies soll über die **Umsatzsteuer-Identifikationsnummer** geschehen (vgl. Tz. 488f.).

Der Informationsaustausch zwischen den Finanzbehörden der EG-Staaten beschränkt sich in der Regel auf die Angaben der Umsatzsteuer-Identifikationsnummern seiner Unternehmer, die Waren erworben haben, wobei zu jeder Umsatzsteuer-Identifikationsnummer der **Gesamtwert der Lieferungen** anzugeben ist. Sollte sich für die Finanzbehörde des Importlandes der **Verdacht einer Steuerhinterziehung** aufdrängen, kann es bei der zentralen Behörde des Exportlandes die Umsatzsteuer-Identifikationsnummer des exportierenden Lieferers und den Gesamtwert der Lieferung jedes Unternehmers an jeden Erwerber abfragen. Reicht auch diese Information nicht aus, so kann das Exportland nach den Grundsätzen der bisherigen Amtshilfe-Richtlinie jederzeit ein **Einzelauskunftsersuchen** stellen. 471

Festzuhalten bleibt, daß ein uneingeschränkter Datenaustausch über die Exporte der deutschen Unternehmen nicht erfolgt, so daß die Belange des Datenschutzes sowie des Schutzes von Geschäftsgeheimnissen bei diesem Informationsaustausch berücksichtigt werden.

Nach diesem kurzen Überblick stellt sich für Export-Unternehmen die Frage, wer, was und wann an Daten über Exportumsätze melden muß. 472

Abgabepflichtiger

Eine Zusammenfassende Meldung haben alle Unternehmer abzugeben, die **innergemeinschaftliche Warenlieferungen** oder **innergemeinschaftliche Warenbewegungen** ausgeführt haben (§ 18a Abs. 1 UStG). Ausgenommen sind lediglich Kleinunternehmer (vgl. § 19 Abs. 1; Tz. 495f.) und private Fahrzeuglieferer (§ 2a UStG; Tz. 28f.). 473

Praxishinweis:
Auch **Organgesellschaften,** die umsatzsteuerlich nicht als Unternehmer behandelt werden, sind zur Abgabe einer Zusammenfassenden Meldung verpflichtet (§ 18a Abs. 1 Satz 4 UStG).

Die Zusammenfassende Meldung muß nur bei innergemeinschaftlichen Warenlieferungen und Warenbewegungen (vgl. Tz. 474) abgegeben werden. Bei einem **innergemeinschaftlichen Erwerb** von Gegenständen besteht keine Meldepflicht.

Angaben in der Zusammenfassenden Meldung

474 In der Zusammenfassenden Meldung sind nur innergemeinschaftliche Warenlieferungen oder Warenbewegungen aufzuführen (§ 18a Abs. 1 UStG).

Bei den **innergemeinschaftlichen Warenlieferungen** handelt es sich um

- von einem Unternehmer im Inland erbrachte **steuerfreie Warenlieferungen** an einen Unternehmer oder an eine nichtunternehmerische juristische Person in einem **anderen EG-Staat,** wobei jedoch Lieferungen neuer Fahrzeuge an Abnehmer ohne Umsatzsteuer-Identifikationsnummer ausgenommen sind,
- das **Verbringen von Unternehmensgegenständen** aus dem Inland in einen anderen EG-Staat zur eigenen Verfügung des Unternehmers und
- einer Lieferung gleichgestellte **steuerfreie Werkleistungen** (§ 18a Abs. 2 UStG).

Eine **innergemeinschaftliche Warenbewegung** liegt vor, wenn ein Unternehmer einem Auftragnehmer in einem anderen EG-Staat Material zur Verfügung stellt, das nach seiner Bearbeitung im Rahmen einer Werkleistung aus dem anderen EG-Staat wieder in das Inland gelangt. Dies gilt nicht für Reparaturleistungen und für Leistungen im Zusammenhang mit der Wartung und Reinigung sowie dem Beschriften, Etikettieren und Befüllen eines Gegenstands.

Praxishinweis:
Lieferungen oder Warenbewegungen aus einem **Zollfreigebiet** (vgl. Tz. 157) in einen anderen EG-Mitgliedstaat müssen ebenfalls in der Zusammenfassenden Meldung angegeben werden.

Bei den steuerfreien innergemeinschaftlichen Warenlieferungen sowie den einer Lieferung gleichgestellten steuerfreien Werkleistungen sind die **Umsatzsteuer-Identifikationsnummer jedes Erwerbers** anzugeben, die ihm in einem anderen EG-Staat erteilt worden ist und unter der die innergemeinschaftlichen Warenlieferungen an ihn ausgeführt worden sind. Darüber hinaus ist für **jeden Erwerber** die **Summe der Bemessungsgrundlagen** der an ihn ausgeführten innergemeinschaftlichen Warenlieferungen anzugeben (§ 18a Abs. 4 Nr. 1 UStG). Handelt es sich bei den innergemeinschaftlichen Warenlieferungen um steuerfreie innergemeinschaftliche **Werkleistungen,** so sind diese **gesondert** in der Zusammenfassenden Meldung **aufzuführen.** 475

Die Summe der Bemessungsgrundlagen sind **in DM anzugeben.** Werte in **fremder Währung** sind **umzurechnen** (vgl. Tz. 431).

Praxishinweis:
Nachträgliche **Änderungen der Bemessungsgrundlagen** (z.B. durch Skonti, Boni und Rabatte) sind mit der Summe der zu meldenden Bemessungsgrundlagen zu **verrechnen.**

Beim **innergemeinschaftlichen Verbringen** hat der Unternehmer die **Umsatzsteuer-Identifikationsnummer des EG-Staats** anzugeben, in den die Ware verbracht wurde. Zusätzlich ist die darauf entfallende **Bemessungsgrundlage** anzugeben (§ 18a Abs. 4 Nr. 2 UStG). 476

Bei **innergemeinschaftlichen Warenbewegungen** ist in der Zusammenfassenden Meldung die **Umsatzsteuer-Identifikationsnummer jedes Auftragnehmers** aufzuführen, die diesem in dem EG-Staat erteilt worden ist, in dem die Versendung oder Beförderung des Gegenstands beendet wurde. Eine **Bemessungsgrundlage** ist dabei **nicht anzugeben.** Die **innergemeinschaftlichen Warenbewegungen** sind in der Zusammenfassenden Meldung **besonders kenntlich** zu machen. Solche Warenbewegungen können dadurch zum Zwecke der ordnungsgemäßen Besteuerung überwacht werden.

Fassen wir kurz zusammen:

	Angaben
I. Innergemeinschaftliche Warenlieferungen ▶ **steuerfreie Warenlieferungen** an Unternehmer oder nichtunternehmerische juristische Personen in einem anderen EG-Staat – ausgenommen Fahrzeuglieferungern ohne Umsatzsteuer-Identifikationsnummer – ▶ **steuerfreie Werkleistungen** an einem Gegenstand aus einem anderen EG-Staat ▶ **Verbringen eines Gegenstands** vom Inland in einen anderen EG-Staat	● **Umsatzsteuer-Identifikationsnummer** jedes Erwerbers ● Summe der **Bemessungsgrundlagen** für jeden Erwerber getrennt **in DM** ● gesonderte Angaben zu den steuerfreien Werkleistungen ● Umsatzsteuer-Identifikationsnummer des **verbringenden Unternehmers** ● Summe der darauf entfallenden Bemessungsgrundlagen
II. Innergemeinschaftliche **Warenbewegungen**	● Umsatzsteuer-Identifikationsnummer jedes **Auftragnehmers** des EG-Staats, in dem Beförderung oder Versendung endet ● Hinweis auf innergemeinschaftliche Warenbewegung ● keine Bemessungsgrundlage

Abgabezeitpunkt

Die Zusammenfassende Meldung ist grundsätzlich bis zum **10. nach Ablauf jedes Kalendervierteljahres** abzugeben. Ist dem Unternehmer für die Abgabe der Umsatzsteuer-Voranmeldungen eine **einmonatige Dauerfristverlängerung** gewährt worden, so gilt diese Fristverlängerung auch für die Abgabe der Zusammenfassenden Meldung. **Umsatzsteuer-Jahreszahler** müssen ihre Zusammenfassende Meldung in der Regel erst **nach Ablauf des Kalenderjahres** abgeben, in dem sie innergemeinschaftliche Warenlieferungen oder Warenbewegungen ausgeführt haben (§ 18a Abs. 6 UStG). Dabei dürfen allerdings folgende Grenzwerte nicht überschritten werden: 478

- Die Summe der **Lieferungen und sonstigen Leistungen** darf im vorangegangenen Kalenderjahr **400 000 DM** nicht überstiegen haben und diesen Betrag im laufenden Kalenderjahr voraussichtlich nicht übersteigen.
- Die Summe der **innergemeinschaftlichen Warenlieferungen** (nicht Warenbewegungen) darf im vorangegangenen Kalenderjahr **30 000 DM** nicht überstiegen haben und diesen Betrag im laufenden Kalenderjahr voraussichtlich nicht übersteigen.

Praxishinweis:
Die Möglichkeit, eine jährliche Zusammenfassende Meldung abzugeben gilt nicht für **innergemeinschaftliche Lieferungen neuer Fahrzeuge** an Abnehmer ohne Umsatzsteuer-Identifikationsnummer.

Die Zusammenfassende Meldung ist nicht für jeden Kalendermonat, sondern für jedes **Kalendervierteljahr** (= Meldezeitraum) abzugeben, vorausgesetzt, in diesem Kalenderjahr haben **tatsächlich innergemeinschaftliche Lieferungen und Warenbewegungen** stattgefunden. Dabei sind die innergemeinschaftlichen Warenlieferungen in dem Meldezeitraum zu erfassen, in dem die **Rechnung ausgestellt** wird, spätestens jedoch in dem Meldezeitraum, in dem der auf die 479

Ausführung der innergemeinschaftlichen Warenlieferung folgende Monat endet. Bei innergemeinschaftlichen Warenbewegungen sind die Angaben für den Meldezeitraum zu machen, in dem die Gegenstände an den Auftragnehmer versendet oder befördert wurden (§ 18a Abs. 5 UStG). Durch diese Regelungen soll sichergestellt werden, daß die Zusammenfassende Meldung für dasselbe Kalendervierteljahr erfolgt, in dem in dem EG-Staat, in dem die Waren ankommen, ggf. eine Besteuerung zu erfolgen hat.

Erkennt der Unternehmer im nachhinein, daß eine von ihm abgegebene Zusammenfassende Meldung **unrichtig** oder **unvollständig** ist, so ist er verpflichtet, die ursprüngliche Zusammenfassende Meldung innerhalb von **3 Monaten zu berichtigen** (§ 18a Abs. 7 UStG). Eine Berichtigung ist z. B. dann erforderlich, wenn für einen Erwerber eine falsche Umsatzsteuer-Identifikationsnummer oder ein Erwerber irrtümlich nicht in der Zusammenfassenden Meldung angegeben wurde.

480 Die Zusammenfassende Meldung ist **neben den Umsatzsteuer-Voranmeldungen** abzugeben, und zwar an das **Bundesamt für Finanzen.** Bei der Zusammenfassenden Meldung handelt es sich **nicht** um eine **Steuererklärung.** Allerdings sind die für Steuererklärungen geltenden verfahrensrechtlichen Vorschriften entsprechend anzuwenden (§ 18a Abs. 8 UStG).

481 Wird die Zusammenfassende Meldung nicht innerhalb der vorgesehenen Abgabefrist beim Bundesamt für Finanzen eingereicht, so besteht die Möglichkeit, einen **Verspätungszuschlag** festzusetzen. Die Höhe des Verspätungszuschlags bemißt sich nach der Summe der Bemessungsgrundlagen für steuerfreie innergemeinschaftliche Warenlieferungen und für das Verbringen von Gegenständen in einen anderen EG-Staat. Der Verspätungszuschlag beträgt **1%** dieser Bemessungsgrundlage, wobei er jedoch auf einen **Höchstbetrag von 5000 DM** begrenzt ist (§ 18a Abs. 8 Satz 2 UStG). Darüber hinaus kann gegenüber demjenigen, der eine Zusammenfassende Meldung nicht, nicht richtig, nicht vollständig oder nicht rechtzeitig abgibt oder eine solche Meldung nicht oder nicht rechtzeitig berichtigt, eine **Geldbuße**

bis zu 10000 DM festgesetzt werden (§ 26a Abs. 1 Nr. 2 und Abs. 2 UStG).

Vereinfachtes Meldeverfahren und Informationsaustausch

482 Zur Erleichterung und Vereinfachung des automatisierten Meldeverfahrens ist vorgesehen, daß die Zusammenfassende Meldung vom Unternehmer auf **maschinell verwertbaren Datenträgern** oder durch **Datenfernübertragung** übermittelt werden kann. Die Einzelheiten dieses Verfahrens sollen durch Verordnung geregelt werden (§ 18a Abs. 9 UStG).

Die Finanzämter sind verpflichtet, dem Bundesamt für Finanzen die Unternehmer mitzuteilen, die nach den **Angaben in den Umsatzsteuer-Voranmeldungen** oder Jahreserklärungen zur Abgabe von Zusammenfassenden Meldungen über **innergemeinschaftliche Lieferungen** verpflichtet sind. Für diese Zwecke ist bereits in den Umsatzsteuer-Voranmeldungen 1992 eine entsprechende Abfrage über innergemeinschaftliche Lieferungen enthalten. Umgekehrt besteht für die Finanzämter zur Kontrolle der Steuerbefreiung innergemeinschaftlicher Warenlieferungen ein Zugriff auf Angaben, die von den Unternehmern über diese Vorgänge in ihren Zusammenfassenden Meldungen gemacht wurden (§ 18a Abs. 1 UStG).

11.11 Angaben über innergemeinschaftliche Lieferungen in Umsatzsteuer-Voranmeldungen und Jahreserklärungen

483 Um die Angaben in den Zusammenfassenden Meldungen kontrollieren zu können, ist der Unternehmer verpflichtet, in den Umsatzsteuer-Voranmeldungen und Jahreserklärungen die Bemessungsgrundlagen seiner innergemeinschaftlichen Lieferungen ab dem 1. 1. 1993 gesondert anzugeben (§ 18b UStG). Dabei ist darauf zu achten, daß **innergemeinschaftliche Lieferungen neuer Fahrzeuge** an Erwerber ohne Umsatzsteuer-Identifikationsnummer **getrennt** von den übrigen innergemeinschaftlichen Lieferungen zu erklären sind.

Die Angaben zu den innergemeinschaftlichen Lieferungen sind in dem Voranmeldungszeitraum zu machen, in dem die **Rechnung** für diese Lieferung **ausgestellt** wird, spätestens jedoch in dem Voranmeldungszeitraum, in dem der auf die Ausführung der innergemeinschaftlichen Lieferung folgende Monat endet. Rechnungsberichtigungen, insbesondere durch Skonti und Rabatte, sind mit den Bemessungsgrundlagen für die innergemeinschaftlichen Lieferungen zu saldieren.

11.12 Die Meldepflicht bei Lieferung neuer Fahrzeuge

484 Zur Überprüfung der Steuerbefreiung für innergemeinschaftliche **Lieferungen neuer Fahrzeuge an Privatpersonen** in einem anderen EG-Staat sowie der Besteuerung des innergemeinschaftlichen Erwerbs dieser Fahrzeuge durch den Abnehmer im „Bestimmungsland" soll ein regelmäßiger Austausch von Auskünften über diese Lieferungen auf der Grundlage der Gegenseitigkeit stattfinden. Die Verpflichtungen der Unternehmer und die Einzelheiten dieses Verfahrens sollen durch Verordnung geregelt werden (§ 18c UStG).

11.13 Die Vorlage von Urkunden

485 Nach der Amtshilfe-Verordnung sind den anderen EG-Staaten Informationen im Rahmen von **Einzelauskunftsersuchen** innerhalb von 3 Monaten nach Eingang des Ersuchens zu erteilen, wenn sie zur Kontrolle der Besteuerung und zur Bekämpfung der Steuerhinterziehung bei innergemeinschaftlichen Lieferungen oder innergemeinschaftlichen Erwerben erforderlich sind. Bei der Beantwortung der Auskunftsersuchen sind dem ersuchenden EG-Staat zumindest die Rechnungsnummern, -daten und -beträge für einzelne Umsätze zwischen den von ihm angegebenen Personen mitzuteilen. Dazu wird es in den meisten Fällen unumgänglich sein, die zur Erledigung des Einzelauskunftsersuchens erforderlichen Angaben oder Feststellungen anhand der Unterlagen der betroffenen Personen zu ermitteln. Der neue § 18d UStG enthält die Rechtsgrundlage für solche Ermittlungen durch das zuständige Finanzamt.

Praxishinweis:
Werden die erforderlichen Unterlagen nicht vollständig oder nicht rechtzeitig vorgelegt, so handelt der Unternehmer ordnungswidrig (§ 26a Abs. 1 Nr. 3 UStG). Die Ordnungswidrigkeit kann mit einer Geldbuße bis zu 10000 DM geahndet werden.

11.14 Das Bestätigungsverfahren

Der Unternehmer kann sich beim Bundesamt für Finanzen über die 486
Gültigkeit einer von einem anderen EG-Staat erteilten Umsatzsteuer-Identifikationsnummer erkundigen, die ihm der Abnehmer oder Leistungsempfänger angegeben hat (§ 18e UStG). Durch diese Bestätigung soll dem Unternehmer die korrekte Anwendung der umsatzsteuerlichen Regelungen erleichtert werden, soweit diese auf den umsatzsteuerlichen Status eines Abnehmers, z. B. bei den steuerfreien innergemeinschaftlichen Lieferungen, abstellen. Weiter kann er durch eine solche Nachfrage sicherstellen, daß der Leistungsempfänger ihm gegenüber eine Umsatzsteuer-Identifikationsnummer verwendet, die ihm von einem anderen EG-Staat erteilt wurde.

In seinem Auskunftsersuchen an das Bundesamt für Finanzen muß 487
der Unternehmer die von einem anderen EG-Staat erteilte Umsatzsteuer-Identifikationsnummer seines Geschäftspartners angeben. Das Bundesamt für Finanzen bestätigt ihm daraufhin, ob diese Umsatzsteuer-Identifikationsnummer in dem EG-Staat gültig ist. Gibt der Unternehmer in seinem Auskunftsersuchen zusätzlich zu der Umsatzsteuer-Identifikationsnummer auch den Namen und die Anschrift seines Geschäftspartners an, so erhält er vom Bundesamt für Finanzen eine positive, **schriftliche Bestätigung,** wenn die Umsatzsteuer-Identifikationsnummer gültig ist und Name und Anschrift korrekt sind.

Es ist beabsichtigt, daß das Bundesamt für Finanzen die Bestätigungen möglichst zeitnah erteilt. Bei Lieferungen über den Ladentisch oder in ähnlichen Fällen dürfte dies jedoch nicht ausreichen, so daß der betroffene Unternehmer aus **Vorsichtsgründen** die Umsatzsteuer auf innergemeinschaftliche Lieferungen vorläufig einbehält, um sie dann bei Vorliegen dieser Bestätigung nachträglich an den Abnehmer zu erstatten.

Praxishinweis:
Das Bestätigungsverfahren hat nicht nur positive, sondern auch negative Seiten. So wird ein Unternehmer, der innergemeinschaftliche Lieferungen steuerfrei ausgeführt hat, zur „Kasse gebeten", wenn die Inanspruchnahme der Steuerbefreiung auf unrichtigen Angaben des Abnehmers beruht und er als Unternehmer die Unrichtigkeit dieser Angaben bei Beachtung der Sorgfalt eines ordentlichen Kaufmanns erkennen konnte (vgl. Tz. 210). Eine **Verletzung der Sorgfaltspflichten** könnte bereits darin gesehen werden, daß der Unternehmer auf die **Bestätigung der Angaben zur Umsatzsteuer-Identifikationsnummer verzichtet** hat. Es bleibt abzuwarten, wie sich die Finanzverwaltung hierzu stellt.

11.15 Die Umsatzsteuer-Identifikationsnummer

488 Um die zutreffende Besteuerung innergemeinschaftlicher Lieferungen überprüfen zu können, ist es erforderlich, eine Zuordnung zwischen der steuerfreien innergemeinschaftlichen Lieferung durch den leistenden Unternehmer und dem steuerpflichtigen Erwerb durch den Abnehmer herzustellen. Diese Zuordnung erfolgt über die Zusammenfassende Meldung (vgl. § 18a UStG; Tz. 469f.), in der der liefernde Unternehmer seine innergemeinschaftlichen Warenlieferungen und Warenbewegungen für jeden Erwerber getrennt mit der auf ihn entfallenden Summe der Bemessungsgrundlagen anzugeben hat. Die **Umschreibung des Erwerbers** erfolgt nicht durch Name und Anschrift, sondern durch **Angabe der Umsatzsteuer-Identifikationsnummer.** Aus allen Zusammenfassenden Meldungen ermittelt dann das Bundesamt für Finanzen für jede Umsatzsteuer-Identifikationsnummer die Summe der Bemessungsgrundlagen der an diesen Unternehmer ausgeführten innergemeinschaftlichen Warenlieferungen.

Diese Summe muß dann zusammen mit den gemeldeten Beträgen der anderen EG-Staaten bei dem Erwerber mit der von ihm versteuerten Summe der **Bemessungsgrundlagen für steuerpflichtige innergemeinschaftliche Erwerbe** übereinstimmen. Sie sehen also, wie wichtig die Umsatzsteuer-Identifikationsnummer für dieses Kontrollverfahren ist. Wer also an innergemeinschaftlichen Umsätzen als Lieferer oder als Erwerber beteiligt ist, sollte sich daher frühzeitig um eine solche Umsatzsteuer-Identifikationsnummer bemühen. Sie wird vom Bundesamt für Finanzen zusätzlich zu der nationalen Steuernummer vergeben. Der Antrag ist zu richten an: Außenstelle des Bundesamts für Finanzen, Industriestr. 6, 6630 Saarlouis.

Praxishinweis:
Die Umsatzsteuer-Identifikationsnummer hat stets **11 Stellen,** wobei in den **ersten beiden Stellen der EG-Staat mit Buchstaben** umschrieben wird, der die Umsatzsteuer-Identifikationsnummer erteilt hat.

11.15.1 Wer benötigt eine Umsatzsteuer-Identifikationsnummer?

Die Umsatzsteuer-Identifikationsnummer wird **auf Antrag,** bei der 489
Erstvergabe teils von Amts wegen, an folgende Unternehmer erteilt:

① **Unternehmer,** die zum **Vorsteuerabzug berechtigt** sind, unabhängig davon, ob ihnen der Vorsteuerabzug insgesamt oder teilweise zusteht,

② **Unternehmer,** die **ausschließlich steuerfreie Umsätze** ausführen, die zum vollen Ausschluß vom Vorsteuerabzug führen, **Kleinunternehmer** (§ 19 Abs. 1 Abs. 1 UStG, Tz. 495 f.) und Unternehmer, die ausschließlich Umsätze im Rahmen des **land- und forstwirtschaftlichen Betriebs** ausführen, die der Durchschnittsatzbesteuerung unterliegen (§ 24 Abs. 1 bis 3 UStG, Tz. 390 f.), wenn sie die Umsatzsteuer-Identifikationsnummer für **innergemeinschaftliche Erwerbe benötigen,**

③ **juristische Personen,** die nicht Unternehmer sind oder Gegenstände nicht für ihr Unternehmen erwerben, wenn die Umsatzsteuer-Identifikationsnummer zur Besteuerung der **innergemeinschaftlichen Erwerbe erforderlich** ist und

④ **Organgesellschaften,** die an innergemeinschaftlichen Umsätzen beteiligt sind (§ 27a Abs. 1 UStG).

Praxishinweis:
Fahrzeuglieferer, die **nichtunternehmerisch** tätig sind (§ 2a UStG, Tz. 28), erhalten aufgrund dieser Tätigkeit keine Umsatzsteuer-Identifikationsnummer.

---

490 Die unter **Nr. 1 genannten Unternehmer** benötigten die Umsatzsteuer-Identifikationsnummer stets dann, wenn sie **steuerfreie innergemeinschaftliche Lieferungen** (§ 6a UStG; Tz. 198f.) ausführen. Die Gewährung der Steuerbefreiung ist u.a. davon abhängig, ob der Erwerber für den innergemeinschaftlichen Erwerb im Bestimmungsland Umsatzsteuer bezahlen muß. Um dies überprüfen zu können, hat der Erwerber dem liefernden Unternehmer seine Umsatzsteuer-Identifikationsnummer anzugeben.

Der leistende Unternehmer wird dadurch in die Lage versetzt, eine **ordnungsgemäße Rechnung** über die steuerfreie innergemeinschaftliche Lieferung ausstellen zu können. Denn ab dem 1. 1. 1993 sind in solchen Rechnungen neben der Umsatzsteuer-Identifikationsnummer des leistenden Unternehmers auch die Umsatzsteuer-Identifikationsnummer des Leistungsempfängers anzugeben (§ 14a Abs. 2 UStG). Dies gilt auch für Rechnungen über

- ▶ **Vermittlungsleistungen** an einen Unternehmer in einem anderen EG-Staat und
- ▶ **innergemeinschaftliche Beförderungen** von Gegenständen und die damit üblicherweise verbundenen sonstigen Leistungen sowie die Vermittlung dieser Leistungen.

Der leistende Unternehmer benötigt die Umsatzsteuer-Identifikationsnummer auch für die von ihm abzugebende **Zusammenfassende Meldung** (§ 18a UStG, Tz. 469f.). Denn in dieser Zusammenfassenden Meldung hat er neben seiner eigenen Umsatzsteuer-Identifikationsnummer auch die Umsatzsteuer-Identifikationsnummern seiner

Leistungsempfänger und für jeden Leistungsempfänger auch die Summe der Bemessungsgrundlagen der innergemeinschaftlichen Warenlieferungen anzugeben.

Praxishinweis:
Die Umsatzsteuer-Identifikationsnummer kann auch Bedeutung für die **Ortsbestimmung beim innergemeinschaftlichen Erwerb,** bei **Vermittlungsleistungen** und bei der **innergemeinschaftlichen Beförderung** von Gegenständen und der damit üblicherweise verbundenen sonstigen Leistungen sowie deren Vermittlung haben (vgl. Tz. 115, 122 und 177).

Die unter **Nr. 2 genannten Unternehmer** müssen ihre innergemein- 491
schaftlichen Erwerbe grundsätzlich nicht versteuern, wenn sie die **Erwerbsschwelle von 25 000 DM** nicht überschreiten (vgl. Tz. 174). Die Lieferungen werden dann im Ursprungsland besteuert. Gehen die innergemeinschaftlichen Erwerbe über die Erwerbsschwelle von 25 000 DM hinaus, so ist diesen Unternehmern auf Antrag eine Umsatzsteuer-Identifikationsnummer zu erteilen. Dies gilt auch für die Fälle, in denen die Unternehmer zur **Erwerbsbesteuerung optieren** oder **verbrauchsteuerpflichtige Waren erwerben** wollen (vgl. Tz. 174 und 175). Unternehmer, die ausschließlich Umsätze im Rahmen eines land- und forstwirtschaftlichen Betriebs ausführen, erhalten auch dann eine Umsatzsteuer-Identifikationsnummer, wenn sie innergemeinschaftliche Lieferungen an Unternehmer oder an nichtunternehmerische juristische Personen ausführen.

Praxishinweis:
Die Erteilung einer Umsatzsteuer-Identifikationsnummer setzt voraus, daß der **Antragsteller beim Finanzamt umsatzsteuerlich erfaßt** ist oder gegenüber dem Finanzamt erklärt hat, steuerpflichtige innergemeinschaftliche Erwerbe tätigen zu wollen.

Die **unter Nr. 3 aufgeführten nichtunternehmerischen juristischen** 492
Personen können ebenfalls die Erteilung einer Umsatzsteuer-Identi-

fikationsnummer beantragen, wenn sie die **Erwerbsschwelle** für innergemeinschaftliche Erwerbe **überschreiten** oder sich für die **Erwerbsbesteuerung entschieden** haben oder **verbrauchsteuerpflichtige Waren** in einem anderen EG-Staat **erwerben** wollen. Auch hier ist es erforderlich, daß sich die juristischen Personen zuvor bei ihrem zuständigen Finanzamt entsprechend erfassen lassen. Sie haben dort zu erklären, daß sie innergemeinschaftliche Erwerbe tätigen wollen und diese besteuern müssen oder zu deren Besteuerung optieren wollen.

493 Die unter **Nr. 4 genannten Organgesellschaften** werden umsatzsteuerlich nur unter der Steuernummer des Organträgers erfaßt. Führt die **Organgesellschaft im eigenen Namen** und für eigene Rechnung **innergemeinschaftliche Umsätze** aus oder bewirkt sie **innergemeinschaftliche Erwerbe,** so kann der Organträger für sie eine gesonderte Umsatzsteuer-Identifikationsnummer beantragen. Dies setzt allerdings voraus, daß der Organträger selbst beim Bundesamt für Finanzen als Unternehmer gespeichert ist, so daß dem für die Umsatzsteuerbesteuerung zuständigen Finanzamt die Umsatzsteuer-Identifikationsnummern der Organgesellschaften mitgeteilt werden können.

Umsatzsteuer-Identifikationsnummer

Wer benötigt sie?

① **Liefernder Unternehmer** bei grenzüberschreitenden Lieferungen

Wozu wird sie benötigt?

① Angaben in den Rechnungen über
- innergemeinschaftliche Lieferungen
- innergemeinschaftliche Vermittlungsleistungen
- innergemeinschaftliche Beförderungsleistungen und bestimmte damit zusammenhängende Leistungen

② **Unternehmer** als Abnehmer bei **innergemeinschaftlichen Erwerben**
– gilt auch für
- Kleinunternehmer,
- Unternehmer mit steuerfreien Umsätzen ohne Vorsteuerabzug,
- Land- und Forstwirte mit Durchschnittssatzbesteuerung,
- nichtunternehmerische juristische Personen,

wenn sie die Erwerbsschwelle überschreiten, zur Erwerbsbesteuerung optiert haben oder verbrauchsteuerpflichtige Waren erwerben wollen

② Angaben in der **Zusammenfassenden Meldung**

③ Organgesellschaften bei innergemeinschaftlichen Warenlieferungen oder Warenbewegungen oder bei innergemeinschaftlichen Erwerben

Achtung: Fahrzeuglieferer als Privatpersonen erhalten nie eine Umsatzsteuer-Identifikationsnummer

③ Bestimmung des Orts der Leistung bei
- innergemeinschaftlichem Erwerb
- innergemeinschaftlichen Vermittlungen
- innergemeinschaftlichen Beförderungen und bestimmten damit im Zusammenhang stehenden Leistungen

11.15.2 Die Vergabe der Umsatzsteuer-Identifikationsnummer

494 Die Umsatzsteuer-Identifikationsnummer wird **grundsätzlich auf Antrag** erteilt. Um den Unternehmern, die bereits in der Vergangenheit Ausfuhrlieferungen in EG-Staaten ausführen, das Antragsverfahren zu ersparen, erfolgt die **Erstausgabe der Umsatzsteuer-Identifikationsnummer** von Amts wegen. Für diese Zwecke sollen die im Rahmen der Umsatzsteuer-Voranmeldung 1992 abgefragten Daten über die Teilnahme am innergemeinschaftlichen Handel zusammen mit Name, Anschrift und Steuernummer des betreffenden Unternehmers an das Bundesamt für Finanzen übermittelt werden (§ 27a Abs. 2 UStG). Die Unternehmer erhalten dann vom Bundesamt für Finanzen eine Mitteilung über ihre Umsatzsteuer-Identifikationsnummer sowie ein Merkblatt.

In den übrigen Fällen (vgl. Tz. 491 f.) ist die Umsatzsteuer-Identifikationsnummer beim Bundesamt für Finanzen zu beantragen. Der **Antrag** ist **schriftlich** zu stellen. In dem Antrag sind Name, Anschrift und Steuernummer, unter der der Antragsteller umsatzsteuerlich geführt wird, anzugeben (§ 27a Abs. 1 Sätze 5 und 6 UStG).

Praxishinweis:
Die vom Bundesamt für Finanzen erteilten **Umsatzsteuer-Identifikationsnummern** werden den **zuständigen Finanzämtern mitgeteilt,** so daß kontrolliert werden kann, welche Unternehmer an innergemeinschaftlichen Umsätzen beteiligt sind.

---

12 Wie werden Kleinunternehmer besteuert?

Handelt es sich bei dem Unternehmer wegen der geringen Umsatz- 495
höhe um einen **Kleinunternehmer,** so hat dies zur Folge, daß er im Ergebnis wie ein **Endverbraucher behandelt** wird. Dies bedeutet, daß er für seine Umsätze **keine Umsatzsteuer abführen** muß, andererseits allerdings auch **keinen Vorsteuerabzug in Anspruch nehmen** kann. Weiterhin darf er in seinen Rechnungen die **Umsatzsteuer nicht gesondert ausweisen.** Verstößt er gegen das „Ausweisverbot", so schuldet er die Umsatzsteuer, ohne daß der Leistungsempfänger einen Vorsteuerabzug in Anspruch nehmen darf und ohne daß grundsätzlich eine Rechnungsberichtigung möglich ist. Der Kleinunternehmer kann die ab dem 1. 1. 1993 geltende Steuerbefreiung für innergemeinschaftliche Lieferungen nicht anwenden (§ 19 Abs. 1 Satz 4 UStG). Dadurch wird vermieden, daß ein Kleinunternehmer für seine innergemeinschaftlichen Lieferungen Zusammenfassende Meldungen (vgl. Tz. 469f.) abgeben muß. Bei seiner Rechnungserstellung hat der Kleinunternehmer darauf zu achten, daß er in den Rechnungen über die innergemeinschaftlichen Lieferungen keine Umsatzsteuer-Identifikationsnummer angeben darf.

Praxishinweis:
Die Kleinunternehmerbesteuerung ist für denjenigen Unternehmer vorteilhaft, der **überwiegend gegenüber Endverbrauchern tätig** wird und dabei nur geringe Vorleistungen an andere Unternehmer einsetzt. Denken Sie z. B. an einen nebenberuflich tätigen Architekten, der hauptsächlich Ein- und Zweifamilienhäuser für Zwecke der Eigennutzung plant. Da der Architekt seine Leistungen ohne größere Vorleistungen anderer Unternehmer erbringt und er darüber hinaus gegenüber Endverbrauchern tätig wird, die keinen Anspruch auf Vorsteuerabzug haben, ist für seine Kostenkalkulation die Kleinunternehmerbesteuerung besonders vorteilhaft.

12.1 Der Begriff des Kleinunternehmers

496 Kleinunternehmer sind solche Unternehmer, deren korrigierter Gesamtumsatz im **vorangegangenen Kalenderjahr 25000 DM** nicht überstiegen hat und im **laufenden Kalenderjahr 100000 DM** voraussichtlich nicht übersteigen wird (§ 19 Abs. 1 UStG). Ausgangsgröße für die beiden genannten Grenzwerte ist der Gesamtumsatz, der hier stets nach **vereinnahmten Entgelten** zu berechnen ist, wobei auf die von dem Unternehmer vereinnahmten **Bruttobeträge** abzustellen ist. Das bedeutet: Bei den Lieferungen und sonstigen Leistungen ist das Entgelt zuzüglich Umsatzsteuer anzusetzen; beim Eigenverbrauch und bei der Mindestbemessungsgrundlage sind die Einkaufspreise zuzüglich Nebenkosten, die Selbstkosten, die entstandenen Kosten und die nichtabziehbaren Aufwendungen, erhöht um die darauf entfallende Umsatzsteuer, maßgebend.

Was verbirgt sich hinter der Ausgangsgröße „Gesamtumsatz“?

497 Hier die Antwort: Der Gesamtumsatz setzt sich aus folgenden Bruttobeträgen zusammen (§ 19 Abs. 3 UStG):

▶ Steuerbare Umsätze aus Lieferungen und sonstigen Leistungen		_______ DM
▶ Steuerbare Leistungen an Arbeitnehmer	+	_______ DM
▶ Steuerbarer Eigenverbrauch	+	_______ DM
▶ Steuerbare Gesellschaftsleistungen	+	_______ DM
Zwischensumme		_______ DM
▶ Steuerfreie Umsätze nach § 4 Nr. 8i, Nr. 9b und Nr. 11 bis Nr. 28 UStG	–	_______ DM
▶ Steuerfreie Hilfsumsätze nach § 4 Nr. 8a bis h, Nr. 9a und Nr. 10 UStG	–	_______ DM
Gesamtumsatz		_______ DM

Um welche Beträge ist der Gesamtumsatz zu korrigieren?

Der Gesamtumsatz berücksichtigt auch die Umsätze im Rahmen der 498 **Geschäftsveräußerung**. Für die Frage, ob die Grenzen von 25 000 DM bzw. 100 000 DM überschritten werden, sind jedoch sämtliche **Umsätze von Wirtschaftsgütern des Anlagevermögens auszuscheiden**. Dies gilt sowohl für die Umsätze aus einer Veräußerung als auch aus einer Entnahme für nichtunternehmerische Zwecke. Unerheblich ist auch, ob die Wirtschaftsgüter einzeln oder im Rahmen einer Geschäftsveräußerung auf einen anderen übertragen oder entnommen werden. Hier ist also der Gesamtumsatz zu korriegieren.

Vergleich

Steht der korrigierte Gesamtumsatz fest, so ist er zum einen mit dem 499 Vorjahreswert von 25 000 DM zu vergleichen und zum anderen mit der voraussichtlichen Umsatzgröße von 100 000 DM für das laufende Kalenderjahr. Im zuletzt genannten Fall sind die **Verhältnisse zu Beginn des laufenden Kalenderjahres** maßgebend. Ist danach ein voraussichtlicher Umsatz zuzüglich Umsatzsteuer von nicht mehr als 100 000 DM zu erwarten, so verbleibt es auch dann bei der Kleinunternehmerbesteuerung, wenn der tatsächliche Bruttoumsatz im Laufe des Kalenderjahres die Grenze von 100 000 DM überschreitet.

Hat der Unternehmer seine Tätigkeit erst im Laufe des Kalenderjah- 500 res begonnen, so ist der tatsächliche Gesamtumsatz in einen **Jahresgesamtumsatz** umzurechnen, zu korrigieren und mit der Umsatzgrenze von 25 000 DM (nicht 100 000 DM) zu vergleichen. Dabei sind angefangene Kalendermonate als volle Kalendermonate zu behandeln, es sei denn, daß die Umrechnung nach Tagen zu einem niedrigeren Gesamtumsatz führt.

Ändern sich die Unternehmensverhältnisse wegen **Betriebsaufgabe** 501 und gleichzeitiger **Betriebseröffnung** oder wegen **Betriebserweiterung** im Laufe des Kalenderjahres, so ist diese Veränderung bei Beurteilung der voraussichtlichen Umsatzgröße des laufenden Kalenderjahres mit zu berücksichtigen. Ergibt sich, daß unter Berücksichtigung der neuen Verhältnisse bei Betriebsaufgabe die Grenze von 100000 DM und bei Betriebseröffnung bzw. Betriebserweiterung die Grenze von 25000 DM voraussichtlich überschritten wird, so entfällt die Kleinunternehmerbesteuerung für das laufende Kalenderjahr insgesamt. Hat der Unternehmer in einem solchen Fall für die zurückliegenden Kalendermonate keine Umsatzsteuer offen ausgewiesen, ist insoweit die Besteuerung in der Umsatzsteuererklärung richtigzustellen, wobei es dem Unternehmer unbenommen bleibt, nachträgliche Rechnungen mit gesondertem Steuerausweis zu erteilen.

12.2 Keine Kleinunternehmerbesteuerung bei innergemeinschaftlicher Lieferung neuer Fahrzeuge

502 Die Kleinunternehmerregelung ist bei der **innergemeinschaftlichen Lieferung neuer Fahrzeuge** (vgl. Tz. 28 f.) ausgeschlossen. Der Kleinunternehmer unterliegt mit diesem Umsatz – wie ein Privatmann – der Umsatzbesteuerung. Allerdings fällt im Inland wegen der Steuerbefreiung für innergemeinschaftliche Lieferungen (vgl. § 6a UStG; Tz. 198 f.) – beschränkt auf diese Art von Umsätzen – in der Regel keine Umsatzsteuer im Zusammenhang mit der Fahrzeuglieferung an. Um Doppelbelastungen, einerseits durch die Erwerbsteuer in dem anderen EG-Staat und andererseits durch den generellen Ausschluß vom Vorsteuerabzug, zu vermeiden, wird dem Kleinunternehmer für die Fahrzeuglieferung ein **partieller Vorsteuerabzug** eröffnet (§ 19 Abs. 4 i. V. m. § 15 Abs. 4a UStG). All dies gilt erstmals **ab dem 1. 1. 1993**.

12.3 Der Verzicht auf die Umsatzsteuerfreistellung

503 Die Kleinunternehmerbesteuerung wirkt sich aber nicht immer vorteilhaft für den Unternehmer aus. Denken Sie z. B. an die Fälle, in denen ein Unternehmer **hohe Investitionen** tätigt und daher ein **Überschuß der Vorsteuern** über die Umsatzsteuer anfällt. Um in den Genuß dieses Guthabens zu kommen, muß der Unternehmer nach

den allgemeinen Vorschriften des Umsatzsteuergesetzes besteuert werden. Denken Sie weiter an den Fall, daß der Kleinunternehmer nur gegenüber anderen Unternehmern tätig wird. Auch hier ist es für seine Kostenkalkulation günstiger, wenn er die Umsatzsteuer offen in seinen Rechnungen ausweisen kann und den Leistungsempfängern dadurch die Möglichkeit des Vorsteuerabzuges gegeben ist.

Um die **Nachteile der Kleinunternehmerbesteuerung** für die oben bei- 504
spielhaft genannten Unternehmer zu vermeiden, sieht das Gesetz vor, daß der Unternehmer auf die **Anwendung der Kleinunternehmerregelung verzichten** kann und statt dessen seine Umsätze der Regelbesteuerung unterwirft (§ 19 Abs. 2 UStG). Dies bedeutet für den Kleinunternehmer:

- Er kann in seinen Rechnungen die **Umsatzsteuer gesondert ausweisen**.
- Weiterhin steht ihm der **Vorsteuerabzug** für Leistungen zu, die an sein Unternehmen erbracht worden sind.

Der **Verzicht** auf die Kleinunternehmerbesteuerung muß dem **Fi- 505
nanzamt mitgeteilt** werden. Für die Erklärung ist **keine bestimmte Form** vorgeschrieben. Sie ist **bis zur Rechtskraft** der Umsatzsteuerfestsetzung möglich. Die Erklärung gilt vom Beginn des Kalenderjahres an, für das der Unternehmer sie abgegeben hat. Beginnt der Unternehmer seine gewerbliche oder berufliche Tätigkeit während des Kalenderjahres, so gilt die Erklärung vom Beginn dieser Tätigkeit an.

Nach Eintritt der **Rechtskraft** der Umsatzsteuerfestsetzung **bindet** 506
die **Erklärung** den Unternehmer **mindestens für 5 Kalenderjahre** (§ 19 Abs. 2 Satz 2 UStG). Die 5-Jahresfrist ist vom Beginn des 1. Kalenderjahres an zu berechnen, für das die Erklärung gilt.

Beispiel:
Der Unternehmer A erklärt für das Kalenderjahr 1993, daß er auf die Kleinunternehmerbesteuerung verzichten will. Die Erklärung gilt vom Beginn des Kalenderjahres, also vom 1. 1. 1993. Somit läuft die 5-Jahresfrist am 31. 12. 1997 aus.

507 Für die Zeit nach **Ablauf der 5-Jahresfrist** kann der Unternehmer die **Erklärung** mit Wirkung vom Beginn eines Kalenderjahres **jederzeit widerrufen**. Auch hier gilt die Regelung, daß der Widerruf spätestens bis zur Rechtskraft der Umsatzsteuerfestsetzung des betreffenden Kalenderjahres möglich ist.

Praxishinweis:
Geht der Unternehmer von der Kleinunternehmerbesteuerung zur Regelbesteuerung über, so dürfen Umsätze zum einen nicht unversteuert bleiben und zum anderen nicht doppelt erfaßt werden.

13 Welche Besonderheiten sind noch zu berücksichtigen?

13.1 Durchschnittsätze bei der Umsatzbesteuerung

Unter Tz. 382f. haben wir bereits erfahren, daß für den Bereich des **Vorsteuerabzuges** Durchschnittsätze angesetzt werden können. Weitere Durchschnittsätze gelten für den Bereich der **Land- und Forstwirtschaft** (vgl. Tz. 391f.). Auch bei der **grenzüberschreitenden Beförderung** im Personenverkehr kommt es zu einer Art Durchschnittsatzbesteuerung (vgl. § 16 Abs. 5 i.V.m. § 10 Abs. 6 UStG). 508

Gemeinnützigen, mildtätigen und kirchlichen Zwecken dienende Körperschaften, Personenvereinigungen und Vermögensmassen, die **nicht zur Buchführung verpflichtet** sind, können ihre abziehbaren Vorsteuerbeträge mit **7% des steuerpflichtigen Umsatzes** ansetzen. Der Durchschnittsatz von 7% kann nur dann in Anspruch genommen werden, wenn der steuerpflichtige Vorjahresumsatz nicht mehr als **60000 DM** beträgt. Zu den steuerpflichtigen Umsätzen gehören sowohl die Einnahmen aus steuerpflichtigen wirtschaftlichen **Geschäftsbetrieben** als auch aus **Zweckbetrieben**. 509

Entscheidet sich die Körperschaft für die Pauschalierung der Vorsteuern unter Ansatz des **Durchschnittsatzes von 7%**, so ist sie insoweit von den **Aufzeichnungspflichten** nach dem Umsatzsteuergesetz **befreit**.

13.2 Reiseleistungen

Für die Besteuerung von **Reiseleistungen,** die ein Reiseunternehmen **gegenüber Endverbrauchern** erbringt und für die er Leistungen Dritter in Anspruch nimmt, die den Reisenden unmittelbar zugute kommen, gelten folgende Sonderregelungen (§ 25 UStG): 510

- Die **Leistung des Reiseunternehmens** ist als **sonstige Leistung** anzusehen und, soweit im Rahmen einer Reise mehrere solcher Leistungen erbracht werden, als **einheitliche sonstige Leistung** zu beurteilen.

- Die **Reiseleistung** ist **steuerfrei**, wenn die Lieferungen und sonstige Leistungen Dritter, die den Reisenden unmittelbar zugute kommen (sog. **Reisevorleistungen), außerhalb des Gebiets der EG bewirkt werden oder grenzüberschreitende Beförderungen** mit Luftfahrzeugen oder Seeschiffen sind oder Beförderungen mit Luftfahrzeugen oder Seeschiffen sind, die sich ausschließlich auf das Ausland erstrecken (§ 25 Abs. 2 UStG). Reiseleistungen, die nur zum Teil unter die o. a. Befreiungsvorschrift fallen, sind in einen steuerfreien und in einen steuerpflichtigen Teilbetrag aufzuteilen.

- Kommt es zur **Besteuerung der Reiseleistungen**, so bemißt sich das Entgelt nach dem Unterschied zwischen dem Betrag, den der Leistungsempfänger aufwendet, um die Leistung zu erhalten, und dem Betrag, den der Unternehmer für die Reisevorleistungen aufwendet, abzüglich der darin enthaltenen Umsatzsteuer (§ 25 Abs. 3 UStG).

- Der Reiseunternehmer darf die ihm für die **Reisevorleistungen** in Rechnung gestellte Umsatzsteuer **nicht als Vorsteuer abziehen.**

Beispiel:

Der Reiseveranstalter A führt eine Reise durch, die er mit einem Bruttopreis von 2000 DM anbietet. An Reisevorleistungen einschließlich Umsatzsteuer ist ein Betrag von 1200 DM angefallen.

Die sonstige Leistung des Reiseveranstalters ist mit dem Differenzbetrag zwischen Reisepreis und Reisevorleistungen, also mit 800 DM, abzüglich darin enthaltener Umsatzsteuer von 104,35 DM, also mit 695,65 DM, der Umsatzsteuer zu unterwerfen.

Praxishinweis:
Der **Ort der Reiseleistung** ist stets dort, wo der **Unternehmer ansässig** ist oder seine Betriebsstätte unterhält (§ 3a Abs. 1 UStG).

13.3 Der Gebrauchtwagenhandel

Für **Lieferungen** und für den **Eigenverbrauch gebrauchter Kraftfahrzeuge** durch einen **Kfz-Händler** sieht das Umsatzsteuergesetz (vgl. § 25a UStG) folgende Sonderregelung vor: 511

Diese Umsätze werden nach dem **positiven Unterschied zwischen dem Verkaufspreis** oder dem an seine Stelle tretenden Ersatzwert **und dem Einkaufspreis bemessen**, wobei die **Umsatzsteuer** noch aus dem Unterschiedsbetrag **herauszurechnen** ist.

Unter welchen Voraussetzungen kann nun diese Sonderregelung in Anspruch genommen werden? Hier die Antwort: 512

- ▶ Der Unternehmer muß das gelieferte Kraftfahrzeug im Inland für sein Unternehmen zum Zwecke des **gewerbsmäßigen Verkaufs,** also zum Gebrauchtwagenhandel, erworben haben. Ein Unternehmer handelt **gewerbsmäßig** mit Kraftfahrzeugen, wenn der An- und Verkauf von Kraftfahrzeugen zu seinen Grundgeschäften gehört, er also das Kraftfahrzeug nur zum Verkauf und nicht für andere unternehmerische Zwecke verwendet. Erwirbt der Unternehmer ein **Kraftfahrzeug** im Ausland und führt er es für Zwecke seines Unternehmens **in das Inland ein,** so kann er die anschließende Lieferung oder Entnahme des Kraftfahrzeuges **nicht** der **Differenzbesteuerung** unterwerfen.
- ▶ Das Kraftfahrzeug muß entweder von einer **Privatperson,** von einem Unternehmer aus dessen Privatvermögen oder von der **öffentlichen Hand,** von einem Unternehmer, der mit der Lieferung des Kraftfahrzeuges unter eine **Steuerbefreiung** fällt oder von einem **Kleinunternehmer,** der keine Umsatzsteuer schuldet, erworben worden sein.

Praxishinweis:
Die Differenzbesteuerung ist auch bei Verkäufen von Gebrauchtwagenhändlern an Gebrauchtwagenhändler möglich.

Bemessungsgrundlage

513 Die Umsatzsteuer bemißt sich bei diesen Umsätzen nach dem positiven **Unterschied zwischen dem Verkaufspreis** und dem **Einkaufspreis** jedes einzelnen Kraftfahrzeuges. Bei unentgeltlichen Lieferungen an Arbeitnehmer oder an Gesellschafter sowie bei bestimmten entgeltlichen Lieferungen, für die die Mindestbemessungsgrundlage (vgl. Tz. 293 f.) anzusetzen ist, und beim Eigenverbrauch tritt jeweils an die Stelle des Verkaufspreises der **Wert**, mit dem dieser **Umsatz der Umsatzsteuer zu unterwerfen** ist (§ 10 Abs. 4 Nr. 1 UStG; Tz. 289, 295). Die Umsatzsteuer gehört, wie üblich, nicht zur Bemessungsgrundlage. Sie ist daher aus der Differenz zwischen Verkaufspreis und Einkaufspreis stets herauszurechnen.

Beispiel:
Der Kraftfahrzeughändler B erwirbt von einer im Inland ansässigen Privatperson einen Pkw für 7 000 DM und veräußert ihn für 8 150 DM an C.

Bemessungsgrundlage für die Weiterveräußerung des Pkws ist die Differenz zwischen Verkaufs- und Einkaufspreis; sie beträgt 1 150 DM. Aus dieser Differenz ist die Umsatzsteuer (Steuersatz 15 %) mit dem Faktor 13,0435 % herauszurechnen. Die Umsatzsteuer beträgt 150 DM; somit verbleibt als Bemessungsgrundlage für den Umsatz ein Betrag von 1 000 DM.

Praxishinweis:
Nebenkosten, die nach dem Erwerb des Kraftfahrzeuges angefallen sind, z.B. Reparaturkosten, mindern nicht die Bemessungsgrundlage.

Nimmt ein Kraftfahrzeughändler beim Verkauf eines Neuwagens ein 514
Gebrauchtfahrzeug in Zahlung und leistet der Käufer in Höhe der Differenz eine Zuzahlung, ist im Rahmen der Differenzbesteuerung als **Einkaufspreis** der **tatsächliche Wert** des Gebrauchtfahrzeuges anzusetzen. Das ist der Wert, der bei der Ermittlung des Entgelts für den Neuwagenverkauf tatsächlich zugrunde gelegt wird.

Beispiel:

Der Verkaufspreis eines neuen Kraftfahrzeuges beträgt 17250 DM, nämlich netto 15000 DM zuzüglich 2250 DM Umsatzsteuer. In dem Kaufvertrag ist u.a. vereinbart, daß der Kraftfahrzeughändler das Gebrauchtfahrzeug des Kunden mit 8500 DM in Zahlung nimmt und der Restbetrag von dem Kunden in bar gezahlt wird. Der Kraftfahrzeughändler verkauft das Gebrauchtfahrzeug einen Monat später für 10000 DM an einen Nichtunternehmer. Der tatsächliche Wert des Gebrauchtfahrzeuges (ermittelt nach Abschn. 153 Abs. 4 UStR) soll 8000 DM betragen.

Für Zwecke der Differenzbesteuerung ist der Verkaufspreis von 10000 DM um den tatsächlichen Wert des Gebrauchtfahrzeuges von 8000 DM zu kürzen. Der verbleibende Betrag von 2000 DM enthält die Umsatzsteuer von 15%. Für die Ermittlung der Bemessungsgrundlage ist dieser Betrag um 260,87 DM (13,0435% von 2000 DM) zu kürzen; es verbleibt somit ein Entgelt von 1739,13 DM.

Rechnungserteilung / Aufzeichnungspflichten

515 Macht ein Unternehmer für die Lieferung eines gebrauchten Kraftfahrzeuges von der oben dargestellten Sonderregelung Gebrauch, so darf er in seiner Rechnung die **Umsatzsteuer nicht gesondert ausweisen**. Dies gilt auch dann, wenn der Unternehmer ein gebrauchtes Kraftfahrzeug an einen anderen Unternehmer liefert, der die Steuer aus dem Erwerb als Vorsteuer abziehen könnte. Verstößt der Gebrauchtwagenhändler gegen dieses Verbot, so hat er seine Lieferung nach den allgemeinen Vorschriften des Umsatzsteuergesetzes zu versteuern, also Ansatz des vollen Entgelts.

516 Nimmt ein Unternehmer für Umsätze von gebrauchten Kraftfahrzeugen die Sonderregelung in Anspruch, so hat er **jeden einzelnen Umsatz aufzuzeichnen**. Aus den Aufzeichnungen müssen für jedes Fahrzeug getrennt der **Verkaufspreis** bzw. der Ersatzwert bei Ansatz der Mindestbemessungsgrundlage oder in Fällen des Eigenverbrauchs, der **Einkaufspreis** und die **Differenz zwischen beiden Werten** abzüglich Umsatzsteuer (= Bemessungsgrundlage) ersichtlich sein.

Optionsmöglichkeit

517 Der Gebrauchtwagenhändler hat bei **Lieferungen an andere Unternehmer**, die für deren Unternehmen erfolgen, die Möglichkeit, auf die **Sonderregelung zu verzichten** und statt dessen die Lieferung des Kraftfahrzeuges mit dem vollen Entgelt der Umsatzsteuer zu unterwerfen (§ 25a Abs. 4 UStG).

14 Was müssen Sie ab 1993 bei Umsätzen innerhalb der EG beachten?

Mit Vollendung des EG-Binnenmarkts ab 1993 fallen bei der Umsatzsteuer die innergemeinschaftlich bestehenden Steuergrenzen weg. Von diesem Zeitpunkt an wird für den innergemeinschaftlichen Warenverkehr **keine Einfuhrumsatzsteuer** mehr **erhoben.** 518

Dies bedeutet für den **privaten Verbraucher,** daß er Waren, die er in einem anderen EG-Staat mit der dortigen Mehrwertsteuer erworben hat, **ohne wert- und mengenmäßige Beschränkungen** in sein Heimatland mitbringen kann (Besteuerung im Ursprungsland). Bei grenzüberschreitenden Versendungsumsätzen an private Endverbraucher sind jedoch bestimmte Höchstgrenzen zu beachten.

Für den **gewerblichen Handel** gilt ab 1993 weitestgehend die bisherige Regelung, nach der Waren im grenzüberschreitenden Verkehr zwischen Unternehmen umsatzsteuerlich weiterhin unbelastet über die innergemeinschaftliche Grenze gelangen und eine **Besteuerung** erst **im Bestimmungsland** erfolgt. Diese Besteuerung tritt dann an die Stelle der bisherigen Einfuhrumsatzbesteuerung. Hierbei handelt es sich um eine Übergangsregelung, die auf 4 Jahre befristet ist. Ab dem 1. 1. 1997 soll diese Übergangsregelung durch eine Besteuerung im Ursprungsland ersetzt werden.

Um eine **Kontrolle der Besteuerung** von innergemeinschaftlichen Lieferungen zu ermöglichen, sind die Unternehmer ab 1993 verpflichtet, zusätzlich von ihren Umsatzsteuer-Voranmeldungen beim Bundesamt für Finanzen eine Zusammenfassende Meldung einzureichen, in der sie in der Regel vierteljährlich ihre innergemeinschaftlichen Lieferungen an Abnehmer in anderen EG-Staaten angeben. Dabei sind die Lieferungen an jeden Abnehmer getrennt aufzuführen, und zwar durch Angabe der Umsatzsteuer-Identifikationsnummer des Abnehmers. 519

Sie sehen, ab 1993 kommt bei der Umsatzbesteuerung viel Neues auf Sie zu. Was sollten Sie im einzelnen auf jeden Fall beachten?

14.1 Die Besteuerung des privaten Reiseverkehrs

520 Der gesamte **private Reiseverkehr innerhalb der EG-Staaten** wird ab 1993 umsatzsteuerlich dem inländischen Reiseverkehr gleichgestellt. Danach hat der Privatreisende für die Gegenstände, die er in einem anderen EG-Staat erwirbt, die dortige Umsatzsteuer zu bezahlen **(Ursprungslandprinzip).** Die bisherigen mengen- oder wertmäßigen Begrenzungen sind ab 1993 für den privaten Reiseverkehr weggefallen (vgl. Tz. 99).

Wird die Ware von einem im EG-Gebiet ansässigen Unternehmer **an einen privaten Abnehmer** in einen anderen EG-Staat **versandt** oder **befördert,** so gilt auch in diesen Fällen das Ursprungslandprinzip, es sei denn, daß der Wert der versandten oder beförderten Waren im laufenden und im vorangegangenen Kalenderjahr bestimmte „Schwellenwerte“ übersteigt. Dann werden nämlich die Gegenstände, die durch Versendung aus einem EG-Staat an den Letztverbraucher in einen anderen EG-Staat geliefert werden, von dem liefernden Unternehmer im Bestimmungsland der Umsatzsteuer unterworfen. Die „Schwellenwerte“ werden von den einzelnen EG-Staaten festgelegt (vgl. Tz. 103).

14.2 Der gewerbliche Warenverkehr

521 Im innergemeinschaftlichen gewerblichen Warenverkehr wird die Besteuerung der Einfuhren und die Erhebung der Einfuhrumsatzsteuer ab 1993 durch den neuen Tatbestand des **„innergemeinschaftlichen Erwerbs“** ersetzt. Hier gilt der Grundsatz: Es bleibt bei der bisherigen Besteuerung im Bestimmungsland. Die **Erwerbsteuer** wird vom **Abnehmer** erhoben, der sie als Vorsteuer abziehen kann. Ist der Abnehmer zum vollen Vorsteuerabzug berechtigt, so gleichen sich Erwerbsteuer und Vorsteuerabzug aus (vgl. Tz. 164 f.).

522 Bei innergemeinschaftlichen Lieferungen an steuerbefreite Unternehmer, Kleinunternehmer, Land- und Forstwirte sowie an nichtunternehmerische juristische Personen ist die Umsatzbesteuerung ebenfalls beim Abnehmer vorzunehmen, wenn der Gesamtwert der er-

worbenen Waren im vorangegangenen Kalenderjahr **25000 DM überschritten** hat oder im laufenden Kalenderjahr diese Grenze voraussichtlich überschreiten wird. Werden diese „Schwellenwerte“ nicht überschritten, unterliegen die Lieferungen im Ursprungsland der Umsatzsteuer. Für diesen Fall haben jedoch die o. a. Abnehmer die Möglichkeit, sich für eine Besteuerung im Bestimmungsland zu entscheiden. Eine Sonderregelung gilt für die Lieferungen von **verbrauchsteuerpflichtigen Waren** (vgl. Tz. 174f.).

Eine weitere Sonderregelung gilt für **innergemeinschaftliche Lieferungen von neuen Fahrzeugen.** Hier ist stets die Besteuerung im Bestimmungsland durchzuführen, und zwar auch dann, wenn es sich bei dem Abnehmer um eine Privatperson handelt. Die Steuer auf den innergemeinschaftlichen Erwerb dieser Fahrzeuge wird bei einem privaten Abnehmer im Rahmen der **Fahrzeugeinzelbesteuerung** durch den Privatabnehmer erhoben. Handelt es sich bei dem Lieferer ebenfalls um eine Privatperson, so wird die Lieferung in dem Staat, in dem der Lieferer ansässig ist, als Unternehmer behandelt (vgl. Tz. 28f.); er unterliegt jedoch mit seiner innergemeinschaftlichen Lieferung dort nicht der Umsatzsteuer. Für die beim Einkauf des Fahrzeuges entrichtete Umsatzsteuer erhält er sogar nachträglich einen Vorsteuerabzug. Damit ist gewährleistet, daß die Lieferung neuer Fahrzeuge nur beim Abnehmer einmal zur Umsatzsteuer herangezogen wird (vgl. Tz. 381). 523

Wir wissen nun, daß bei Lieferungen innerhalb der EG die Besteuerung im Bestimmungsland stattfindet. Was ist nun mit der Besteuerung der Warenlieferungen im Ursprungsland, also dort, wo der liefernde Unternehmer ansässig ist? Hier gilt weiterhin der Grundsatz, daß Exportumsätze steuerfrei bleiben. Findet also eine Erwerbsbesteuerung im Bestimmungsland statt, so erfolgt im **Ursprungsland keine Umsatzbesteuerung.** Für die Gewährung der Steuerbefreiung hat der liefernde Unternehmer jedoch nachzuweisen, daß die Ware in einen anderen EG-Staat gelangt ist und daß der Empfänger ein Abnehmer ist, dessen Erwerb im Bestimmungsland der Umsatzbesteuerung unterliegt. Dies soll zum einen durch bestimmte **Aufzeich-** 524

nungspflichten der an den innergemeinschaftlichen Lieferungen beteiligten Personen (vgl. Tz. 399 und 404) und zum anderen durch ein **neues Kontrollverfahren** (vgl. Tz. 470f.) sichergestellt werden.

Auch das **Verbringen von Gegenständen** durch einen Unternehmer zu seiner Verfügung vom Inland in einen anderen EG-Staat unterliegt der Besteuerung im Bestimmungsland. Dies wird dadurch erreicht, daß dieses Verbringen als innergemeinschaftliche Lieferung im Inland steuerfrei belassen wird und in dem anderen EG-Staat der Erwerbsbesteuerung unterliegt (vgl. Tz. 171 f. und 203).

Schließlich werden auch die Fälle der „Lohnveredelung" wie innergemeinschaftliche Lieferungen im Inland steuerfrei gestellt und in dem anderen EG-Staat als steuerpflichtiger innergemeinschaftlicher Erwerb behandelt (vgl. Tz. 171 f. und 204f.).

14.3 Innergemeinschaftliche Güterbeförderungen

525 Innergemeinschaftliche Güterbeförderungen werden ab 1993 grundsätzlich am **Abgangsort besteuert.** Hat der Leistungsempfänger in einem anderen EG-Staat als dem, in dem der leistende Unternehmer ansässig ist, eine Umsatzsteuer-Identifikationsnummer, so ist die Güterbeförderung grundsätzlich dort zu besteuern. Steuerschuldner ist der Leistungsempfänger; für diese Zwecke wird die Umsatzsteuer im **Abzugsverfahren** erhoben. Entsprechend ist bei selbständigen Nebenleistungen zur innergemeinschaftlichen Güterbeförderung zu verfahren (vgl. Tz. 120f.).

14.4 Aufzeichnungspflichten

526 Die Unternehmer und sonstigen umsatzsteuerpflichtigen Personen haben Aufzeichnungen zu machen, aus denen insbesondere die **steuerfreien innergemeinschaftlichen Lieferungen,** die umsatzsteuerpflichtigen **innergemeinschaftlichen Erwerbsvorgänge** und die **Verbringungsfälle** ersichtlich sind. Nähere Einzelheiten hierzu werden in der Umsatzsteuer-Durchführungsverordnung geregelt.

Weiterhin sind die an einer innergemeinschaftlichen Lieferung oder an einer innergemeinschaftlichen Beförderung beteiligten Unternehmer verpflichtet, zusätzlich zu den bisherigen Angaben die Umsatzsteuer-Identifikationsnummer des leistenden Unternehmers und die Umsatzsteuer-Identifikationsnummer des Leistungsempfängers in der Rechnung anzugeben (vgl. Tz. 338). Bei Lieferungen neuer Fahrzeuge sind in der Rechnung auch die für die Umsatzbesteuerung maßgebenden Kriterien aufzuführen (vgl. Tz. 339).

14.5 Das Kontrollverfahren

Durch den Wegfall der Grenzkontrollen ab 1993 wird ein besonderes 527
Kontrollverfahren erforderlich, um die umsatzsteuerbefreiten innergemeinschaftlichen Lieferungen und die umsatzsteuerpflichtigen innergemeinschaftlichen Erwerbe überprüfen zu können. Zu diesem Zweck stellen die EG-Staaten einander bestimmte Mindestdaten zur Verfügung, die sie von ihren Unternehmern erheben.

Für diese Zwecke haben die an innergemeinschaftlichen Umsätzen beteiligten Unternehmer ab dem 1. 1. 1993 in der Regel vierteljährlich **Zusammenfassende Meldungen** über ihre **innergemeinschaftlichen Warenlieferungen** und **Warenbewegungen** beim Bundesamt für Finanzen abzugeben. In den Zusammenfassenden Meldungen müssen die Umsatzsteuer-Identifikationsnummer des Unternehmers, der die Warenlieferungen oder Warenbewegungen ausgeführt hat, die Umsatzsteuer-Identifikationsnummer der jeweiligen Erwerber oder Auftraggeber und die Summen der Bemessungsgrundlagen der Lieferungen und Warenbewegungen, getrennt für jeden Erwerber, aufgeführt werden (vgl. Tz. 469f.). Anhand der Zusammenfassenden Meldungen aller Unternehmer kann nun das Bundesamt für Finanzen die Summe der Bemessungsgrundlagen der an einen Erwerber vom Inland ausgeführten innergemeinschaftlichen Lieferungen ermitteln und dem jeweiligen EG-Staat mitteilen. Liegen dort sämtliche Mitteilungen der EG-Staaten zu der jeweiligen Umsatzsteuer-Identifikationsnummer des Erwerbers vor, so kann die Summe der Bemessungsgrundlagen der steuerfreien Lieferungen mit der von dem Erwerber angegebenen Summe der Bemessungsgrundlagen für steuerpflichtige Erwerbe überprüft werden. Stimmen die beiden Summen nicht überein, so wird die für den Erwerber zuständige Finanzbehörde die Unstimmigkeiten aufklären (vgl. Tz. 471 und 485). Hierzu kann sie sich im Rahmen von **Auskunftsersuchen** an die anderen EG-Staaten wenden.

14.6 Das Zauberwort „Umsatzsteuer-Identifikationsnummer"

528 Das Kontrollverfahren funktioniert nur, wenn die an den innergemeinschaftlichen Umsätzen beteiligten Unternehmer über eine **Umsatzsteuer-Identifikationsnummer** verfügen. Diese wird für inländische Unternehmer vom **Bundesamt für Finanzen vergeben** (vgl. Tz. 488f.). Sie ist nicht mit der Steuernummer identisch. Die Umsatzsteuer-Identifikationsnummer ist auch in den Rechnungen über innergemeinschaftliche Lieferungen anzugeben, und zwar sowohl für den liefernden Unternehmer als auch für den Abnehmer. Weiter kann sich die Umsatzsteuer-Identifikationsnummer auf die Ortsbestimmung bestimmter Leistungen auswirken (vgl. Tz. 115, 122 und 177).

Stichwortverzeichnis

(Die Zahlen bezeichnen die Textziffern)